데이터 과학자 DATA SCIENTISTS

생성형 AI 활용 데이터 분석을 위한

파이썬 기초와 응용

Python Basics and Applications

Using Python

고승곤 지음

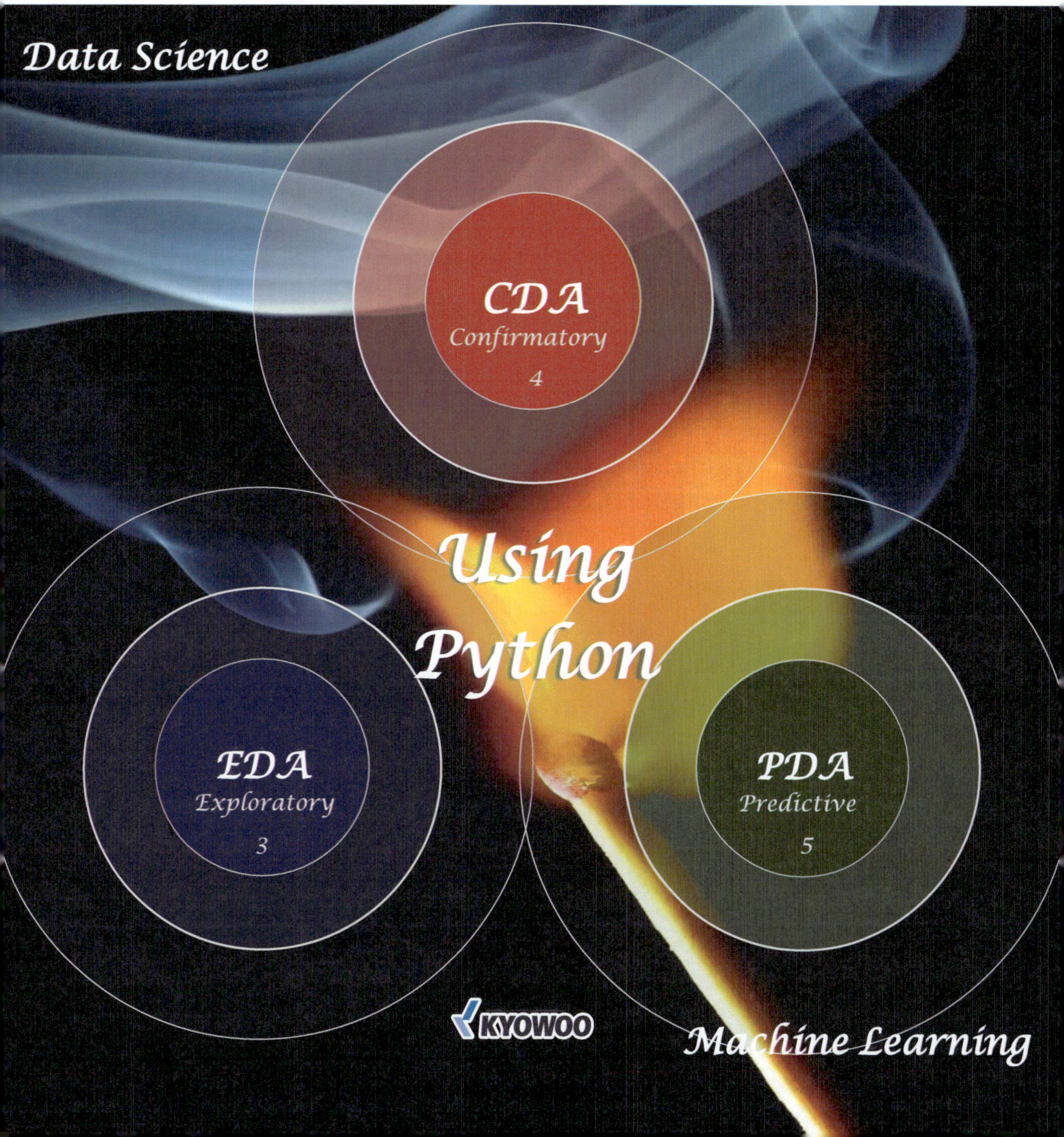

KYOWOO

시작하며

불과 몇년 전에 디지털 전환(Digital Transformation, DX)이라는 새로운 패러다임이 산업과 사회 전반에서 획기적인 변화를 촉발하였습니다. 최근에는 여기에 생성형 AI(Generative AI)의 급격한 발전이 더해지면서, 우리는 그 속도와 영향력에서 전례 없는 패러다임 전환을 경험하고 있습니다.

생성형 AI는 방대한 데이터 처리 능력에 기반하고 있습니다. 이는 기존의 데이터 분석 범위를 넘어 text, image, speech, code 등 다양한 형태의 데이터를 이해하고 처리하여, 지금까지 경험하지 못했던 결과물을 만들어내고 있습니다. 쉽게 말해, 데이터 활용의 폭과 깊이가 상상할 수 없는 영역으로 확장되고 있는 것입니다. 이러한 시대에 요구되는 핵심 역량은 **데이터 리터러시**와 **통계학**에 기초한 **데이터 과학**을 이해하고, 이를 프로그래밍과 알고리즘적 사고로 연결하는 능력입니다.

이 책은 데이터 과학과 실무 프로젝트 실행에 꼭 필요한 Python의 기초와 응용 방법을 가능한 한 간결하게 정리한 것입니다. 이러한 내용이 중요한 이유는, 생성형 AI가 코드를 대신 작성해 주더라도, 그 결과를 올바르게 해석하고 목적에 맞게 수정하여 응용하기 위해서는 기초와 응용에 대한 이해가 전제되어야 하기 때문입니다. 각 단원은 데이터 분석을 위한 프로그래밍의 관점에서 꼭 필요한 개념과 예제를 담고 있으며, 일부 단원에서는 생성형 AI 플랫폼인 **ChatGPT**를 효과적으로 활용할 수 있도록 **프롬프트(prompt) 템플릿**을 예시로 포함하였습니다. 이를 참고하여 추가적인 프로그래밍 방법이나 예제를 생성형 AI에게 질문하고, 그 답변을 체계적으로 정리함으로써 새로운 학습 방법을 경험할 수 있기를 기대합니다.

수업 활용 측면에서는 통계학과 2학년 또는 3학년 수준의 한 학기 강의 교재로 사용하거나 데이터 분석 과목의 보조 교재로 적합하다고 생각합니다. 또한 현업 데이터 분석가의 역량 강화를 위한 세미나 교재로 사용한다면, 각 단원을 별도로 진행하되 실무적으로 유용한 pandas와 seaborn 장을 사례와 함께 다룬다면 약 8-10회 정도의 세미나가 적절하지 않을까 생각합니다.

끝으로, 이 책에서 제공하는 예제 코드는 반드시 직접 입력해 보기를 권합니다. 스스로 타이핑해 보지 않은 코드는 학습 효과가 떨어지고, 실제 활용 능력으로 연결되기 어렵기 때문입니다.

몇가지 기호를 구분하였습니다.

- 는 개념과 구조의 이해를 위한 중요 내용입니다.
- 는 활용 상의 참고 내용입니다.
- 는 프로그래밍 핵심 도구입니다.
- 는 핵심 도구 중에서 중요한 것을 선별한 것입니다.
- 는 초보자가 자주 만나는 문제 또는 응용할 때 유용한 내용을 구분한 것입니다.
- 예제입니다. 간단한 예제의 경우, 결과를 함께 제시하여 학습의 속도를 높이고자 하였습니다.
- 주의해야 할 사항이나 혼동이 자주 발생하는 경우를 제시한 것입니다.

매번 느끼는 것이지만, 책을 적는다는 것은 긴 시간 동안의 극심한 노동을 요구하는 작업입니다. 예전의 경험에 비추어 보았을 때, 이러한 노력 끝에 출간된 책이라 하더라도 여전히 부족한 점과 뜻하지 않은 실수가 존재할 수 있습니다. 이는 앞으로 꾸준히 보완해 갈 것임을 약속드립니다. 아울러 최종본 검토를 위해 바쁜 시간을 내어 주신 LG 전자(주) 박현진 책임, 흔쾌히 출판을 허락해 주신 교우사 오판근 사장님 그리고 출판 과정에 함께해 주신 모든 관계자분들께 깊이 감사드립니다.

2025년 6월

저자 고승곤

차례

그림 차례

표 차례

1 개요 Introduction

생성형 AI는 문제 해결에 탁월하다. 이의 잠재력을 효과적으로 활용하기 위해서는 관련 분야의 기본 지식이 전제된다(Promma et al., 2025; Annapureddy et al., 2024)[1,2].

ChatGPT — 범용 생산성의 대표 AI

Gemini — 구글 멀티모달/검색 결합형 AI

Copilot — 코드 작성 및 생산`성 보조 AI

최근 생성형 AI(Generative Artificial Intelligence)는 데이터 분석과 문제 해결의 패러다임을 혁신적으로 바꾸고 있다. 이는 (1) 방대한 데이터를 학습하여 새로운 아이디어를 제안하고 (2) 복잡한 연산 과정을 자동화하며 (3) 창의적인 결과물을 생성할 수 있다. 이러한 능력은 과거에는 상상조차 할 수 없었던 가능성을 실제 현실로 만들고 있다.

이러한 새로운 기술은 일상적인 편리함을 제공하는 수준을 넘어서, 산업 전반과 학문 연구, 그리고 창작 활동 등의 다양한 영역에서 필수적이며 핵심적인 도구로 인식되고 있다. 이러한 생성형 AI의 잠재력을 효과적으로 활용하기 위해서는 단순한 응답의 활용이 아니라 그 결과를 이해하고 필요한 내용들의 변형과 이를 다양하게 적용할 수 있는 생산적 능력이 필요하다.

여기서는 데이터 분석에서 생성형 AI를 효과적으로 활용할 수 있도록 Python프로그래밍에 대한 기초와 응용 방법을 소개한다. 이를 위하여 Python프로그래밍 언어(Programming Language)의 기초, 데이터 분석에 유용한 기본(built-in) 모듈(module)과 제3자(third-party) 라이브러리(libraries)의 활용 방법을 논의한다.

[1] Promma, W., et al. (2025). The influence of AI literacy on complex problem-solving skills.

[2] Annapureddy, R., Fornaroli, A., & Gatica-Perez, D. (2024). Generative AI Literacy: Twelve Defining Competencies. arXiv preprint.

현재 대표적인 생성형 AI 플랫폼은 다음과 같다.

대표적인 생성형 AI 플랫폼(예)[3]

- ChatGPT, OpenAI
  - 범용 대화형 AI이며, 다양한 주제와 작업의 처리가 가능하다.
  - 자연어에 대한 이해와 생성 능력이 뛰어나다.
  - 플러그인과 API로 새로운 기능 확장이 가능하다.
  - 실시간 최신 정보 반영이 제한될 수 있으며, 제공된 내용의 사실 검증을 필요로 한다.
- Gemini, Google
  - 멀티모달 AI이며, 텍스트, 이미지, 음성 등 다양한 입력 형식을 통합 처리하고 검색할 수 있다.
  - 최신 정보에 대한 접근성이 높다.
  - 일부 기능은 특정 구글 서비스 계정 연동이 필요하고, 접근 가능 국가나 지역이 제한될 수 있다.
- Copilot, Microsoft
  - 코드 작성과 편집에 최적화된 AI이며, 고유의 IDE와 통합되어 실시간 코드 제안과 오류 수정을 지원한다.
  - GitHub 저장소와 연동이 가능하여, 소프트웨어 개발자에게 유용하다.
  - 프로그래밍 코드 이외에 일반적인 작업 범위는 제한적이며, 지원 언어와 프레임워크에 따라 성능 차이가 크다.

이외에도 다양한 생성형 AI 플랫폼들이 존재하며, 기능과 특징은 각기 다르지만 활용법은 대체로 유사하다. 이들 중에서 특히 데이터 분석과 통계 지식에 대한 응답 품질이 뛰어난 **ChatGPT**를 활용하기 위한 기본 지식으로 **Python**언어의 기초와 응용 방법을 소개한다.

ChatGPT 는 2022년 11월 OpenAI가 공개한 범용 대화형 인공지능으로, GPT 아키텍처를 기반으로 한다[4]. **ChatGPT** 라는 이름은 대화를 의미하는 Chat과 사전 학습된 생성형 변환기 모델을 의미하는 Generative Pre-trained Transformer의 약자인 GPT에서 유래하였다(Brown et al.,

[3] API(Application Programming Interface)는 서로 다른 소프트웨어나 시스템이 기능과 데이터를 주고받을 수 있도록 정의된 규약이다. 복잡한 기능을 직접 구현하지 않고도 기존 서비스를 활용할 수 있어 개발 효율을 높이며, 웹 서비스에서는 웹 API를 통해 소셜 미디어, 지도, 결제 시스템 등과 같은 기능 통합에 널리 사용된다.

[4] OpenAI. ChatGPT. 2022. Available at: https://openai.com/chatgpt (Accessed: 2025-08-11)

2020)[5]. 이러한 명명은 자연어 대화와 텍스트 생성을 결합한 모델의 특성과 인간과 유사한 상호작용을 구현한다는 개발 철학을 잘 반영한다. 현재 OpenAI(https://openai.com/chatgpt)가 **ChatGPT** 모델의 연구, 개발 그리고 서비스 운영을 수행하고 있으며, 개발된 모델은 API와 웹 인터페이스를 통해 제공되고 있다(OpenAI, 2023)[6]. **ChatGPT** 는 뛰어난 자연어 이해와 생성 능력을 바탕으로 교육, 데이터 분석, 프로그래밍 보조, 콘텐츠 제작 등 다양한 영역에서 중요한 도구로 자리잡았으며, 이의 활용 분야는 앞으로도 지속적으로 확장될 것으로 전망된다.

ChatGPT 활용 준비

- 기본 사항
  - **ChatGPT** 는 별도의 설치 없이 다음의 웹 브라우저에서 직접 사용할 수 있다.

    https://chatgpt.com 또는 https://openai.com/chatgpt

  - 모바일 환경에서는 iOS와 Android 전용 공식 애플리케이션이 제공되며, 필요 시 각 운영체제의 공식 스토어를 통하여 설치할 수 있다.
  - 계정을 생성하지 않아도 체험이 가능하지만, 대화의 저장 및 공유, 음성 기능 등의 고급 기능을 사용하기 위해서는 계정 등록을 해야 한다.
  - 웹 또는 앱을 통한 일반적인 사용에는 API가 필요하지 않다. 다만, 소프트웨어 또는 데이터 분석 환경에 **ChatGPT** 의 기능을 통합하려는 경우, OpenAI Chat Completions API 문서를 참조하여 연동할 수 있다.

- 사용 방법
  - 원하는 질문이나 작업 지시를 문장으로 입력한다. 이를 프롬프트(prompt)라고 한다.
  - 생성된 응답을 확인한 후, 추가 지시를 입력하여 기존의 결과를 더 명확히 한다.
  - 유용한 대화는 저장 또는 공유 기능을 통하여 관리한다.

---

[5]Brown, T. B., Mann, B., Ryder, N., Subbiah, M., Kaplan, J., Dhariwal, P., Neelakantan, A., Shyam, P., Sastry, G., Askell, A., Agarwal, S., Herbert-Voss, A., Krueger, G., Henighan, T., Child, R., Ramesh, A., Ziegler, D. M., Wu, J., Winter, C., Hesse, C., Chen, M., Sigler, E., Litwin, M., Gray, S., Chess, B., Clark, J., Berner, C., McCandlish, S., Radford, A., Sutskever, I., and Amodei, D. (2020) Language Models are Few-Shot Learners. Advances in Neural Information Processing Systems, 33, 1877–1901.

[6]OpenAI. Introducing ChatGPT. 2023. Available at: https://openai.com/blog/chatgpt (Accessed: 2025-08-11)

- 주의 사항
  - 민감하거나 개인을 식별할 수 있는 정보는 입력하지 않는 것이 바람직하다.
  - 생성된 결과가 모두 사실이 아닐 수 있으며, 제공된 결과는 반드시 스스로 재검증해야 한다.

생성형 인공지능에게 전달하는 지시문 또는 질의문을 프롬프트(Prompt)라고 한다. 이는 인공지능이 수행해야 할 작업의 종류와 범위를 정의하는 핵심 요소로써, 사용자가 어떤 결과를 원하는지를 구체적으로 정의하는 역할을 한다. 따라서, 동일한 주제라고 하더라도 프롬프트의 구성과 표현 방식에 따라 인공지능의 응답 내용과 수준이 서로 달라진다. 따라서, 명확하고 구체적인 프롬프트는 원하는 결과에 적합한 응답을 생성하게 하지만, 모호하거나 불충분한 프롬프트는 부정확하거나 원하지 않는 결과를 유도할 수 있다.

프롬프트 템플릿 1. 프롬프트의 예

[잘못된 프롬프트] 데이터 분석에 대하여 알려 주시오.

[개선된 프롬프트] pandas 라이브러리를 이용한 데이터 불러오기와 기본 통계량 계산 방법을 순서대로 설명하시오.

[잘못된 프롬프트] 통계 분석의 장점을 알려 주시오.

[개선된 프롬프트] 통계 분석이 의사결정 과정에서 제공하는 세 가지 장점을 설명하고, 각 장점마다 실생활 예시를 포함하시오.

[예제 1]은 동일한 내용의 질문이라도 표현 방식에 따라 서로 다른 결과를 얻을 수 있음을 암시한다. 보다 나은 응답과 결과를 얻기 위해서는 다음의 프롬프트 작성의 기본 원칙을 이해하고 적용하는 것이 중요하다.

프롬프트 작성의 기본 원칙

- 명확성: 전달하려는 의도와 요청 사항을 모호하지 않게 작성한다.
- 구체성: 필요한 세부 조건(형식, 길이, 내용, 예시 등)을 포함한다.
- 배경/상황 제공: 배경 정보나 상황을 함께 제시하여 모델이 더 정확히 이해할 수 있도록 한다.
- 단계적 요청: 복잡한 작업은 여러 단계로 나누어 순차적으로 지시한다.
- 결과 형식 지정: 표, 목록, 코드 등 원하는 출력 형식을 명시한다.

좀 더 구체적인 프롬프트 작성 예제는 다음과 같다.

프롬프트 템플릿 2. 통계 계산의 결과를 표로 제시하도록 지시하는 경우

> 다음 표본 $x = \{5.1, 5.3, 4.9, 5.0, 5.2, 5.1, 5.4, 5.0, 5.2, 5.3\}$에 대하여
> - n, 평균, 표준편차, 중앙값, IQR을 구하고
> - 평균의 95% 신뢰구간을 제시하며
> - 귀무가설 $H_0 : \mu = 5.0$에 대한 양측 1표본 t-검정 결과를 표로 정리하시오.

[결과]

표본 통계 및 T-검정 결과

	항목	값
1	표본 크기 n	10
2	평균	5.150
3	표준편차 (SD)	0.158
4	중앙값 (Median)	5.150
5	사분위 범위 (IQR)	0.250
6	평균의 95% 신뢰구간	[5.037, 5.263]

표본 통계 및 t-검정 결과를 표로 정리하여 보여드렸습니다.

ChatGPT 의 응답

또한 결과의 최종 줄에 있는 </>를 선택하면, 답변에 사용된 **Python**코드의 원본을 다음과 같이 제공한다.

```
import numpy as np
import pandas as pd
from scipy import stats
# 표본 데이터
x = np.array([5.1, 5.3, 4.9, 5.0, 5.2, 5.1, 5.4, 5.0, 5.2, 5.3])
# 기술통계
n = len(x)
mean_x = np.mean(x)
```

```
sd_x = np.std(x, ddof=1)
median_x = np.median(x)
iqr_x = np.percentile(x, 75) - np.percentile(x, 25)

# 평균의 95% 신뢰구간
alpha = 0.05
t_crit = stats.t.ppf(1 - alpha/2, df=n-1)
se = sd_x / np.sqrt(n)
ci_lower = mean_x - t_crit * se
ci_upper = mean_x + t_crit * se

# 1표본 t-검정
t_stat, p_value = stats.ttest_1samp(x, popmean=5.0)

# 결과 데이터프레임
res_df = pd.DataFrame({
    "항목": [
        "표본 크기 n",
        "평균",
        "표준편차 (SD)",
        "중앙값 (Median)",
        "사분위 범위 (IQR)",
        "평균의 95% 신뢰구간",
        "1표본 t-검정: H0: □ = 5.0"
    ],
    "값": [
        f"{n}",
        f"{mean_x:.3f}",
        f"{sd_x:.3f}",
        f"{median_x:.3f}",
        f"{iqr_x:.3f}",
        f"[{ci_lower:.3f}, {ci_upper:.3f}]",
        f"t({n-1}) = {t_stat:.2f}, p = {p_value:.3f}"
    ]
})

import caas_jupyter_tools
caas_jupyter_tools.display_dataframe_to_user(name="표본 통계 및 t-검정 결과",
                                             dataframe=res_df)
```

제공된 코드는 Python을 실행할 수 있는 에디터에 복사하여 실행할 수 있다. 이를 기반으로 다음과 같은 다양한 확장을 시도해 볼 수 있다.

- 결과를 보다 읽기 쉬운 형식으로 만든다.
  - f-string을 사용해 출력 메시지를 보기 좋게 구성한다.
  - 숫자의 자릿수와 단위를 맞춰 일관성을 유지한다.
  - 표 형태는 `print()` 대신 `pandas.DataFrame` 그대로 출력해 가독성을 높인다.
- 주어진 코드를 간단히 함수로 만든다.
  - 자주 반복되는 코드를 함수로 묶어 재사용성을 높인다.
  - 함수는 입력값(인수)을 받아 처리하고, 결과는 `return`으로 돌려준다.
  - 간단한 오류 메시지를 `print()`로 표시해 잘못된 입력을 알린다.
- 기본적인 확장과 변형 방법을 적용한다.
  - 다른 데이터로 교체해 실행해 본다.
  - 그래프의 색상, 제목, 축 라벨 등을 변경해본다.
  - 계산 결과를 화면뿐만 아니라 파일(`.csv`나 `.txt`)로 저장해본다.

이외에도 **ChatGPT** 가 제공하는 코드의 의미를 이해하고, 이를 수정하여 자신의 작업에 맞게 적용하는 능력은 사용자의 생산성을 극적으로 향상시킬 수 있다. 실제로 복잡한 기능이나 고급 기법은 추가 질문을 통해 쉽게 배울 수 있지만, 이는 어디까지나 Python의 기본 문법을 충분히 이해했을 때 가능하다. 기본 문법에 익숙해야만 코드를 변형하거나 확장할 때 오류 없이 원하는 결과를 얻을 수 있으며, 함수화나 간단한 기능 추가도 안정적으로 수행할 수 있 기 때문이다.

다음 장부터는 Python의 기본 문법과 주요 라이브러리의 활용 방법을 설명한다. 학습 과정에서 추가 학습이 필요한 부분은 학습자가 스스로 **ChatGPT** 를 통해 결과를 확인할 수 있도록 적절한 **프롬프트**를 함께 제시해 보도록 한다. 단, **ChatGPT** 는 버전에 따라 응답이 달라질 수 있으므로, 제시된 프롬프트의 실제 실행 결과가 제공된 결과 또는 예시와 다를 수 있음을 미리 밝혀 둔다.

1

```
print(
  '데이터 과학자의 필수 역량인 Python을 ChatGPT와 함께 배워봅시다.'
)
```

```
# 데이터 과학자의 필수 역량인 Python을 ChatGPT와 함께 배워봅시다.
```

2 파이썬의 소개
Introduction to Python

컴퓨터 프로그램(computer program)이란 특정 결과를 얻기 위하여 컴퓨터에 의해 수행되어야 하는 일련의 지시 사항들로 구성된 명령어들의 집합을 말한다. 이 명령어들은 컴퓨터 프로그래밍 언어(programming language)로 작성된다(Knuth, 1997; Sebesta, 2015) [1],[2]

- 컴퓨터는 이진(binary) 데이터만을 이해한다. 기계어, 어셈블리어와 같이 이진 데이터로 기록된 것을 저급(low-level) 언어 그리고 인간이 이해하기 쉬운 언어로 작성된 것을 고급(high-level) 언어라고 한다. 저급 언어는 융통성과 속도면에서 장점을 갖고, 고급 언어는 가독성이 높아서 프로그램의 작성 및 유지/관리면에서 장점을 갖는다.
- 고급 언어는 작성된 프로그램을 컴퓨터가 이해할 수 있도록 전환하는 번역 과정이 필요하다. 프로그램을 모두 작성하고 한번에 번역 과정을 수행하는 것을 컴파일러(compiler) 방식이라 하고, 작성된 프로그램을 한 줄씩 실행하고 개별 결과를 확인하는 방법을 인터프리터(Interpreter) 방식이라고 한다. 인터프리터 방식은 작성된 프로그램의 오류 확인 및 수정을 쉽게 할 수 있다는 장점을 갖는다.
- 다양한 영역 - 수치 계산, 게임, 시스템 등 - 에서 적용 가능한 프로그래밍 언어를 범용 언어(General-Purpose Language; GPL) 언어라고 한다. 이와 비교하여, 특정 영역 - 웹페이지 스타일링(CSS), 데이터 베이스 쿼리(SQL) 등 - 에서 사용되는 프로그래밍 언어를 도메인 특화 언어(Domain-Specific Language; DSL)라고 한다.

[1] Donald E. Knuth (1997). The Art of Computer Programming. Addison-Wesley.
[2] Sebesta, Robert W. (2015). Concepts of Programming Languages (11th ed.). Pearson.

Python은 1980년대 후반 네덜란드의 Guido van Rossum이 개발하였고, 1969년 부터 1974년까지 방영된 영국 코미디 드라마인 "Monty Python's Flying Circus"의 제목으로 부터 그 이름이 유래되었다[3]. 이러한 언어명의 유래는 개발자가 프로그래밍을 재미있고 접근 가능하게 만들고자 했던 철학을 반영하는 것이라고 한다(van Rossum and de Boer, 1991)[4]. 현재는 비영리 단체인 파이션 소프트웨어 재단(<http://www.python.org>)이 Python언어와 그 인터프리터의 개발을 지원하고 있으며, 관련 문서와 자료를 무료로 배포하고 있다(van Rossum and Fred L. Drake, 2009)[5].

파이썬(Python)[6]

- 무료(free)로 배포된다.
- 범용 그리고 고급 언어이며, 인터프리터 방식으로 작동한다.
- 웹 개발, 자동화, 인공 지능 등의 광범위한 영역의 다양한 소프트웨어 개발 작업에서 유용한 언어이다.
- 다양한 라이브러리(libraries)를 통한 확장력있는 프레임워크를 제공한다.
- 최근 가장 빨리 성장하고 있는 프로그래밍 도구 중의 하나이다.

Python은 그 유연성과 확장성 덕분에 소프트웨어 개발의 다양한 영역에서 중요한 도구로 자리잡고 있으며, 활용 분야는 지속적으로 증가하는 추세이다.

Python의 장점은 다음과 같다.

1) 크로스 플랫폼(cross platform) 언어이며 독립적인 실행 환경을 제공한다. 윈도우즈(Windows), 리눅스(Linux), 맥(Mac)OS의 다양한 운영 체제를 지원하므로 개발자가 운영 체제에 구애받지 않고 원하는 어플리케이션을 개발할 수 있으며, 하나의 운영 체제에서 작성된 프로그램을 다른 운영 체제에서 수정없이 실행할 수 있다.

2) 객체 지향적(object-oriented) 언어이다. 이러한 접근 방식은 프로그램의 모듈(module)화를 가능하게 하고, 코드 재활용과 유지 보수의 용이성을 향상시킨다.

[3] "Monty Python's Flying Circus"을 "Monty Python" 또는 "Python"으로 줄여서 불렀다고 한다.

[4] Guido van Rossum and Jelke de Boer. Interactively Testing Remote Servers Using the Python Programming Language. CWI Quarterly, vol. 4, no. 4 (December 1991), pp. 283–303. Amsterdam.

[5] Van Rossum, G., & Drake, F. L., Jr. (2009). Python 3 reference manual. Python Software Foundation.

[6] R의 경우, 통계 분석, 데이터 시각화, 머신 러닝 등 데이터 과학과 관련된 분야에서 장점이 많은 관계로 데이터 과학을 위한 도메인 **특화** 언어로 분류하는 경우도 있다.

3) 분석과 개발을 위한 추가 패키지(package)를 제공한다. PyPI(Python Package Index)를 통해 각각 수천 개의 추가 패키지를 제공한다. 이를 이용하여, 데이터 분석, 시각화, 머신러닝 등의 다양한 목적의 작업을 쉽고 빠르게 구현할 수 있다.

4) 전세계적으로 활성화된 고유의 개방된 커뮤니티가 존재한다. 이는 다양하고 유용한 방법으로 개발 문제 해결, 새로운 패키지 개발, 교육 자료 제공 등을 지원한다.

5) 사용이 편리한 통합 개발 환경과 도구가 존재한다. Jupyter Notebook, PyCharm, RStudio 등은 Python개발자들이 코드를 작성, 테스트 및 디버깅하는데 유용한 다양한 통합 개발 환경을 제공한다.

2.1 파이썬의 설치 Installing Python

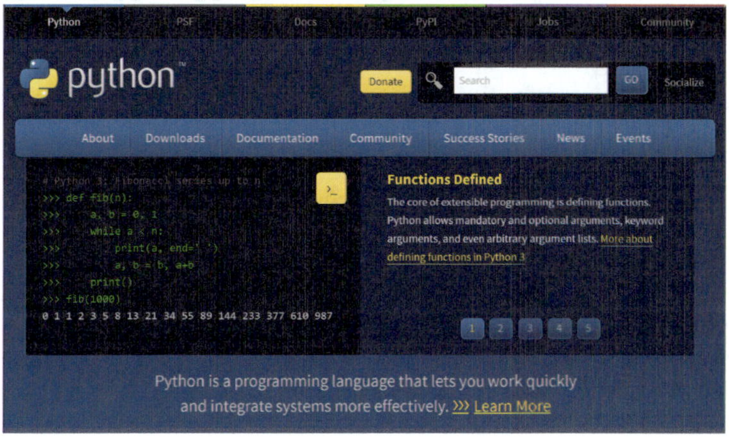

<https://www.python.org/>

일반적으로 Python언어를 설치하고 실행 환경을 구성하는 방법에는 (1) Python 공식 배포판과 (2) Anaconda 통합 플랫폼 사용이 있다. 초보자의 경우에는 Python 공식 배포판을 권장한다.

2.1.1 파이썬 공식 배포판 Official Python Distribution

Python공식 배포판을 사용하면 데이터 분석이나 경량 개발 환경에 필요한 구성 요소만 선택적으로 설치할 수 있다. 이 방법은 필요한 요소를 하나씩 이해하며 확장할 수 있고, 동시에 시스템 자원을 효율적으로 활용할 수 있다는 장점이 있다. 단, pip를 이용해 필요한 패키지를 선택하여 사용자가 직접 설치해야 한다[7]. 여기서 pip란 Python패키지 관리 도구로서, 원하는 패키지를 설치하거나 제거할 때 사용된다. 이 명령은 반드시 명령 프롬프트(cmd 콘솔)에서 실행해야 한다[8].

다음은 설치할 Python버전에 대한 프롬프트와 ChatGPT 의 응답이다. 만일 Python에 익숙하고 프로그래밍 경험이 있다면, 더 구체적인 내용을 요청하여 보다 기술적인 응답을 얻을 수 있다.

프롬프트 템플릿 3. 파이썬 버전 선택

> 데이터 분석에 안정적인 파이썬 버전을 추천하시오.
> Pandas, NumPy, Matplotlib, Jupyter 등 주요 라이브러리와의 호환성을 고려하고, 추천 이유와 차선 버전도 함께 제시하시오.

데이터 분석에 가장 안정적인 파이썬 버전은 **3.13**입니다.
이 버전은 Pandas, NumPy, Matplotlib, Jupyter 등 주요 라이브러리의 최신 버전과 잘 호환되며, 앞으로 몇 년 동안 보안 업데이트가 제공됩니다. 새로 시작하는 프로젝트나 최신 기능을 쓰고 싶은 경우에 적합합니다.

차선 버전은 **3.12**입니다.
3.12도 주요 라이브러리와 폭넓게 호환되며, 안정성이 높아 기존 코드나 환경을 유지하면서 조금만 업데이트하려는 경우에 좋습니다.

ChatGPT 응답(초보자용)

- **파이썬 지원 주기/EOL**: 3.13은 버그픽스 2026-10, 보안 2029-10; 3.12는 보안 2028-10; 3.11은 보안 2027-10. Python.org endoflife.date
- **NumPy**: 2.1.0이 **Python 3.13 지원** 및 **Python 3.9 지원 중단**, 3.10–3.13 지원 명시. 최신 2.3.x도 3.11–3.13 지원. numpy.org +1 GitHub
- **pandas**: 2.2.3에서 **Python 3.13 호환** 명시, 최신 2.3.x 배포. Pandas PyPI
- **scikit-learn**: 1.6은 3.9–3.13, 1.7는 **Python 3.10+ 요구**. scikit-learn.org
- **Matplotlib 정책**: "최소 최근 42개월 내 출시된 파이썬, 최소 최근 두 개 마이너" 지원. matplotlib.org

간단 팁

- **새 프로젝트**면 3.13에 **venv/conda**로 격리 환경을 만들고, `numpy>=2.1` / `pandas>=2.2.3` / `scikit-learn>=1.6` 이상의 현재 안정 조합을 권장. 위-아래 버전을 혼합할 때는 `pip` 의 해결 결과를 확인하세요. numpy.org Pandas
- **레거시 코드**는 NumPy 2.0 전환 시 C-API 의존 패키지 재빌드가 필요할 수 있습니다(대부분 주요 패키지는 이미 대응). numpy.org Stack Overflow

ChatGPT 응답 중 일부(구체적 요청)

---

[7] pip는 Pip Installs Packages 또는 Pip Installs Python의 재귀적 약자이다.

[8] 명령 프롬프트(Command Prompt, cmd)는 Windows 운영체제에서 명령어를 입력하여 프로그램 실행, 파일 관리, 시스템 설정 등을 수행할 수 있는 텍스트 기반 인터페이스이다. 일반적으로 [시작 메뉴] → ["cmd" 입력] → [Enter] 순으로 실행하면 열리는 검은 창을 의미하며, exit을 입력하면 종료된다. 예를 들어, dir은 현재 폴더 목록을 보여주고, cd folder_name은 폴더 이동을 실행한다.

Python설치

- https://www.python.org/downloads/ 에서 원하는 버전의 Python설치 파일 다운로드
- 설치 시 Add Python to PATH 옵션을 반드시 체크
- 가상환경 생성: 최초 1회만 생성

```
python3 -m venv myenv(이름 변경 가능)
```

- 가상환경 생성 결과

```
myenv/
├── Include/
├── Lib/
├── Scripts/
│   ├── activate.bat        ← Windows CMD용
│   ├── Activate.ps1        ← PowerShell용
│   ├── activate            ← Bash용 (Git Bash 또는 WSL)
│   ├── python.exe
│   └── pip.exe
└── pyvenv.cfg
```

Python에서 여러 프로젝트를 동시에 진행할 때, 각 프로젝트마다 필요한 패키지 또는 그 버전이 다르게 정의될 수 있다. 이러한 상황에서 가상환경(virtual environment)은 각 프로젝트만의 독립된 Python 실행 환경을 제공하여 프로젝트 진행을 용이하게 한다.

- 가상환경 활성화
  - 사용하고자 하는 각 터미널 세션마다 직접 활성화

```
[Windows]  myenv\Scripts\activate.bat
[Mac/Linux]  source myenv/bin/activate
```

Python을 처음 사용하는 초보자라도 가상환경 사용을 추천한다. 가상 환경을 사용할 때의 장점은 다음과 같다.

- 프로젝트 간 패키지 충돌 방지
  - 프로젝트 A는 pandas 1.5.3, B는 pandas 2.2.0 필요
  - 전역 설치(global install) 시 버전 충돌 발생 가능
  - 가상환경은 개별 독립 실행 환경을 제공

- 시스템 **Python**보호
  - 운영체제 또는 다른 소프트웨어가 사용하는 **Python**과 충돌할 수 있음
  - 관리자 권한 설치를 적용하는 경우, 시스템 손상 위험
  - 가상환경은 사용자 디렉토리 안에서만 유효하게 동작

- 환경 복제 및 배포 용이
  - 설치된 패키지 목록을 requirements.txt로 저장 가능
    [기본 저장] pip freeze > requirements.txt
    [폴더 지정] pip freeze > D:\Projects\MyApp\requirements.txt
  - 협업 또는 다른 컴퓨터에서도 동일한 환경을 쉽게 복제 가능
    [화일 찾기] where requirements.txt
    [환경 복제] pip install -r requirements.txt

2.1.2 Anaconda 통합 플랫폼

Anaconda는 데이터 과학과 머신러닝을 위한 통합 플랫폼(Integrated Platform)이다. 이는 기본적으로 **Python**중심 이지만, R 언어 역시 지원한다. 이를 설치하면, 다음 요소들을 기본으로 제공한다(Anaconda, Inc., 2024)[9].

- **Python**기본 설치
- 다양한 패키지(예: numpy, pandas, matplotlib 등)의 사전 설치
- Jupyter Notebook/Lab 등 실행 도구 기본 제공
- conda라고 부르는 독립적인 환경 관리자 포함

즉, Anaconda를 설치하면 **Python**, conda, 그리고 수백 개의 과학/수학 관련 패키지를 한 번에 사용할 수 있다. Anaconda는 다음의 순서로 설치한다.

1. 공식 홈페이지 방문:
   https://www.anaconda.com/products/distribution
2. 운영체제에 맞는 설치 파일 다운로드(예: Windows 64-bit)
3. 설치 프로그램 실행 → Just Me 또는 All Users 선택
4. 설치 옵션 확인

[9]Anaconda, Inc. Anaconda Software Distribution. Version 2024.06. Available at: https://www.anaconda.com/ (accessed 10 Aug 2025).

   - Add Anaconda to PATH: 권장되지 않음
   - Register Anaconda as default Python: 권장

5. 설치 후 Anaconda Prompt 또는 Navigator 실행

Anaconda의 모든 구성 요소가 필요하지 않다면, 필수 기능만 포함한 축소판(minimal version)인 Miniconda를 같은 방식으로 설치할 수 있다. 이는 conda + Python만 제공하며, 나머지 패키지는 사용자가 필요에 따라 설치한다.

Python공식 배포판 그리고 Anaconda 와 비교하면 [표 2.1]과 같다.

표 2.1: Python 설치 방법의 비교

항목	Python공식 배포판	Anaconda	Miniconda
설치 구성	Python 단독	Python + conda + 수많은 패키지	Python + conda
패키지 관리	pip	conda 중심 (pip도 가능)	conda 중심 (pip도 가능)
가상환경 지원	venv로 별도 설정	내장 (conda env)	내장 (conda env)
설치 패키지 수	없음 (사용자 설치)	200개 이상	최소
IDE 포함 여부	포함하지 않음	Jupyter, Spyder 포함	포함하지 않음
설치 용량	약 30MB	약 3GB	약 50MB
설치 용도	개발자 중심, 순수 Python	초보자, 교육, 분석 실무	경량 환경, 유연한 설정

2.1.3 추가 패키지의 설치

Python의 패키지 설치 도구는 공식 Python배포판에서는 pip을 사용하고, Anaconda나 Miniconda 기반에서는 conda를 사용한다. 각각의 특징은 다음과 같다.

- pip: Python공식 패키지 관리 도구
   - 표준 Python환경 또는 venv, poetry 기반 가상환경에서 사용
   - PyPI(Python Package Index)를 통해 순수 Python패키지 설치
   - 다음과 같이 패키지를 설치할 수 있다.

```
pip install numpy
pip install pandas matplotlib(여러 개 동시 설치 가능)
```

- conda: Anaconda 계열의 패키지 및 환경 관리 도구
  - Anaconda, Miniconda 환경에서 사용
  - 과학 계산용 바이너리(C/C++ 포함)를 사전 빌드 형태로 제공
  - 다음과 같이 패키지를 설치할 수 있다.

```
conda install numpy
conda install pandas matplotlib
```

Anaconda 환경에서는 conda를 우선 사용하고, 필요한 경우에만 pip를 병행하는 것이 좋다. 이때 반드시 conda install을 먼저 실행하고 pip install을 실행하는 순서를 지켜야 충돌을 방지할 수 있다.

데이터 과학을 위한 대표적인 **Python**패키지를 기능별로 정리하면 [표 2.2]와 같다.

표 2.2: 데이터 과학을 위한 대표적인 **Python** 패키지

분야	패키지	설명
데이터 연산	numpy	다차원 배열 및 수치 연산의 기본 도구
	pandas	데이터 분석 중심의 다양한 도구
	scipy	과학/통계 계산 및 최적화 도구
시각화	matplotlib	기본적인 2D 시각화 도구
	seaborn	통계 기반 고급 시각화 도구
	plotly	대화형 웹 기반 시각화 도구
통계/모델링	statsmodels	회귀, 시계열 등 통계 모형
	scikit-learn	전처리 도구를 포함한 머신러닝 모델 도구
수치/기호 연산	sympy	기호 수학 연산 도구
	mpmath	고정밀 수치 계산 도구
데이터 입출력	openpyxl	엑셀 파일 등 데이터 입출력 도구
	pyarrow	Parquet 등 고속 포맷 처리 도구

2.1.4 파이썬 개발 환경 Python Development Environment

데이터 과학 실습에서 Python 코드를 실행하고 결과를 즉시 확인할 수 있는 인터랙티브 실행 환경은 필수적이다. Python 실행을 위한 IDE의 경우, [표 2.3]과 같이 다양한 도구를 사용할 수 있다. Python를 활용하는 목적에 따라 적합한 도구를 선택하여 사용하면 된다[10,11].

표 2.3: Python 실행 환경

도구	주 사용 대상	특징 및 장점
JupyterLab	데이터 과학자, 교육자, 연구자	- 코드, 문서, 시각화 통합 - 셀 단위 실행 - .ipynb 기반 분석 중심 환경
Google Colab	학생, 클라우드 사용자	- 웹 기반 노트북 환경 - 설치 없이 사용 가능 - GPU 무료 제공, 협업 편리
RStudio	데이터 분석가, R/Python 연계 사용자	- R에 최적화된 통합 환경 - Python 콘솔/변수 연동 지원 - 문서화, 시각화에 강점
VS Code	일반 개발자, 분석가	- 다기능 통합 에디터 - Jupyter 확장 지원 - Git, 터미널, LSP 연계 우수
PyCharm	Python 전문 개발자	- 대규모 프로젝트에 적합 - 정적 분석, 리팩토링 우수 - 테스트 및 디버깅 통합
Spyder	공학자, 일반 과학자	- MATLAB 유사 환경 - 변수 탐색기 내장 - 과학 계산에 최적화

일반 데이터 분석을 위해서는 JupyterLab을 주로 사용한다. 이는 코드 작성, 실행, 그리고 결과 확인을 한 화면에서 동시에 실행할 수 있어 편리하고, 텍스트, 표, 그래프를 함께 표시할 수 있어 분석 과정을 직관적으로 진행할 수 있다. 또한, 웹브라우저 기반이라 설치 후 바로 사용할 수 있다. 또한 Pandas, Matplotlib 등 주요 데이터 분석 라이브러리와 잘 연동되어 초보자도 쉽게 활용할 수 있다.

[10] IDE(Integrated Development Environment, 통합 개발 환경)는 코드 편집기, 컴파일러 또는 인터프리터, 디버거, 프로젝트 관리 도구 등을 하나로 통합한 소프트웨어 환경을 말한다.

[11] 기존의 RStudio사용자라면, RStudio에서 Python 콘솔을 정의하고 환경을 설정하면, 대부분의 Python 코드가 문제 없이 실행된다. 특히, reticulate 패키지를 활용하면 R 과 Python 간의 변수 공유, 상호 호출 등이 가능하다. 따라서 RStudio는 Python 중심 환경은 아니지만, R 사용자가 Python을 병행하여 사용하고자 하는 경우, 충분한 수준의 실행 환경을 제공한다.

JupyterLab 설치 및 실행

<cmd> 창에서 다음 명령을 순서대로 실행하면 JupyterLab을 설치 및 실행할 수 있다.

```
pip install jupyterlab
jupyter lab
```

첫 번째 명령어는 pip를 이용해 JupyterLab 패키지를 설치하는 과정이고, 두 번째 명령어는 설치된 JupyterLab을 실행하고, 웹브라우저에서 JupyterLab 인터페이스를 자동으로 생성한다. 따라서, 생성된 브라우저 탭에서 새 노트북을 만들고, **Python** 코드를 작성하고 실행하면 된다.

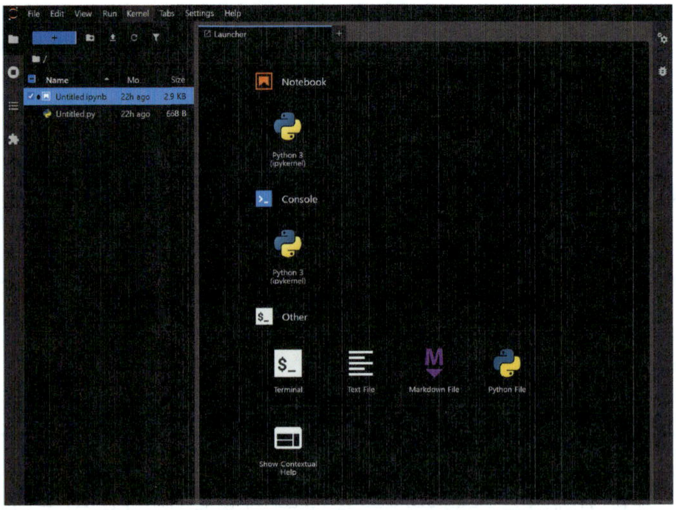

JupyterLab의 초기 화면

표 2.4: Jupyter Notebook과 JupyterLab의 비교

항목	Jupyter Notebook	JupyterLab
인터페이스	단일 문서 중심	IDE 스타일 인터페이스
탭 구조 및 창 배치	없음 (문서 단위 실행)	탭 구조 + 분할 창 지원
파일 및 디렉터리 관리	기본 수준	파일 탐색기 및 터미널 포함
확장 기능 및 설정	제한적	다양한 확장 가능
프로젝트 작업	단순 분석 작업에 적합	복수 문서 및 통합 작업에 적합
추천 대상	초보자, 기초 교육 목적	중급 이상 사용자, 실무 분석

Jupyter 환경은 Jupyter Notebook과 JupyterLab을 제공한다. 이들의 특징은 [표 2.4]와 같다(Project Jupyter, 2025)[12,13]. [표 2.5]는 JupyterLab과 JupyterNotebook에서 공통적으로 사용되는 **기본 단축키** 목록이다. 이는 Help > Keyboard Shortcuts 메뉴 또는 Command Palette(Ctrl + Shift + C)를 통해 확인 및 수정할 수 있으며, JupyterLab의 경우, Settings > Advanced Settings Editor에서 단축키를 변경할 수 있다. JupyterLab을 명령 프롬프트(cmd)에서 실행하면 **Python** 또는 JupyterLab이 설치된 폴더 또는 사용자 디렉토리 기준의 기본 경로에서 시작된다.

표 2.5: JupyterLab 주요 단축키

명령	단축키
코드 셀 실행 및 아래로 이동	Shift + Enter
코드 셀 실행 및 다음 셀 생성	Alt + Enter
현재 셀만 실행	Ctrl + Enter
편집 모드와 명령 모드 상호 전환	Esc(명령 모드), Enter(편집 모드)
셀 추가 (아래)	B
셀 추가 (위)	A
셀 삭제	두번 연속 D, D
셀 복사 / 붙여넣기 / 잘라내기	C / V / X
Markdown 셀로 변경	M
Code 셀로 변경	Y
셀 실행 후 Markdown 렌더링	Shift + Enter
현재 셀 병합	Shift + M
모든 셀 실행	Ctrl + Shift + Enter 또는 메뉴 실행
자동 완성	편집 모드에서 Tab
도움말 툴팁 보기	커서 위치에서 Shift + Tab

2

```
print('Python은 다양한 분야에서 널리 사용되는 오픈 소스 프로그래밍 언어입니다.')
```

```
# Python은 다양한 분야에서 널리 사용되는 오픈 소스 프로그래밍 언어입니다.
```

[12]Jupyter Notebook의 전신은 IPython Notebook이다. 이는 IPython 팀이 개발한 것으로 IPython의 확장 형태이다. JupyterLab은 Jupyter Notebook의 차세대 인터페이스로, 2018년 2월 20일에 첫 번째 버전이 공식 출시되었다.

[13]Project Jupyter. JupyterLab: The Next-Generation Web-Based User Interface for Project Jupyter. Version 4.2.5. Available at: https://jupyter.org/ (accessed 10 Aug 2025).

3 파이썬 프로그래밍 기초
Python Programming Basics

프로그래밍 언어의 기초는 (1) 기본 문법 (2) 데이터의 유형과 연산자 (3) 제어문 그리고 (4) 함수에 대한 이해이다(Sebesta, 2015; Aho et al., 2006)[1][2].

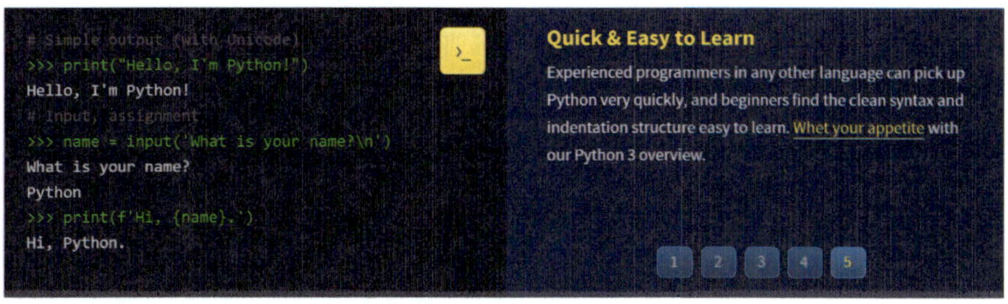

프로그래밍 언어의 기본 문법은 변수 선언, 식별자 지정 규칙, 할당자 규칙 그리고 고유의 문법 규칙 등으로 구성된다. 여기서 **변수 선언(variable declaration)**은 변수를 생성하고 초기화하는 과정을 말하며, 변수의 이름과 데이터 유형을 정의한다. 즉, 「**변수가 무엇인가?**」를 정의한다.

Python은 변수 선언을 위하여 데이터 유형을 지정하지 않아도 문제가 없다. 이러한 특성은 유연성을 확장한다는 장점과 함께 데이터 유형 관련 오류에 대한 주의와 검증을 필요로 한다[3].

```
x = 5
type(x)                                  # [결과] <class 'int'>
x                                        # [결과] 5
x = "Python"
type(x)                                  # [결과] <class 'str'>
x                                        # [결과] 'Python'
```

---

[1] Sebesta, Robert W. (2015). Concepts of Programming Languages (11th ed.). Pearson.

[2] Aho, Alfred V., Lam, Monica S., Sethi, Ravi, & Ullman, Jeffrey D. (2006). Compilers: Principles, Techniques, and Tools (2nd ed.). Addison-Wesley.

[3] **Python**과 R 은 **동적 타이핑(Dynamic Typing)**을 지원한다. 이는 입력 실행 즉시 데이터 유형을 결정하는 것을 말하며, 변수를 사용하기 전에 데이터를 명시적으로 선언할 필요가 없다는 것을 의미한다. 이는 데이터 탐색 및 실험적 프로그래밍에서 유연성을 높인다.

식별자 지정 규칙(identifier naming Rules)은 프로그래밍에서 변수, 함수, 클래스 등의 식별자에 이름을 붙이는데 적용되는 규칙을 말한다[4]. 이는 일반적으로 언어별로 서로 다르며, **Python**의 경우 다음과 같다. 이를 지키지 않은 경우 구문 오류(SyntaxError)가 발생한다.

Python 식별자 지정 규칙[5]

(1) 기본 원칙

- 시작 문자 알파벳(대·소문자) 또는 _(언더스코어)로 시작하며, 이후에는 숫자(0-9)도 포함 가능하다.
- 대소문자 구분 Teacher와 teacher는 서로 다른 이름이다.
- 허용 금지 문자 이름에 공백이나 특수문자는 쓸 수 없다.
- Python의 예약된 키워드 금지 def, import, if, for, class, return 등 파이썬에서 이미 사용 중인 예약어는 이름으로 쓸 수 없다.
- 여러 단어의 이름 보통 스네이크 케이스(snake case)를 사용한다.
  (예) market_variable_name, customer_name
- 길이 제한 없음 너무 길지 않고 이해하기 쉬운 이름이 좋다.

(2) 상수(constants)

- 변하지 않는 값은 모두 대문자로 표기한다.
  (예) PI, MAX_SIZE

(3) 클래스(class)

- 카멜 케이스(camel case)를 사용해 각 단어의 첫 글자를 대문자로 쓴다.
  (예) MyClass, DataProcessor

고급 프로그래밍에서는 다음을 추가적으로 고려해야 한다.

(4) 식별자 접두 밑줄 사용 규칙

- _로 시작하는 이름은 외부에서 직접 사용하지 않는 내부용을 의미한다.
  (예) _internal_summary, _subsection_name

---

[4] 클래스(class)는 객체를 생성하기 위한 템플릿이다. 이는 특정 유형의 객체를 만들기 위한 속성(attributes)과 행동(behavior)을 정의한다. 클래스를 기반으로 생성된 객체를 인스턴스(instance)라고 하며, 이는 클래스에서 정의한 구조에 따라 실제 메모리 상에 할당된 객체로 클레스의 속성과 메서드를 사용할 수 있게 낸다. 이때, 메서드(method)는 클래스 내부에 정의된 함수로 클래스의 인스턴스에 대한 연산을 수행한다.

[5] 식별자 이름 규칙에는 snake case(top_user_name), camelCase(topUserName), PascalCase(TopUserName)가 있으며, 이는 코드의 가독성과 일관성을 높이고 언어 또는 프로젝트별로 다르게 적용될 수 있다.

- __로 시작하는 이름은 클래스 내부 전용으로, **Python**이 이름을 자동 변환 (name transformation)하여 외부에서 접근할 수 없게 한다.
  (예) __init__, __format__

Python 키워드 목록 확인

```
import keyword
print(keyword.kwlist)
```

할당자 규칙(assignment rules)은「어떤 값을 변수에 할당할 것인가?」에 관한 규칙으로 넓은 의미에서 수학적 연산, 논리 연산 등을 수행하는데 사용되는 기호와 규칙인 연산자(operator)을 포함한다. 다양한 연산자들에 대해서는 [제 3.1 절]의 데이터 유형에서 다루기로 한다.

할당자 규칙

- 기본 할당(Simple Assignment)
  =를 사용하여 오른쪽 값(또는 표현식)을 왼쪽 변수에 저장한다.
  (예) my_var = 10은 10이 my_var에 저장
- 연쇄 할당(Chained Assignment)
  여러 변수에 동시에 같은 값을 할당할 수 있다.
  (예) my_var1 = my_var2 = my_var3 = 10
- 복합 할당(Augmented Assignment)
  +=, -=, *=, /= 등으로 현재 값에 연산 후 다시 저장한다.
  (예) my_var += 10은 my_var = my_var + 10과 동일

복합 할당의 예

```
my_var = 10
my_var += 5                                    # my_var = my_var + 5

print("복합 할당자 +=의 결과는",my_var, "입니다.")
# [결과] 복합 할당자 +=의 결과는 15 입니다.
```

고유한 문법 규칙에는 특정 구문의 구조, 키워드의 사용 방법, 그리고 프로그램의 흐름 제어(반복문, 조건문 등) 방식이 포함된다. 이러한 구문 구조와 키워드 사용 방법을 살펴보기 전에, 작성된 코드의 가독성을 높이고 공유, 유지 그리고 관리에 도움이 되는 중요한 코드 스타일 규칙의 일부를 먼저 소개한다[6]. 여기서는 개별 명령의 의미보다는 코드의 구조와 형식을 중심으로 학습한다.

Python 코드 스타일 규칙(Code Style Guidelines)

- 들여쓰기와 블록 구분

  콜론(:)으로 코드 블록을 시작하고, 공백 4칸 들여쓰기를 사용한다.
  탭과 공백은 혼용하지 않는다.

```
def my_function():
    if x > 0:
        print("Positive")
```

- 주석

  #로 시작하며, 프로그램 작성 의도를 명확히 설명하고 최신 상태를 유지한다.

```
# 최종 점수 계산
score = total / count
```

- 줄 길이

  한 줄은 79자 이내, 주석/문자열은 72자 이내로 제한하여 작성한다.

```
message = "문자열은 79자 이내로 작성하는 것이 바람직합니다."
```

- 빈 줄 규칙

  클래스와 함수 정의 사이에는 2줄, 클래스 내부 메서드 사이에는 1줄을 둔다.

```
class MyClass:

    def method1(self):
        pass

    def method2(self):
        pass
```

[6] PEP 8은 Python Enhancement Proposal의 약자로 Python의 가독성과 유지 보수성을 높이기 위한 코드 작성의 스타일 규칙과 권장 사항을 제공한다. <https://peps.python.org/pep-0008/>

- 공백 사용

  =, 콤마, 콜론 등 연산자·구분자 주변에는 필요 시 공백을 넣지만, 불필요한 공백은 피한다.

```
x = 10
y = x + 5
items = [1, 2, 3]
```

- 표현식

  복잡한 코드보다 간결하고 명확한 표현을 사용한다.

  여러 줄은 괄호 ( ) 또는 [ ]를 통하여 줄바꿈하여 표현한다.

```
numbers = [
    n * 2
    for n in range(10)
    if n > 5
]
```

- 예외 처리

  구체적인 예외 타입을 지정한다.

```
try:
    value = int("10a")
except ValueError:
    print("정수 변환 오류")
```

- 임포트 순서

  표준 > 서드파티 > 로컬 라이브러리 순서로 그룹화한다.

```
import os
import sys

import numpy as np

import my_module
```

프롬프트 템플릿 4. Python의 학습을 위한 기본 구성

당신은 파이썬 기초 교재의 커리큘럼을 설계하는 강사입니다. 다음의 네 가지 구성 순서 중, 학습 효과가 가장 높다고 판단되는 것을 설명하고 이유를 제시하세요.

1. 기본 데이터 유형 -> 제어 흐름 -> 함수 -> 표준 라이브러리 -> 출력 설계
2. 기본 데이터 유형 -> 출력 설계 -> 제어 흐름 -> 함수 -> 표준 라이브러리
3. 기본 데이터 유형 -> 제어 흐름 -> 함수 -> 출력 설계 -> 표준 라이브러리
4. 기본 데이터 유형 -> 제어 흐름 -> 출력 설계 -> 함수 -> 표준 라이브러리

단, "출력 설계"는 print 함수 기본 사용법, f-string 포맷팅, 표 형태 출력, 구분선/블록 출력 등 가독성을 높이는 출력 방식을 포함하는 단원으로 정의합니다.

각 순서에 대해 (1) 학습 흐름의 장점 (2) 예상되는 단점을 구체적으로 비교 분석하시오.

4. 기본 데이터 유형 → 제어 흐름 → 출력 설계 → 함수 → 표준 라이브러리

장점

- 제어 흐름 예제를 먼저 충분히 실습한 후, 출력 설계로 가독성을 개선하는 흐름이 자연스러움
- 출력 설계 단원에서 반복·조건을 활용한 다양한 출력 패턴을 바로 적용 가능
- 이후 함수 학습 시 깔끔한 출력 패턴을 적용한 예제를 만들 수 있어 완성도가 높음

단점

- 제어 흐름 학습 시점에서 출력은 아직 단순한 상태라, 초기 결과물 매력이 다소 떨어질 수 있음
- 출력 설계에서 만든 예제를 함수 단원에서 재활용하는 경우 신선도가 약간 낮아질 수 있음

📌 **정리**

- **흥미 유발**을 최우선하면 → **2번**
- **실전 개발과 비슷한 종합 구조 훈련**을 원하면 → **3번**
- **균형 있는 문법·활용 순서**를 원하면 → **4번**
- **전통적·안정적인 교육 흐름**을 원하면 → **1번**

원하시면 이 분석을 바탕으로, 제 생각에 가장 적합한 순서를 골라 **권장 커리큘럼** 형태로 정리해 드릴 수 있습니다.
그렇게 해 드릴까요?

ChatGPT 응답 중 일부

질문은 전체적인 구조에서 출발해 점차 세부적이고 구체적인 요소를 추가하는 방식이 바람직하다. **ChatGPT** 는 이러한 전개 과정에서 항상 추가적인 질문을 제시하며 탐구를 이어가도록 유도한다.

3.1 데이터 유형 Data Type - Primitive and Container Types

Python의 데이터 유형은 [그림 3.1]과 같이 기본형(primitive types)과 컨테이너형(container types)으로 구분된다. 여기서, 기본형은 더 작은 구성 원소로 나눌 수 없는 단순한 값을 표현하는 유형으로, 단일값(single value)을 표현한다. 컨테이너형은 두 개 이상의 원소를 하나의 단위(unit)로 묶을 수 있는 구조를 갖는 유형을 말한다.

컨테이너형은 기본형과 다른 컨테이터형을 혼합하여 정의할 수 있다.

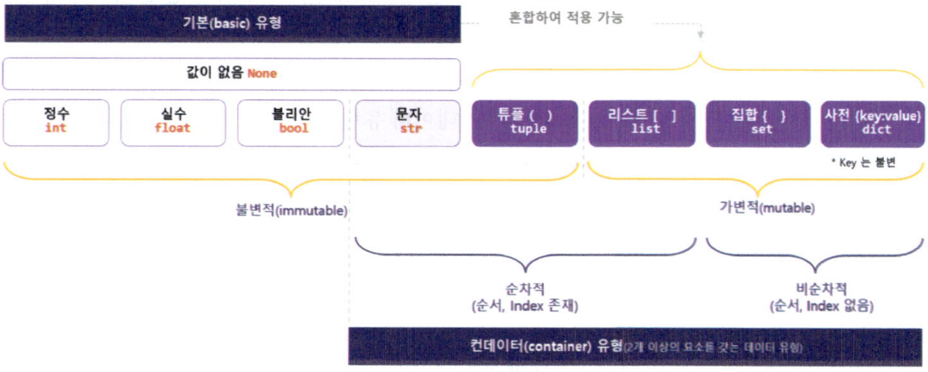

그림 3.1: Python의 데이터 유형

문자형(string)은 기본 데이터 유형(primitive type) 중 하나이면서, 여러 문자를 순서대로 저장하는 불변 시퀀스(immutable sequence)의 성질을 가진다. 이러한 시퀀스 특성 덕분에 인덱싱(indexing)을 통해 개별 문자에 접근하거나, 슬라이싱(slicing)을 통해 부분 문자열을 추출하는 등 다양한 조작이 가능하다. 또한 문자열은 내부적으로 여러 개의 문자를 담고 있어, 컨테이너 유형(container type)의 한 종류로 간주되기도 한다.

컨테이너 유형은 여러 개의 원소를 보관하고 개별 원소에 접근할 수 있는 데이터 유형을 말한다. 이들은 불변/가변, 순차적/비순차적 등의 기준으로 세분화되며, 이러한 특성은 다양한 실무적 상황에서의 적용 가능성을 높인다.

예를 들어, 튜플(tuple)은 불변적이고 순차적인 특성을 지니므로, 지리 정보의 좌표계 데이터나 영상·이미지의 RGB 색상처럼 변경이 없어야 하는 데이터의 무결성을 보장하는 용도로 적합하다. 가변적이고 순차적 특성을 갖는 리스트(list)는 학생 성적 목록, 프로젝트 구성 항목 등과 같이 순차적으로 저장한 데이터를 정렬, 검색, 수정하는 작업에 유용하다.

한편, 사전(dict)은 가변적이면서 비순차적인 구조로, key-value 쌍 형태로 데이터를 저장하므로 단일 key로 정의되는 고객 정보 관리나 파일 탐색에서 key를 이용한 빠른 검색과 수정이 가능하다. 마지막으로, 집합(set)은 가변적이고 비순차적이며, 원소의 중복을 허용하지 않는다.

따라서 멤버십 관리나 다양한 출처로부터 수집된 데이터의 중복 제거처럼, 순서가 중요하지 않고 고유한 원소만을 관리해야 하는 상황에서 유용하다.

이러한 데이터 구조의 특징과 활용 사례에 대한 이해는 Python 프로그래밍에서 데이터를 효율적으로 저장/관리하기 위한 핵심 원소이므로, 각 유형의 속성과 용도를 잘 이해할 필요가 있다.

3.1.1 기본 데이터 유형 Primitive Type

기본 데이터 유형(Type, 타입)은 개별 값만을 표현할 수 있는 유형으로, 정수(integer; int), 실수(real value; float), 불린(boolean; bool), 문자(string; str)로 구분된다. 각 유형의 특징과 입력 방법은 [표 3.1]과 같다.

표 3.1: 기본 데이터 유형

유형	설명과 입력 방법
정수 int	소수점이 없는 숫자
	- -2, -1, 0, 1, 2, ...
	- 2진: 0b{0, 1}, 8진: 0o{0, 1, 2, ..., 7}, 16진: 0x{0, 1, ..., 9, a, ..., f}
실수 float	소수점을 포함한 숫자, 지수 표기 가능(e, E)
	- 1000.15, 2.71, 1.15e3(1.15E3), 271e-2(271E-2)
	- 무한대(+inf, -inf) 그리고 NaN(Not a Number)
불린 bool	True(참, 0이 아닌 수), False(거짓, 0)
문자 str	큰 또는 작은 따옴표로 구분
	-"R", 'R', "Python", 'Python'
	- 여러 개 또는 여러 줄 문자는 큰 또는 작은 따옴표 3개로 구분
없음 None	값이 없음

type() 함수로 데이터의 유형을 확인한다.

```
type(42)                                   # [결과] <class 'int'>
type(42.0)                                 # [결과] <class 'float'>
type("42")                                 # [결과] <class 'str'>
type(True)                                 # [결과] <class 'bool'>
type(None)                                 # [결과] <class 'NoneType'>
```

1 기본 데이터 유형 간 변환

- int()는 실수, 불린, 문자열 형태의 정수 또는 다른 진법의 숫자를 정수형(Integer)으로 변환한다.
  불린형은 True -> 1, False -> 0으로 변환된다.
- float()는 정수, 불린, 문자열 형태의 숫자를 실수형(Float)으로 변환한다.
- str()은 숫자형, 불린형 등 다양한 객체를 문자열(String)로 변환한다.
- bool()은 숫자형, 문자열 등 다양한 객체를 불린형(Boolean)으로 변환한다.
  0과 빈 문자열("")은 False, 나머지는 True로 평가된다.

데이터 유형 간 변환 예

```
int(42.7)                                    # [결과] 42
int(True)                                    # [결과] 1
int(False)                                   # [결과] 0
int("42")                                    # [결과] 42

float(5)                                     # [결과] 5.0
float("3.14")                                # [결과] 3.14

str(100)                                     # [결과] '100'
str(True)                                    # [결과] 'True'

bool(0)                                      # [결과] False
bool("")                                     # [결과] False
bool(3)                                      # [결과] True
bool("hello")                                # [결과] True
```

2 정수와 진법(2/8/16진수)간 변환[7]

- int()는 실수, 문자열 형태의 정수 또는 다른 진법의 숫자를 정수형(Integer)으로 변환한다. 변환된 문자열은 접두사(0b, 0o, 0x)를 포함한다. 필요 시 슬라이싱(slicing)으로 제거 가능하다.
- bin(), oct(), hex()는 정수(Integer)를 각각 2진수, 8진수, 16진수 문자열로 변환한다.
- int()로 변환할 때 두 번째 인자로 진법(base)을 지정하면 해당 진법의 문자열을 10진수 정수로 변환할 수 있다.

[7] 이러한 진법 변환은 시스템 설계, 네트워킹, 데이터 암호화, 디지털 신호 처리 등에서 데이터 표현을 간단하고 효율적으로 바꾸는 데 활용된다.

정수와 진법간 변환 예

```
# 정수를 2진수, 8진수, 16진수로 변환
n = 311
bin_n = bin(n)                              # [결과] '0b100110111'
oct_n = oct(n)                              # [결과] '0o467'
hex_n = hex(n)                              # [결과] '0x137'
# 2진수, 8진수, 16진수를 다시 정수로 변환
int(bin_n, 2)                               # [결과]311
int(oct_n, 8)                               # [결과]311
int(hex_n, 16)                              # [결과]311
```

3.1.1.1 숫자형 Numbers

숫자형인 정수형(int)과 실수형(float)은 기본 수치 연산자(arithmetic operators)를 적용하여 필요한 계산을 할 수 있다. 모든 수치 연산자는 $+=$, $-=$, $*=$, $**=$, $/=$, $//=$, $\%=$와 같이 할당 연산자(=)와 결합하여 복합 할당 연산자(compound assignment operators)로 사용할 수 있다.

기본 수치 연산자

표 3.2: 기본 수치 연산자

연산자	설명	예
+	덧셈	1 + 1 >>> 2
-	뺄셈	2 - 1 >>> 1
*	곱셈	3 * 2 >>> 6
**	거듭 제곱	3 ** 2 >>> 9
/	나눗셈	12 / 5 >>> 2.4
//	나눗셈 결과의 몫(quotient)	12 // 5 >>> 2
%	나눗셈 결과의 나머지(remainder)	12 % 5 >>> 4

복합 할당 연산자

표 3.3: 복합 할당 연산자

연산자	설명	활용 예
+=	왼쪽 피연산자에 오른쪽 값을 더하고 할당	점수 합산, 카운트 증가
-=	왼쪽 피연산자에서 오른쪽 값을 빼고 할당	재고 차감, 잔액 감소
*=	왼쪽 피연산자에 오른쪽 값을 곱하고 할당	배율 조정, 배수 증가
**=	왼쪽 피연산자를 오른쪽 값만큼 거듭제곱하고 할당	제곱/지수 성장 계산
/=	왼쪽 피연산자를 오른쪽 값으로 나누고 할당	비율 계산, 평균 계산
//=	왼쪽 피연산자를 오른쪽 값으로 나눈 몫을 할당	페이지 수, 블록 개수 계산
%=	왼쪽 피연산자를 오른쪽 값으로 나눈 나머지를 할당	시/분/초 변환, 주기 패턴 탐색

복합 할당 연산자 적용 예

```
# 재고 감소
stock = 120
sold = 5
stock -= sold                                    # 판매 후 재고 차감
print(stock)
# [결과] 115

# 페이지 계산
total_items = 53
items_per_page = 10
pages = total_items
pages //= items_per_page                         # 필요한 전체 페이지 수
print(pages)
# [결과] 5
```

실수(float)의 자리수 조정[8]

- math.ceil()은 지정한 실수를 올림하여 가장 가까운 정수로 반환한다.
- round()는 지정한 실수를 반올림하여 정수 또는 지정한 소수점 자릿수까지 반환한다.
- math.floor()는 지정한 실수를 내림(절삭)하여 가장 작은 정수로 반환한다.

[8]math는 Python 표준 라이브러리의 모듈로, 별도로 불러오기를 한 후 사용할 수 있다. [pp. 111 참조]

실수의 자리수 조정 예

```
import math                          # math 모듈 불러오기
#
print(math.ceil(3.14))               # [결과] 4
print(round(3.14, 1))                # [결과] 3.1
print(math.floor(3.99))              # [결과] 3
print(math.floor(-3.99))             # [결과] -4
print(math.trunc(-3.99))             # [결과] -3
```

4 실수(float)의 지수/과학 표기법(Exponential/Scientific notation)[9]

- 가수부(mantissa)와 지수부(exponent)로 구성되며, $a \times 10^n$의 형태로 표현한다.

$$1.0e2 = 1.0 \times 10^2 = 100.0$$

- 가수부(mantissa): 유효숫자를 나타내는 부분
  (예) 1.0e2에서 1.0
- 지수부(exponent): 10의 거듭제곱을 나타내는 부분
  (예) 1.0e2에서 2는 10^2를 의미
- f" {}"는 f-string으로, 문자열 내부에서 변수나 표현식을 직접 삽입하여 출력할 수 있다. [pp. 82 참조]
- .kf는 소수점 이하 k번째 자리까지 고정(fixed-point) 형식으로 실수를 출력한다.

지수 표현법을 이용한 입력 및 출력 예

```
real_number = 100.0
# 지수 표기법에 의한 입력
real_number_2 = 1.0e2                    # [결과] 100.0
real_number_3 = 1.0E2                    # [결과] 100.0
# 자리수 고정 출력
print(f"{real_number:.2f}")              # [결과] 100.00
print(f"{real_number_2:.0f}")            # [결과] 100
print(f"{real_number_3:.4f}")            # [결과] 100.0000
# 지수 표기법에 의한 출력
print(f"{real_number:e}")                # [결과] 1.000000e+02
print(f"{real_number:.2e}")              # [결과] 1.00e+02
```

[9] 데이터 분석에 자주 사용되는 패키지(예: numpy, pandas)는 지수 표기 억제를 위한 전용 출력 옵션을 제공한다. 단, 숫자의 자릿수나 정밀도를 엄격히 제어해야 하는 경우에는 표준 라이브러리의 decimal.Decimal 클래스를 사용하면 된다.

3.1.1.2 불린형 Booleans

불린(boolean) 유형은 참(True)과 거짓(False) 두 값만 가질 수 있다.

5 불린(Boolean)형과 True/False 평가

- bool() 함수를 사용하면 객체나 값을 불린형으로 변환할 수 있다.
- 0과 빈 문자열("")은 False로 평가된다.
- 그 외의 값은 모두 True로 평가된다.

수치 연산과 복합 할당 연산의 불린형 적용 예

```
a = 0
b = 5

print(bool(a))                              # [결과] False
print(bool(b))                              # [결과] True
print(bool(""))                             # [결과] False
print(bool("data"))                         # [결과] True

# 산술 연산
print(bool(a + b))                          # [결과] True  (0 + 5 = 5)
print(bool(b - 5))                          # [결과] False (5 - 5 = 0)
print(bool(a * b))                          # [결과] False (0 * 5 = 0)
print(bool(b / 5))                          # [결과] True  (5 / 5 = 1.0)

# 복합 할당 연산
b += 3                                      # b = b + 3이므로 b = 8
print(bool(b))                              # [결과] True

b -= 8                                      # b = b - 8이므로 b = 0
print(bool(b))                              # [결과] False

# None
print(bool(None))                           # [결과] False

# 비교 연산
print(b == 0)                               # [결과] True
```

```
print(b > 0)                                    # [결과] False
```

비교 연산자(comparison operators)는 두 값이나 표현식을 비교하는 데 사용되고, 논리 연산자(logical operators)는 불린 표현식의 논리적 조합을 평가하는 데 사용된다. 이러한 연산자들은 조건문과 반복문 등 다양한 제어 흐름에서 핵심적인 역할을 한다[10].

비교 연산자

표 3.4: 불린 비교 연산자

연산자	설명	예시	결과
a == b	같음	5==5	True
a != b	같지 않음	5 !=4	True
a > b	a가 b보다 큼	5 >3	True
a < b	a가 b보다 작음	5 <6	True
a >= b	a가 b보다 크거나 같음	5 >= 5	True
a <= b	a가 b보다 작거나 같음	5 <= 4	False

논리 연산자[11]

- 논리 연산자의 각 조건은 괄호로 묶어 가독성을 높인다.
- **괄호**를 사용하여 연산자 우선순위로 인한 의도하지 않은 결과를 방지할 수 있으며, 조건이 여러 개 결합될 때 평가 순서를 명확히 표현할 수 있다.

표 3.5: 불린 논리 연산자

연산자	설명	예	결과
and	둘 다 참이면 참	True and False	False
or	하나라도 참이면 참	True or False	True
not	참이면 거짓, 거짓이면 참	not True	False

[10] 데이터 분석에서 널리 사용되는 R 은 TRUE/FALSE로 표현하고, **Python**은 True/False로 사용해야 구문 오류가 발생하지 않는다.

[11] 논리 연산자는 명제 논리의 ∧, ∨, ¬와 같은 기본 연산 또는 집합론의 교집합, 합집합, 여집합과 직접적으로 대응한다. 프로그래밍에서는 조건문의 반대 조건 계산, 데이터 필터링, 검색 질의 변환 등에 활용된다.

비교 연산자와 논리 연산자의 적용 예

- **Python**에서는 비교 연산자가 논리 연산자보다 먼저 평가된다.
- 비교 연산자 체이닝 (90 <= score <= 100)도 가능하며, 이는 (90 <= score) and (score <= 100)과 동일하다.

```
score = 85                                          # 시험 점수 예제
result_score = 90 <= score <= 100
print(result_score)
# [결과] False

grade = 4.2                                         # 성적과 석차 예제
study_rank = 3
result_grade = (4.0 <= grade) and (study_rank <= 5)
print(result_grade)
# [결과] True

# 잘못된 사용
# score >= 90 and <= 100                  # SyntaxError: invalid syntax
```

3.1.1.3 문자형 Strings

문자형(str)은 기본 유형이면서 동시에 불변 시퀀스의 성격을 가지므로, 컨테이너 유형으로도 분류될 수 있다[12].

문자형(str)은 큰따옴표(") 또는 작은따옴표(')로 문자열을 감싸 정의한다. 이는 숫자형과 달리 시퀀스(sequence)이므로 인덱싱, 슬라이싱 그리고 다양한 문자열 메서드를 사용할 수 있다.

문자열의 표현

- 문자열 내에 같은 종류의 따옴표가 필요하면 이스케이프 문자(\", \')를 사용하거나 반대 종류의 따옴표로 감싼다.
  예를 들어, 어퍼스트로피(')가 포함된 경우 큰따옴표로 감싸면 이스케이프 문자 없이 사용할 수 있다.
- 여러 줄 문자열은 세 개의 따옴표(""" 또는 ''')로 감싸 정의하거나, 이스케이프 문자를 사용해 표현한다.

[12] **불변 시퀀스(immutable sequence)**는 변경이 불가능하지만 인덱싱과 슬라이싱 같은 시퀀스 연산은 수행할 수 있는 자료 구조를 뜻한다. 이러한 성격 때문에 두 개 이상의 원소를 보관하는 **컨테이너(container) 유형**으로도 분류할 수 있다.

문자 열의 표현 예

```
ds = "Data Science"                          # 큰따옴표 사용
print(ds)
# [결과] Data Science
vision = "Everyone's Happiness"              # 작은따옴표 포함 >> 큰따옴표로 감싸기
print(vision)
# [결과] Everyone's Happiness
study = '"What-Know-How"를 명심하세요.'  # 큰따옴표 포함 >> 작은따옴표로 감싸기
print(study)
# [결과] "What-Know-How"를 명심하세요.
                                             # 삼중 따옴표 사용
time_1 = """9:00- 9:50 개요
10:00-10:50 파이썬 문법
11:00-11:50 파이썬 응용"""
print(time_1)
# [결과]
# 9:00- 9:50 개요
# 10:00-10:50 파이썬 문법
# 11:00-11:50 파이썬 응용
```

이스케이프 문자는 문자열 내에서 직접 입력하기 어렵거나 특수한 기능을 수행하는 문자를 표현한다. Python에서는 백슬래시(\) 뒤에 특정 문자를 지정하여 해당 기능을 표현한다.

대표적인 이스케이프(Escape) 문자[13]

표 3.6: 대표적인 이스케이프 문자

이스케이프 문자	설명
\n	줄바꿈
\t	탭
\\	백슬래시(\)
\"	큰따옴표(")
\'	작은따옴표 (')

[13] 이스케이프 문자는 원래 타자기와 초기 컴퓨터 터미널에서 제어 동작을 나타내기 위해 사용된 기호에서 유래하였다. 소개된 이스케이프 문자 이외에도, \r는 캐리지 리턴(줄의 맨 앞으로 이동), \b는 백스페이스(커서를 왼쪽으로 한 칸 이동), \f는 폼 피드(다음 페이지로 이동), \a는 벨 소리, \v는 수직 탭(커서를 수직 방향으로 다음 탭 위치로 이동)이 존재한다.

이스케이프 문자의 사용 예

```
print("안녕하세요\n저는 홍길동입니다.")                  # 줄바꿈
#[결과]
#안녕하세요
#저는 홍길동입니다.
print("이것은\t수평 탭입니다.")                          # 수평 탭 이동
#[결과]
#이것은    수평 탭입니다.
print("경로는 C:\\python 폴더입니다.")                   # '\' 특수 문자 표현
#[결과]
#경로는 C:\python 폴더입니다.
print("그가 물었다, \"무인 우체국이 근처에 있나요?\"")   # "(큰 따옴표) 문자 표현
#[결과]
#그가 물었다, "무인 우체국이 근처에 있나요?"
print("\'무인 우체국\'은 주변에 없습니다. ㅠㅠ")         # '(작은 따옴표) 문자 표현
#[결과]
#'무인 우체국'은 주변에 없습니다. ㅠㅠ
```

문자열(str)의 경우, 연결 연산자(concatenation operator)와 반복 연산자(repetition operator)를 사용하여 새로운 문자열을 생성할 수 있다. 이 두 연산자는 시퀀스 자료형 전반에서 공통적으로 사용되지만, 특히 문자열 처리에서 자주 활용된다.

연결 연산자와 반복 연산자

- 연결 연산자는 더하기 연산자(+)를 사용하며, 두 문자열을 이어 붙인다.
  (예) "Py" + "thon" → "Python"
- 반복 연산자는 곱하기 연산자(*)를 사용하며, 문자열을 여러 번 반복한다.
  (예) "ds" * 3 → "dsdsds"

연결 연산자와 반복 연산자의 사용 예

```
ds_multi = ds + study                          # 2개의 문자열 연결
print(ds_multi)
# [결과] 'Data Science"What-Know-How"를 명심하세요.'

ds_multi = ds + "\t" + study                   # 2개의 문자열 사이에 tab 추가
print(ds_multi)
# [결과] Data Science  "What-Know-How"를 명심하세요.
```

```
ds_repeat = ds*3                              # 문자열 3번 반복
print(ds_repeat)
# [결과] Data ScienceData ScienceData Science
```

연결이나 반복된 문자열에 문자 연산자와 이스케이프 문자를 적용하면 새로운 문자열을 생성할 수 있다.

```
#문자열 통합
ds_python = ds + "\n" + study + "\n" + "[시간표]" + "\n" + time_1
print(ds_python)
# [결과]
# Data Science
# What-Know-How"를 명심하세요.
# [시간표]
# 9:00- 9:50 개요
# 10:00-10:50 파이썬 문법
# 11:00-11:50 파이썬 응용
```

문자형(str)을 시퀀스(sequence)로 활용하고자 하는 경우, 문자열을 구성하는 개별 문자의 순서를 지정할 수 있다[14]. 이를 인덱스(index)라고 하며, [그림 3.2]와 같이 정 방향으로는 0에서 시작하는 제로 인덱싱(zero indexing) 그리고 역방향으로는 -1에서 시작하는 음수 인덱싱(negative indexing)으로 정의된다[15].

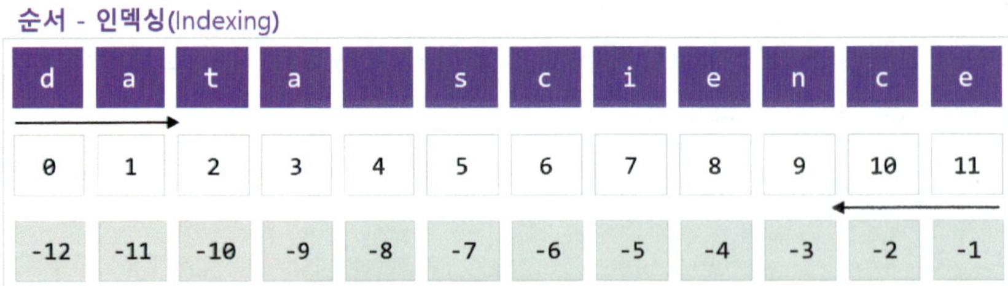

그림 3.2: 시퀀스 인덱싱(indexing)

[14] 정수형, 실수형 그리고 불린형은 시퀀스가 아니므로 슬라이싱을 지원하지 않는다.

[15] 시작되는 값이 0인 경우를 제로 인덱스 그리고 1인 경우를 원 인덱스라고 한다. **Python**은 제로 인덱스 그리고 R은 원 인덱스로 정의된다.

6 문자열 인덱싱

- 인덱싱(Indexing)은 문자열의 위치 번호를 [ ]에 지정하여 선택한다.
- 인덱스는 0부터 시작하며, 마지막 문자는 -1로 접근할 수 있다.
- 양의 인덱스는 왼쪽에서 오른쪽, 음의 인덱스는 오른쪽에서 왼쪽으로 반영한다.

문자열 인덱싱의 예

```
ds = "data science"                    # 문자열 정의

print(ds[0])                           # 첫 번째 문자(인덱스 0)
# [결과] d
print(ds[2])                           # 세 번째 문자(인덱스 2)
# [결과] t
print(ds[-1])                          # 마지막 문자(음수 인덱스 -1)
# [결과] e
```

7 문자열 슬라이싱[16] str[start:stop:step]

- stop에 지정된 인덱스는 포함되지 않는다.
- start가 생략되면, 0 또는 -(length)를 가정한다. str[:stop:step]
- stop이 생략되면, 가장 마지막 인덱스까지 포함한다. str[start::step]
- step이 생략되면, 1로 가정한다. str[start:stop]
- 선택 연산자를 반복 적용하면, 좌측부터 순차적으로 평가된다.

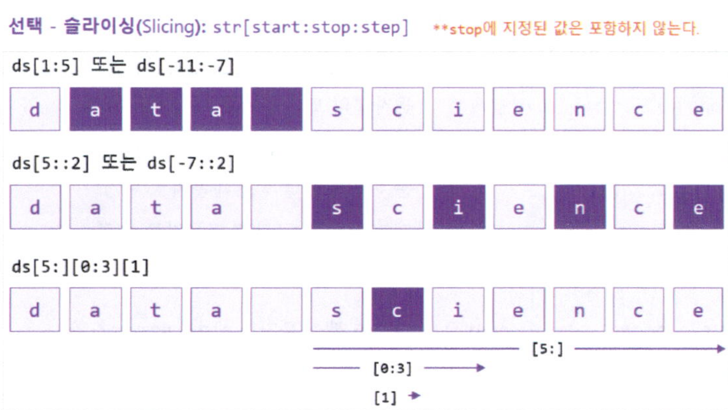

그림 3.3: 시퀀스 슬라이싱(slicing)

[16] 데이터 분석에서는 주로 행(데이터 레코드, 인스턴스, 케이스 등)의 선택을 필터링(filtering), 열(속성, 변수, 특징(feature) 등)의 선택을 셀렉팅(selecting)이라고 구분하여 부르기도 한다.

len()는 시퀀스의 전체 길이를 반환한다.

문자 시퀀스 슬라이싱 적용 예

```
ds = "data science"          # 문자열 정의
len(ds)                      # [결과]  12  (index) 0:11 또는 -12:-1
ds[0]                        # [결과]  'd'
ds[5]                        # [결과]  's'
ds[1:5]                      # [결과]  'ata '
ds[-11:-7]                   # [결과]  'ata '
ds[:4]                       # [결과]  'data'
ds[5:]                       # [결과]  'science'
ds[5::2]                     # [결과]  'sine'
ds[-7::2]                    # [결과]  'sine'
ds[5:][0:3][1]               # [결과]  'c'
```

문자열 메서드(String Methods)는 슬라이싱보다 더 높은 수준의 문자열 조작 기능을 제공한다. 이는 단순 선택 뿐 아니라, 변환, 치환, 부분 검색, 공백 제거, 분할, 결합 등의 다양한 작업을 간단한 호출로 수행할 수 있다. 이러한 메서드는 반복문이나 조건문 없이도 문자열을 효과적으로 처리할 수 있도록 한다. 또한, 원본 문자열을 변경하지 않고 새로운 문자열을 반환하므로 데이터의 무결성을 유지하는 데에도 유리하다.

문자열 메서드: 변환(Transformation)과 치환(Replacement)

표 3.7: 변환과 치환 관련 문자열 메서드

범주	메서드	설명
변환	upper()	문자열의 모든 글자를 대문자로 변경
	lower()	문자열의 모든 글자를 소문자로 변경
	capitalize()	문자열의 첫 글자를 대문자로 변경
	title()	각 단어의 첫 글자를 대문자로 변경
	swapcase()	대문자는 소문자로, 소문자는 대문자로 변경
치환	replace(old, new[, count])	지정한 부분 문자열 old를 new로 치환 - count를 지정하면 해당 횟수만 변경
	strip([chars])	문자열 양쪽 끝에서 공백 또는 지정한 문자를 제거
	lstrip([chars])	문자열 왼쪽 끝에서 공백 또는 지정한 문자를 제거
	rstrip([chars])	문자열 오른쪽 끝에서 공백 또는 지정한 문자를 제거

변환 적용의 예

```
s = "data sciencE"

print(s.upper())
# [결과] DATA SCIENCE
print(s.lower())
# [결과] data science
print(s.capitalize())
# [결과] Data science
print(s.title())
# [결과] Data Science
print(s.swapcase())
# [결과] DATA SCIENCE
```

치환 적용의 예

```
t = "     statistics is essential for data analysis     "
#
print(t.replace("analysis", "science"))
# [결과] '     statistics is essential for data science     '
# "analysis"가 "science"로 바뀌었고, 원래 공백은 그대로 유지
print(t.replace("stat", "STAT", 1))
# [결과] '     STATistics is essential for data analysis     '
# 처음 등장하는 "stat"만 "STAT"로 바뀜

print(t.strip())
# [결과] 'statistics is essential for data analysis'
# 앞뒤 모든 공백 제거
print(t.lstrip())
# [결과] 'statistics is essential for data analysis     '
# 왼쪽 공백 제거, 오른쪽 공백 유지
print(t.rstrip())
# [결과] '     statistics is essential for data analysis'
# 오른쪽 공백 제거, 왼쪽 공백 유지
```

문자열 메서드: 찾기(Find)과 바꾸기(Replace)

표 3.8: 찾기와 바꾸기 관련 문자열 메서드

메서드.함수	설명
find(sub)	부분 문자열 sub이 처음으로 나타나는 위치를 반환
rfind(sub)	부분 문자열 sub이 마지막으로 나타나는 위치를 반환
count(sub)	부분 문자열 sub이 나타나는 횟수를 반환
replace(old, new)	문자열 내의 old를 new로 교체
split(sep)	sep을 기준으로 문자열을 분할하여 리스트로 반환
join(iter)	문자열을 iter의 각 원소 사이에 삽입하여 결합

찾기와 바꾸기 적용 예

```
g = "Hello, data data world"
print(g.find("data"))                       # 첫번째 "data"의 시작 인덱스
# [결과] 7

print(g.rfind("data"))                      # 마지막 "data"의 시작 인덱스
# [결과] 12

print(g.count("data"))                      # "data"가 등장한 횟수
# [결과] 2

print(g.replace("world", "science"))        # "world"를 "science"로 바꾸기
# [결과] 'Hello, data data science'

print(g.split())                            # 공백 기준 분할
# [결과] ['Hello,', 'data', 'data', 'world']

words = ["data", "science", "is", "fun"]    # 각 단어를 "-"로 연결
print("-".join(words))
# [결과] 'data-science-is-fun'
```

문자열 메서드: 검사(Validation))[17]

표 3.9: 검사 관련 문자열 메서드

메서드	설명
startswith()	문자열이 지정된 접두사(prefix)로 시작하는지 검사
endswith()	문자열이 지정된 접미사(suffix)로 끝나는지 검사
isspace()	문자열이 공백 문자(스페이스, 탭, 줄바꿈 등)로만 이루어져 있는지 검사
isalpha()	문자열이 알파벳 문자(A-Z)로만 이루어져 있는지 검사
isalnum()	문자열이 알파벳과 숫자(0-9)로만 이루어져 있는지 검사
isdigit()	문자열이 숫자로만 이루어져 있는지 검사

검사 적용 예

```
hello = "hello 31123, Welcome to data science!"

print(hello.startswith("h"))                # 'h'로 시작하는지 여부
# [결과] True
print(hello.endswith("!"))                  #'!'로 끝나는지 여부
# [결과] True
print(hello.isspace())                      # 전체가 공백 문자인지 여부
# [결과] False
print(hello.isalpha())                      # 모두 알파벳 문자인지 여부
# [결과] False
print(hello.isalnum())                      # 모두 알파벳 또는 숫자인지 여부
# [결과] False
print(hello.isdigit())                      # 모두 숫자인지 여부
# [결과] False
```

문자 메서드의 검사 방법은 슬라이싱 작업이 올바르게 수행되었는지를 확인할 때도 유용하다. 예를 들어, 문자열에서 일부를 추출한 뒤 그 결과가 숫자 또는 문자인지 여부를 판별하면, 데이터 전처리(data preprocessing) 과정에서 의도한 대로 선택되었는지를 확인할 수 있다.

---

[17] 숫자의 판별을 위해 isdecimal()은 기본 10진 숫자(0–9)만 판별하며, isdigit()은 위첨자 숫자, 분수 위의 숫자 등 숫자로 인식되는 문자를 포함한다. isnumeric()은 분수 기호, 원주율 기호(π와 같은 유니코드 수학 기호), 한자 숫자 등 수치로 간주되는 더 넓은 범위를 포함한다. 따라서, 이들 메서드는 isdecimal() isdigit() isnumeric()의 관계가 있다.

3.1.2 컨테이터 유형 Containers

컨테이너(container) 유형은 두 개 이상의 원소를 포함하는 데이터 유형을 의미하며, 순서와 인덱스가 정의된 순차적 유형인 시퀀스(Sequence)와 그렇지 않은 비순차적 유형인 컬렉션(Collection)으로 구분된다. 또한 구성 원소의 변경 가능성에 따라 가변형(mutable)과 불변형(immutable)으로도 나눌 수 있다. 이를 정리하면 [표 3.10]과 같다[18,19,20].

표 3.10: 컨테이너 유형의 정의 방법과 특징

특징	string	list	tuple	set	dictionary
정의	var = str()	lst = list()	tpl = tuple()	st = set()	dic = dict()
리터럴 생성	var = " "	lst = [ ]	tpl = ( )	st = { }	dic = { }
구분	Sequence	Sequence	Sequence	Collection	Collection
순서	O	O	O	X	O
인덱싱	O	O	O	X	X
중복 원소	O	O	O	X	X
가변성	X	O	X	O	O

특정 원소의 포함 여부는 in 또는 not in 연산자로 확인한다.

```
my_string = 'Python'                    # string
result = 'p' in my_string               # [결과] True

my_list = [1, 2, 3]                     # list
result = 2 in my_list                   # [결과] True
result2 = 4 not in my_list              # [결과] True
my_tuple = (1, 2, 3)                    # tuple
result = 2 not in my_tuple              # [결과] False

my_dict = {'a': 1, 'b': 2, 'c': 3}      # dictionary
result = 'b' in my_dict                 # [결과] True(키 기준)
my_set = {1, 2, 3}                      # set
result = 3 in my_set                    # [결과] True
```

[18] 불변 유형(immutable type)은 데이터가 한 번 생성되면 그 내용을 변경할 수 없다. 내용을 바꾸려면 반드시 새로운 객체를 생성해야 한다.

[19] Python 3.7 이후 dict형은 key(키)와 value(값)가 삽입된 순서를 유지한다. 즉, 항목이 추가된 순서대로 사전을 순회하거나 출력할 수 있다. 다만 인덱스(index)를 지원하지 않으므로 리스트나 튜플과 달리 슬라이싱(slicing)은 사용할 수 없다.

[20] 리터럴 생성(literal creation)이란, 직접 쓰는 기호(리터럴)를 이용하여 변수를 만드는 방법을 말한다. 예를 들어, 대괄호로 list를 생성하거나 중괄호로 dict를 생성하는 것을 말한다.

3.1.2.1 리스트 List

리스트(list)는 시퀀스(sequence) 유형 중 하나로, 구성 원소(element)의 추가·삭제·수정이 자유로운 가변적 구조이다. 인덱스(index)나 값(value)을 이용하여 정렬이나 순차 검색이 가능하므로, 초기 데이터의 정리와 탐색 과정에서 자주 활용된다.

리스트의 특징

- 대괄호 [ ] 안에 원소들을 콤마(,)로 구분하여 정의한다.
- 모든 기본 유형과 컨테이너 유형의 조합으로 원소들을 혼합하여 정의할 수 있다.
- 합(+; 연결)과 곱(*; 반복) 연산자를 적용할 수 있다.
- `list[start:stop:step]`을 이용하여 선택 또는 추출이 가능하다.
- `list[i:j] = x`를 이용하여 원소들의 변경이 가능하다.
  이때 특정 두 원소의 값을 서로 교환(swap)하는 것도 포함되며, 슬라이싱이나 다중 대입을 통해 여러 원소를 동시에 교체하는 것도 가능하다.
- 비교 가능(comparable)
  순차적(sequential) 비교와 대소(magnitude) 비교 모두 지원한다.
- 중첩 및 다차원 구조로 확장 가능
  리스트 안에 또 다른 리스트를 포함할 수 있으며, 이를 이용하여 2차원 행렬, 테이블, 통계적 데이터 등의 구조를 표현할 수 있다.

단순 리스트 생성 예

```
empty_list = []                                          # 빈 리스트
my_list = [1, "data science", 3.14]                      # 정의
mixed_list = [42, "text", [1, 2, 3], {"key": "value"}]   # 조합 정의

list_concatenation = [1, 2, 3] + [4, 5, 6]               # 연결
# [결과] [1, 2, 3, 4, 5, 6]
list_repetition = [1, 2, 3] * 2                          # 반복
# [결과] [1, 2, 3, 1, 2, 3]

numbers = [0, 1, 2, 3, 4, 5, 6, 7, 8, 9]                 # 선택/추출
subset = numbers[2:8:2]
# [결과] [2, 4, 6]
numbers = [0, 1, 2, 3, 4, 5]                             # 변경
```

```
numbers[1:4] = [10, 11, 12]
# [결과] [0, 10, 11, 12, 4, 5]

nums = [100, 200, 300]                              # 교환(swap)
nums[0], nums[2] = nums[2], nums[0]
# [결과] [300, 200, 100]

x = [1, 2, 3]                                       # 순환(cyclic) 교환
y = [4, 5, 6, 7]
z = [8, 9]
z, x, y = x, y, z
x   #[결과] [4, 5, 6, 7]
y   #[결과] [8, 9]
z   #[결과] [1, 2, 3]
```

8 언팩킹 연산자(Unpacking operator)

- 리스트, 튜플 등 반복 가능한(iterable) 객체의 원소를 개별 변수 또는 함수 인자로 분리하여 구별해 주는 연산자이다.
- 단일 리스트의 원소를 여러 변수에 한 번에 할당할 수 있다.
  * 기호를 사용하면 남은 원소들을 하나의 리스트로 저장할 수 있다.

언팩킹 연산자 적용 예

```
a, b, c, d = mixed_list
a                                  # [결과] 42
b                                  # [결과] "text"
c                                  # [결과] [1, 2, 3]
d                                  # [결과] {'key': 'value'}

x, *y = [10, 20, 30, 40, 50]       # [결과] 나머지 처리(*)
x                                  # [결과] 10
y                                  # [결과] [20, 30, 40, 50]
```

리스트에 대한 비교 연산은 크게 순차적(sequential) 비교와 대소(magnitude) 비교로 나눌 수 있다. 순차적 비교는 ==, != 연산자를 사용하여 두 리스트의 동일 위치의 원소들을 차례로 비교한다. 이때, 리스트의 길이가 달라도 적용할 수 있으며 문자열의 경우에는 사전식 순서

(lexicographical order)를 따른다[21]. 대소 비교는 <, <=, >, >= 연산자를 사용하여 두 리스트를 앞에서부터 순차적으로 비교하며, 처음으로 차이가 발생한 지점에서 전체 리스트의 대소 관계를 결정한다. 만일 차이가 나타나면 그 이후의 원소들은 더 이상 비교하지 않는다.

순차적 비교와 대소 비교의 예

```
# 순차적 비교 (==, !=)
[1, 2, 3] == [1, 2, 4]                      # [결과] False
[1, 2, 3] != [1, 2, 4]                      # [결과] True
[1, 2, 3] == [1, 2, 3, 4]                   # [결과] False
["a", "b", "c"] == ["a", "b", "d"]          # [결과] False
["a", "b", "c"] != ["a", "b", "d"]          # [결과] True

# 대소 비교 (<, <=, >, >=)
[1, 2, 3] <= [1, 2, 4]                      # [결과] True(3 < 4)
[1, 2, 3] <= [1, 2, 3, 4]                   # [결과] True
["a", "b", "c"] <= ["a", "b", "d"]          # [결과] True("c" < "d")
["b", "a", "c"] <= ["a", "b", "d"]          # [결과] False("b" > "a")
```

리스트의 비교 결과를 쉽게 이해하기 위해서는 Python이 따르는 몇 가지 비교 규칙을 알아두는 것이 유용하다. 이 규칙은 순서와 인덱스를 가진 모든 시퀀스 데이터, 즉 문자열(str)이나 튜플(tuple)에도 동일하게 적용된다.

비교 규칙(comparison rules)

- 두 리스트는 앞에서부터 차례로 원소를 비교한다.
  (예) [1, 2, 3] < [1, 2, 4] [결과] True(3 < 4)
- 서로 다른 원소가 나타나면, 그 원소의 대소 관계로 전체 비교 결과를 결정한다.
  (예) [1, 2, 4] < [1, 2, 3] [결과] False(4 > 3)
- 끝까지 차이가 없으면, 길이가 짧은 리스트가 더 작은 것으로 판단한다.
  (예) [1, 2] < [1, 2, 3] [결과] True
  (예) ["boy"] < ["boy", "girl"] [결과] True
- 문자열도 사전식으로 비교한다.
  (예) ["boy"] < ["girl"] [결과] True

[21] 문자열의 각 문자는 ASCII 값 또는 unicode 코드 포인트 - 문자열에 부여된 고유한 숫자값 - 에 따라 사전식으로 비교된다.

리스트는 단순히 원소를 비교하거나 교환하는 데 그치지 않고, 데이터를 다루기 위한 다양한 메서드와 내장 함수를 제공한다. 이러한 도구들을 활용하면 원소의 추가, 삭제, 탐색, 정렬 등 데이터 처리 작업을 훨씬 더 간단하고 효율적으로 수행할 수 있다. 대표적인 리스트 객체의 메서드(list object methods)와 내장 함수들은 [표 3.11]과 같다.

리스트 객체의 메서드와 함수[22]

표 3.11: 리스트 관련 메서드와 함수

메서드/함수	설명	용도
append(element)	마지막에 새로운 원소 element를 추가	추가(한 원소)
extend(iterable)	iterable의 모든 원소를 추가	추가(여러 원소)
insert(index, element)	지정된 index 위치에 element를 삽입	삽입(위치 지정)
remove(element)	첫 번째로 나타나는 element를 제거	삭제(원소 지정)
pop(index)	지정된 index의 원소를 제거하고 반환	삭제(위치 지정)
index(element)	지정된 element의 인덱스 반환	탐색(위치 확인)
count(element)	element의 출현 횟수를 계산	탐색(횟수 세기)
clear()	모든 원소를 제거	전체 삭제
del list[i:j]	i번째에서 j번째까지 원소들을 제거	슬라이스 삭제
max(), min()	가장 큰/작은 값을 반환	최댓값/최솟값 구하기

리스트 객체 메서드/함수 적용 예

```
my_list = [1, 2, 3]                         # 추가/삽입
my_list.append("last")
my_list                                     # [결과] [1, 2, 3, 'last']

my_list = [1, 2, 3]
my_list.extend([4, 5, [1, 2]])              # 여러 원소 확장
my_list                                     # [결과] [1, 2, 3, 4, 5, [1, 2]]

my_list = [1, 2, 4]
my_list.insert(2, 2)                        # (index, value)
```

[22] del은 구문(statement)이고 max()/min()은 내장 함수이다. 나머지는 모두 리스트 객체의 메서드(method)이다.

```
my_list                                   # [결과] [1, 2, 2, 4]

my_list = [1, 2, 3, 2]                    # 삭제
my_list.remove(2)                         # 첫 번째 2 제거
my_list                                   # [결과] [1, 3, 2]

my_list = [1, 2, 3]
my_list.pop(1)                            # [결과] 2
my_list                                   # [결과] [1, 3]

my_list = ['a', 'b', 'c', 'b']            # 탐색
my_list.index('b')                        # [결과] 1

my_list = [1, 2, 3, 2, 2]
my_list.count(2)                          # [결과] 3

my_list = [1, 2, 3]
my_list.clear()                           # 전체 비우기
my_list                                   # [결과] []

my_list = [1, 2, 3, 4, 5]
del my_list[1:3]                          # 구간 지우기
my_list                                   # [결과] [1, 4, 5]

my_list = [1, 2, 3, 2, 2]                 # 집계
max(my_list)                              # [결과] 3
min(my_list)                              # [결과] 1

my_list = [3, 1, 4, 1, 5]                 # 정렬
my_list.sort()
my_list                                   # [결과] [1, 1, 3, 4, 5]

my_list = [3, 1, 4, 1, 5]
sorted_list = sorted(my_list, reverse=True)  # 새로운 정렬 리스트 반환
sorted_list                               # [결과] [5, 4, 3, 1, 1]

my_list = [1, 2, 3]                       # 뒤집기
my_list.reverse()
my_list                                   # [결과] [3, 2, 1]
```

리스트 정렬[23,24]

- sort()는 원소들을 오름차순으로 정렬한다. 동일한 유형 또는 서로 비교 가능한 유형에만 적용되며, key = 로 정렬 기준 변경 그리고 reverse = True는 내림차순으로 정렬한다.
- reverse()는 혼합 유형도 가능하며, 단순히 원소 순서를 역순으로 변경한다.

리스트 정렬 예

```
my_list = [3, 1, 4, 1, 5, "파이썬", "R"]    # 서로 다른 정수 + 문자열:정렬 불가
my_list.sort()                              # [결과] TypeError

my_list = [3, 1, 4, 1, 5]                   # 정수 리스트 정렬
my_list.sort()
my_list                                     #[결과] [1, 1, 3, 4, 5]
## 오름 차순 정렬
my_list = ["blue", "green", "파이썬", "R", "레드"]
my_list.sort()
my_list
# [결과] ['R', 'blue', 'green', '레드', '파이썬']
## 내림차순 정렬
my_list = ["blue", "green", "파이썬", "R", "레드"]
my_list.sort(reverse = True)
my_list
# [결과] ['파이썬', '레드', 'green', 'blue', 'R']
## 문자열 길이기준 정렬
my_list = ["blue", "green", "파이썬", "R", "레드"]
my_list.sort(key = len)
my_list
# [결과] ['R', '레드', '파이썬', 'blue', 'green']

# reverse(): 데이터 유형 혼합도 가능
my_list = [3, 1, 4, 1, 5, "파이썬", "R"]
my_list.reverse()
my_list
# [결과] ['R', '파이썬', 5, 1, 4, 1, 3]
```

---

[23] Python의 sort()는 기본적으로 유니코드 코드 포인트 순서를 기준으로 문자열을 정렬한다. 따라서 숫자 -> 영문 대문자 -> 영문 소문자 -> 한글 순으로 배치된다. 같은 길이의 문자열이라도 코드 포인트 값이 작은 문자가 앞에 배치된다.

[24] Unicode란 전 세계의 모든 문자를 표현하기 위한 국제적인 표준이다. 이는 다양한 언어와 기호에 대한 고유한 코드를 제공한다.

중첩 리스트(nested list)는 리스트 안에 또 다른 리스트를 원소로 포함하는 구조를 의미한다. 이러한 구조는 [그림 3.4]와 같이 상위 레벨(upper level)과 하위 레벨(lower level)로 구분할 수 있으며, 하위 레벨은 중첩의 깊이에 따라 계속 확장될 수 있다. 중첩 리스트는 데이터의 계층적 구조를 표현하는 데 매우 유용하다. 데이터 분석에서 2차원 행렬, 트리(tree) 구조, 또는 그룹화된 데이터를 다룰 때 자주 활용된다.

```
nested = [1, 2, [5, 6, 7, 8], ["R", "P", "D", "S"]]
```

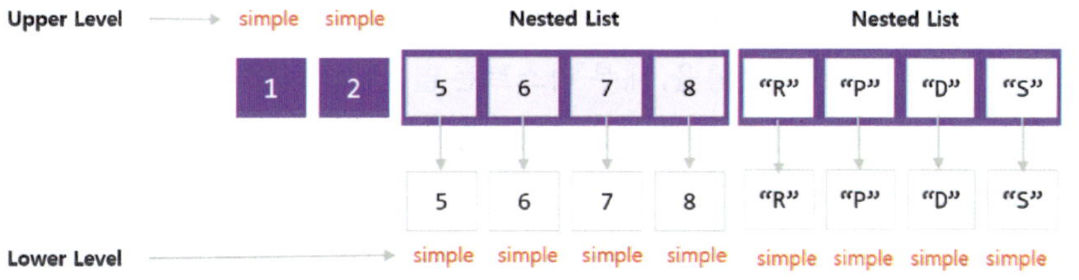

그림 3.4: 중첩된 리스트의 상위/하위 레벨(예)

개별 원소의 접근 방법은 상위 리스트의 인덱스로 하위 리스트를 먼저 선택하고, 다시 하위 리스트의 인덱스를 지정하여 원하는 원소에 접근한다.

중첩 리스트 개별 원소 접근 예

```
print(nested[0])                                    # [결과] 1
print(nested[1])                                    # [결과] 2
print(nested[2])                                    # [결과] [5, 6, 7, 8]

print(nested[2][0])                                 # [결과] 5
print(nested[2][-1])                                # [결과] 8

print(nested[3][0])                                 # [결과] "R"
print(nested[3][1])                                 # [결과] "P"
print(nested[3][2])                                 # [결과] "D"
print(nested[3][3])                                 # [결과] "S"
print(nested[3][-1])                                # [결과] "S"

print(nested[3][0:2])                               # [결과] ["R", "P"]
```

다차원 리스트(Multi-dimensional list)는 중첩된 리스트의 특수한 경우로, 데이터를 행(row)과 열(column)의 형태로 구조화하여 저장한다. 따라서, 2차원 행렬, 테이블, 통계적 데이터와 같은 구조를 표현하는 데 널리 사용된다. 예를 들어, 성적표와 같이 행은 학생, 열은 과목을 나타내는 표를 다차원 리스트로 표현할 수 있으며, 이미지 데이터에서는 픽셀의 위치와 색상 정보를 행렬 형태로 저장할 수 있다. 이러한 구조는 반복문, 컴프리헨션(comprehension), 전치(transpose) 또는 함수 적용(map) 등 다양한 연산과 결합되어, 데이터를 보다 체계적으로 처리하고 분석하는 데 유용하다[25].

10 다차원 리스트(Multi-dimensional List)

- 바깥 리스트는 행(row)을, 내부 리스트는 열(column)을 나타낸다.
  len() 함수를 이용하면 행과 열의 개수를 확인할 수 있다.
- 전치(transpose)
  zip()을 이용하여 각 행을 언패킹(unpacking)하면, 원래 행렬의 열을 튜플(tuple)로 반환한다.
  zip(*m_list)는 zip(m_list[0], m_list[1], m_list[2], ...)와 동일하다.
- 원소별 함수 적용
  map(func, iter)를 사용하여 다차원 리스트의 각 원소에 함수를 적용할 수 있다.
  단, func는 하나의 인자를 받고 결과를 반환하는 함수이어야 한다.

다차원 리스트 적용 예

```
m_list = [[1, 2, 3],                        # 2행 3열 리스트(행렬)
          [4, 5, 6]]
                                            # 행과 열의 수 확인
len(m_list)                                 # 행의 수: 2
len(m_list[0])                              # 열의 수: 3
                                            # 특정 원소 접근
m_list[0]                                   # 첫 번째 행: [1, 2, 3]
m_list[0][1]                                # (1행, 2열) 원소: 2

                                            # 열(column) 추출
first_column = [row[0] for row in m_list]
first_column                                # 첫 번째 열: [1, 4]

                                            # 전치(transpose)
transposed = list(zip(*m_list))
```

[25] 반복문은 [pp. 71] 참조, 컴프리헨션은 [pp. 75] 참조

```
transposed                                          # [(1, 4), (2, 5), (3, 6)]

                                                    # 원소별 함수 적용
squared = [list(map(lambda x: x**2, row)) for row in m_list]
squared                                             # [[1, 4, 9], [16, 25, 36]]
```

언팩킹 연산자 적용 예

```
m_list = [[1, 2, 3],                          # 2행 3열 리스트
          [4, 5, 6]]

                                              # zip()과 언팩킹 연산자(*)
transposed = list(zip(*m_list))
transposed                                    # [결과] [(1, 4), (2, 5), (3, 6)]

                                              # 결과를 다시 리스트화
transposed_list = [list(col) for col in zip(*m_list)]
transposed_list                               # [결과] [[1, 4], [2, 5], [3, 6]]
```

11 리스트 할당과 복사

- 할당(assign)
  두 변수가 동일한 리스트 객체를 참조하므로, 한 변수를 수정하면 다른 변수도 함께 변경된다.
- 얕은 복사(copy)
  중첩 리스트의 상위 레벨만 복사할 뿐, 내부의 중첩 리스트는 원본과 복사본이 공유된다. 따라서 복사된 중첩 리스트를 수정하면, 원본에도 동일하게 반영된다. copy(), [:], list(), *1 등을 이용하여 새로운 리스트 객체를 생성한다.
- 깊은 복사(deep copy)
  모든 중첩 리스트까지 새로 복제되므로, 원본과 복사본은 완전히 독립적인 객체로 작동한다. 따라서, 복사본 또는 원본의 변경이 다른쪽에 영향을 주지 않는다. copy.deepcopy()를 이용하면 상위 레벨뿐 아니라 내부 객체까지 모두 재귀적으로 복제된다.
- 중첩 구조가 없는 단순 리스트에서는 얕은 복사와 깊은 복사는 동일한 결과를 제공한다.

할당과 복사 예

```
# 할당
list_1 = [1, 2, 3]
list_2 = list_1
list_2.append(4)                                    # list_2 변경
list_2                                              # [결과] [1, 2, 3, 4]
list_1                                              # [결과] [1, 2, 3, 4]
# 복사
list_1 = [1, 2, 3]
list_2 = list_1.copy()
list_2.append(4)                                    # list_2 변경
list_2                                              # [결과] [1, 2, 3, 4]
list_1                                              # [결과] [1, 2, 3]

# 다양한 복사 방법
list_2 = list_1[:]                                 # 리스트 전체 슬라이싱
list_2 = list_1*1                                  # 반복 연산자
list_2 = list(list_1)                              # 새로운 리스트 정의
```

얕은 복사와 깊은 복사 예[26]

```
import copy
nested = [1, 2, [5,6,7,8], ["R", "P", "D", "S"]]
# 얕은 복사
shallow = nested.copy()
shallow[2][0] = 99          # 중첩 리스트 수정
nested                      # [결과] [1, 2, [99, 6, 7, 8], ['R', 'P', 'D', 'S']]
shallow                     # [결과] [1, 2, [99, 6, 7, 8], ['R', 'P', 'D', 'S']]

# 깊은 복사
deep = copy.deepcopy(nested)
deep[3][1] = "Q"            # 중첩 리스트 수정
print(nested)               # [결과] [1, 2, [99, 6, 7, 8], ['R', 'P', 'D', 'S']]
print(deep)                 # [결과] [1, 2, [99, 6, 7, 8], ['R', 'Q', 'D', 'S']]
```

단순 리스트에서의 얕은 복사와 깊은 복사는 동일한 결과를 제공한다.

[26] copy 모듈은 객체의 복사(copy)를 지원하는 표준 라이브러리이다. copy.copy()는 얕은 복사(shallow copy), copy.deepcopy()는 깊은 복사(deep copy)를 수행한다.

3.1.2.2 튜플 Tuple

튜플(tuple)은 리스트(list)와 같이 순서가 부여되는 시퀀스의 구조이지만, 변경되지 않는 데이터를 표현할 때 사용된다. 따라서, 문자형(string)과 비슷한 특징을 갖는다.

튜플(tuple)의 특징

- 순서가 부여된 시퀀스 데이터 유형으로, ( ) 안에 원소들을 콤마(,)로 구분하여 정의한다.
- 모든 기본 자료형과 컨테이너 유형을 혼합하여 포함할 수 있다.
- 합(+)과 곱(*) 연산을 적용하면, 새로운 튜플을 생성한다.
- tuple[start:stop:step] 구문으로 원하는 원소를 선택하거나 추출할 수 있다.
- 한 번 생성되면 그 내용을 변경할 수 없다. 따라서 데이터의 안전한 보존이나, 변경이 필요 없는 상수 집합을 표현할 때 유용하다.
- 단일 원소 튜플은 (x,) 형태로 정의해야 하며, 딕셔너리의 키(key) 나 집합(set)의 원소로 사용할 수 있다.

튜플 적용 예

```
# 튜플 데이터 유형 확인
num = (1, 5, 3)
type(num)                                        # [결과] <class 'tuple'>

data = (3.14, ["R", "Python"], True)
type(data)                                       # [결과] <class 'tuple'>

# 연산 (합, 곱)
num + num    # [결과] (1, 5, 3, 1, 5, 3)
data * 2     # [결과] (3.14, ['R', 'Python'], True, 3.14, ['R', 'Python'], True)

# 인덱싱 / 슬라이싱
print(data[1:])                                  # [결과] (['R', 'Python'], True)

# 불변성(immutable)
num[2] = 4            # TypeError: 'tuple' object does not support item assignment
num[0:1] = (2, 3)     # TypeError
num.sort()            # AttributeError
```

```
num.append(7)        # AttributeError
num.reverse()        # AttributeError
```

데이터 분석에서 튜플(tuple)의 활용

- 데이터 레코드 표현 : 한 행(row)이나 관측치를 변경 불가능한 구조로 보존할 때 유용하다.
  (예) (101, "Kim", 92)
- 다중 값 반환 및 언패킹 : 함수가 여러 결과(예: 평균, 분산 등)를 반환할 때 튜플로 정의한 후, 언패킹으로 분해하여 사용한다.
  (예) mean, var = (10.5, 2.3)
- 다차원 인덱싱 : NumPy, Pandas 등에서 행렬이나 테이블의 특정 위치를 지정할 때 튜플로 좌표를 표현한다.
  (예) arr[1, 2] → 내부적으로 (1, 2)
- 딕셔너리 키 및 집합 원소 : 불변성이 보장되므로, 다차원 데이터의 좌표나 인덱스의 키로 활용할 수 있다.
  (예) d[(2, 3)] = "value"
- 정렬 기준 : 튜플은 두 개 이상의 값으로 정의될 수 있으며, Python은 이를 사전식(lexicographical) 비교로 정렬한다.
  (예) [(1,2), (1,1), (0,3)] → [(0,3), (1,1), (1,2)]

튜플 활용 예

```
# 데이터 레코드 표현
record = (101, "kim", 92.5)
record                                    # [결과] (101, 'kim', 92.5)

# 다중 값 반환과 언패킹
def summary(data):
    return (len(data), sum(data)/len(data))
n, mean = summary([10, 20, 30])
print(n, mean)                            # [결과] 3 20.0

# 다차원 인덱싱
import numpy as np
```

```
arr = np.arange(9).reshape(3, 3)
arr                                          # [결과]
# array([[0, 1, 2],
#        [3, 4, 5],
#        [6, 7, 8]])
arr[(1, 2)]                                  # [결과] 5
arr[1, 2] == arr[(1, 2)]                     # [결과] True

# 딕셔너리 키로 활용
matrix = {}                              # 딕셔너리 정의
matrix[(0, 0)] = 1
matrix[(0, 1)] = 2
matrix                                   # [결과] {(0, 0): 1, (0, 1): 2}

# 정렬 기준
pairs = [(2, 'b'), (1, 'a'), (2, 'a')]
sorted(pairs)                            # [결과] [(1, 'a'), (2, 'a'), (2, 'b')]
```

튜플(tuple)은 리스트와 마찬가지로 순서가 있는 시퀀스 자료형이므로, 인덱싱, 슬라이싱, 언패킹 연산자, 중첩 구조, 다차원 구조 등 리스트에서 소개한 대부분의 특징과 활용 방법을 동일하게 적용할 수 있다. 따라서 튜플은 리스트와 공통되는 시퀀스 연산 방식을 공유하면서도, 불변성(immutability)이라는 차별적 특징 덕분에 변경이 필요 없는 데이터 구조를 표현할 때 주로 사용된다. 리스트와 튜플의 특징을 간단히 정리하면 [표 3.12]와 같다.

표 3.12: 리스트와 튜플의 특성 비교

특성	리스트(list)	튜플(tuple)
정의	순서가 있는 시퀀스, 가변적(mutable)	순서가 있는 시퀀스, 불변적(immutable)
변경	추가, 삭제, 수정 가능	변경 불가
활용	동적 데이터 저장, 데이터 전처리	상수 집합, 딕셔너리 키, 안전한 데이터 보존
문법	[] 사용	() 사용

3.1.2.3 집합 Set

집합(set)은 중복을 허용하지 않고 순서가 없는 원소들의 모임을 표현하는 데이터 유형이다. 이는 수학의 집합 이론을 직접 지원하며, 데이터의 고유값 추출, 집합 연산(합집합, 교집합, 차집합 등)에 활용된다.

집합(set)의 특징

- 중괄호{} 내에 컴마(,)로 구분하여 원소들을 정의한다.
- 집합의 원소는 변경 불가능(immutable)한 유형만 가능하다.
  (예) list는 집합의 원소가 될 수 없다.
- 원소의 추가 또는 삭제가 가능하다.
- 다양한 집합 연산자(set operators)를 적용할 수 있다.

집합의 정의와 활용 예

- 집합은 순서가 없으므로 인덱싱이나 슬라이싱(set[i], set[start:stop])을 적용할 수 없다.
- 집합 원소의 수는 len()으로 확인하며, 특정 원소의 존재 여부는 in 또는 not in으로 검사한다.
  원소가 복합 데이터형인 경우, 집합은 최상위 수준의 원소 단위만 비교한다.
  (예) ("a","b") in ("a","b"), "c"의 결과는 True, "a" in ("a","b"), "c"의 결과는 False

```
# 빈 집합 정의
s1 = set()
s1                                  # [결과] set()

# 중복 원소 제거
s1 = {"Kim", "Park", "Kim"}
s1                                  # [결과] {'Kim', 'Park'}
len(s1)                             # [결과] 2
"Kim" in s1                         # [결과] True
"Lee" in s1                         # [결과] False

# 불변형 데이터 유형만 가능
ok_set = { (1, 2), "data", True }
ok_set                              # [결과] {True, (1, 2), 'data'}
```

```
bad_set = { [1, 2], "data" }                # [결과] TypeError(list 포함 불가)

# 복합형 원소 확인
sample = { (1, 2), ("R", "Python"), True }

# 집합의 원소를 순회: 순서 유지되지 않음
for element in sample:
    print(element)
# [결과]
# True
# (1, 2)
# ('R', 'Python')

# 집합 내에서 튜플 원소만 분해하여 출력: 순서 유지되지 않음
for element in sample:
    if isinstance(element, tuple):
        for item in element:
            print(item)
    else:
        print(element)
# [결과]
# True
# 1
# 2
# R
```

집합(set)은 원소의 추가, 삭제, 갱신 등을 위한 다양한 관리 메서드를 제공한다. 리스트처럼 인덱스 기반 접근은 불가능하지만, 다음과 같은 집합 메서드(Set Methods)를 통해 원소를 효율적으로 다룰 수 있다.

집합 메서드

- remove(x) - 집합에 원소 x가 존재하면 제거한다. - x가 존재하지 않으면 KeyError가 발생한다.
- discard(x) - 집합에 원소 x가 존재하면 제거한다. - x가 존재하지 않아도 오류가 발생하지 않는다.
- pop() - 집합에서 임의의 원소 하나를 제거하고 반환한다. - 집합이 비어 있으면 KeyError가 발생한다. - 임의이므로 어떤 원소가 제거될지는 보장되지 않는다.

표 3.13: 집합 메서드

메서드	설명
add()	원소 추가
	- 중복되지 않은 원소만 추가
update()	반복 가능한 객체로부터 원소 추가 및 변경
	- 중복되지 않은 원소만 추가
discard()	특정 원소 제거
	- 원소가 없어도 에러 발생하지 않음
remove()	특정 원소 제거
	- 원소가 없을 경우 KeyError 발생
pop()	집합에서 임의의 원소 제거 및 반환
	- 집합이 비어있을 경우 KeyError 발생
clear()	모든 원소 제거

집합 메서드 적용 예

```
s3 = {1, 2, 3}                          # 집합 생성
s3                                      # [결과] {1, 2, 3}
s3.add(4)                               # 단일 원소 추가
s3                                      # [결과] {1, 2, 3, 4}
s3.update([4, 5, 6])                    # 여러 원소 추가
s3                                      # [결과] {1, 2, 3, 4, 5, 6}
s3.discard(2)                           # 특정 원소 제거
s3                                      # [결과] {1, 3, 4, 5, 6}
s3.discard(10)                          # [결과] 변화 없음
s3.remove(5)                            # 특정 원소 제거(없으면 오류)
s3                                      # [결과] {1, 3, 4, 6}
# s3.remove(10)                         # [결과] KeyError
#
s3.pop()                                # 임의의 원소 제거 및 반환
s3                                      # [결과] 예: {3, 4, 6}
s3.clear()                              # 모든 원소 제거
s3                                      # [결과] set()
# s3.pop()                              # [결과] KeyError(빈 집합 적용)
```

집합 연산자

표 3.14: 집합 연산자

연산자	설명
union() 또는 |	합집합 결과 반환
intersection() 또는 &	교집합 결과 반환
difference() 또는 -	차집합 결과 반환
symmetric_difference() 또는^	대칭 차집합 결과 반환
issubset()	부분집합 여부 확인
issuperset()	상위집합 여부 확인

집합 연산자 적용 예

```
s1 = {1, 2, 3, 4}
s2 = {3, 4, 5, 6}

# 합집합
s1.union(s2)                # [결과] {1, 2, 3, 4, 5, 6}
s1 | s2                     # [결과] {1, 2, 3, 4, 5, 6}
# 교집합
s1.intersection(s2)         # [결과] {3, 4}
s1 & s2                     # [결과] {3, 4}
# 차집합
s1.difference(s2)           # [결과] {1, 2}
s1 - s2                     # [결과] {1, 2}
# 대칭 차집합
s1.symmetric_difference(s2) # [결과] {1, 2, 5, 6}
s1 ^ s2                     # [결과] {1, 2, 5, 6}

# 부분집합 여부 확인
{1, 2}.issubset(s1)         # [결과] True
s1.issuperset({1, 2})       # [결과] True
```

3.1.2.4 딕셔너리 Dictionary

딕셔너리(dict)는 Key-Value 쌍으로 데이터를 저장하는 유유형으로 컨테이터 형 중에서 가장 자유롭게 정의되는 데이터 유형이다. 여기서, Key는 중복될 수 없으며, 불변(immutable)형만 가능하고, 각 값(Value)은 어떤 데이터 형도 지정 가능하여 다양한 구조의 데이터를 표현할 수 있다. 이는 Key를 통해 원하는 값을 빠르게 검색하거나 수정/삭제할 수 있으므로, 대량의 데이터를 효율적으로 관리하는 데 유용하다.

딕셔너리(dict)의 특징[27]

- 중괄호({ })내에 key:value 쌍을 콤마(,)로 구분하여 정의한다.
- key는 불변(immutable) 자료형만 가능하고, value는 모든 유형의 데이터를 지정할 수 있다.
- 인덱싱이나 슬라이싱(dict[i], dict[start:stop])을 지원하지 않는다.

딕셔너리(dict)는 데이터를 Key-Value 쌍으로 저장하고 관리하기 위해 다양한 메서드를 제공한다. 이들 메서드는 크게 생성과 조회, 구조 확인과 반복, 추가와 변경, 제거, 정렬과 재구성, 복사의 범주로 구분할 수 있다. 각 범주는 딕셔너리를 효율적으로 다루는 기본 도구이며, 데이터 구조 표현과 변형에 광범위하게 활용된다.

생성과 기본 조회

- 중괄호 안에 key:value 쌍으로 생성한다.
- d[key]로 value에 접근하고, 만일 key의 값이 존재하지 않으면, KeyError가 발생한다.
- d.get(key, default)로 안전하게 조회할 수 있다.
  존재하지 않는 key로 접근하더라도 오류가 발생하지 않고, 미리 지정한 기본값(default)을 반환한다.
  - 기본값을 지정하지 않으면, None을 반환한다.

생성과 기본 조회 적용 예

```
d1 = {"name": "홍길동", "age": 19, "city": "성남"}       # 딕셔너리 생성
d1
# [결과] {'name': '홍길동', 'age': 19, 'city': '성남'}
```

[27] Python 3.7 이후로 삽입 순서가 보존되지만, 본질적으로 순서 없는 데이터 유형으로 간주된다.

```
d1["name"]              # [결과] '홍길동'          # 특정 key로 값 조회
d1["age"]               # [결과] 19

# d1["score"]            # [결과] KeyError: 'score'      # 존재하지 않는 key 접근

d1.get("score", 0)      # [결과] 0                   # 안전 조회
d1.get("city")          # [결과] '성남'
d1.get("country")       # [결과] None
```

구조 확인과 반복

- d.keys()는 모든 키(key)를 확인할 수 있다.
- d.values()는 모든 값(value)을 확인할 수 있다.
- d.items()는 모든 (key, value) 쌍을 확인할 수 있다.
- for k, v in d.items()는 모든 (key, value) 쌍을 반복하면서 접근할 수 있다.

구조 확인과 반복 예

```
d1 = {"name": "홍길동", "age": 19, "city": "성남"}

d1.keys()                                          # 모든 키 확인
# [결과] dict_keys(['name', 'age', 'city'])

d1.values()                                        # 모든 값 확인
# [결과] dict_values(['홍길동', 19, '성남'])

d1.items()                                         # (key, value) 쌍 확인
# [결과] dict_items([('name', '홍길동'), ('age', 19), ('city', '성남')])

for k, v in d1.items():                     # for 반복문으로 (key, value) 접근
    print(k, v)
# [결과]
# name 홍길동
# age 19
# city 성남
```

추가와 변경

- d[key] = value 는 새로운 key를 추가하거나 기존 key의 value를 수정할 때 사용한다.
- setdefault(key, default) 는 지정한 key가 없으면 default value로 추가하고, 이미 있으면 해당 value를 그대로 반환한다.
- update(m) 는 다른 dict 또는 (key, value) 쌍을 합쳐서 현재 딕셔너리를 갱신한다.

추가와 변경 적용 예

```
d1 = {"name": "홍길동", "age": 19, "city": "성남"}
                                        # 추가 또는 수정
d1["age"] = 20                          # 기존 키 'age' 값 수정
d1["score"] = 95                        # 새로운 키 'score' 추가
d1
# [결과] {'name': '홍길동', 'age': 20,
#         'city': '성남', 'score': 95}
                                        # 기본값으로 추가
d1.setdefault("grade", "A")             # 'grade' 없으므로 추가
d1.setdefault("name", "홍길순")          # 'name' 이미 있으므로 기존 값 유지
d1
# [결과] {'name': '홍길동', 'age': 20,
#         'city': '성남', 'score': 95, 'grade': 'A'}

d1.update({"city": "서울", "major": "데이터과학"})           # 갱신
d1
# [결과] {'name': '홍길동', 'age': 20, 'city': '서울',
#         'score': 95, 'grade': 'A', 'major': '데이터과학'}
```

제거

- pop(key) : 지정한 key와 그 value를 제거하고 반환한다.
  - 해당 key가 없으면 KeyError가 발생하며, 기본값을 지정하면 오류 대신 기본값을 반환한다.
- popitem() : 하나의 (key, value) 쌍을 제거하고 반환한다.
  - Python 3.7 이상에서는 마지막으로 추가된 항목을 제거한다.
- del d[key] : 특정 key를 제거한다. 이때, 값의 반환은 없다.
- clear() : 모든 항목을 제거하여 빈 딕셔너리로 반환한다.

제거 적용 예

```
# 딕셔너리 생성
d1 = {"name": "홍길동", "age": 19, "city": "성남"}

d1.pop("age")                    # 지정한 key와 value 제거 및 반환
d1
# [결과] {'name': '홍길동', 'city': '성남'}

d1.popitem()                     # 마지막 추가된 (key, value) 쌍 제거 및 반환
d1
# [결과] {'name': '홍길동'}

del d1["name"]                   # 특정 key 제거(값 반환 없음)
d1
# [결과] {}

d1 = {"name": "홍길동", "age": 19, "city": "성남"}          # 전체 항목 제거
d1.clear()
d1
# [결과] {}
```

정렬과 재구성[28,29]

- 딕셔너리는 기본적으로 **정렬** 기능을 제공하지 않는다.
- sorted() 함수를 이용하여 (키 또는 값 기준으로) 정렬한 후, dict()로 변환할 수 있다.
- dict 컴프리헨션을 사용하면 새로운 규칙에 따라 (key, value) 쌍을 재구성할 수 있다.
  - 이는 key: value for (key, value) in ... 형태로 구성된다.

```
d1 = {"name": "홍길동", "age": 19, "city": "성남"}
```

[28] sort()는 리스트의 메서드로 새로운 리스트 생성없이 해당 리스트의 원소를 변경한다. sorted()는 문자열, 튜플, 리스트 등 다양한 유형에 객체에 사용할 수 있으며, 항상 새로운 리스트를 반환한다. 만일 별도의 변수에 할당하지 않으면, 결과 리스트는 사용 후 제거된다.

[29] 컴프리헨션(comprehension)은 for 반복문을 간단히 표현하여 새로운 리스트, 딕셔너리, 집합을 생성하는 방식이다. [pp. 75 참조]

```
dict(sorted(d1.items(), key=lambda x: x[0]))                # 키 기준 정렬
# [결과] {'age': 19, 'city': '성남', 'name': '홍길동'}

dict(sorted(d1.items(), key=lambda x: x[1]))                # 값 기준 정렬
# [결과] {'age': 19, 'name': '홍길동', 'city': '성남'}


{k: str(v) for k, v in d1.items()}                          # 컴프리헨션
# [결과] {'name': '홍길동', 'age': '19', 'city': '성남'}      # 문자열 변환

{k.upper(): v for k, v in d1.items()}                       # 컴프리헨션
# [결과] {'NAME': '홍길동', 'AGE': 19, 'CITY': '성남'}        #키 대문자 변환

{k: v for k, v in d1.items() if isinstance(v, int)}         # 컴프리헨션
# {'age': 19}                                               # 조건 포함(int)
```

복사

- copy()는 얕은 복사(shallow copy)로, 객체의 1차원 구조만 복사한다. 내부에 포함된 리스트, 딕셔너리 같은 가변 객체는 원본과 공유된다.
- copy.deepcopy()는 깊은 복사(deep copy)로, 내부 구조까지 모두 재귀적으로 복사한다. import copy가 선행되어야 한다.

```
import copy

d1 = {"name": "홍길동", "scores": [90, 85]}

d2 = d1.copy()                                              # 얕은 복사
d2["scores"][0] = 100
d1          # {'name': '홍길동', 'scores': [100, 85]}      # 원본도 영향 받음

d3 = copy.deepcopy(d1)                                      # 깊은 복사
d3["scores"][1] = 70
d1          # {'name': '홍길동', 'scores': [100, 85]}      # 원본 그대로 유지
d3          # {'name': '홍길동', 'scores': [100, 70]}
```

지금까지 설명된 딕셔너리(dict)에서 고려된 메서드를 요약하면 [표 3.15]와 같다[30].

표 3.15: 딕셔너리 메서드 요약

항목	메서드	설명
생성/조회	`{key:value}`	리터럴 생성
	`d[key]`	특정 key 값 조회
	`d.get(key, default)`	안전 조회 (기본값)
	`key in d`	키 존재 확인
	`len(d)`	원소 수 확인
구조 확인	`d.keys()`	모든 키 확인
	`d.values()`	모든 값 확인
	`d.items()`	(키,값) 쌍 확인
	`for k,v in d.items()`	반복 처리
추가/변경	`d[key] = value`	값 추가·변경
	`d.setdefault(key, default)`	기본값 설정 후 반환
	`d.update(m)`	다른 dict 병합
제거	`d.pop(key)`, `d.pop(key, default)`	키 제거 (없으면 오류)
	`d.popitem()`	임의 쌍 제거·반환
	`del d[key]`	특정 키 삭제
	`d.clear()`	전체 제거
정렬/재구성	`sorted(d.items(), key=...)`	정렬된 목록 반환
	`dict(sorted(...))`	정렬 결과를 dict로 변환
	`{k:v for k,v in ...}`	컴프리헨션으로 구성
복사	`d.copy()`	얕은 복사
	`copy.deepcopy(d)`	깊은 복사

[30] 리터럴 생성(literal creation)이란, 직접 쓰는 기호(리터럴)를 이용하여 변수를 만드는 방법을 말한다. 즉, 함수나 클래스의 생성자를 호출하지 않고, 언어에서 제공하는 기호만으로 곧바로 객체를 만드는 방식을 의미한다. 예를 들어, 대괄호로 list를 생성하거나 중괄호로 dict를 생성하는 것을 말한다.

3.2 제어 흐름 Control Flows

프로그램의 실행 순서를 제어하는 구조인 제어 흐름은 조건문(Conditional Statements)과 반복문(Loop Statements)을 기본으로 한다. 이 두 구조는 프로그램의 논리적 흐름과 반복적인 작업을 관리하는 데 필수적인 구성 요소이다.

3.2.1 조건문 Conditional Statements

조건문(Conditional Statements)은 주어진 조건이 참(true) 또는 거짓(false)인지에 따라 서로 다른 코드 블록(code block)을 선택적으로 실행하는 구조를 말한다. 이를 활용하면 프로그램은 단순히 위에서 아래로 이어지는 순차 실행을 넘어, 상황에 따라 적절한 분기(branch)를 수행할 수 있다. 이와 같이 조건문은 상황에 따른 프로그램의 유연성을 높이고, 알고리즘의 논리적 구조를 표현하는 데 중요한 역할을 한다. **Python**에서 조건문은 주로 if, elif, else 구문을 사용하여 작성된다.

조건문의 기본 유형

- 단일 조건문(Simple if statement) if 문

  if [조건]:

  [조건]이 참일 때 실행될 코드 블록
- 이중 조건문(If-else statement) if-else 문

  if [조건]:

  [조건]이 참일 때 실행될 코드 블록

  else:

  [조건]이 거짓일 때 실행될 코드 블록
- 다중 조건문(If-elif-else statement) if-elif-else 문

  if [조건 1]:

  [조건 1]이 참일 때 실행될 코드 블록

  elif [조건 2]:

  [조건 1]이 거짓이고 [조건 2]가 참일 때 실행될 코드 블록

  else:

  모든 [조건]이 거짓일 때 실행될 코드 블록
- 중첩 조건문 (Nested conditional statement)

  조건문 내부에 또 다른 조건문을 포함하여 복잡한 분기 구조를 표현

if-문 적용 예

```
score = 70
if score >= 60:
    print("합격")                          # 반드시 4칸 들여쓰기
    print("축하합니다.")
# [결과]
# 합격
# 축하합니다.
```

if-else 문 적용 예

```
score = 50
if score >= 60:
    print("합격")
    print("축하합니다.")
else:
    print("불합격")
    print("재시험 신청 기간이 2일 남았습니다.")
#
# [결과]
# 불합격
# 재시험 신청 기간이 2일 남았습니다.
```

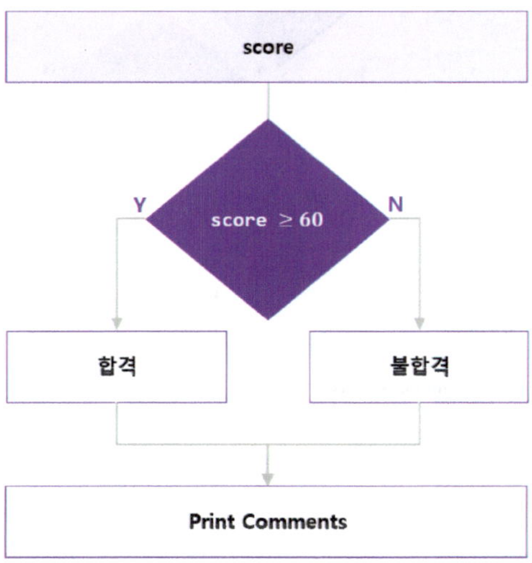

if-else의 구조

if-elif-else 문 적용 예

```
score = 85
if score >= 90:
    print("A")
elif score >= 80:
    print("B")
elif score >= 70:
    print("c")
elif score >= 60:
    print("D")
else:
    print("F")
#
# [결과]
# B
```

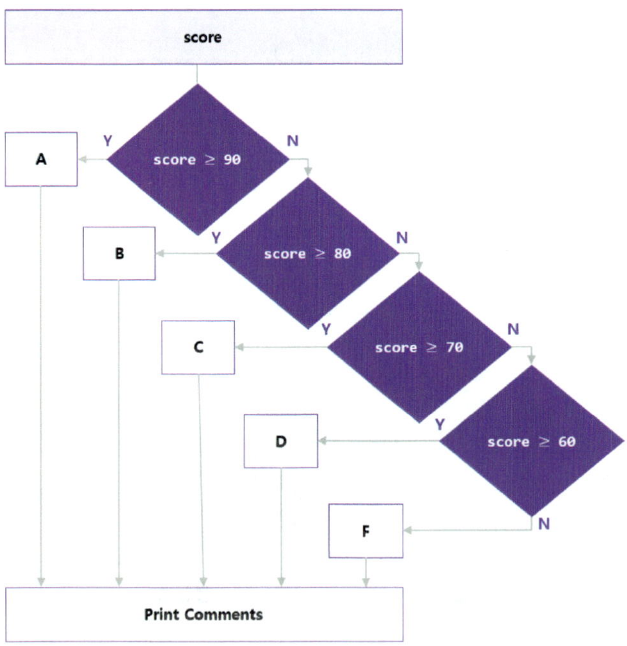

if-elif-else의 구조

여러 조건을 동시에 판별해야 하는 경우, and, or, not과 같은 논리 연산자(logical operator)를 사용한다. 이를 이용하면 하나의 if-문 안에서 복합적인 조건 판별을 수행할 수 있다.

논리 연산자를 이용한 조건 조합의 예

```
attendance = "Yes"              # 출석 기준 달성 여부 ("Yes" 또는 "No")
mid = 85                        # 중간고사 점수
final = 90                      # 기말고사 점수

if attendance == "Yes":
    # 출석 기준 충족
    if mid >= 80 and final >= 80:
        print("출석 기준을 달성했으며, 높은 성적을 받았습니다.")
    else:
        print("출석 기준을 달성했으나, 시험 성적 중 하나가 부족합니다.")
else:
    # 출석 기준 미달
    if mid >= 80 and final >= 80:
        print("출석 기준을 달성하지 못했지만, 높은 성적을 받았습니다.")
    else:
        print("출석 기준을 달성하지 못했고, 성적도 부족합니다.")
#
# [결과]
# 출석 기준을 달성했으며, 높은 성적을 받았습니다.
```

3.2.2 반복문 Loop Statements

반복문(Loop Statements)이란 특정 조건이 참(True)인 동안 또는 주어진 시퀀스(sequence)(예: 리스트, 튜플, 문자열 등)의 모든 항목을 순회하면서 코드 블록을 반복적으로 실행하는 제어 구조를 말한다. 이를 활용하면 동일한 작업을 여러 번 수행할 수 있어, 데이터 처리, 자동화 작업, 패턴 탐색 등에서 매우 유용하다. Python에서 주로 사용되는 반복문은 크게 두 가지 형태로 나눌 수 있다.

- for 문(for loop): 리스트, 튜플, 문자열 등 이터러블(iterable)의 각 원소를 차례로 반영하여 반복 실행
- while 문(while loop): 지정된 조건이 True인 동안 계속 반복 실행

또한 반복문 실행 중에 흐름을 제어하기 위해 break, continue, pass와 같은 제어문(Control Statements)을 함께 사용할 수 있다.

반복문의 기본 유형과 반복 제어문

- for 문

  for 원소 in (시퀀스):

  (시퀀스)의 각 원소에 대하여 실행될 코드 블록
- while 문

  while [조건]:

  [조건]이 참인 동안 실행될 코드

• 반복 제어문(Loop Control Statements)
  - pass: 아무런 동작 없이 다음 단계 진행
  - continue: 현재 반복을 건너뛰고 다음 순회(iteration)를 실행
  - break: 반복문을 즉시 종료하고 반복문을 빠져나와 다음 코드를 진행

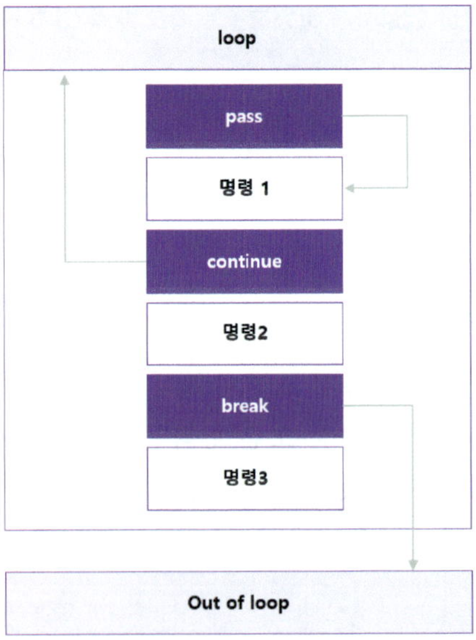

반복 제어문 pass, continue, break

반복 횟수가 사전에 알려져 있는 경우에는 for-문을 사용하고, 반복 횟수가 명확히 알려져 있지 않은 경우에는 while-문을 주로 사용한다. 또한 반복 실행 과정에서 pass, continue, break와 같은 반복 제어문(Loop Control Statements)을 적용하면, 반복문의 실행 흐름을 유연하게 조절할 수 있다.

12 반복 범위 지정

- range(start, stop, step)을 이용하여 반복되는 범위를 지정할 수 있다.
- start가 생략되는 경우 기본값은 0이다.
- step이 생략되는 경우 기본값은 1이다.

숫자들의 합 계산 예

```
sum_value = 0
for i in range(1, 11):
    sum_value += i
print("1에서 10까지의 합:", sum_value)          # [결과] 1에서 10까지의 합: 55

# while 사용
sum_value = 0
i = 1
while i <= 10:
    sum_value += i
    i += 1
print("1에서 10까지의 합:", sum_value)          # [결과] 1에서 10까지의 합: 55
```

19x19단 작성[31]:

```
for i in range(2, 20):                         # 2단부터 19단까지
    for j in range(1, 20):                     # 각 단의 1부터 19까지의 곱
        print(f"{i} x {j} = {i*j}")
    print()                                    # 개별 단 사이에 빈줄 추가
print("19 X 19 단을 작성하였습니다.")
# [결과] 출력의 마지막 일부
# 19 x 1 = 19
# 19 x 2 = 38
# 19 x 3 = 57
# .
# .
# .
# 19 x 18 = 342
# 19 x 19 = 361
# 19 X 19 단을 작성하였습니다.
```

[31] f"..." 또는 F"..."는 Python 3.6(2016)에서 도입된 f-문자열 형식(f-string)으로, 문자열 내에 변수와 표현식을 직접 삽입할 수 있게 한다. [pp. 82 참조]

break 적용 예: 구구단을 9×9까지만 출력

```
for i in range(2, 20):
    if i > 10:
        break
    for j in range(1, 20):
        if j > 10:
            break
        print(f"{i} x {j} = {i*j}")
        print()
print("9X9 단을 작성하였습니다.")
```

continue, pass 적용 예: 구구단을 9×9까지만 출력[32]

```
for i in range(2, 20):
    if i >= 10:
        continue     # 현재 순회 종료
    for j in range(1, 20):
        if j >= 10:
            pass     # 아무 동작도 하지 않음
        else:
            print(f"{i} x {j} = {i*j}")
            print()
print("9X9 단을 작성하였습니다.")
```

리스트(list)로 부터의 반복 예

```
# 학생 명단과 출석 여부
students = [
    {"name": "김열정", "attendance": True},
    {"name": "박꼼꼼", "attendance": False},
    {"name": "홍길동", "attendance": True},
    {"name": "나일등", "attendance": True}
]

for student in students:                                          # 원소 순회
    status = "출석" if student["attendance"] else "결석"
    print(f"{student['name']} 학생, 오늘은 {status} 처리되었습니다.")
```

[32] pass는 초기 개발 단계에서 함수나 조건문의 본문을 아직 작성하지 않았을 때, 임시로 남겨두기 위해 자주 활용된다.

```
# [결과]
# 김열정 학생, 오늘은 출석 처리되었습니다.
# ...
# 나일등 학생, 오늘은 출석 처리되었습니다.
#
#
for i in range(len(students)):                              # 인덱스 순회
    print("즐거운 방학되세요!", students[i]["name"])
# [결과]
# 즐거운 방학되세요! 김열정
# ...
# 즐거운 방학되세요! 나일등
```

for-문을 이용하면 다양한 컨테이너 유형에 대하여 주어진 시퀀스나 컬렉션의 각 원소에 대한 연산을 수행할 수 있다. 이러한 반복 과정을 더 간결하고 효율적인 구문으로 표현하는 방법을 컴프리헨션(comprehension)이라고 한다[33]. 컴프리헨션은 일반적인 for-문에 비해 코드가 짧고 가독성이 높으며, 한 줄에 연산과 조건식을 함께 표현할 수 있다는 장점이 있다.

컴프리헨션[34]

- 리스트(list) 컴프리헨션
  [expression for item in iterable]
- 집합(set) 컴프리헨션
  { expression for item in iterable }
- 딕셔너리(dict) 컴프리헨션
  { key: value_expr for item in iterable }

여기서

- expression: 각 item에 적용되는 연산식
- item: iterable에서 추출되는 개별 원소
- iterable: 순회 가능한 객체 (리스트, 튜플, 문자열 등)

[33] 컴프리헨션은 "포함", "이해" 등의 일반적 의미를 가지지만, 프로그래밍에서는 생성 또는 구성의 의미로 사용된다. 즉, 특정한 규칙에 따라 객체를 간결하게 생성하거나 구성하는 방법을 말한다.

[34] 튜플(tuple)은 컴프리헨션을 지원하지 않는다. 이를 대신하여 (1) 제너레이터 표현식(generator expression)을 tuple()로 감싸거나 (2) 리스트 컴프리헨션 후 tuple() 변환을 사용한다. 여기서, 제너레이터 표현식이란 이터레이터(iterator)를 간단히 만들수 있는 문법이다.

리스트 컴프리헨션 예

```
squares = []                                  # for-문
for i in range(5):
    squares.append(i * i)
print(squares)                                # [결과] [0, 1, 4, 9, 16]
#
squares = [i * i for i in range(5)]           # 컴프리헨션
print(squares)                                # [결과] [0, 1, 4, 9, 16]
```

튜플(tuple) 예

```
squares = tuple(i * i for i in range(5))      # 제너레이터 표현식
print(squares)                                # [결과] (0, 1, 4, 9, 16)
```

집합 컴프리헨션 예

- set은 집합 자료형으로, 원소의 저장 순서가 보장되지 않는다. 동일한 코드를 실행하더라도 출력되는 순서는 실행 환경에 따라 달라질 수 있다.
- sorted() 함수를 함께 사용하여 리스트 형태로 변환하면 항상 일정한 순서 (오름차순)으로 결과가 제공된다.

```
lengths = set()
# for-문
for word in ["mathematics", "statistics", "data", "analysis"]:
    lengths.add(len(word))
print(lengths)                               # [결과] {8, 10, 11, 4}
                                             # 순서는 보장되지 않음
# 컴프리헨션
lengths = {len(word) for word
                     in ["mathematics", "statistics", "data", "analysis"]}
print(lengths)                               # [결과] {8, 10, 11, 4}
                                             # 순서는 보장되지 않음
# 결과의 순서 일관성 유지
print(sorted(lengths))                       # [결과] [4, 8, 10, 11]
                                             # 항상 일정한 순서로 정렬
```

딕셔너리 컴프리헨션 예

- dict는 Python 3.7 이상에서는 입력된 순서를 유지하지만, 내부 처리 방식이나 실행 환경에 따라 보장되지 않는 경우도 고려해야 한다.
- sorted()를 이용하여 dict.items()를 정렬한 뒤 다시 사전으로 변환하면 항상 일정한 순서로 반환된다.
  즉, dict(sorted(d.items()))를 적용한다.

```
# for-문
word_lengths = {}
for word in ["mathematics", "statistics", "data", "analysis"]:
    word_lengths[word] = len(word)
print(word_lengths)
# [결과]
# {'mathematics': 11, 'statistics': 10, 'data': 4, 'analysis': 8}

# 컴프리헨션
word_lengths = {word: len(word)
                for word
                in ["mathematics", "statistics", "data", "analysis"]}
print(word_lengths)
# [결과]
# {'mathematics': 11, 'statistics': 10, 'data': 4, 'analysis': 8}

# 순서 유지
print(dict(sorted(word_lengths.items())))
# [결과]
# {'analysis': 8, 'data': 4, 'mathematics': 11, 'statistics': 10}
```

컴프리헨션은 반복문을 간결하게 표현할 수 있는 Python 고유의 문법이다. 리스트, 집합, 딕셔너리는 모두 컴프리헨션을 직접 지원하며, 튜플은 직접적인 문법 대신 제너레이터 표현식 (generator expression)을 tuple()로 감싸는 방식을 사용한다[35]. 이는 전통적인 for-문보다 간결하게 동일한 결과를 얻을 수 있다. 또한 특정 조건을 만족하는 원소만 선택하여 새로운 리스트, 집합, 딕셔너리를 만들고자 한다면 조건부 컴프리헨션(conditional comprehension)을 활용할 수 있다.

[35]제너레이터 표현식(generator expression)이란 이터레이터(iterator)를 간단히 만들 수 있는 문법으로, 리스트 컴프리헨션과 비슷하지만 결과를 리스트가 아닌 제너레이터 객체로 생성한다. 소괄호(( ))를 사용하며, 모든 값을 한 번에 메모리에 저장하지 않고 필요할 때마다 순차적으로 생성한다(lazy evaluation). 따라서 메모리를 효율적으로 관리할 수 있고, 대량 데이터 처리에 유용하다.

조건부 리스트 컴프리헨션

```
new = [expression(i) for i in sequence if filter(i)]
```

- sequence 내의 각 원소 i에 대하여 동작한다.
- 조건식 filter(i)가 참(True)이면 expression(i)를 실행한다.
- 조건식이 거짓(False)이면 해당 원소는 건너뛰고 결과에 포함되지 않는다.

이를 일반 적인 for-문으로 작성하면 다음과 같다.

```
new = []
for i in sequence:
    if filter(i):
        new.append(expression(i))
```

이 두 방법은 기능은 동일하지만 컴프리헨션 방식이 더 간결함을 확인할 수 있다.

[1, 2, 3, 4] 중 짝수에 대해서만 제곱하여 반환

```
numbers = [ i for i in range(1, 5) ]
squared_evens = [x**2 for x in numbers if x % 2 == 0]
print(squared_evens)
# [결과] [4, 16]
```

tuple 은 별도의 컴프리헨션을 제공하지 않지만, 리스트를 생성한 후 tuple()을 이용하여 변환할 수 있다.

튜플(tuple) 예

```
numbers = [ i for i in range(1, 5) ]
squared_evens = tuple(x**2 for x in numbers if x % 2 == 0)
print(squared_evens)
# [결과] (4, 16)
```

0~9가지의 정수 중에서 3으로 나누어지는 수로 반환

```
divisible_3 = [i for i in range(10) if i % 3 == 0]
print(divisible_3)
# [결과] [0, 3, 6, 9]
```

주어진 문자열들 중에서 길이가 3인 단어만 선택하여 반환

```
words = [ "오늘은", "박성실", "이", "집으로 간다", "학교에서", "공부하다가"]
name_words = [word for word in words if len(word) == 3]
print(name_words)
# [결과] ['오늘은', '박성실']
```

동일한 방법으로 집합(set)과 딕셔너리(dict)도 조건부 컴프리헨션이 가능하다. 단지 결과를 보관하는 데이터 구조와 표현 방식에서만 차이가 난다.

조건부 집합 컴프리헨션

```
new_set = {expression(i) for i in sequence if filter(i)}
```

- sequence 내의 각 원소 i에 대하여 동작한다.
- 조건식 filter(i)가 참이면 expression(i)를 실행하고, 결과를 집합에 추가한다.
- 집합의 성질에 따라 중복된 원소는 자동으로 제거된다.

조건부 집합 컴프리헨션 예

```
subjects = ["국어", "수학", "영어 말하기", "수학", "과학 실습", "체육", "국어"]

# 조건부 집합 컴프리헨션
new_set = {s for s in subjects if len(s) <= 2}
print(new_set)
# [결과] 중복된 원소는 제거
# {'국어', '수학', '체육'}
```

조건부 딕셔너리 컴프리헨션

```
new_dict = {key_expr(i): value_expr(i) for i in sequence if filter(i)}
```

- sequence 내의 각 원소 i에 대하여 동작한다.
- 조건식 filter(i)가 참이면, key_expr(i)와 value_expr(i)를 계산하여 딕셔너리에 추가한다.
- 동일한 키가 여러 번 생성되면, 마지막 값으로 덮어쓰기 된다.

조건부 딕셔너리 컴프리헨션 예

```
scores = [("홍길동", 75), ("박꼼꼼", 90), ("나일등", 85),
          ("이대충", 60), ("박꼼꼼", 95)]

new_dict = {name: score for name, score in scores if score >= 80}
print(new_dict)
# [결과] 박꼼꼼 두번 등장, 마지막 값 반영
# {'박꼼꼼': 95, '나일등': 85}
```

3.2.3 예외 처리 Exception Handling

프로그래밍에서 예외 처리(Exceptions Handling)를 적용하면, 프로그램 실행 중에 예외(에러)가 발생하더라도 중단 없이 실행할 수 있다. 예외 처리는 try 블록과 except 블록으로 구분한다. try 블록에는 오류 발생 가능성이 있는 코드를 배치하고, except 블록에는 예외 상황을 처리하는 코드를 작성한다. 이때, 상황에 적합한 특정 에러 타입을 지정하면 보다 정확한 예외 처리가 가능하다. 에러 타입은 Python 표준 에러 타입 사용을 권장하며, 필요하다면 사용자 정의 에러 타입도 활용할 수 있다. 이러한 구조는 프로그램의 비정상 종료를 방지하고, 사용자가 이해하기 쉬운 오류 메시지를 제공하여 보다 효율적으로 프로그램을 관리할 수 있다.

Python 표준 예외 목록 확인

```
import builtins
exceptions = [name for name in dir(builtins)\
              if isinstance(getattr(builtins, name), type)\
              and issubclass(getattr(builtins, name), BaseException)]
print(exceptions)
```

```
['ArithmeticError', 'AssertionError', 'AttributeError', 'BaseException',
'BlockingIOError', 'BrokenPipeError', 'BufferError', 'BytesWarning',
'ChildProcessError', 'ConnectionAbortedError', 'ConnectionError',
'ConnectionRefusedError', 'ConnectionResetError', 'DeprecationWarning', 'EOFError',
'EncodingWarning', 'EnvironmentError', 'Exception', 'FileExistsError',
'FileNotFoundError', 'FloatingPointError', 'FutureWarning', 'GeneratorExit',
'IOError', 'ImportError', 'ImportWarning', 'IndentationError', 'IndexError',
'InterruptedError', 'IsADirectoryError', 'KeyError', 'KeyboardInterrupt',
'LookupError', 'MemoryError', 'ModuleNotFoundError', 'NameError',
'NotADirectoryError', 'NotImplementedError', 'OSError', 'OverflowError',
'PendingDeprecationWarning', 'PermissionError', 'ProcessLookupError',
'RecursionError', 'ReferenceError', 'ResourceWarning', 'RuntimeError',
'RuntimeWarning', 'StopAsyncIteration', 'StopIteration', 'SyntaxError',
'SyntaxWarning', 'SystemError', 'SystemExit', 'TabError', 'TimeoutError',
'TypeError', 'UnboundLocalError', 'UnicodeDecodeError', 'UnicodeEncodeError',
'UnicodeError', 'UnicodeTranslateError', 'UnicodeWarning', 'UserWarning',
'ValueError', 'Warning', 'WindowsError', 'ZeroDivisionError']
```

기본 예외 처리 예

```
numbers = [1, 2, 0, 4, 5]

for number in numbers:
    try:
        inverse = 1.0 / number
        print(f"{number}의 역수는 {inverse}이다.")
    except ZeroDivisionError:
        print(f"{number}의 역수는 구할 수 없다.")
# [결과]
# 1의 역수는 1.0이다.
# 2의 역수는 0.5이다.
# 0의 역수는 구할 수 없다  <- 예외처리 결과
# 4의 역수는 0.25이다.
# 5의 역수는 0.2이다.
```

index[eng]{multiple exceptions handling}

다중 예외 처리 예

```
values = [10, 0, "파이썬", None]

for v in values:
    try:
        result = 10 / v
        print(f"10 / {v} = {result}")
    except ZeroDivisionError:
        print(f"{v}는 0으로는 나눌 수 없다.")
    except TypeError:
        print(f"{v}은 나눌 수 없다.")
    except Exception as e:
        print(f"{v}는 알 수 없는 오류가 발생하다: {e}")
                                                  # {e}는 파이썬 오류 메시지
# [결과]
# 10 / 10 = 1.0
# 0는 0으로는 나눌 수 없다.
# 파이썬은 나눌 수 없다.
# None은 나눌 수 없다.
```

3.3 출력 설계 Output Formatting

f-strings 또는 format() 사용을 권장한다.

범용 프로그래밍 언어인 Python은 다양한 출력 설계(output formatting) 방법을 제공한다. 이는 결과 값을 가독성 있게 정렬하고, 숫자의 자릿수, 소수점, 단위 등을 일관성있게 표현할 수 있어 데이터 분석과 보고서 작성에서 중요한 역할을 한다.

기본적인 출력 설계 방법으로는 f-strings, format() 메서드, 그리고 % 연산자 방식을 들 수 있다. 각 방식은 문법과 기능에서 차이가 있지만, 결과는 모두 문자열(string)을 반환한다. 세 가지 방법의 주요 특징은 [표 3.16]과 같다.

표 3.16: 출력 설계 방법의 종류

종류	특징
f-strings	간결하고 읽기 쉬움
	직관적이고 표현식을 직접 입력
	Python 3.6 이상에서만 가능
format()	유연하고 다양한 옵션 제공
	코드가 길어질 수 있음
	모든 Python 버전에서 사용 가능
	f-strings에 비해 속도 느림
% 연산자	전통적이고 C-style 포멧 제공
	같은 변수를 여러 번 사용 가능
	가독성이 낮음
	다른 방법에 비하여 문법이 복잡하고 성능 낮음

다음은 모두 동일한 결과를 제공한다. f-strings를 이용한 방법이 가장 직관적이며 간결함을 확인할 수 있다.

다양한 출력 설계 방법 예

```
name, age = "박꼼꼼", 21
# f-strings
message_fstrings = f"{name}은 현재 {age}살 입니다."
message_fstrings
# format()
```

```
message_format = "{}은 현재 {}살 입니다.".format(name, age)
message_format
# % 연산자
message_percent = "%s은 현재 %d살 입니다." % (name, age)
message_percent
# [결과] 모두 동일
# '박꼼꼼은 현재 21살 입니다.'
```

포맷 설정 방법

- f-strings과 format()은 출력의 소수점 전환, 숫자의 진법 전환 등 다양한 포멧 지정자를 공유한다.
- f-strings: {변수명:포맷 지정자}
  중괄호 { } 안에 변수와 포맷 지정자를 직접 포함
- format(): ":포맷 지정자".format(변수명)
  중괄호 { }로 포맷 위치 지정 후 .format()으로 변수 전달

• 기본적으로 print()와 함께 사용한다.

포맷 지정자

표 3.17: 기본 포맷 지정자

구분	지정자	설명	예
숫자	.kf	소수점 자리수 지정	f"number:.2f"
	,	천 단위 구분자	f"big_number:,"
	x	16진수 변환	f"number:x"
	o	8진수 변환	f"number:o"
	b	2진수 변환	f"number:b"
문자	upper()	문자열 대문자 변환	f"name.upper()"
	lower()	문자열 소문자 변환	f"name.lower()"
공통	<	왼쪽 정렬	f"name:<10"
	^	가운데 정렬	f"name:10"
	>	오른쪽 정렬	f"name:>10"

숫자 형식 변경 예

```
# f-strings
number = 3.14159
f"{number:.2f}"                                   # [결과] '3.14'
big_number = 1234567890
f"{big_number:,}"                                 # [결과] '1,234,567,890'
#
# format()
number = 3.14159
"{:.2f}".format(number)                           #[결과] '3.14'
big_number = 1234567890
"{:,}".format(big_number)                         #[결과] '1,234,567,890'
```

숫자의 진법 변환 예[36]

```
hex_number = f"{311:x}"                           # 10진수 -> 16진수
hex_number                                        # [결과] '137'
oct_number = f"{311:o}"                           # 10진수 -> 8진수
print(oct_number)                                 # [결과] '467'
bin_number = f"{311:b}"                           # 10진수 -> 2진수
bin_number                                        # [결과] '100110111'
#
dec_number = int(hex_number, 16)                  # 16진수 -> 10진수
dec_number                                        # [결과] 311
dec_number = int(oct_number, 8)                   # 8진수 -> 10진수
print(dec_number)                                 # [결과] 311
dec_number = int(bin_number, 2)                   # 2진수 -> 10진수
dec_number                                        # [결과] 311
```

문자의 대소문자 변환 예

```
title = "My First Python"
upper_case = f"{title.upper()}"
upper_case                                        # [결과] 'MY FIRST PYTHON'
lower_case = f"{title.lower()}"
lower_case                                        # [결과] 'my first python'
```

[36] 포맷 지정자는 문자열을 숫자로 바꾸지 못한다. 이를 위해서는 int(string, base) 함수를 사용해야 한다.

문자 정렬 예

```
name = "나성실"
left = f"{name:<10}"                              # 왼쪽 정렬, 폭 10
center = f"{name:^10}"                            # 가운데 정렬, 폭 10
right = f"{name:>10}"                             # 오른쪽 정렬, 폭 10

formatted_message = f"{left}\n{center}\n{right}"
print(formatted_message)
# [결과] .은 실제 공백을 표현
# 나성실.......
# ...나성실....
# .......나성실
```

f-strings와 format()은 보다 유연한 출력 형식 구현을 위하여 다음과 같이 **확장 포맷 지정자(advanced format specifiers)**를 추가로 제공한다.

확장 포맷 지정자

표 3.18: 확장 포맷 지정자

구분	지정자	설명
숫자	0>kd	숫자 앞에 0을 추가하여 총 k 자리로 생성
	+d	+/- 기호 추가
	-d	음수에만 - 기호 추가
	d	정수 형식으로 표현
	%	숫자를 퍼센트 형식으로 표현
	e, E	지수 형식으로 숫자 표현
문자	.k	문자열을 k자로 제한

확장 포맷 지정자 예: f-strings

```
number1 = 311
number2 = -311                                    # 숫자 앞 자리수 정의
f"{number1:0>5d}"                                 # [결과] '00311'
                                                  # 양수/음수 부호 추가
print(f"{number1:+d}")                            # [결과] +311
print(f"{number2:+d}")                            # [결과] -311
```

```
percentage = 0.95                                  # 퍼센트 형식
print(f"{percentage:.1%}")                         # [결과] 95.0%

large_number = 1234.56789                          # 지수 형식
print(f"{large_number:e}")                         # [결과] 1.234568e+03
print(f"{large_number:E}")                         # [결과] 1.234568e+03

text = "Hello Python"                              # 문자열 제한
f"{text:.5}"                                       # [결과] 'Hello'
                                                   # 문자열 값만 출력
print(f'{"Hello Python":.5}')                      # [결과] Hello
```

문자열 포맷 방법인 f-strings와 format() 메서드는 기본적으로 print()와 함께 사용지만 다음과 같이 다양한 용도로 응용할 수 있다.

13 출력 설계의 응용

- raise는 예외를 발생시키기 위해 사용한 키워드로 오류 처리를 위한 목적으로 사용된다.

- 문자열 변수 생성: print() 없이 변수에 포맷된 문자열을 저장
  (예) message = f"name는 age살이다."
- 함수 반환 문자열: 함수의 반환값을 포맷팅하여 제공
  (예) def greet(name): return f"Hello, name!"
- 예외 메시지 설계: 에러 상황에서 가독성 있는 메시지 생성
  (예) raise ValueError(f"유효하지 않은 나이: age")
- 파일 출력: 파일에 저장할 텍스트의 형식을 지정하여 기록
  (예) file.write(f"score:.2f")
- 리포트/화면 표시: 보고서를 가독성 있게 생성
  (예) report = f"총점: total:, / 평균: avg:.1f"

성적 처리 결과의 출력 설계 예

```
students = [
    {"name": "홍길동", "attendance": 18, "avg_score": 88.5, "rank": 2},
    {"name": "나일등", "attendance": 20, "avg_score": 95.3, "rank": 1},
```

```
    {"name": "박꼼꼼", "attendance": 16, "avg_score": 75.0, "rank": 3},
]
# f-string을 이용해 정렬과 포맷 적용
header = f"{'이름':<8}{'출석':^10}{'평균':^10}{'석차':^5}"
print(header)
print("-" * (len(header)+3))

for s in students:
    line = (
    f"{s['name']:<8}{s['attendance']:^10}"
    f"{s['avg_score']:^12.1f}{s['rank']:^6}"
)
    print(line)
```

```
이름          출석          평균      석차
--------------------------------------
홍길동         18          88.5      2
나일등         20          95.3      1
박꼼꼼         16          75.0      3
```

□

3.4 함수 Functions

함수(functions)는 특정 기능을 수행하는 명령어 집합으로, 프로그램을 구성하는 핵심 단위이다. 함수를 활용하면 코드의 재사용성을 높일 수 있고, 프로그램의 구조를 명확히 관리할 수 있다. 또한 반복적인 코드를 줄일 수 있어 프로그래밍의 효율성을 높일 수 있으며, 복잡한 문제를 작은 단위의 하위 문제로 분해하여 접근할 수 있으므로 유지보수와 확장성을 높일 수 있다[37]. Python에서의 함수는 크게 세 가지 유형으로 구분된다.

- 내장 함수(Built-in Functions): Python이 기본적으로 제공하는 함수
  Python 인터프리터에 기본 포함되어 있으며, 별도의 import 없이 언제든 사용할 수 있다.
  (예) print(), len(), type() 등
- 서드 파티 함수(Third-Party Functions): 외부 라이브러리나 패키지를 설치하여 사용하는 함수
  수치 계산(numpy), 데이터 처리(pandas), 시각화(matplotlib), 이미지 처리 등 특화

[37] 함수의 모임을 모듈(module)이라고 하고, 모듈의 모임을 패키지(package)라고 한다.

된 작업에 활용되며, 관련된 특정 라이브러리를 설치하고 import 해야 한다.
(예) numpy.mean(), pandas.DataFrame() 등

- 사용자 정의 함수(User-Defined Functions): 사용자가 직접 정의하는 함수
  반복 작업을 구조화하고 재사용성을 높이며, 개별 요구에 맞게 기능을 확장할 수 있다.
  (예) def 키워드를 이용하여 원하는 기능을 구현한 함수들

3.4.1 사용자 정의 함수 User-Defined Functions

사용자 정의 함수는 [그림 3.5]에서와 같이 매개변수(parameters)를 통하여 외부로부터 값을 전달받는다. 실제로 함수를 호출할 때 제공되는 구체적인 값을 인자(arguments)라고 부른다. 호출된 함수는 특정 작업을 수행한 후 그 결과를 호출된 위치로 전달하는데, 이를 반환값(return values) 또는 결과(results)라고 한다. 함수의 반환값은 다른 연산에 사용되거나 특정 변수에 저장될 수 있다. 반환값이 없는 함수의 경우에는 일반적으로 None을 반환한다. 일반적으로 함수 내에 정의된 변수는 그 함수 내에서만 접근이 가능하다[38]

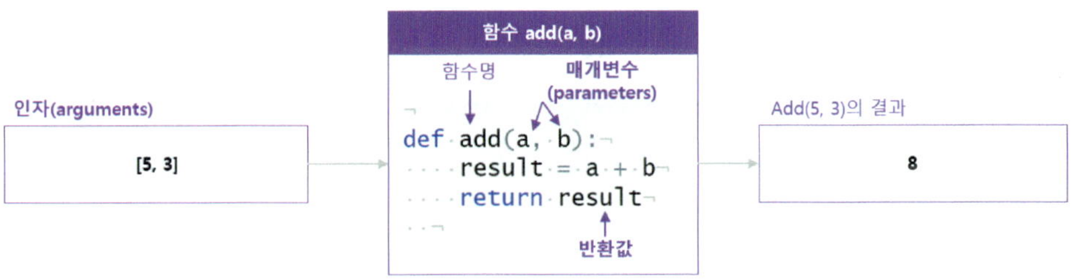

그림 3.5: 사용자 정의 함수의 기본 구조

사용자 정의(User-defined) 함수

- 함수 내에서 선언된 지역 변수(local variable)는 함수 밖에서 접근 불가
- 함수 밖에서 선언된 전역 변수(global variable)는 함수 안에서도 참조 가능

```
def 함수명(매개변수_1, 매개변수_2, …):
    코드 블록
    return 반환값
```

[38] 함수 내에서만 접근 가능한 변수가 속하는 범위를 지역 스코프(local scope)라고 하고, 이는 함수의 실행이 끝나면 더 이상 사용할 수 없다. 전역 스코프(global scope)는 프로그램 전체에서 접근할 수 있는 변수의 범위를 말하며, 이는 프로그램 어느 곳에서나 접근할 수 있고 프로그램이 종료될 때까지 그 값을 유지한다. 일반적으로 전역 스코프를 갖는 전역 변수보다는 지역 스코프를 갖는 지역 변수와 함수의 매개변수를 사용하여 데이터를 전달하는 것이 바람직하다.

사용자 정의 함수 예

```
value = 10                      # value는 전역 변수(global variable)

def add(a, b):                  # 사용자 정의 함수
    result = a + b + value      # result는 지역 변수(local variable)
    return result

sum_value = add(5, 3)           # 함수 호출

print(sum_value)                # [결과] 18
value                           # [결과] 10 <- 전역 변수 접근 가능
result                          # NameError: name 'result' is not defined
                                # 지역 변수는 함수 밖에서 접근 불가
```

3.4.2 인자 전달 Passing Arguments

매개변수가 여러 개 지정된 경우, 전달되는 인자(arguments)는 매개변수와 순서와 길이가 동일한 위치 인자(positional arguments)를 기본으로 한다. 그러나 Python에서는 이 외에도 다양한 인자 전달 방법을 제공한다.

인자 전달 방법

표 3.19: 인자 전달 방법의 종류

종류	설명
기본 인자	함수 정의 시 매개변수에 기본값을 지정, 호출 시 생략 가능
	(예) def func(a, b=5):func(1) -> b는 기본값 5
키워드 인자	함수 호출 시 매개변수 이름을 지정하여 전달
	(예) func(a=1, b=5)
가변 위치 인자	임의의 위치 인자를 전달, 내부에서 튜플(tuple)로 처리
	(예) def func(*args):func(1,2,3) -> args=(1,2,3)
가변 키워드 인자	임의의 키워드 인자를 전달, 내부에서 사전(dict)으로 처리
	(예) def func(**kwargs):func(a=1,b=2) -> kwargs="a":1,"b":2

기본 인자(default arguments)

- 함수를 정의할 때 매개 변수에 인자의 기본값을 지정한다.
- 함수를 호출할 때 해당 매개변수에 값을 제공하지 않아도, 지정된 기본값이 자동으로 사용된다.
- 함수 호출 시 불필요한 인자 생략이 가능하고, 함수의 활용성이 높아진다.

기본 인자 예

```
def hello(name, msg="안녕"):  # 2개의 매개 변수 중 msg 기본값 지정
    print(f"{msg}, {name}!")

hello("나성실")              # [결과] "안녕, 나성실!" - msg를 기본인자로 적용
hello("David", "Hi")          # [결과] Hi,Daivd!        - msg = "Hi"로 지정
```

키워드 인자(keyword arguments)

- 함수를 호출할 때 매개 변수의 이름을 명시적으로 지정하여 값을 전달한다.
- 인자의 순서를 함수 정의 순서와 다르게 지정해도 무방하다.
- 인자가 많은 경우, 선택적으로 일부 인자만 지정할 수 있어 유용하다.

키워드 인자 예

```
def hello(name, msg):
    print(f"{msg}, {name}!")

hello(name = "박꼼꼼", msg = "안녕")              # [결과] "안녕, 박꼼꼼!"
hello(msg = "Hi", name = "David")                 # [결과] Hi, David!
```

가변 위치 인자(variable positional arguments)

- *(unpacking) 연산자를 이용하여 서로 다른 수의 인자를 함수에 전달할 수 있다.
- 매개변수 이름은 보통 *args를 사용하지만, 반드시 args일 필요는 없으며 다른 이름도 지정 가능하다.
- 함수 내부에서는 전달된 인자들이 튜플(tuple) 형태로 저장된다.
- 여러 개의 값을 한꺼번에 처리하거나, 인자의 개수가 가변적인 함수를 정의할 때 유용하다.

가변 위치 인자 예

```
def sum_numbers(*numbers):                    # 가변 위치 인자 *numbers
    print("arguments as a tuple:", numbers)
    return sum(numbers)                       # 내장 함수 sum 사용
# 여러 인자 직접 전달
print(sum_numbers(1, 2, 3, 4))
# [결과]
# arguments as a tuple: (1, 2, 3, 4)
# 10
# 언패킹 연산자 적용
print(sum_numbers(*range(1, 11))) # 언패킹 연산자
                                  # sum_numbers(1, 2, 3, 4, 5, 6, 7, 8, 9, 10)
#[결과]
# arguments as a tuple: (1, 2, 3, 4, 5, 6, 7, 8, 9, 10)
# 55
```

키워드 가변 인자(keyword variable arguments)

- **(keyword unpacking) 연산자를 이용하여 사전(dict) 객체를 개별 키워드 인자로 전달할 수 있다.
- 함수 호출 시 사전의 각 key-value 쌍이 해당 매개변수의 이름과 값으로 매핑된다.
- 매개변수 이름은 관례적으로 **kwargs를 사용하지만, 반드시 kwargs일 필요는 없으며 다른 이름도 지정 가능하다.
- 함수 내부에서는 전달된 인자들이 사전(dict) 형태로 저장되어, 키 이름을 통해 접근할 수 있다.
- 다양한 옵션 또는 인자가 있을 때 주로 활용된다.

키워드 가변 인자 예

```
def info_student(**data):                     # 키워드 가변 인자 **data
    for key, value in data.items():
        print(f"{key}: {value}")
info_student(name="김열심", age=21, city="서울")    # 3개의 키워드 인자 전달
                        # data = {"name": "김열심", "age": 21, "city": "서울"}
# [결과]
# name: 김열심
# age: 21
# city: 서울
```

각각의 인자 전달 방법은 주로 독립적으로 사용되지만, 실제 프로그래밍에서는 여러 방식을 함께 조합하여 사용하는 경우가 많다. 예를 들어, 위치 인자를 먼저 지정하고, 추가적인 값들은 args로 전달하며, 선택적인 옵션은 **kwargs로 처리할 수 있다. 이러한 방식을 통해 함수는 훨씬 더 유연하게 다양한 입력을 다룰 수 있으며, 사용자는 필요한 만큼만 인자를 지정할 수 있다.

복합적인 인자 전달 예

- 위치 인자: 1, 2는 순서대로 매개변수 a, b에 전달된다.
- 가변 위치 인자: 3, 4, 5는 *args로 전달되어 튜플(tuple)로 저장된다.
- 가변 키워드 인자: c=6, d=7은 **kwargs로 전달되어 사전(dict) 형태로 저장된다.
- 이와 같이 함수는 위치 인자, 가변 위치 인자, 가변 키워드 인자를 동시에 받아 처리할 수 있다.

```
def func_arg(a, b, *args, **kwargs):
    print(a, b)                              # 위치 인자 출력
    print(args)                              # 가변 위치 인자 (*args) 출력
    print(kwargs)                            # 가변 키워드 인자 (**kwargs) 출력

func_arg(1, 2, 3, 4, 5, c=6, d=7)
# [결과]
# 1 2
# (3, 4, 5)
# {'c': 6, 'd': 7}
```

이러한 인자 전달 방식은 함수의 유연성을 확보하고, 함수 호출의 명확성을 높이며, 복잡한 함수에서도 유연하게 적용할 수 있다. 고려된 인자 전달 방법의 특징을 정리하면 [표 3.20]과 같다.

표 3.20: 함수 인자 유형의 특징

유형	정의	저장 형태	관례적 명명
기본 인자	함수 정의 시 매개변수에 기본값 지정	단일 값	없음
키워드 인자	함수 호출 시 매개변수 이름을 명시적으로 지정	단일 값	없음
가변 위치 인자	*(unpacking) 연산자로 임의 개수의 위치 인자 전달	튜플(tuple)	*args
가변 키워드 인자	**(keyword unpacking) 연산자로 사전(dict) 전달	사전(dict)	**kwargs

인자를 함수에 전달 할 때는 인자의 특성이 불변(immutable) 또는 가변(mutable) 인가에 따라 함수 내부에서 서로 다르게 전달된다.

불변형과 가변형의 인자 전달

- 불변형(immutable) 인자 전달은 값 복사(value copy)처럼 동작하고, 함수 내부에서 값을 바꿔도 원본은 변하지 않는다.
  이는 원본 데이터를 보호하면서 함수에 인자를 전달하고자 하는 경우 유용하다.
  (예) int, float, str, tuple
- 가변형(mutable) 인자 전달은 참조 복사(reference copy)처럼 동작하고, 함수 내부에서 원소를 변경하면 원본도 함께 바뀐다.
  (예) list, dict, set
- 가변형의 부작용을 피하려면 복사본을 만들어 사용한다.
  얕은 복사: list(a), a[:], dict(a), a.copy()
  깊은 복사: copy.deepcopy(a)

불변형의 값 복사 인자 전달 예

- 전달된 인자가 함수 안에서 바뀌지만, 원래 변수는 그대로 유지된다.

```
def add_one(n):
    n = n + 1
    print("inside:", n)                          # [결과] inside: 6

x = 5
add_one(x)
print("outside:", x)                             # [결과] outside: 5
#
def add_character(text):
    text = text + " ^^!"                        #  [결과] inside: Hi ^^!
    print("inside:", text)

word = "Hi"
add_character(word)
print("outside:", word)                         # [결과] outside: Hi
```

가변형 값의 참조 복사 인자 전달 예

- 전달된 인자가 함수 안에서 바뀌면, 함수 밖에서도 바뀐 결과를 저장한다.

```
def modify_list(lst):
    lst.append(4)
```

```
    print("inside:", lst)                          # [결과] inside: [1, 2, 3, 4]

lst = [1, 2, 3]                                    # 원본은 [1, 2, 3]
modify_list(lst)
print("outside:", lst)                             # [결과] outside: [1, 2, 3, 4]

def add_info(info):
    info["age"] = 20                  # 딕셔너리에 새로운 키-값 쌍 추가
    print("inside:", info)            # [결과] inside: {'name': 'Kim', 'age': 20}

person = {"name": "Kim"}              # 원본의 key-value
add_info(person)
print("outside:", person)             # [결과] outside: {'name': 'Kim', 'age': 20}
```

함수에 가변형(mutable) 객체를 전달하는 경우에는 원본 유지 여부를 먼저 고려해야 한다. 함수를 실행하면서 원본도 역시 변경하고자 한다면, 리스트(list) 또는 딕셔너리(dict)를 이용하여 함수 내부에서 직접 수정한다. 만일 원본을 보존해야 한다면 새로운 복사본을 생성하여 활용하는 방식으로 함수를 구성해야 한다. 다음은 원본 유지를 해야 하는 경우와 원본을 변경해야 하는 경우에 대한 실무적인 예이다.

- 원본 유지가 필요한 실무적 예
    - 데이터 분석: 원본 데이터를 보관하고, 복사본에서 전처리나 변환을 시도하여 분석 결과를 검토한다.
    - 웹 데이터 처리: API 응답이나 JSON 데이터의 원본은 보존하면서, 복사본을 이용하여 필요한 필드만 추출하거나 변경하여 활용한다.
    - 시뮬레이션: 동일한 초기 데이터를 다양하게 시도해야 하는 경우, 복사본을 이용하여 각각의 조건을 적용하여 결과를 고찰한다.

- 원본 변경이 필요한 실무적 예
    - 실시간 데이터 수집: 센서 데이터, 사용자 입력 등 실시간으로 들어오는 데이터를 원본 리스트나 딕셔너리에 직접 추가한다.
    - 상태 업데이트: 프로그램 실행 중 변경되는 상태값(예: 점수, 카운터, 잔액 등)은 원본 객체를 직접 수정하여 최신 상태를 유지한다.
    - 공유 객체 관리: 여러 함수나 모듈이 같은 데이터 구조를 공유하면서 협업하는 경우, 원본을 직접 변경하여 일관되고 공통된 결과를 유지한다.

성적 총점 계산 예: 참조 복사, 원본 변경

```
def spring_scores(scores):
    # scores 리스트 안의 각 딕셔너리를 직접 수정
    for s in scores:
        s['total'] = s['mid'] + s['final']

students = [
    {'name': '최평균', 'mid': 70, 'final': 82},
    {'name': '김열심', 'mid': 60, 'final': 75},
    {'name': '나일등', 'mid': 58, 'final': 80},
    {'name': '박꼼꼼', 'mid': 90, 'final': 91},
    {'name': '강고수', 'mid': 76, 'final': 77}
]

spring_scores(students)                        # 원본 변경

for st in students:
    print(st)
# [결과]
# {'name': '최평균', 'mid': 70, 'final': 82, 'total': 152}
# ...
# {'name': '박꼼꼼', 'mid': 90, 'final': 91, 'total': 181}
# {'name': '강고수', 'mid': 76, 'final': 77, 'total': 153}
```

성적 총점 계산 예: 참조 복사, 원본 유지

```
def spring_scores(scores):
    result = []
    for s in scores:
        item = s.copy()                                  # 딕셔너리 얕은 복사
        item['total'] = item['mid'] + item['final']
        result.append(item)
    return result

for st in students:
    print(st)
# [결과]
# {'name': '최평균', 'mid': 70, 'final': 82}
```

```python
# ...
# {'name': '박꼼꼼', 'mid': 90, 'final': 91}
# {'name': '강고수', 'mid': 76, 'final': 77}

for st in spring_scores(students):
    print(st)
# [결과]
# {'name': '최평균', 'mid': 70, 'final': 82, 'total': 152}
# ...
# {'name': '박꼼꼼', 'mid': 90, 'final': 91, 'total': 181}
# {'name': '강고수', 'mid': 76, 'final': 77, 'total': 153}
```

3.4.3 람다 표현식 Lambda Expressions

람다 표현식(Lambda Expressions)은 간단한 함수를 한줄의 코드로 작성할 수 있는 방법을 제공한다. 이는 주로 간결한 함수가 필요한 곳에 사용되며, 이름 없는 익명 함수(anonymous function)를 정의할 수 있다. 이는 일회성의 간단한 함수가 필요할 때는 유용하지만, 복잡하거나 재사용이 필요한 경우에는 일반 함수를 정의하여 사용하는 것을 권장한다.

람다 표현식의 기본 구조[39]

lambda 인자(들): 함수 표현식

- 인자(들)은 함수에 전달될 값이며, 없을 수도 있으며, 2개 이상일 경우에는 콤마(,)로 구분한다.
- 함수 표현식은 반드시 한 줄의 단일 식(single expression)으로 작성되며, 그 계산 결과가 반환된다.
- return 문을 사용하지 않으며, 표현식의 결과가 자동으로 반환된다.

- 주로 간단한 연산, 정렬 키(key) 지정, 일회성 콜백 함수 등에 활용된다.

[39] 정렬 키 지정이란 sorted()나 list.sort()에서 key 매개변수에 함수를 지정하면, 각 원소가 그 함수의 결과값을 기준으로 정렬된다. (예: sorted(names, key=lambda x: len(x)))} 일회성 콜백(callback) 함수란 특정 상황(예: map(), 이벤트 처리 등)에서 한 번만 실행하기 위해 전달되는 간단한 함수를 말한다.

간단한 연산의 람다 표현식 예

- 인자가 없는 경우: 입력값 없이 항상 같은 결과를 반환한다.
- 인자가 있는 경우: 전달된 인자를 사용하여 계산한다.

```
# 인자가 없는 경우
say_hello = lambda : "Hello"
print(say_hello())                                  # [결과] Hello
# 인자가 1개인 경우
square_number = lambda x: x * 2
print(square_number(5))                             # [결과] 10
# 인자가 2개인 경우
add_number = lambda x, y: x + y
print(add_number(5, 10))                            # [결과] 15
```

람다 표현식의 활용

- map(): 리스트의 각 원소에 동일한 연산을 적용할 때 사용한다.
- filter(): 특정 조건에 맞는 원소만 선별할 때 유용하다.
- sort() 또는 sorted()의 key 매개변수: 정렬 기준을 함수로 지정할 수 있다.

모든 원소에 동일한 함수 적용 예: map()

```
numbers = [1, 2, 3, 4, 5]
squared = map(lambda x: x**2, numbers)          # 각 숫자를 제곱
print(list(squared))                            # [결과] [1, 4, 9, 16, 25]
```

조건에 맞는 원소만 선택 예: filter()

```
numbers = [1, 2, 3, 4, 5]
even_numbers = filter(lambda x: x % 2 == 0, numbers)  # 짝수만 선택
print(list(even_numbers))                              # [결과] [2, 4]
```

정렬 기준 지정 예: sorted()

```
words = ["aaaa", "a", "aa", "aaa"]
sorted_words = sorted(words, key=lambda x: len(x))  # 길이를 기준으로 정렬
print(sorted_words)
# [결과] ['a', 'aa', 'aaa', 'aaaa']
```

3.4.4 재귀 함수 Recursive Functions

재귀 함수(Recursive Functions)란 함수가 문제를 해결하는 과정에서 자기 자신을 다시 호출하는 함수를 말한다. 재귀 함수는 복잡한 문제를 작은 하위 문제로 나누어 해결하는 데 유용하며, 코드가 간결하고 직관적으로 표현될 수 있다. 다만 무한히 반복되지 않도록 반드시 종료 조건(base case)을 명확히 지정해야 한다.

재귀 함수는 반복문(for, while)으로도 같은 기능을 구현할 수 있다. 그러나 팩토리얼(factorial), 피보나치(Fibonacci) 수열 등과 같은 수학적 정의를 프로그래밍으로 구현하거나, 트리 탐색, 디렉터리 순회 등과 같은 계층적 구조를 다룰 때에는 재귀 함수가 더 직관적으로 표현된다.

재귀 함수의 기본 구조

재귀적 단계(recursive step)와 기저 조건(base case)으로 구성된다.

- 재귀적 단계: 함수가 자기 자신을 호출하여 문제를 더 작은 단위로 줄여 나가는 부분
- 기저 조건: 재귀 호출을 멈추게 하는 조건으로, 더 이상 쪼갤 수 없는 가장 단순한 경우를 정의

팩토리얼(Factorial)[40]

자연수 n의 팩토리얼을 $n!$이라 하며, 다음과 같이 정의된다.

$$n! = n \times (n-1) \times (n-2) \times \cdots \times 2 \times 1, \quad n \geq 1,$$

초기 조건은 다음과 같다.

$$0! = 1$$

n!(factorial)의 계산: 재귀 함수와 반복문 예

- n이 클 경우에는 일반적으로 반복문이 재귀 함수보다 효율적이다.

```
# 재귀 함수
def factorial(n):
    if n == 0:                      # 기저 조건
        return 1                    # (종료되는 조건 정의, n = 0)
```

[40]팩토리얼은 1부터 n까지의 모든 양의 정수를 곱한 값이다. 이는 조합론, 확률론, 수학적 귀납법 증명 등 다양한 수학 분야에서 사용된다. 예를 들어, $n!$은 n개의 원소를 배열하는 경우의 수(순열, permutation)를 계산하는 기본 공식이다. <https://en.wikipedia.org/wiki/Factorial>

```
    else:
        return n * factorial(n - 1)     # 재귀적 단계
                                        # (n-1)은 n보다 작은 문제
factorial(10)                           #[결과] 3628800
# 반복문
def factorial(n):
    result = 1
    for i in range(2, n + 1):           # 반복문의 사용
        result *= i
    return result
factorial(10)                           #[결과] 3628800
```

피보나치 수열(Fibonacci Sequence)[41]

> 피보나치 수열의 n번째 항을 $F(n)$이라 할 때, 다음 점화식이 성립한다.
>
> $$F(n) = F(n-1) + F(n-2), \quad n > 1,$$
>
> 초기 조건은 다음과 같다.
>
> $$F(0) = 0, \quad F(1) = 1$$

피보나치 수열(Fibonacci Sequence): 재귀 함수와 반복문 예

- n이 클 경우에는 일반적으로 반복문이 재귀 함수보다 효율적이다.

```
# 재귀 함수
def fibonacci(n):
    if n <= 1:                              # 기저 조건
        return n
    return fibonacci(n-1) + fibonacci(n-2)  # 재귀적 단계

numbers = list(range(6))                    # [0, 1, 2, 3, 4, 5]
series = map(fibonacci, numbers)
print(list(series))                         # [결과] [0, 1, 1, 2, 3, 5]
# 반복문
def fibonacci(n):
```

[41] 피보나치 수열은 각 항이 바로 앞 두 항의 합으로 이루어진 수열이다. 이 수열은 수학, 과학, 예술 등 다양한 맥락에서 중요한 의미를 가진다. 예를 들어, 연속하는 두 항의 비율은 점점 황금비 (약 1.618)에 가까워지며, 이 비율은 자연, 예술, 건축에서 조화롭고 아름다운 비례로 간주된다. 또한 꽃잎의 배열, 나무 가지의 성장 패턴 등 자연 현상 설명에도 자주 활용된다. <https://en.wikipedia.org/wiki/Fibonacci_sequence>

```
    if n <= 0:
        return 0
    elif n == 1:
        return 1
    a, b = 0, 1
    for i in range(2, n + 1):                    # 반복 구조
        a, b = b, a + b
    return b

numbers = list(range(6))                         # [0, 1, 2, 3, 4, 5]
series = map(fibonacci, numbers)
print(list(series))                              # [결과] [0, 1, 1, 2, 3, 5]
```

재귀 함수는 큰 문제를 작은 하위 문제로 분해하여 직관적으로 표현할 수 있고, 중첩된 구조를 탐색할 때 유용하다. 그러나 메모리 사용량이 많고, 깊은 호출에서는 오류 추적과 수정이 어렵다는 단점이 있다. 또한 종료 조건이 잘못되면 무한 호출에 빠질 수 있으므로 주의가 필요하다. 다음은 재귀 함수가 무한 호출이 발생한 경우에 대한 간단한 예이다.

CAUTION 기저 조건이 없는 경우

```
def infinite_recursion():
    print("재귀 호출!")
    infinite_recursion()                                    # 종료 조건 없음

infinite_recursion()
# [결과]
# RecursionError: maximum recursion depth exceeded
```

CAUTION 기저 조건이 잘못된 경우

```
def countdown(n):
    if n == 0:
        return
    else:
        print(n)
        countdown(n+1)                              # n-1 대신 n+1 으로 잘못 지정

countdown(5)
#[결과] 종료되지 않음 - 0을 달성할 수 없음
```

3.5 표준 라이브러리 Standard Libraries

Python에서는 모듈(module), 패키지(package), 라이브러리(library)라는 용어들을 혼용하여 사용한다. 이들 용어의 의미는 다음과 같다.

모듈, 패키지 그리고 라이브러리

- 모듈(module)
  Python에서 가장 기본적인 단위로 하나의 파일이 하나의 모듈이 되며, 해당 파일안에는 함수, 클래스, 변수 등의 Python 코드가 포함 된다.
- 패키지(package)
  여러 모듈을 묶어 관리하는 디렉토리(폴더)이다.
- 라이브러리(library)
  특정 기능을 제공하거나 문제를 해결하기 위해 구성된 모듈과 패키지의 모음이다.

프롬프트 템플릿 5. 표준 라이브러리

> Python을 이용한 데이터 분석에서 자주 사용하는 표준 라이브러리 내장 모듈의 종류를 먼저 제시하고, 각각의 주요 기능, 대표 함수/메서드, 사용 예시를 간결하고 일관된 형식으로 제시하시오.

📌 **Python 데이터 분석에서 자주 사용하는 표준 라이브러리 내장 모듈**

종류

os, sys, math, datetime, random, statistics, re

1. `os` 모듈

주요 기능: 운영 체제와 상호작용하여 파일·디렉토리 관리, 경로 결합, 환경 변수 처리 등을 지원

함수/메서드	설명
`listdir(path)`	지정 경로 내 파일·디렉토리 목록 반환
`mkdir(path)`	새 디렉토리 생성
`remove(path)`	파일 삭제
`rmdir(path)`	디렉토리 삭제
`path.join(...)`	경로 결합

ChatGPT 응답 중 일부

Python를 설치하면 [표 3.21]의 모듈을 포함하는 표준 라이브러리가 기본적으로 함께 설치된다[42].

표 3.21: 데이터 분석에 유용한 표준 라이브러리 모듈

모듈	설명
os	운영 체계와 상호 작용을 위한 기능
	- 파일 시스템 접근, 환경 변수 설정 등
sys	Python 인터프리터와 관련된 변수와 함수 제공
	- 인터프리터 관리 및 메모리 사용 조사
datetime	날짜와 시간 관련 기능
	- 시간 계산 및 분석, 시간 표현 형식 변경 등에 유용
math	수학적 계산을 위한 함수와 상수
	- 삼각 함수, 로그 함수, 지수 함수, 상수 e, π 등
statistics	기초 통계 계산 기능
	- 평균, 중앙값, 분산, 표준편차 등 기술 통계량 산출
random	다양한 난수 생성 기능
	- 시뮬레이션, 테스트 자동화, 게임 로직 등에 활용
re	정규 표현식(Regular Expression) 처리 기능
	- 패턴 검색, 문자열 치환 및 분할

help()는 모듈 또는 관련 함수/메서드에 대한 정보를 제공한다.

```
import os

help(os)
help(os.remove)
```

[42] 정규 표현식(regular expression)은 문자열에서 패턴을 찾아 매칭, 검색, 치환, 분할 등을 수행하는 도구이다. 메타문자(metacharacter), 문자 클래스(character class), 양자화자(quantifier), 앵커(anchor) 등의 원소로 구성되며, 언어마다 문법에 차이가 있으나 기본 개념과 사용 방법은 유사하다.

import 문을 사용하면 해당 모듈(module)에 포함된 함수(function)와 메서드(method)를 제약 없이 호출하여 사용할 수 있다[43].

[추천] 모듈/패키지 import 방법

- import된 모듈/패키지는 현재 파일(스크립트) 또는 현재 실행 중인 인터프리터 세션에서만 사용 가능하다.
- 다른 파일에서 동일 모듈/패키지를 사용하려면, 해당 파일에서 다시 import 해야 한다.
  (예) ex_1.py에서 import math를 하더라도, ex_2.py에서는 인식되지 않는다.

- import 모듈/패키지명
- import 모듈/패키지명 as 별칭
  - 모듈 또는 패키지명을 별칭(alias)으로 지정하면 코드 작성이 간결해진다.
  - 별칭(alias)은 사용자가 의미를 쉽게 파악할 수 있는 형태로 지정한다. 이때, 너무 길거나 모호한 별칭은 피하고, 해당 라이브러리를 직관적으로 연상할 수 있는 짧은 이름을 사용한다.
  - 이미 사용 중인 변수명이나 파이썬 예약어(예: for, class, list)와 중복되지 않도록 한다.
  - 대상체(함수, 속성, 클래스 등)를 사용할 때는 별칭.대상체명 형식으로 호출한다.
- from 모듈/패키지명 import 대상체(들)
  - 특정 대상체들만을 선택하여 사용

각 라이브러리에서 제공하는 객체의 속성에 접근하거나, 해당 객체의 메서드를 호출할 때에는 접근 연산자(access operator) .(dot)를 사용한다. 이 연산자를 속성 접근자(attribute accessor) 또는 점 연산자(dot operator)라고도 하며, 객체와 그 내부 구성 원소인 속성 또는 메서드를 연결하는 역할을 한다.

[43]함수(function)는 독립적으로 호출 가능한 코드 블록이며, 메서드(method)는 특정 클래스 객체에 속한 기능이다. 기술적 관점에서 함수는 독립적으로 존재하며, 어떤 클래스에도 속하지 않는 반면, 메서드는 항상 어떤 클래스의 일부로 존재하며, 해당 클래스의 인스턴스나 클래스 자체와 관련된 작업을 수행한다.

math 모듈을 import한 경우

```
import math

math.sqrt(4)                                    #[결과] 2.0
math.factorial(10)                              #[결과] 3628800
```

math 모듈을 별칭 mt로 import한 경우

```
import math as mt

mt.sqrt(4)                                      #[결과] 2.0
mt.factorial(10)                                #[결과] 3628800
```

datetime 모듈에서 date 클래스만 불러와 today() 메서드를 호출한 경우

```
from datetime import date

today_date = date.today()
print(today_date)
```

특정 대상체만 선택하여 import하는 경우에는, 필요한 함수나 속성을 사전에 명확히 지정하여 불러와야 한다. 만일 필요한 함수나 속성을 import하지 않은 상태에서 호출하면 이름 오류(NameError)가 발생한다.

필요한 함수를 import하지 않은 경우

```
from math import sqrt, cos

sqrt(4)                                         # [결과] 2.0
factorial(10)                                   # factorial은 import하지 않음
# [결과] 오류
# Traceback (most recent call last):
#   File "<string>", line 1, in <module>
# NameError: name 'factorial' is not defined
```

또는 다음과 같이 import할 수도 있다.

- from 모듈/패키지명 import *
  - 해당 모듈/패키지에 포함된 모든 대상체(함수, 속성, 클래스 등)를 한 번에 불러온다.

이 방법을 사용하면 접근 연산자 없이 직접 호출할 수 있다는 장점이 있다. 그러나 다음과 같은 단점이 있으므로 간단한 스크립트를 제외하고는 권장되지 않는다.

- 필요한 함수나 속성을 사전에 import하지 않으면 호출 시 오류가 발생할 수 있다.
- 스크립트 내에 동일한 이름의 함수나 속성이 이미 존재하는 경우 **이름 충돌(name collision)**이 발생할 수 있다.

CAUTION 이름 충돌이 발생하는 경우

- lambda는 한 줄로 간단히 구성된 함수를 정의할 때 사용한다.
- 이미 존재하는 함수 이름(특히, 표준 라이브러리 함수)과 동일하게 정의하면, 원 기능을 덮어쓰기(override)하여 원 기능이 사라진다.

```
from math import *

factorial = lambda a: a * a          # 사용자 정의 factorial 함수 또는 변수
sqrt(4)                              #[결과] 2.0
factorial(10)                        #[결과] 100, 올바른 값은 120이어야 함
```

Python의 활용에서 기본적으로 **별칭(alias)**을 지정하는 방식을 권장한다. 이는 코드를 간결하게 하고 가독성을 높이며, 다양한 프로그래밍 작업과 협업에서 일관성을 유지할 수 있기 때문이다. 별칭은 기술적으로 어떤 이름을 사용해도 무방하지만, 다음과 같이 널리 통용되는 **컨벤션(convention)**을 사용하여 명확하고 일관된 별칭을 지정하는 것이 바람직하다[44].

```
import numpy as np
import pandas as pd
import matplotlib.pyplot as plt
```

[44] 컨벤션(convention)은 프로그래밍 문맥에서는 coding convention 또는 naming convention처럼 사용하며, 관례 또는 코딩 표준의 의미를 갖는다.

표준 라이브러리 내의 각 모듈의 중요 함수와 메서드 그리고 간단한 예는 다음과 같다.

os

- 운영 체제와의 상호작용
  현재 작업 디렉토리 조회 및 변경, 환경 변수 읽기·설정 등 운영 체제 수준의 기능을 Python코드에서 제어할 수 있다.
- 파일 및 디렉토리 관리
  파일/디렉토리 생성, 삭제, 이름 변경, 경로 통합 등 파일 시스템을 직접 다루는 기능을 제공한다.
- 작업 자동화 및 배치 처리
  스크립트를 통해 반복적인 파일 처리 작업을 자동화하고, 운영 체제 명령 실행을 통한 배치 작업을 구현할 수 있다.

표 3.22: os 모듈의 주요 함수와 메서드

함수 및 메서드	설명
listdir('path')	지정된 경로의 파일과 디렉토리 목록 반환
mkdir('path')	지정된 경로에 새 디렉토리 생성
makedirs('path')	필요한 모든 디렉토리 생성
remove('path')	파일 삭제
rmdir('path')	디렉토리 삭제
rename('src', 'dst')	파일이나 디렉토리의 이름 변경
getcwd()	현재 작업 디렉토리 반환
chdir('path')	현재 작업 디렉토리 변경
path.join('path1', 'path2', ...')	지정된 path들을 통합

os 모듈의 함수 및 메서드 예

```
import os

os.listdir('.')                          # 현재 디렉토리의 목록
os.mkdir('new_folder')                   # 새 디렉토리 생성
os.rename('old.txt', 'new.txt')          # 이름 변경
# [결과] old.txt에서 new.txt로 변경
os.getcwd()                              # 현재 작업 디렉토리 반환
os.chdir('C:/Temp')                      # 작업 디렉토리 변경
```

sys

- 환경 및 경로 설정

  모듈 검색 경로(path) 수정, 현재 실행 환경 정보 확인, 플랫폼(platform) 및 버전(version) 정보 조회가 가능하다.

표 3.23: sys 모듈의 주요 함수 및 메서드

함수 및 메서드	설명
version	현재 Python 인터프리터의 버전 정보
platform	실행 중인 플랫폼에 대한 정보
executable	Python 인터프리터의 실행 파일 경로
path	모듈 검색 경로의 리스트
getsizeof(object)	객체의 메모리 크기를 바이트 단위로 반환
exit()	인터프리터를 즉시 종료

sys 모듈의 함수 및 메서드 예

```
import sys

temp = [1, 2, 3, 4, 5]
print(sys.getsizeof(temp))                # 객체의 메모리 크기 확인
# [결과] 104
print(sys.version)                        # Python 인터프리터 버전 정보
# [결과] 개별 확인
print(sys.executable)                     # Python 인터프리터 실행 파일 경로
# [결과] 개별 확인
print(sys.path)                           # 모듈 검색 경로 확인
# [결과] 개별 확인인
sys.exit()                                # 프로그램 종료
# [결과] 실행 시 프로그램 즉시 종료
```

datetime

- 날짜와 시간 정보 제공
  현재 날짜와 시간 조회, 날짜/시간 간의 차이 계산, 특정 날짜·시간 객체 생성이 가능하다.
- 형식 변환 및 문자열 처리
  날짜/시간 객체를 strftime()으로 원하는 형식의 문자열로 변환하거나, strptime()으로 문자열을 날짜/시간 객체로 변환할 수 있다.
- 시간대(timezone) 지원
  timezone 객체를 이용하여 서로 다른 시간대 간 변환 및 시간대 정보가 포함된 날짜/시간 처리를 지원한다.

표 3.24: datetime 모듈의 주요 함수 및 메서드

함수 및 메서드	설명
datetime.now()	현재 날짜와 시간
datetime.today()	현재 날짜와 시간
datetime.utcnow()	UTC 기준 현재 날짜와 시간
datetime.fromtimestamp(ts)	UNIX 타임스탬프를 datetime 객체로 변환
date(year, month, day)	날짜 객체 생성
time(hour, minute, second)	시간 객체 생성
combine(date, time)	datetime 객체로 결합
strptime(date_string, format)	문자열을 datetime 객체로 변환
strftime(format)	datetime 객체를 문자열로 변환
timedelta()	두 날짜/시간 사이의 기간 객체 생성

datetime 모듈의 함수 및 메서드 예[45]

```
import datetime as dt

current = dt.datetime.now()                          # 현재 날짜와 시간
print(current)
# [결과] 2024-01-25 17:02:18.131913
```

[45] 타임스탬프(timestamp)란 1970년 1월 1일 0시 0분 0초(UTC)부터 경과한 시간을 초 단위(또는 밀리초 단위 등)로 나타낸 값을 말하며, 운영체제와 프로그래밍 언어에서 날짜·시간 연산의 기준 값으로 널리 사용된다.

```
today = dt.datetime.today()                          # 오늘 날짜와 시간
print(today)
# [결과] 2024-01-25 17:02:18.131913

utc_now = dt.datetime.utcnow()                       # 현재 UTC 시간
print(utc_now)
# [결과] 2024-01-25 08:02:18.131913

ts = 1706170000                                      # timestamp
print(dt.datetime.fromtimestamp(ts))                 # datetime으로 변환
# [결과] 2024-01-25 10:46:40

date_obj = dt.date(2024, 1, 1)                       # 날짜 객체 생성
print(date_obj)
# [결과] 2024-01-01

time_obj = dt.time(12, 0)                            # 시간 객체 생성
print(time_obj)
# [결과] 12:00:00

dt_obj = dt.datetime.combine(date_obj, time_obj)     # 날짜+시간 결합
print(dt_obj)
# [결과] 2024-01-01 12:00:00

date_string = "2024-01-01 12:00:00"                  # 문자열을 datetime로 변환
dt_obj = dt.datetime.strptime(date_string,
                              "%Y-%m-%d %H:%M:%S")
print(dt_obj)
# [결과] 2024-01-01 12:00:00

now = dt.datetime.now()
print(now.strftime("%Y/%m/%d %H:%M"))               # datetime을 문자열로 변환
# [결과] 2024/01/25 17:15

start_date = dt.date(2021, 1, 1)
current_date = dt.date.today()
delta = current_date - start_date                   # 두 날짜 사이의 일 수
print(delta.days)
# [결과] 1119
```

```
now = dt.datetime.now()
future = now + dt.timedelta(weeks=14)                    # 14주 후
past = now - dt.timedelta(days=5)                        # 5일 전
print(future)
# [결과] 2024-05-02 17:13:56.295192
print(past)
# [결과] 2024-01-20 17:09:37.519357

duration = datetime.timedelta(weeks=15)
days_only = duration.days                                # days만 추출
print(days_only)
#[결과] 105
```

여기서 날짜와 시간을 표현할 때 사용되는 기본 코드는 [표 3.25]와 같다.

표 3.25: Date format의 사용 기호와 의미

코드	설명	예
%Y (대)	연도(세기 포함)	2005
%y (소)	연도(세기 제외, 00–99)	87, 02
%C (대)	세기 (예: 19, 20)	19, 20
%j (소)	연 기준 일자 (001–366)	148, 322
%B (대)	month 전체 이름	January, July
%b, %h (소)	month 약자	Jan, Jul
%m (소)	월 숫자 (01–12)	01, 07
%U (대)	주 번호 (01–53, Sunday 시작)	20, 21
%W (대)	주 번호 (01–53, Monday 시작)	20, 21
%A (대)	weekday 전체 이름	Sunday, Thursday
%a (소)	weekday 약자	Sun, Thu
%u (소)	요일 번호 (1–7, Monday=1)	1, 6
%w (소)	요일 번호 (0–6, Sunday=0)	1, 3
%d (소)	월 기준 일자 (01–31)	07, 31
%D (대)	날짜 %m/%d/%y	05/23/88
%x (소)	지역 설정에 따른 날짜 형식	06/24/99

math

표 3.26: math 모듈의 주요 함수

함수	수학 기호	예
pi	π	pi >>> 3.141592653589793
log(x)	$log_e(x)$, $ln(x)$	log(10) >>> 2.302585092994046
log10(x)	$log_{10}(x)$	log10(1) >>> 0.0
log(x, b)	$log_b(x)$	log(100, 10) >>> 2.0
exp(x)	e^x	exp(3) >>> 20.085536923187668
sqrt(x)	$\sqrt{x}$	sqrt(4) >>> 2.0
pow(x, k)	x^k	pow(2, 3) >>> 8.0
sin(x)	$sin(x)$	sin(pi/2) >>> 1.0
cos(x)	$cos(x)$	cos(pi) >>> -1.0
tan(x)	$tan(x)$	tan(pi/4) >>> 0.99999

math 모듈의 함수 예

```
import math as mt

# 로그와 지수
print(mt.log(10))                    # 자연로그 ln(10) -> 2.302585092994046
print(mt.log10(100))                 # 상용로그 log10(100) -> 2.0
print(mt.exp(3))                     # e^3 -> 20.085536923187668

# 거듭제곱과 제곱근
print(mt.pow(2, 3))                  # 2^3 -> 8.0
print(mt.sqrt(16))                   # □16 -> 4.0

# 삼각함수와 역삼각함수
print(mt.sin(mt.pi/2))               # sin(□/2) -> 1.0
print(mt.cos(mt.pi))                 # cos(□) -> -1.0
print(mt.tan(mt.pi/4))               # tan(□/4) -> 0.9999999999999999
print(mt.asin(1))                    # arcsin(1) -> 1.5707963267948966

# 수학 상수
print(mt.pi)                         # 원주율 -> 141592653589793
print(mt.e)                          # 자연상수 e -> 2.718281828459045
```

re[46]

- regular expression(정규 표현식)의 약자로, 특정 규칙을 갖는 문자열 집합을 표현하는 식이다.
- 문자열에서 원하는 패턴을 찾거나, 해당 패턴을 기준으로 찾기(matching), 분할(split), 치환(substituting)할 때 사용한다.
- Python, R, javaScript 등 대부분의 프로그래밍 언어에서 지원한다.

표 3.27: re 모듈의 주요 함수와 메서드

함수	설명	반환값
search(pattern, string)	첫 번째 일치 부분 검색	Match 객체
match(pattern, string)	문자열 시작 부분 일치 여부	Match 객체
fullmatch(pattern, string)	문자열 전체와 완전 일치 여부	Match 객체
findall(pattern, string)	모든 일치 부분 검색	list
sub(pattern, repl, string)	일치 부분을 다른 문자열로 치환	새로운 문자열
split(pattern, string)	패턴 기준으로 문자열 분리	list

re 모듈의 옵션과 Match 객체

- 옵션 지정: 모든 메서드에서 flags 매개변수를 통해 특정 옵션을 설정할 수 있다. (예) re.IGNORECASE 또는 re.I는 대소문자 구분 없이 패턴 검색
- Match 객체: re.search(), re.match() 등은 Match 객체를 반환한다. 결과 문자열만 확인하려면 .group() 또는 .groups() 메서드를 이용한다.

패턴 찾기 예

```
import re

text = "안녕, 내 번호는 123-456-7890 또는 987-654-3210이란다."
pattern = r'\d{3}-\d{3}-\d{4}'        # 전화번호 패턴
phone_no = re.search(pattern, text)  # [결과] <re.Match object; span=(10, 22),
#                                              match='123-456-7890'>
phone_no.group()                      # [결과] '123-456-7890'
#
```

[46] 문자열에서 원하는 패턴을 정의할 때, r 접두사는 문자열 내의 이스케이프 시퀀스(예 \n, \d 등)을 무시하고 문자 그대로의 raw string을 표현하라는 표기 규칙이다. 예를 들어, 이를 사용하지 않는다면, pattern = r'\d{3}-\d{3}-\d{4}을 pattern = '\\d{3}-\\d{3}-\\d{4}로 정의해야 한다.

```
phone_all = re.findall(pattern, text)
phone_all                          # [결과] ['123-456-7890', '987-654-3210']

text = "Hello, world!"
pattern = "WORLD"
# 대소문자 구분 없이 검색
results = re.search(pattern, text, flags=re.IGNORECASE)
results.group()                    # [결과] 'world'
```

패턴 치환

```
text = "오늘은 화창하군. 화창한 날씨에는 기분이 정말 좋아지는군."
pattern = r'화창'
replaced_text = re.sub(pattern, '우중충', text)    # '화창'를 '우중충'로 치환
print(replaced_text)
#[결과] 오늘은 우중충하군. 우중충한 날씨에는 기분이 정말 좋아지는군.<이상함 ㅠ>
```

텍스트의 여러 패턴을 차례로 치환

```
text = "오늘은 화창하군. 화창한 날씨에는 기분이 정말 좋아지는군."
pattern1 = "화창"
replacement1 = "우중충"
replaced_text = re.sub(pattern1, replacement1, text)   # 첫 번째 패턴과 치환
pattern2 = "좋아"
replacement2 = "나빠"                                   # 두 번째 패턴과 치환
replaced_text = re.sub(pattern2, replacement2, replaced_text)
print(replaced_text)
#[결과] 오늘은 우중충하군. 우중충한 날씨에는 기분이 정말 나빠지는군. <!!>
```

서로 다른 분리자를 ,(콤마)로 분할

```
text = "김열심, 박꼼꼼; 나일등. 최고봉"
pattern = r',|;|. '                    # 쉼표, 세미콜론, 점을 기준
split_text = re.split(pattern, text)
print(split_text)
# [결과] ['김열심', ' 박꼼꼼', ' 나일등', '최고봉']
```

random

- 난수 생성(random number generation)과 확률적 선택(probabilistic selection)을 위한 다양한 함수를 제공한다.
  임의의 수, 시퀀스에서의 무작위 추출, 데이터 섞기(shuffle) 등이 가능하다.
- 난수 생성기는 의사 난수 생성기(pseudo-random number generator, PRNG)이며, 동일한 시드(seed)를 설정하면 항상 동일한 난수열을 재현할 수 있다.

표 3.28: random 모듈의 주요 함수와 메서드

메서드함수	설명
seed()	난수 생성을 위한 seed 지정
random()	[0, 1) 내에서 실수 난수 생성
uniform(a, b)	[a, b) 내에서 실수 난수 생성
randint(a, b)	[a, b] 내에서 정수 난수 생성
randrange(start, stop)	지정된 범위에서 정수 난수 생성
choice()	시퀀스로부터 무작위 원소 선택
shuffle()	시퀀스를 무작위로 혼합
sample(sequence, k)	중복 없이 k개의 원소 무작위 선택

random 모듈 함수 예

```
import random

random.seed(311)
number = random.random()          # [0,1)에서 무작위 실수 생성
print("Random Number:", number) # [결과] Random Number: 0.27206275372901845
number = random.randint(1, 10)  # 무작위 정수 생성
print("Random Number:", number) # [결과] Random Number: 5
numbers = list(range(1, 37))    # 1~36 정수 생성
random.sample(numbers, 6)         # [결과]  [31, 10, 18, 3, 28, 8]

items = ['red', 'blue', 'green']
choice = random.choice(items)   # 무작위 원소 선택
print("Random Choice:", choice) # [결과] Random Choice: green
random.shuffle(items)             # 리스트의 원소들을 무작위로 혼합
print("Shuffled List:", items)  # [결과] Shuffled List: ['green', 'blue', 'red']
```

statistics[47]

- 기초 통계 계산(basic statistical computations)을 위한 함수와 메서드로 구성된다.
  평균, 중앙값, 분산, 표준편차 등 대표적인 통계값을 계산하는 기능을 제공한다.
- 수치형 데이터 시퀀스를 인자로 받아 정확하고 재현 가능한 통계량을 반환하며, 일부 함수는 가중치(weight)를 지정하거나 전체 데이터 또는 일부 데이터의 통계량을 구분하여 제공한다.

표 3.29: statistics 모듈의 주요 함수

메서드.및.함수	설명
mean(data)	data의 산술평균(Arithmetic mean) 계산
median(data)	data의 중앙값(Median) 계산
median_low(data)	짝수 개 데이터에서 중앙값 후보 중 작은 값 반환
median_high(data)	짝수 개 데이터에서 중앙값 후보 중 큰 값 반환
mode(data)	data에서 가장 빈도 높은 값 반환
pstdev(data)	모집단 표준편차(Population std. dev.) 계산
stdev(data)	샘플 표준편차(Sample std. dev.) 계산
pvariance(data)	모집단 분산(Population variance) 계산
variance(data)	샘플 분산(Sample variance) 계산

statistics 모듈 함수 예

```
import statistics as stats

data = [1, 2, 2, 3, 4]
print(stats.mean(data))                # 평균 -> 2.4
print(stats.median(data))              # 중앙값 -> 2
print(stats.median_low(data))          # 짝수/홀수 구분 시 낮은 쪽 값 -> 2
print(stats.median_high(data))         # 짝수/홀수 구분 시 높은 쪽 값 -> 2
print(stats.mode(data))                # 최빈값 -> 2
print(stats.pstdev(data))              # 모집단 표준편차 -> 1.0198...
print(stats.stdev(data))               # 표본 표준편차 -> 1.1401...
print(stats.pvariance(data))           # 모집단 분산 -> 1.04
print(stats.variance(data))            # 표본 분산 -> 1.3
```

[47] 여기서 말하는 모집단 통계량은 함수가 전달받은 데이터 전체를 기반으로 계산한 통계값을 의미한다. 이는 통계학에서 말하는 관심 대상의 전체 집단으로서의 모집단(population)과는 구분되는 개념이다.

3.6 서드 파티 라이브러리 3rd Party Libraries

Python은 광범위한 영역에서 다양한 서드파티(3rd party) 라이브러리를 제공한다. 이들은 여러 개발 영역의 다양한 작업과 프로젝트에서 Python를 더욱 효과적으로 실행할 수 있도록 한다. 서드파티 라이브러리는 데이터 분석, 시각화, 머신러닝 등 데이터 사이언스 분야뿐만 아니라, 웹 개발, 이미지 처리, 네트워킹과 같은 다양한 소프트웨어 개발 분야의 기능 확장에도 크게 기여하고 있다.

프롬프트 템플릿 6. 서드파티 라이브러리 추천

데이터 과학 학습을 위해 필요한 서드파티 라이브러리를 추천해 주시오.
아래 네 가지 범주로 나누어, (1) 각 범주마다 대표적이고 널리 사용되는 라이브러리를 알려 주고, (2) 각 라이브러리가 주로 쓰이는 목적과 핵심 기능을 간단히 설명해 주시오.

1) 기본편

- 수치 계산과 데이터 구조 처리에 필요한 필수 라이브러리
- 데이터 시각화 및 전처리에 활용되는 라이브러리

2) 통계 분석

- 기초 통계 및 가설검정, 확률분포, 회귀분석에 활용되는 라이브러리
- 고급 통계 모델링(예: 시계열, 다변량 분석 등)을 지원하는 라이브러리

3) 기계학습

- 지도학습과 비지도학습 알고리즘을 포함하는 범용 라이브러리
- 모델 학습/평가 및 특징 공학을 지원하는 라이브러리

4) 예측 모델링 및 응용

- 시계열 분석, 예측 모델링, 딥러닝 프레임워크 등 확장 라이브러리
- 실제 데이터 분석 프로젝트에서 활용되는 고급 응용 라이브러리

각 범주마다 라이브러리 이름(영문)과 간단한 설명(한국어)을 표 형식으로 정리하여 제시해 주시오.

(1) 기본편

라이브러리	설명
NumPy	고성능 수치 계산과 다차원 배열 연산 지원
pandas	표 형태 데이터 처리 및 전처리에 최적화된 라이브러리
Matplotlib	기본적인 데이터 시각화를 위한 라이브러리
Seaborn	통계적 시각화에 특화된 고급 그래프 라이브러리

(2) 통계 분석

라이브러리	설명
SciPy	수치 해석, 최적화, 확률분포 및 신호 처리 지원
statsmodels	회귀분석, 가설검정, 시계열 모델 등 통계 모델링 지원
pingouin	심리/사회과학 통계에 특화된 경량 통계 라이브러리

(3) 기계학습

라이브러리	설명
scikit-learn	지도학습, 비지도학습, 모델 선택, 전처리 등 범용 ML 라이브러리
XGBoost	트리 기반 부스팅 기법으로 높은 성능의 예측 모델 제공
LightGBM	대용량 데이터에 최적화된 부스팅 기반 ML 라이브러리
CatBoost	범주형 데이터 처리에 강점을 가진 부스팅 기반 ML 라이브러리

(4) 예측 모델링 및 응용

라이브러리	설명
Prophet	시계열 예측을 위한 Facebook 개발 라이브러리
TensorFlow	구글에서 개발한 딥러닝 프레임워크
PyTorch	연구 및 산업 현장에서 널리 쓰이는 딥러닝 프레임워크
statsforecast	대규모 시계열 데이터 예측을 위한 최신화된 라이브러리

📌 이렇게 구분하면 교재, 강의, 또는 실무에서 체계적으로 활용할 수 있습니다.

ChatGPT 응답

다음 장부터는 데이터 과학(Data Science)의 기본에 해당하는 numpy, pandas, matplotlib, seaborn을 차례로 소개한다. 이들은 통계 분석, 기계 학습, 예측 모델링 등 다양한 데이터 과학의 이론을 구현하고 실무적 프로젝트 실행의 기초를 제공한다.

NumPy(넘파이)는 Numerical Python의 줄임말로, 복잡한 과학 계산을 위한 필수적인 도구이다. 배열(array) 객체를 쉽게 정의하고 빠른 배열 연산을 수행할 수 있으며, 반복문 작성 없이 전체 배열에 대해 계산할 수 있는 표준 수학 함수인 유니버설 함수(Universal Functions)를 제공한다.

또한 난수 생성(Random Number Generations)과 선형 대수(Linear Algebra) 연산에 효과적이고, 배열 구조 데이터와 관련된 메모리 관리 도구도 함께 제공한다. NumPy 자체가 통계적 방법이나 예측 모델링 기능을 직접 제공하지는 않지만, 넘파이 배열과 배열 기반 연산은 다양한 과학 계산과 데이터 분석을 효율적으로 실행할 수 있는 기반을 마련해 준다.

pandas(판다스)는 데이터 분석을 용이하게 하는 대표적인 라이브러리이며, 경제학에서의 다차원 데이터를 의미하는 Panel Data에서 그 이름이 유래되었다[48,49]. NumPy가 단일 산술 배열 데이터에 중점을 둔다면, pandas는 표 형식의 데이터 — Series(1차원 배열)와 DataFrame(2차원 배열) — 구조를 기반으로 데이터 분석 전반을 지원한다.

주요 기능으로는 다양한 파일 형식(csv, excel, json 등)의 데이터 입출력, 데이터 필터링·정렬·그룹화·결합과 같은 복잡한 데이터 전처리, 결측치 식별 및 대체, 시계열 데이터의 날짜/시간 데이터 관리 등이 있다. 또한 내부적으로 NumPy 배열을 사용하여 연산을 최적화함으로써, 대규모 데이터를 빠르고 효율적으로 처리할 수 있다.

matplotlib(맷플롯립)은 가장 기본적이면서도 강력한 2차원 그래픽과 데이터 시각화 라이브러리이다. 출판물 수준의 그래프를 생성할 수 있으며, 그래프의 거의 모든 요소를 세밀하게 조정할 수 있다. 또한 생성된 그래프를 pdf, jpg, png 등의 다양한 형식으로 저장할 수 있어 보고서나 웹페이지 등에 손쉽게 활용할 수 있다. 다만 유연하고 섬세한 만큼, 원하는 결과를 얻기 위해 사용자가 비교적 많은 코드를 작성해야 한다는 특징이 있다.

seaborn(시본)은 이러한 단점을 보완하기 위해 matplotlib를 기반으로 개발된 시각화 라이브러리이다. 데이터 시각화를 위한 다양한 인터페이스와 사용자 친화적인 기본 설정, 테마, 색상 팔레트를 제공하여 복잡한 시각화 작업을 간단하게 구현할 수 있다. 특히 통계적 데이터 시각화에 특화되어 있어, 적은 코드로도 시각적으로 세련된 그래프를 손쉽게 그릴 수 있다.

---

[48] Panel data는 시간에 따라 여러 개체(예: 개인, 기업, 국가 등)에 대한 관찰값을 포함하는 다차원 데이터 구조를 말한다. 이는 경제학, 사회학, 공공 정책 연구 등의 종단 연구(longitudinal studies)에서 자주 사용되는 데이터 유형으로, 일반적으로 각 개체에 대한 반복 측정이 시간의 함수로 기록된다. 즉, Panel data는 시계열 데이터(Time Series Data)와 단면 데이터(Cross-Sectional Data)의 조합으로 복잡한 다차원성을 갖는다.

[49] Wes McKinney가 재무 데이터에 대한 정량적 분석 을 수행하기 위한 고성능의 유연한 도구를 필요로 하여 2008년 개발을 시작하였고, 2009년 오픈 소스로 등록되었다. 2024년 1월 Version 2.2.0이 출시되었다.

소개된 서드파티 라이브러리의 import 컨벤션(convention)은 다음과 같다[50].

import 컨벤션

```
import numpy as np
import pandas as pd
import matplotlib as plt
import seaborn as sns
```

실제 프로그래밍 과정에서는 학습 과정만으로 해결되지 않는 다양한 문제를 만나게 된다. 이러한 경우, Python 커뮤니티를 통한 사례 조사, 질문, 의견 교환 등은 문제 해결에 큰 도움이 된다. 대표적인 Python 커뮤니티는 다음과 같다.

대표적인 Python 커뮤니티

- Python.org Community <https://www.python.org/community/>
  Python의 공식 웹사이트에는 토론 포럼, 직업 게시판, 지역 사용자 그룹 정보, 오는 이벤트 등에 대한 정보를 제공
- PyCon <https://www.pycon.org/>
  Python 커뮤니티의 대표적인 연례 회의이며, 전 세계에서 개최되며 강연, 튜토리얼, 네트워킹 세션 등을 제공
- Meetup - Python Groups <https://www.meetup.com/topics/python/>
  전 세계 다양한 지역에서 활동하는 Python 사용자 그룹을 찾을 수 있는 플랫폼으로 다양한 정보 제공
- Stack Overflow <https://stackoverflow.com/questions/tagged/python>
  프로그래밍과 관련된 질문과 답변을 공유하는 커뮤니티이며, 다양한 정보와 know-how를 제공
- Reddit - r/Python <https://www.reddit.com/r/Python/>
  Python 프로그래밍 언어에 대한 뉴스, 정보, 질문을 공유
- GitHub <https://github.com>
  Python 관련 프로젝트를 호스팅하는 대표적인 플랫폼으로 오픈 소스 프로젝트 참여 및 코드 공유에 유용

[50] 컨벤션(convention)은 가져오기 규칙(관례) 정도로 해석될 수 있으며, 특정 언어나 개발 환경에서 외부 라이브러리나 모듈을 코드로 불러올 때 따르는 관례를 말한다. 이는 필수는 아니지만, 코드의 가독성을 높이고, 내장 함수와의 이름 충돌을 방지하며, 협업시 일관성을 유지하는데 유용하므로 관례를 따르는 것을 적극 추천한다.

최근에는 **ChatGPT** 와 같은 생성형 인공지능이 이러한 전통적 커뮤니티와 더불어 새로운 학습과 활용 방식으로 주목받고 있다. 커뮤니티가 집단 지성과 경험 공유를 통해 지식을 확산시킨다면, **ChatGPT** 는 개별 사용자가 필요할 때 즉각적으로 도움을 받을 수 있는 대화형 조력자 (interactive assistant)의 역할을 수행한다. 따라서, **Python**학습과 실제 활용에서 커뮤니티와 인공지능이 서로 보완적인 관계로 발전하고 있다.

3

4 넘파이 NumPy

넘파이(NumPy)는 산술 계산에서 필수적인 라이브러리이다(Harris et al., 2020)[1].

<https://numpy.org/>

NumPy 설치: `pip install numpy`

Python의 과학 계산용 라이브러리 대부분은 넘파이(NumPy)의 배열(array) 객체를 데이터 교환의 기본 구조로 사용한다. 넘파이를 사용하기 위한 기본 컨벤션은 다음과 같다.

import 컨벤션

```
import numpy as np
```

앞으로 모든 NumPy 메서드와 함수는 np를 접두어로 사용한다. 예를 들어, 배열을 생성하거나 평균을 구하는 경우는 다음과 같다.

```
a = np.array([1, 2, 3, 4, 5])                                # 배열 생성
m = np.mean(a)                                               # 평균 계산
```

[1] Harris, C. R., Millman, K. J., Van Der Walt, S. J., Gommers, R., Virtanen, P., Cournapeau, D., Wieser, E., Taylor, J., Berg, S., Smith, N. J., Kern, R., Picus, M., Hoyer, S., Van Kerkwijk, M. H., Brett, M., Haldane, A., Del Río, J. F., Wiebe, M., Peterson, P., Gérard-Marchant, P., Sheppard, K., Reddy, T., Weckesser, W., Abbasi, H., Gohlke, C., & Oliphant, T. E. (2020). Array programming with NumPy. Nature, 585(7825), 357–362.

프롬프트 템플릿 7. *NumPy* 학습 순서와 핵심 주제

> 데이터 과학 기초 학습을 위해 NumPy를 배우고자 한다.
> (1) NumPy 학습 순서를 단계별로 제시해 주고
> (2) 각 단계마다 반드시 학습해야 할 핵심 주제를 간단히 정리해 주시오.

NumPy 학습 순서와 핵심 주제

(1) NumPy 개요

- NumPy의 역할과 특징
- `import numpy as np` 관례

(2) 배열(array) 기본

- 1차원, 2차원 배열 생성
- 배열 속성: `shape` , `dtype` , `ndim`

(3) 배열 연산

- 산술 연산과 브로드캐스팅
- 집계 함수: `sum` , `mean` , `std`
- 축(`axis`) 개념

(4) 인덱싱과 슬라이싱

- 부분 배열 추출
- 불리언 인덱싱
- 팬시 인덱싱

(5) 유니버설 함수(ufunc)

- 기본 수학 함수 (`np.sqrt` , `np.exp` , `np.log`)
- 비교/논리 연산

(6) 난수와 선형대수

- `np.random` 모듈 활용 (난수, 샘플링)
- 행렬 곱, 전치, 역행렬

(7) 응용과 연계

- pandas, matplotlib과의 연계
- 간단한 데이터 분석 예제

👉 이렇게 구성하면, 학습자가 "먼저 무엇을 배우고, 각 단계에서 어떤 핵심 주제를 반드시 익혀야 하는지"를 한눈에 볼 수 있습니다.

ChatGPT 응답 내용

제시된 내용은 전반적으로 올바른 방향이지만, 일부 주제는 더 적절한 위치로 조정될 필요가 있다.

4.1 배열의 생성 Array Creation

ndarray의 모든 원소는 동일한 데이터 유형이어야 한다.

넘파이(NumPy)의 핵심은 ndarray 클래스이다[2]. 이는 n-차원 배열 객체를 위한 클래스이며, 다차원 배열을 생성/관리하고 다양한 연산과 메서드를 통해 수치 계산을 효과적으로 지원한다. ndarray 객체를 사용하면 다음과 같은 작업을 효율적으로 수행할 수 있다.

- 배열 연산: 벡터·행렬 연산 등 산술 계산 수행
- 인덱싱(Indexing): 배열 내 특정 원소 선택
- 슬라이싱(Slicing): 부분 배열 추출
- 형태 변경: 배열의 구조를 다른 형태로 변환
- 데이터 유형 변환: 배열의 자료형을 다른 유형으로 변경

기본 배열 생성 함수

- 배열의 초기값을 0, 1, 또는 특정 값으로 지정하거나 비어 있는 상태로 생성하는 함수

표 4.1: numpy 기본 배열 생성 함수

이름	설명
array()	새로운 ndarray 배열 생성
	- 리스트, 튜플 등의 기본 데이터를 ndarray로 전환
zeros(shape, dtype)	모든 원소를 0으로 초기화
	- 누적 연산, 시뮬레이션 등에서 0으로 배열 초기화
ones(shape, dtype)	모든 원소를 1로 초기화
	- 곱셈 연산의 초기값 또는 연산 기본값을 1로 지정
full(shape, value)	모든 원소를 지정된 값으로 생성
	- 특정 값으로 배열 초기화에 유용
empty(shape, dtype)	초기화 없이 새로운 배열 생성
	- 배열에 다른 값을 저장할 예정인 경우 지정

[2] 클래스(class)는 객체를 생성하기 위한 템플릿이다. 이는 특정 유형의 객체를 만들기 위한 속성(attributes)과 행동(behavior)을 정의한다. 클래스를 기반으로 생성된 객체를 인스턴스(instance)라고 하며, 이는 클래스에서 정의한 구조에 따라 실제 메모리 상에 할당된 객체로 클레스의 속성과 메서드를 사용할 수 있게 낸다. 이때, 메서드(method)는 클래스 내부에 정의된 함수로 클래스의 인스턴스에 대한 연산을 수행한다.

배열의 차원 크기는 shape 그리고 데이터 유형은 dtype으로 확인한다.

기본 배열 생성과 형태와 데이터 유형 확인 예

```
import numpy as np

arr1  = np.array([[0.1, 0.2, 0.3],[0.4, 0.5, 0.6], [0.7, 0.8, 0.9]])

type(arr1)                          #[결과] <class 'numpy.ndarray'>
arr1.shape                          #[결과] (3, 3) - 3 by 3 array
arr1.dtype                          #[결과] dtype('float64')
```

데이터 유형의 변경[3]

- astype()을 이용하여 dtype을 변경할 수 있다.
- 실수형을 정수형으로 변환하면, 버림(소수점 이하 제거) 처리된다.
- 실수형의 반올림 값을 원한다면, round() 적용한다.
- 숫자 형식의 **문자열** 배열은 입력된 형식에 따라 **정수형** 또는 **실수형**으로 변환된다.

데이터 유형 변경 예

- 실수형 문자열을 정수형으로 직접 변환할 수 없다.
- 실수형 문자열은 실수형으로 변환한 후, 실수형을 정수형으로 변환한다.

```
import numpy as np

arr_float = np.array([1.6, 2.4, 3.56, 4.0])

arr_int1 = arr_float.astype(int)             # 실수형 -> 정수형(버림)
print(arr_int1)                              # [결과] [1 2 3 4]

arr_round = np.round(arr_float)              # 반올림 후 정수형 변환
arr_int2 = arr_round.astype(int)
print(arr_int2)                              # [결과] [2 2 4 4]

arr_float1 = arr_int1.astype(float)          # 정수형 ->  실수형
print(arr_float1)                            # [결과] [1. 2. 3. 4.]

# 실수형 숫자 형식의 문자열 배열
```

[3] astype()은 기존 배열을 복사하여 새로운 배열을 생성하며, 원본 배열과 독립적이다. 이는 깊은 복사(deep copy)의 일종이다.

```
arr_str_float = np.array(["1.6", "2.4", "3.56", "4.0"])
arr_float = arr_str_float.astype(float)
print(arr_float)                                # [결과] [1.6  2.4  3.56 4.]

# 정수형으로 변환: 오류 발생
# arr_int = arr_str_float.astype(int)
# ValueError: invalid literal for int() with base 10: '1.6'

# 정수형 숫자 형식의 문자열 배열
arr_str_int = np.array(["1", "2", "3", "4"])
arr_int = arr_str_int.astype(int)
print(arr_int)                                  # [결과] [1 2 3 4]
```

배열 연산에서 올바른 연산 결과를 얻기 위해서는 반드시 **배열 초기화(initialization)**를 필요로 한다. 이때, 형태와 유형을 명확히 정의하는 것은 연산 오류를 방지하는데 중요한 역할을 한다.

유2 배열 초기화: 형태와 데이터 유형[4]

- **shape**는 튜플(tuple)로 지정하고, **dtype**은 int(정수형) 또는 float(실수형)으로 지정한다.
- 데이터의 유형을 명시하지 않으면, 실수형(float64)으로 가정된다.
- 배열의 초기값을 명확히 설정해야 하는 경우, zeros() 또는 ones()를 사용한다.

배열 초기화 예

```
arr2 = np.zeros((2, 3), dtype=np.int32)     # 형태가 (2,3)이고 타입이 정수(int)
arr2
#[결과]
# array([[0, 0, 0],
#        [0, 0, 0]])

arr3 = np.ones((2,3), dtype=np.float64)     # 형태가 (2,3)이고 타입이 실수(float)
arr3
# [결과]
# array([[1., 1., 1.],
```

[4] 수치 계산을 위하여 정수형은 int8, int16, int32, int64로 지정할 수 있고, 실수형은 float16, float32, float64, float128로 지정할 수 있다. 이는 데이터 저장시 메모리의 크기와 표현 가능한 숫자의 범위를 나타낸다. 값이 클 수록 메모리를 더 사용하며, 더 큰 범위의 값을 표현할 수 있다. 이는 메모리 허용 범위, 성능 최적화, 데이터의 정밀도와 범위 등의 원소를 고려하여 결정한다.

```
#       [1., 1., 1.]])

np.full((3, 3), 10.0)                       # 모든 값을 10.0(실수)로 초기화
# [결과]
# array([[10., 10., 10.],
#        [10., 10., 10.],
#        [10., 10., 10.]])
```

empty()는 초기화 시간이 절약되고 지정된 크기의 배열을 생성하지만, 0이나 1과 같이 특정 값으로 초기화하지 않는다. 대신 메모리에 남아 있는 임의의 값(garbage value)이 그대로 저장된다. 따라서, 다른 값으로 덮어쓸 경우로 제한하여 사용한다.

empty를 이용한 초기화

```
arr_empty = np.empty((3,4))                 # 임의의 값으로 (3, 4) 배열 생성
print(arr_empty)
# [결과]
# array([[4.24399158e-314, 4.17873249e-309, 6.95142990e-310,
#         0.00000000e+000],
#        [0.00000000e+000, 0.00000000e+000, 0.00000000e+000,
#         0.00000000e+000],
#        [0.00000000e+000, 5.05923221e-321, 2.12199579e-314,
#         0.00000000e+000]])
```

데이터 처리와 시각화 과정에서는 일정 범위의 정수 index를 지정하거나, 특정 간격으로 나눈 데이터 sequence를 정의해야 하는 경우가 많다. 이러한 기능은 데이터 추출과 연산, 그래프 축 정의, 시뮬레이션 데이터 생성 등에서 필수적이다. 이때 코드의 벡터화(vectorization)에 기반한 배열 생성 함수를 사용하면 반복문 없이 빠르고 효율적으로 배열을 만들 수 있다. 따라서 다음의 응용 배열 생성 함수들은 데이터 분석, 시각화, 통계 모델링, 시뮬레이션 등 다양한 상황에서 널리 활용된다.

응용 배열 생성 함수

- 기본적으로 1차원 배열을 생성한다.
- 다차원 배열로 변환하려면 reshape를 사용한다.

표 4.2: numpy 응용 배열 생성 함수

이름	설명
arange(start, end, step)	step에 따라 값을 순차적 배열 생성
	- range()의 배열 버전
	- 시퀀스 데이터를 생성
linspace(start, end, count)	count만큼 균등 분할된 배열 생성
	- 데이터 시각화 또는 함수 연산시 유용

응용 배열 생성 함수 예: arrange() - 간격 중심

```
arr_arg = np.arange(0, 11, 2)
arr_arg                                        # 1 차원 배열
# [결과]
# array([ 0,  2,  4,  6,  8, 10])
                                               # 2차원 배열로 형태 변경
arr_arg2 = arr_arg.reshape((2, 3))             # shape = (2, 3)
arr_arg2
# [결과]
# array([[ 0,  2,  4],
#        [ 6,  8, 10]])
```

응용 배열 생성 함수 예: linespace() - 개수 중심

```
arr_lin = np.linspace(0, 9, 10)
arr_lin                                        # 1 차원 배열
# [결과]
# array([0., 1., 2., 3., 4., 5., 6., 7., 8., 9.])
                                               # 2차원 배열로 형태 변경
arr_lin2 = arr_lin.reshape((2, 5))             # shape = (2, 5)
arr_lin2
# [결과]
# array([[0., 1., 2., 3., 4.],
#        [5., 6., 7., 8., 9.]])
```

행렬 연산에서 자주 사용되는 단위 행렬(Identity Matrix; I_n)은 곱셈에 대한 항등원 역할을 하며, 벡터나 행렬을 변환하더라도 원래 값을 그대로 유지한다. 또한 대각선 이외의 모든 원소가 0인 대각 행렬(Diagonal Matrix; $D_{n\times m,k}$)은 대각선 원소가 특정 패턴을 가지는 행렬을 정의할 때 사용된다. 여기서 $k = 0$은 주대각선(main diagonal), $k > 0$은 위쪽 대각선, $k < 0$은 아래쪽 대각선을 의미한다[5]. 이러한 행렬들은 역행렬 계산, 선형 방정식의 해 구하기, 그리고 특정 조건에서의 행렬 연산에 널리 활용된다.

$$I_n = \begin{pmatrix} 1 & 0 & \cdots & 0 \\ 0 & 1 & \cdots & 0 \\ \vdots & \vdots & \ddots & \vdots \\ 0 & 0 & \cdots & 1 \end{pmatrix}_{n\times n} \qquad D_{n\times m,\,1} = \begin{pmatrix} 0 & 1 & 0 & \cdots & 0 \\ 0 & 0 & 1 & \cdots & 0 \\ \vdots & \vdots & \ddots & \vdots & \\ 0 & 0 & 0 & \cdots & 1 \end{pmatrix}_{n\times m}$$

행렬/대각 행렬 생성 함수

표 4.3: numpy 행렬/대각 행렬 생성 함수

이름	설명
identity(n, dtype)	대각선 원소가 1인 단위 행렬 생성
	- 행렬 연산 시 유용
eye(n, m, k, dtype)	n x m 행렬의 k 위치에 따른 대각 행렬 생성
	- 다양한 구조의 대각 행렬 정의시 유용
diag(v, k)	벡터 v를 대각선 원소로 갖는 행렬 생성 또는 행렬의 대각 성분 추출
	- 행렬 대각 원소 처리에 유용

행렬/대각 행렬 생성 함수 예

```
# 단위 행렬 생성
arr_id = np.identity(3)                     # 3x3 단위 행렬 I
print(arr_id)
# [결과]
# [[1. 0. 0.]
```

[5] 행(i)와 열(j)에서 $k = j - i$이면, 1, 그렇지 않으면 0을 할당한다.

```
#  [0. 1. 0.]
#  [0. 0. 1.]]

# 대각 행렬 생성
arr_eye0 = np.eye(2, 3, 0)              # 2x3 대각 행렬 (k=0: 주대각선)
print(arr_eye0)
# [결과]
# [[1. 0. 0.]
#  [0. 1. 0.]]
arr_eye1 = np.eye(2, 3, 1)              # 2x3 대각 행렬 (k=1: 위쪽 대각선)
print(arr_eye1)
# [결과]
# [[0. 1. 0.]
#  [0. 0. 1.]]

# 벡터 대각 성분 생성
arr_diag = np.diag([1, 2, 3])           # 지정된 벡터를 대각 성분으로 하는 행렬
print(arr_diag)
# [결과]
# [[1 0 0]
#  [0 2 0]
#  [0 0 3]]
arr_ex = np.array([[5, 1, 0],
                   [0, 7, 2],
                   [0, 0, 9]])
print(np.diag(arr_ex))                  # 행렬에서 대각 성분 추출
# [결과]
# [5 7 9]
```

4.2 배열 선택과 변환 Array Indexing and Transformation

생성 또는 연산된 배열은 분석 목적에 따라 다양한 처리를 필요로 한다. 가장 기본적인 작업은 다차원 배열에서 특정 차원이나 조건에 적합한 원소를 선택하는 것이다. [그림 4.1]와 같이, 1차원 배열은 Python 리스트(list)와 유사하고, 2차원 배열은 [행, 열], 3차원 배열은 [층, 행, 열]의 형태로 인덱싱(Indexing) 구조를 정의한다. 이때, 층-행-열 각각의 색인은 첫 번째 원소가 0에서 시작하는 제로 인덱스(zero index)를 따른다. 또한 음수 인덱스를 사용하면 마지막 원소는 -1이 된다.

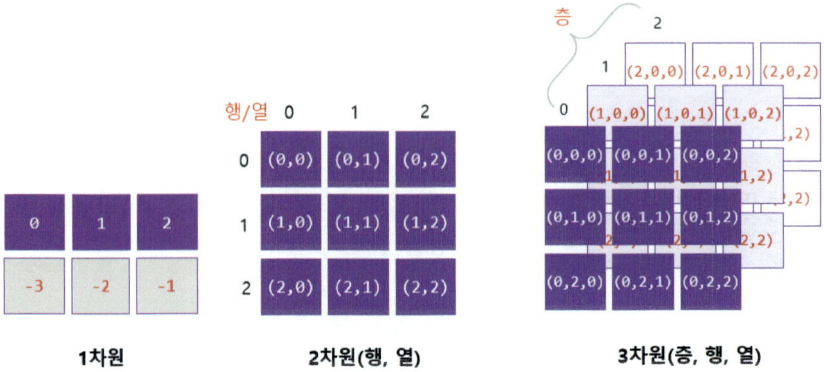

그림 4.1: 배열의 색인 구조

부분 선택(Indexing / Slicing)[6]

- 부분 선택된 배열은 원본 배열의 뷰(View)를 반환한다.
- 따라서 부분 배열을 수정하면 원본 배열도 동시에 변경된다.
- 이를 원하지 않는 경우, 부분 배열을 copy()로 복사하여 사용한다.

부분 선택 예

```
# 뷰
arr1 = np.arange(0, 5)
arr1                        # [결과] array([0, 1, 2, 3, 4])
arr1[1]                     # [결과] 1
arr1[1:4]                   # [결과] array([1, 2, 3])
arr1[1:4] = 10
                            # 원래의 배열을 변경한다.
arr1                        # [결과] array([ 0, 10, 10, 10,  4])
# 부분 배열 복사
arr1 = np.array([0, 1, 2, 3, 4])
arr1_part = arr1[1:4].copy()
arr1_part[:] = 10          # 모든 원소 대입
arr1_part                  # [결과] array([10, 10, 10])
                           # 원 배열을 변경하지 않는다.
arr1                       # [결과] array([0, 1, 2, 3, 4])
```

[6] NumPy에서 뷰(view)란 원본 데이터를 복사하지 않고, 다른 형태(shape)나 부분(subset)을 참조하여 보여주는 방식을 말한다. 이는 메모리를 추가로 사용하지 않아 효율적이고, 다양한 형태로 데이터를 유연하게 접근/조작할 수 있다. 단, 뷰를 수정하면 원본 배열도 함께 변경되므로, 원본을 유지하려면 반드시 copy()를 사용해야 한다.

2차원 배열에서도 각 차원별로 부분 선택이 가능하다. 이때 행(또는 열)의 색인 인덱스를 상수로 지정하면, 해당 차원의 전체 원소가 선택되어 결과는 1차원 배열이 된다. 특정 원소를 선택하려면 선택자([ ])를 순차적으로 적용하거나, 모든 차원의 색인을 동시에 지정해야 한다.

2차원 배열 부분 선택 예

- arr[n] : 행 인덱스를 상수로 지정하면, n번째 행 전체가 선택되어 1차원 배열을 반환한다.
- arr[:, m] : 열 인덱스를 상수로 지정하면, m번째 열 전체가 선택되어 1차원 배열을 반환한다.

```
arr2 = np.identity(3)
arr2
#[결과]
# array([[1., 0., 0.],
#        [0., 1., 0.],
#        [0., 0., 1.]])
#
arr2[1]                                    # 행 인덱스 상수 지정
                                           # [결과] array([0., 1., 0.])

arr2[;,1]                                  # 열 인덱스 상수 지정
                                           # [결과] array([0., 1., 0.])

arr2[:2]
# [결과] array([[1., 0., 0.],
#               [0., 1., 0.]])

arr2[:2, 1:]
# [결과] array([[0., 0.],
#               [1., 0.]])

arr2[0, :2]                                # [결과] array([1., 0.])

arr2[1][0]                                 # [결과] 0.0
arr2[1,0]                                  # [결과] 0.0
```

3차원 배열도 2차원 배열과 동일한 방식으로 부분 선택할 수 있다. 이때 색인은 [층, 행, 열] 순서로 적용된다.

3차원 배열의 부분 선택 예

- arr[i] : i번째 층 전체 선택이므로 2차원 배열 반환한다.
- arr[i, j] : i번째 층, j번째 행 선택이므로 1차원 배열 반환한다.
- arr[:, j:] : 모든 층에서 j번째 행부터 선택이므로 3차원 배열 반환한다.
- arr[i, j, k] : i번째 층, j번째 행, k번째 열 선택이므로 스칼라 값 반환

```
arr3 = np.array([                              # (층, 행, 열) = (2, 3, 4)
    [
     [1, 2, 3, 4],                             # 첫 번째 층의 첫 번째 행
     [5, 6, 7, 8],                             # 첫 번째 층의 두 번째 행
     [9, 10, 11, 12]                           # 첫 번째 층의 세 번째 행
    ],
    [
     [13, 14, 15, 16],                         # 두 번째 층의 첫 번째 행
     [17, 18, 19, 20],                         # 두 번째 층의 두 번째 행
     [21, 22, 23, 24]                          # 두 번째 층의 세 번째 행
    ]
])
arr3
# [결과]
# array([[[ 1,  2,  3,  4],
#         [ 5,  6,  7,  8],
#         [ 9, 10, 11, 12]],
#
#        [[13, 14, 15, 16],
#         [17, 18, 19, 20],
#         [21, 22, 23, 24]]])
arr3[0]
# [결과]
# array([[ 1,  2,  3,  4],
#        [ 5,  6,  7,  8],
#        [ 9, 10, 11, 12]])
arr3[0,1]                                      # [결과] array([5, 6, 7, 8])
arr3[:, 1:]
# [결과]
# array([[[ 5,  6,  7,  8],
```

```
#        [ 9, 10, 11, 12]],
#
#       [[17, 18, 19, 20],
#        [21, 22, 23, 24]]])
arr3[1][0][0]                                     # [결과] 13
arr3[1, 0, 0]                                     # [결과] 13
```

팬시 인덱싱(fancy indexing)

- 원본 배열의 뷰(view)가 아니라 복사본(copy)를 반환하므로, 선택된 결과를 수정해도 원본에는 반영되지 않는다.
- 정수 배열 인덱싱(Integer Array Indexing)
  정수의 리스트(list), 튜플(tuple), NumPy 배열을 사용하여 여러 원소를 동시에 선택하고, 지정한 인덱스의 원소들을 새로운 배열로 반환한다.
  (예) arr[[0, 2, 4]], arr[(0, 2, 4)], arr[idx], idx = np.array([0, 2, 4])
- 불리언 배열 인덱싱(Boolean Array Indexing)
  원본 배열과 같은 길이의 불리언(True/False) 배열을 이용한다. 주로 조건식으로 생성되며, True에 해당하는 위치의 원소만 선택한다.
  (예) arr[arr > 25]
- 다차원 좌표 인덱싱(Cross Indexing)
  두 개 이상의 배열을 동시에 사용하여 좌표 쌍을 지정 한다.
  (예) arr2[[0, 2], [1, 3]] → (0,1), (2,3) 위치 원소 선택

팬시 인덱싱 예

```
# 1차원 배열
arr = np.array([10, 20, 30, 40, 50])
arr[[0, 2, 4]]                          # 여러 인덱스를 동시에 선택
# [결과] [10 30 50]

# 불리언 배열 색인
arr[arr > 25]                           # 조건을 만족하는 원소만 선택
# [결과] [30 40 50]

# 2차원 배열
arr2 = np.array([[1, 2, 3],
                 [4, 5, 6],
```

```
                  [7, 8, 9]])
arr2[[0, 2], [1, 2]]                         # 다차원 좌표로 특정 위치 원소 선택
# [결과] [2 9]

# 3차원 배열
arr3 = np.array([
                  [[1, 2, 3], [4, 5, 6]],
                  [[7, 8, 9], [10, 11, 12]],
                  [[13, 14, 15], [16, 17, 18]]
                 ])
arr3[:, [0], :]                              # 모든 층에서 첫 번째 행만 선택
# [결과]
# array([[[ 1,  2,  3]],
#        [[ 7,  8,  9]],
#        [[13, 14, 15]]])
```

배열의 전치(transpose)는 배열의 행(row)과 열(column)을 서로 바꾸는 연산으로, 2차원 배열의 경우 원래 배열의 i번째 행과 j번째 열에 위치한 원소가 전치된 배열에서는 j번째 행과 i번째 열에 위치하게 된다. 수학적으로는 행렬 $A = [a_{ij}]$에 대하여 전치 행렬 $A^T = [a_{ji}]$로 정의되며, 이는 데이터의 구조를 바꾸어 연산을 단순화하고 알고리즘에 적합한 형태로 변환하여 데이터 분석을 보다 효율적으로 수행할 수 있도록 한다.

⚙4 배열의 전치[7]

- 전치된 결과는 변경된 데이터의 뷰(view)를 반환한다.
- transpose: numpy 함수 또는 배열 메서드로 사용한다.
  축의 순서를 임의로 지정할 수 있어 가장 융통성이 높다.
  (예) arr.shape = (2, 3, 4) -> arr.transpose(1, 0, 2).shape = (3, 2, 4)
- .T: 배열 객체의 속성으로, 기본적으로 전치를 수행한다.
  2차원 배열에서는 행과 열을 단순히 바꾼 결과를 제공하고, 다차원 배열에서는 모든 축의 순서를 역전시킨다.
  (예) arr.shape = (2, 3, 4) -> arr.T.shape = (4, 3, 2)
- swapaxes: 배열 메서드로, 지정된 두 축을 서로 교환한다.
  단순히 두 축만 바꾸고 싶을 때 직관적으로 사용 가능하다.
  (예) arr.shape = (2, 3, 4) -> arr.swapaxes(0, 1).shape = (3, 2, 4)

[7] transpose()와 swapaxes()는 numpy 함수와 배열 메서드 모두 존재한다. .T는 배열 객체의 속성이다. 이들은 2차원 배열에서는 모두 동일한 결과를 제공하지만, 다차원 배열에서는 그 결과가 서로 다르다.

2차원 배열 전치 예

```
arr = np.arange(15).reshape(5, 3)
print(arr)
# [결과]
# array([[ 0,  1,  2],
#        [ 3,  4,  5],
#        [ 6,  7,  8],
#        [ 9, 10, 11],
#        [12, 13, 14]])

# 2차원 배열 전치
print(np.transpose(arr))
print(arr.T)
print(arr.swapaxes(0, 1))

# [결과] 모두 동일
# array([[ 0,  3,  6,  9, 12],
#        [ 1,  4,  7, 10, 13],
#        [ 2,  5,  8, 11, 14]])
```

3차원 배열 전치 예

```
arr = np.arange(24).reshape(2, 3, 4)

print(arr.shape)                          # (2, 3, 4)

print(arr.T.shape)                        # (4, 3, 2)
                                          # 모든 축 순서를 반대로 전치

print(arr.transpose(1, 0, 2).shape)       # (3, 2, 4)
                                          # 원하는 축 순서 지정 가능

print(arr.swapaxes(0, 1).shape)           # (3, 2, 4)
                                          # 0, 1축만 교환
```

행렬의 내적(inner product)[8]

- numpy.dot()
  numpy 모듈 차원에서 제공되는 함수이며, 두 배열을 인자로 받아 내적을 계산한다.
  (예) np.dot(A, B)
- .dot()
  배열 객체에 속한 메서드이며, 첫 번째 배열에서 메서드로 호출하고, 다른 배열을 인자로 지정한다.
  (예) A.dot(B)
- @ (연산자)
  Python 3.5부터 도입된 행렬 곱셈 전용 연산자이며, 수학적 표기와 유사하다.
  (예) A @ B
- 세가지 방법 모두 동일한 결과를 제공한다.

행렬의 내적 예

```
arr = np.arange(15).reshape(5, 3)
print(arr)

# [결과]
# array([[ 0,  1,  2],
#        [ 3,  4,  5],
#        [ 6,  7,  8],
#        [ 9, 10, 11],
#        [12, 13, 14]])

np.dot(arr.T, arr)                                          # 모듈 함수
arr.T.dot(arr)                                              # 배열 메서드
arr.T @ arr                                                 # 연산자

# [결과] 모두 동일
# array([[270, 300, 330],
#        [300, 335, 370],
#        [330, 370, 410]])
```

[8] 수학과 물리학에서는 주로 내적(inner product)라고 부르고, 컴퓨터 과학 또는 공학에서는 점곱(dot product)라고 부르는 경우가 많다. 벡터간의 연산에서 $\mathbf{a} \cdot \mathbf{b} = a_1b_1 + a_2b_2 + \ldots + a_nb_n$ 그 결과가 스칼라 값이 되므로, 스칼라 곱(scalar product)라고도 부른다. 이를 이용하여 행렬의 선형 변환, 회전, 공분산/상관을 이용한 변수간의 관계 등을 정의할 수 있다.

5 배열 정렬

- sort()
  배열 객체에 속한 메서드로, 원본 배열 자체를 정렬하며, 지정된 축(axis)을 기준으로 저차원 단위에서 부분 정렬을 수행한다.
  (예) arr.sort(axis=0)
- numpy.sort()
  numpy 모듈에서 제공하는 정렬 함수이며, 원본 배열은 유지되고, 정렬된 결과를 새로운 배열로 반환한다.
  (예) sorted_arr = np.sort(arr, axis=1)

배열 정렬 예: 2차원 배열

- axis는 다차원 배열에서 정렬 기준 축을 정의하는 매개 변수이다.
- axis=0는 행 방향(세로) 기준으로 각 열(column) 정렬한다.
- axis=1은 열 방향(가로) 기준으로 각 행(row) 정렬한다.

```
import numpy as np

arr = np.array([[3, 2, 5],
                [6, 4, 1]])
print(arr)
# [결과]
# [[3 2 5]
#  [6 4 1]]

arr_copy1 = arr.copy()
arr_copy1.sort(axis=0)              # 각 열(column)을 기준으로 정렬(행 방향)
print(arr_copy1)
# [결과]                            # [5, 1] -> [1,5]
# [[3 2 1]
#  [6 4 5]]

arr_copy2 = arr.copy()
arr_copy2.sort(axis=1)              # 각 행(row)을 기준으로 정렬(열 방향)
print(arr_copy2)
# [결과]
# [[2 3 5]                          # [3, 2, 5]  -> [2, 3, 5]
#  [1 4 6]]                         # [6, 4, 1]  -> [1, 4, 6]
```

```
print(np.sort(arr, axis=1))          # 원본 유지
# [결과]
# [[2 3 5]                           # [3, 2, 5] -> [2, 3, 5]
#  [1 4 6]]                          # [6, 4, 1] -> [1, 4, 6]
print(arr)                           # 원본 유지 여부 확인
# [결과]
# [[3 2 5]
#  [6 4 1]]
```

배열 정렬 예: 3차원 배열

- 지정된 축을 따라 정렬이 수행되고, 나머지 축은 정렬 단위로 고정되어 서로 섞이지 않고 독립적으로 유지된다.
  (예) axis=0 -> (행, 열) 좌표가 고정된 상태에서 층 방향으로 정렬
  (예) axis=1 -> (층, 열) 좌표가 고정된 상태에서 행 방향으로 정렬
  (예) axis=2 -> (층, 행) 좌표가 고정된 상태에서 열 방향으로 정렬

```
arr3d = np.array([[[3, 1, 2, 7],
                   [9, 5, 6, 8],
                   [4, 0, 11, 10]],

                  [[12, 14, 13, 15],
                   [18, 16, 17, 19],
                   [20, 21, 23, 22]]])
print(arr3d.shape)                  # [결과] (2, 3, 4)
print(np.sort(arr3d, axis=0))       # 층 기준 정렬
# [결과]
# [[[ 3  1  2  7]                   # (0,0): [3,12] -> [3,12]
#   [ 9  5  6  8]                   # (0,1): [1,14] -> [1,14] ...
#   [ 4  0 11 10]]
#
#  [[12 14 13 15]
#   [18 16 17 19]
#   [20 21 23 22]]]
print(np.sort(arr3d, axis=1))       # 행 기준 정렬(열 방향)
# [결과]                            # (층 = 0)
# [[[ 3  0  2  7]                   # 열 0: [3, 9, 4] -> [3, 4, 9]
#   [ 4  1  6  8]                   # 열 1: [1, 5, 0] -> [0, 1, 5] ...
#   [ 9  5 11 10]]
```

```
#                               # (층 = 1)
# [[12 14 13 15]                # 열 0: [12, 18, 20] -> [12, 18, 20]
#  [18 16 17 19]                # 열 1: [14, 16, 21] -> [14, 16, 21]
#  [20 21 23 22]]]
print(np.sort(arr3d, axis=2))   # 열 기준 정렬(행방향)
# [결과]                        # (층 = 0)
# [[[ 1  2  3  7]               # 행 0: [3, 1, 2, 7] ->  [1, 2, 3, 7]
#  [ 5  6  8  9]                # 행 1: [9, 5, 6, 8] ->  [5, 6, 8, 9]
#  [ 0  4 10 11]]
#                               # (층 = 1)
# [[12 13 14 15]                # 행 0: [12, 14, 13, 15] -> [12, 13, 14, 15]
#  [16 17 18 19]                # 행 1: [18, 16, 17, 19] ->  [16, 17, 18, 19]
#  [20 21 22 23]]]
```

4.3 유니버설 함수 Universal Functions

ufunc는 배열 전체에 대해 벡터화된 연산을 제공한다.

유니버설 함수(ufunc)는 벡터화된 연산을 제공하여 배열의 모든 원소에 동일한 연산을 적용한다. 따라서 반복문 없이 전체 원소에 함수를 효율적으로 실행할 수 있으며, 코드의 가독성을 높이고 유지 보수를 용이하게 한다. 이러한 유니버설 함수는 입력이 1개인 **단항(unary)** 함수와 입력이 2개인 **이항(binary)** 함수로 구분된다.

math 모듈 함수와 유니버설(ufunc) 함수

- math 모듈의 함수는 단일 숫자에 대해서만 연산을 수행하고, 리스트나 배열을 입력하면 오류가 발생한다.
- numpy의 유니버설 함수는 단일 숫자뿐 아니라 배열의 각 원소에 대해서도 연산을 수행한다.

함수 연산 비교 예

```
import math
import numpy as np

print(math.sqrt(4))                              # [결과] 2.0
print(math.sqrt([1, 4,9]))                       # TypeError
print(np.sqrt([1, 4, 9]))                        # [결과] [1. 2. 3.]
```

단항(unary) 유니버설 함수 I

표 4.4: 기본 단항 유니버설 함수

함수	설명
abs(x)	각 원소의 절대값 계산(또는 absolute(x))
sqrt(x)	각 원소의 제곱근 계산
square(x)	각 원소의 제곱 계산
log(x)	각 원소의 자연로그 계산, log10(x), log2(x)
exp(x)	각 원소의 지수 e^x 계산
sin()	각 원소의 사인 값 계산
cos()	각 원소의 코사인 값 계산
isnan()	각 원소의 숫자 여부 확인 결과, True, False 반환
isinf()	각 원소의 무한 여부 확인 결과, True, False 반환 - isfinite()는 유한 여부(non-inf, non-NaN)

동일한 결과를 얻기 위하여 유니버설 함수 대신에 반복문을 사용하는 경우, 일반적으로 더 복잡한 구조를 실행해야 한다.

배열의 log() 계산 예

```
import numpy as np

arr = np.array([[1, 2, 3], [4, 5, 6]])

#유니버설 함수 사용
log_arr_ufunc = np.log(arr)
log_arr_ufunc
#[결과]
# array([[0.00, 0.69, 1.10],
#        [1.39, 1.61, 1.79]])

# 반복문 적용
log_arr_loop = np.zeros(arr.shape, dtype=float)                    # 초기화

for i in range(arr.shape[0]):
    for j in range(arr.shape[1]):
```

```
        log_arr_loop[i, j] = math.log(arr[i, j])

log_arr_loop
#[결과]
# array([[0.00, 0.69, 1.10],
#        [1.39, 1.61, 1.79]])
```

실수형 데이터의 결측값(Missing Values)

- Python의 기본 결측값 None은 모든 데이터 유형에 사용될 수 있으나, 수치 연산에는 사용할 수 없다.
- np.nan은 Not a Number의 약자이며, 정의할 수 없거나 누락된 실수형 데이터를 의미한다. 정수형 등 다른 데이터 유형에서는 직접 사용할 수 없다.
- np.inf는 양의 무한대, -np.inf는 음의 무한대를 나타낸다.
- pandas에서는 모든 결측값을 R 과 유사하게 pd.NA로 통일하여 정의한다.

결측값과 무한 여부 확인 예

```
x = None                           # 기본 결측값으로 사용 가능
print(x)                           # [결과] None
y = 1 + None                       # None은 수치 연산에 사용할 수 없음
print(y)                           # TypeError: unsupported operand type(s)
y = 1 + np.nan                     # np.nan은 수치 연산에 사용 가능
print(y)                           # [결과] nan

arr = np.array([[1., np.nan , 3.], [np.inf, 5., 6.]])

np.isnan(arr)                      # 배열 원소의 결측값 여부 확인
# [결과]
# array([[False,  True, False],
#        [False, False, False]])
np.isfinite(arr)                   # 배열 원소의 유한 여부 확인
# [결과]
# array([[ True, False,  True],
#        [False,  True,  True]])
np.isinf(arr)                      # 배열 원소의 무한 여부 확인
# [결과]
# array([[False, False, False],
#        [ True, False, False]])
```

다음의 유니버설 함수들은 실수 배열에서 유용하게 사용된다.

단항(unary) 유니버설 함수 II

표 4.5: 단항 유니버설 함수 II: 실수 배열

함수	설명
sign(x)	각 원소의 부호 계산 1(양수), 0(제로), -1(음수)
modf(x)	각 원소의 정수, 소수를 각각 배열로 반환
ceil(x)	각 원소의 올림 계산
floor(x)	각 원소의 버림 계산
round(x)	각 원소의 반올림 계산

실수 배열의 단항 유니버설 함수 예

```
arr = np.array([3.5, -2.4, 7.9, 0.5, -0.2, 0.0])

# 각 원소의 부호
signs = np.sign(arr)
signs                        # [결과] array([ 1., -1.,  1.,  1., -1.,  0.])

# 각 원소의 정수와 소수
fractional, integer = np.modf(arr)
fractional                   # [결과] array([ 0.5, -0.4,  0.9,  0.5, -0.2,  0. ])
integer                      # [결과] array([ 3., -2.,  7.,  0., -0.,  0.])

# 각 원소의 올림
ceils = np.ceil(arr)
ceils                        # [결과] array([ 4., -2.,  8.,  1., -0.,  0.])
# 각 원소의 버림
floors = np.floor(arr)
floors                       # [결과] array([ 3., -3.,  7.,  0., -1.,  0.])
# 각 원소의 반올림
rounds = np.round(arr)
rounds                       # [결과] array([ 4., -2.,  8.,  0., -0.,  0.])
```

단항 유니버설 함수는 배열의 모든 원소에 동일한 연산을 적용한다. 그러나 실제 데이터 분석에서는 모든 원소에 동일한 처리를 하는 것 이외에 어떤 원소는 조건을 만족할 때만 유지하고, 그렇지 않으면 다른 값으로 바꾸거나 별도의 연산을 적용해야 하는 경우도 발생한다. 벡터화된 조건문인 `numpy.where()`는 각 원소가 조건을 만족하는지 여부에 따라 서로 다른 값을 선택하거나 연산을 적용할 수 있다. 이는 단항 유니버설 함수의 확장된 개념으로 볼 수 있으며, 배열 연산에서 조건 분기 처리를 효율적으로 수행한다.

7 벡터화된 조건문 `numpy.where(condition, x, y)`

- condition이 참(True)이면 x 그리고 거짓(False)이면 y를 선택한다.
- `x if [condition] else y`의 벡터화된 버전이다.

벡터화된 조건문은 [표 4.6]과 같이 조건부 대체, 마스킹 연산, 조건 기반 계산에 주로 사용된다.

표 4.6: numpy.where() 활용 구분

구분	설명
조건부 대체	조건을 만족하지 않는 값을 다른 값으로 치환
마스킹 연산	조건을 만족하지 않는 원소를 제외하거나 무시
조건 기반 계산	조건에 따라 서로 다른 계산식을 적용

벡터화된 조건문 예

```
import numpy as np

arr = np.array([-1, -2, 3, 4, 5])

# 음수를 0으로 대체
np.where(arr < 0, 0, arr)              # [결과] array([0, 0, 3, 4, 5])

# 3 이상 값은 NaN 처리
np.where(arr < 3, arr, np.nan)         # [결과] array([-1., -2., nan, nan, nan])

# 짝수는 2로 나누고 홀수는 2배 연산
np.where(arr % 2 == 0, arr/2, arr*2) # [결과] array([-2., -1.,  6.,  2., 10.])
```

이항(binary) 유니버설 함수[9]

- numpy의 이항 유니버설 함수는 내장된 operator 모듈과 그 대상 및 적용 방식이 다르다.
- operator의 함수는 단일 숫자 또는 내장 collection 유형(리스트, 튜플 등)에 대해 연산을 수행한다.
- numpy의 유니버설 함수는 단일 숫자뿐 아니라 배열 전체의 각 원소에 대해 벡터화된 연산을 수행한다.

표 4.7: numpy 이항 유니버설 함수

함수	설명
add(a, b)	두 배열의 원소별 덧셈
subtract(a, b)	두 배열의 원소별 뺄셈
multiply(a, b)	두 배열의 원소별 곱셈
divide(a, b)	두 배열의 원소별 나눗셈
floor_divide(a, b)	원소별 나눗셈 후 몫만 반환
mod(a, b)	원소별 나눗셈 후 나머지만 반환
power(a, b)	배열 a의 원소를 b의 원소로 거듭제곱
maximum(a, b)	두 배열의 원소별 최대값 계산
fmax	NaN을 제외하고 최대값 계산
minimum(a, b)	두 배열의 원소별 최소값 계산
fmin	NaN을 제외하고 최소값 계산

이항 유니버설 함수 예

```
import numpy as np

a = np.array([1, 2, 3])
b = np.array([4, 5, 6])
c = np.array([4, np.nan, 6])

result_add = np.add(a, b)
result_add                                  # [결과] array([5, 7, 9])
```

[9] operator는 파이썬 내장 모듈로, +, -, *, / 등 연산자를 함수 형태로 제공한다. 예를 들어, operator.add(a, b)는 a + b와 동일한 결과를 낸다.

```
result_sub = np.subtract(a, b)
result_sub                                    # [결과] array([-3, -3, -3])

result_mul = np.multiply(a, b)
result_mul                                    # [결과] array([ 4, 10, 18])

result_div = np.divide(a, b)
result_div                                    # [결과] array([0.25, 0.4 , 0.5 ])

result_q = np.floor_divide(a, b)
result_q                                      # [결과] array([0, 0, 0])

result_r = np.mod(a, b)
result_r                                      # [결과] array([1, 2, 3])

result_pow = np.power(a, b)
result_pow                                    # [결과] array([  1,  32, 729])

result_max = np.maximum(a, b)
result_max                                    # [결과] array([4, 5, 6])

result_fmax = np.fmax(a, c)
result_fmax                                   # [결과] array([4., 2., 6.])

result_min = np.minimum(a, b)
result_min                                   # [결과] array([1, 2, 3])

result_fmin = np.fmin(a, c)
result_fmin                        #[결과] array([1., 2., 3.])
```

단항 유니버설 함수는 배열의 모든 원소에 동일한 연산을 적용한다. 벡터화된 조건문 np.where()은 각 원소가 조건을 만족하면 특정 값을, 그렇지 않으면 다른 값을 반환하거나 서로 다른 연산을 적용할 수 있다. 이는 단항 유니버설 함수의 확장 개념으로, 배열 단위에서 조건 분기 처리를 효율적으로 수행한다. 이항 유니버설 함수는 두 개의 배열을 원소별로 쌍을 구성하여 주어진 연산을 실행한다. 이러한 유니버설 함수의 장점은 배열 전체에 대해 벡터화된 연산을 제공한다는 점이다. 이는 Python의 반복문을 사용하는 것보다 훨씬 효율적이고, 간결하며, 수치 계산에 최적화된 방식을 제공한다.

4.4 배열 집계와 고급 연산 Array Aggregation and Advanced Operations

데이터 분석에서는 개별 원소에 대한 단순 연산 뿐만 아니라, 배열 전체를 요약하거나 집계하는 과정을 필요로 한다. 이를 위해 numpy는 평균, 분산, 표준편차 등의 기술 통계량(descriptive statistics)을 제공하는 기본 통계 함수, 원소 간의 중복 제거와 교집합 또는 합집합 등을 다루는 집합 함수, 그리고 행렬 곱셈, 전치, 역행렬 등을 쉽게 계산할 수 있는 선형 대수 함수를 제공한다. 이러한 함수들은 반복문 없이 배열 단위의 벡터화된 연산을 가능하게 하여, 데이터 요약에서부터 통계적 모델링까지 효율적인 계산을 지원한다.

기본 통계 함수[10]

- axis = 0: 행(row) 방향으로 계산하여 열(column) 단위 결과를 반환한다.
- axis = 1: 열(column) 방향으로 계산하여 행(row) 단위 결과를 반환한다.
- 변수들을 열(column)에 배치하였다면, 변수별 통계량 계산에는 axis = 0을 지정한다.

표 4.8: numpy 기본 통계 함수

함수	설명
sum()	원소들의 합
mean()	원소들의 평균값
std()	원소들의 표준편차
var()	원소들의 분산
min()	원소들 중 최소값
max()	원소들 중 최대값
median()	원소들의 중앙값
- np.median()	np.median() 함수 사용
cumsum()	원 배열의 축을 따라 누적합 계산, 동일한 크기로 반환
cumprod()	원 배열의 축을 따라 누적곱 계산, 동일한 크기로 반환

기본 통계 함수 예

```
import numpy as np
arr = np.array([[1, 2, 3], [4, 5, 6]])          # (2, 3) 배열
```

[10] axis는 지정된 축을 따라 계산되며, 결과는 그 축이 제거된 나머지 차원으로 제공된다. 예를 들어, axis = 0은 행을 따라 계산하여 열별 결과를, axis = 1은 열을 따라 계산하여 행별 결과를 반환한다.

```
# 평균
arr.mean()                                            # [결과] 3.5
np.mean(arr)                                          # [결과] 3.5

np.mean(arr, axis=0)                                  # [결과] array([2.5, 3.5, 4.5])
np.mean(arr, axis=1)                                  # [결과] array([2., 5.])

# 중앙값
arr.median()                                          # 중앙값(배열 객체에는 없음)
                                                      # [결과] AttributeError
np.median(arr)                                        # [결과] 3.5

# 최대/최솟값
arr.min()                                             # [결과] 1
np.min(arr)                                           # [결과] 1
arr.max()                                             # [결과] 6
np.max(arr)                                           # [결과] 6

# 누적합
np.cumsum(arr)                                # [결과] array([ 1,  3,  6, 10, 15, 21])

np.cumsum(arr, axis=0)                        # 행 축 지정 - 열 기준 계산
# [결과] array([[1, 2, 3],
#               [5, 7, 9]])

np.cumsum(arr, axis=1)                        # 열 축 지정 - 행 기준 계산
# [결과] array([[ 1,  3,  6],
#               [ 4,  9, 15]])

# 누적곱
np.cumprod(arr)                   # [결과] array([   1,    2,    6,   24,  120,  720])

np.cumprod(arr, axis=0)
# [결과] array([[ 1,  2,  3],
#               [ 4, 10, 18]])

np.cumprod(arr, axis=1)
# [결과] array([[  1,   2,   6],
#               [  4,  20, 120]])
```

8 불리안 배열과 조건부 집계

- 특정 조건을 만족하는 원소만 선택하여 부분 배열을 만들어 통계 함수를 적용할 수 있다.
- 불리안 배열에서 any()는 하나 이상의 True 값이 존재하는지 확인한다.
- 불리안 배열에서 all()은 모든 값이 True인지 확인한다.
- 다차원 배열에 조건을 적용하면, 원래와 동일한 차원의 불리안 배열이 생성된다.
- 불리안 배열을 인덱싱에 사용하면, 조건을 만족하는 원소만 모아 1차원 배열로 반환된다.

불리안 배열과 조건부 집계 예예

```
import numpy as np

arr = np.array([[1, 2, 3],
                [4, 5, 6]])

print(arr.shape)                      # [결과] (2, 3)

# 불리안 배열
cond = (arr > 3)                      # 조건만 적용: 같은 shape의 불리안 배열
print(cond)                           # [결과]
                                      # [[False False False]
                                      #  [ True  True  True]]
print(cond.shape)                     # [결과] (2, 3)

print(cond.any())                     # [결과] True(하나 이상 True 존재)
print(cond.all())                     # [결과] False(모두 True는 아님)

print(cond.any(axis=0))               # 축 지정(열 단위 검토)
                                      # [결과] [ True  True  True]
print(cond.all(axis=1))               # 축 지정(행 단위 검토)
                                      # [결과] [False  True]

# 불리안 배열 인덱싱 적용 - 1차원 배열 반환
print(arr[arr > 3])                   # [결과] [4 5 6]
print(arr[arr % 2 == 0])              # [결과] [2 4 6]

print(arr[arr > 3].mean())            # [결과] 5.0
```

배열 집합 함수

- numpy의 배열 집합 함수는 수학적 집합 연산과 유사한 작업을 수행한다.
- 숫자뿐만 아니라 문자열 배열을 포함하여 다양한 데이터 유형에도 적용 가능하다.
- 데이터 전처리 또는 분석 과정에서 특정 범주형 변수의 고유한 값을 식별하거나, 두 데이터 그룹 간의 공통 원소를 찾는 데 유용하다.
- 결과는 입력 순서와 상관없이 정렬된 상태로 반환된다.

표 4.9: numpy 배열 집합 함수

함수	설명
unique(a)	고유한 원소를 찾아 반환
intersect1d(a, b)	두 배열의 교집합
union1d(a, b)	두 배열의 합집합
setdiff1d(a, b)	a 배열에서 b 배열을 뺀 차집합
setxor1d(a, b)	두 배열의 대칭 차집합(합집합에서 교집합 제외)
in1d(a, b)	a의 원소가 b에 포함되는지 여부의 불리안 배열

배열 집합 함수 예: 수치 배열

```
import numpy as np

# 배열 생성
a = np.array([1, 2, 3, 2, 4, 3])
b = np.array([3, 4, 5, 6])

# 고유한 원소
np.unique(a)                        # [결과] array([1, 2, 3, 4])
# 교집합
np.intersect1d(a, b)                # [결과] array([3, 4])
# 합집합
np.union1d(a, b)                    # [결과] array([1, 2, 3, 4, 5, 6])
# 차집합
np.setdiff1d(a, b)                  # [결과] array([1, 2])
# 대칭 차집합
np.setxor1d(a, b)                   # [결과] array([1, 2, 5, 6])
# 첫 번째 배열의 원소가 두 번째 배열에 포함되어 있는지 여부
```

```
np.in1d(a, b)
# [결과] array([False, False,  True, False,  True,  True])
```

배열 집합 함수 예: 문자열 배열[11]

```
# 배열 생성
names1 = np.array(["박꼼꼼", "나최고", "최일등", "홍길동", "박꼼꼼"])
names2 = np.array(["김긍정", "홍길동", "박꼼꼼"])

# 고유한 원소 정의
np.unique(names1)
# [결과] array(['나최고', '박꼼꼼', '최일등', '홍길동'], dtype='<U3')

# 교집합
np.intersect1d(names1, names2)
# [결과] array(['박꼼꼼', '홍길동'], dtype='<U3')

# 합집합
np.union1d(names1, names2)
# [결과] array(['김긍정', '나최고', '박꼼꼼', '최일등', '홍길동'], dtype='<U3')

# 차집합
np.setdiff1d(names1, names2)
# [결과] array(['나최고', '최일등'], dtype='<U3')

# 대칭 차집합
np.setxor1d(names1, names2)
# [결과] array(['김긍정', '나최고', '최일등'], dtype='<U3')

# 첫 번째 배열의 원소가 두 번째 배열에 포함되어 있는지 여부
np.in1d(names1, names2)
# [결과] array([ True, False, False,  True,  True])
```

위 예제는 문자열 배열에도 집합 함수가 동일하게 적용됨을 보여준다. 이는 범주형 변수에서 고유한 값 추출, 교집합과 합집합 계산, 데이터 그룹 간 차이 비교와 같이 데이터 전처리(data preprocessing) 과정에서 자주 활용된다.

[11] <U3는 각 원소가 최대 3개의 유니코드 문자를 담을 수 있음을 의미한다. 기호 <는 리틀 엔디안(little-endian), >는 빅 엔디안(big-endian)을 나타내며, 이는 메모리에 바이트가 저장되는 순서를 뜻한다. 다만 문자열 배열에서는 이 지정이 큰 영향을 주지 않는다.

선형 대수 함수[12] numpy.linalg

- numpy.linalg 모듈은 배열 연산의 응용으로 행렬 곱셈, 분할, 역행렬, 행렬식 등 다양한 선형 대수 함수를 제공한다.
- 데이터 분석, 통계 모델링, 머신 러닝 등 다양한 분야에서 필수적인 기능으로 활용된다.

표 4.10: numpy.linalg 주요 함수

함수	설명
dot(v, w)	두 배열의 점곱(dot product)을 계산
inner(v, w)	두 배열의 내적(inner product)을 계산
outer(v, w)	두 배열의 외적(outer product)을 계산
matmul(A, B)	두 배열의 행렬 곱을 계산
det(A)	배열(행렬)의 행렬식(determinant)을 계산
inv(A)	정방 행렬의 역행렬(inverse matrix)을 계산
eig(A)	정방 행렬의 고유값과 고유벡터를 계산
solve(A, b)	선형 방정식 Ax = b를 만족하는 해를 계산
norm(v)	벡터 또는 행렬의 노름(norm)을 계산

선형 대수 함수 예

```
import numpy as np

# 배열 정의
A = np.array([[1, 2], [3, 4]])
B = np.array([[5, 6], [7, 8]])
v = np.array([9, 10])
w = np.array([11, 12])

# 점곱(dot product)
np.dot(v, w)                                    # [결과] 219
np.dot(A, B)                                    # [결과]
                                                # array([[19, 22],
                                                #        [43, 50]])
```

[12]numpy.linalg는 numpy의 하위 모듈로 선형대수 전용 함수들을 포함한다. 앞서 소개한 통계 함수와 집합함수는 별도의 하위 모듈이 존재하지 않고, 최상위 네임스페이스에 직접 포함된다.

```
# 내적(inner product)
np.inner(v, w)                          # [결과] 219
np.inner(A, B)                          # [결과]
                                        # array([[17, 23],
                                        #        [39, 53]])

# 외적(outer product)
np.outer(v, w)                          # [결과]
                                        # array([[ 99, 108],
                                        #        [110, 120]])

# 행렬 곱(matrix multiplication)
np.matmul(A, B)                         # [결과]
                                        # array([[19, 22],
                                        #        [43, 50]])

# 행렬식(determinant)
np.linalg.det(A)                        # [결과] -2.0000000000000004

# 역행렬(inverse matrix)
np.linalg.inv(A)                        # [결과]
                                        # array([[-2. ,  1. ],
                                        #        [ 1.5, -0.5]])

# 고유값과 고유벡터(eigenvalues and eigenvectors)
eigenvalues, eigenvectors = np.linalg.eig(A)
eigenvalues                             # [결과] array([-0.372,  5.372])
eigenvectors                            # [결과]
                                        # array([[-0.825, -0.416],
                                        #        [ 0.566, -0.909]])

# 선형 시스템의 해(solution to a linear system)
np.linalg.solve(A, v)                   # [결과] array([-8. ,  8.5])

# 노름(norm)
np.linalg.norm(v)                       # [결과] 13.45362404707371
```

4.5 난수 생성과 재배열 Random Number Generation and Shuffling

특정 확률 분포(probability distribution)로부터의 난수(random numbers)는 해당 분포에서 얻어진 무작위(random) 표본 추출 결과를 의미한다. 이러한 난수는 통계 계산과 데이터 분석뿐만 아니라 기계 학습, 암호화와 보안, 게임 개발 등 다양한 영역에서 활용되는 중요한 도구이다. 특히 복잡한 시스템 모델링과 시뮬레이션(simulation)에서는 필수적인 원소로 사용된다.

random 모듈 함수와 numpy.random 함수

- Python의 내장 모듈인 random은 하나의 값 또는 소규모 난수를 생성하는 데 적합하다.
- numpy.random은 대량의 난수를 빠르고 효율적으로 생성할 수 있다.
- 내장 모듈과 비교할 때, 더 다양한 확률 분포로부터 난수를 생성할 수 있는 기능을 제공한다.

4.5.1 확률 난수 생성 Random Variate Generation

확률 난수 생성은 다양한 확률 분포로부터 무작위 값을 추출하는 과정으로, 시뮬레이션과 통계적 추론의 핵심이 된다. 이때 난수 발생기의 초기값(seed)을 지정하면 동일한 결과를 재현할 수 있어 실험의 반복성과 비교 가능성을 보장한다.

초기값(seed) 설정 numpy.random.Generator

- 재현성 보장: 동일한 seed를 설정하면, 같은 코드 실행 시 항상 동일한 난수 결과를 얻을 수 있다.
  실험, 논문, 교육 자료 등에서 동일한 결과를 반복하여 검증할 수 있다.
- 비교 가능성 확보:서로 다른 알고리즘이나 모델을 비교할 때, 동일한 난수를 사용하여 공정한 비교가 가능하다.
- 디버깅 편의성: 프로그램을 테스트하거나 오류를 추적할 때, 일정한 난수 시퀀스를 유지하면 문제 재현이 용이하다.
- 무작위성 보존: seed를 지정하지 않으면 난수 생성기는 시스템 시간 등을 기반으로 초기화되며, 실행할 때마다 서로 다른 난수 시퀀스를 생성한다. 따라서 매번 결과가 달라지므로 무작위성이 보존된다.

난수 생성을 위한 초기값 설정 예

```
import numpy as np

rng = np.random.default_rng(seed=311)                # Generator 인스턴스 생성
type(rng)

#[결과]
# <class 'numpy.random._generator.Generator'>
```

확률 난수 생성 함수

표 4.11: numpy 확률 난수 생성 함수

함수	설명
integers(low, high)	주어진 범위 [low, high) 내의 정수 난수 - high = None은 [0, low) 범위 내의 난수
uniform(low, high)	균등 분포 [low, high) 내의 난수
normal(loc, scale)	정규 분포로부터 난수 - 표준 정규 분포 standard_normal()
binomial(n, p)	이항 분포로부터 난수
beta(a, b)	베타 분포 $Beta(a,b)$로부터 난수
chisquare(df)	카이 제곱 분포 $\chi_{(df)}$로부터 난수

난수 출력 자리수 지정

- 난수의 출력 형식만 변경하며, 실제 데이터 값에는 영향을 주지 않는다.
- np.set_printoptions(precision=k) : 소수점 이하 k 자리까지 출력한다. 불필요한 0은 생략하고 출력한다.
- 소수점 자릿수를 항상 동일하게 고정하여 출력하려면 np.set_printoptions(precision=k, floatmode="fixed")를 지정한다.

```
import numpy as np

rng = np.random.default_rng(seed=311)
np.set_printoptions(floatmode="fixed")
```

```
arr = rng.uniform(0, 1, 5)
print(arr)
# [결과] [0.15065844 0.56344418 0.64157318 0.70058141 0.13537103]

np.set_printoptions(precision=3)                    # precision=3 지정
print(arr)
# [결과] [0.151 0.563 0.642 0.701 0.135]

np.set_printoptions(precision=2)                    # precision=2 지정
print(arr)
# [결과] [0.15 0.56 0.64 0.7  0.14]
```

확률 난수 생성 예

```
rng = np.random.default_rng(seed = 311)
np.set_printoptions(precision=3)


rng.integers(1, 10, size=3)                         # 이산 균등 분포
# [결과]
#  array([4, 5, 8], dtype=int64)

rng.integers(1, 10, size=(2,3))
# [결과]
#  array([[3, 9, 7],
#         [6, 8, 4]], dtype=int64)

rng.uniform(0, 1, size=3)                           # 연속 균등 분포
# [결과]
#  array([0.136, 0.392, 0.096])

rng.uniform(0, 1, size=(2,3))
# [결과]
#  array([[0.173, 0.656, 0.989],
#         [0.398, 0.521, 0.62 ]])

rng.normal(100, 10, size=5)                        # 정규 분포
# [결과] array([105.218, 115.196,  95.724,  99.254,  78.284])

rng.normal(100, 10, size=(2,3))
```

```
# [결과]
#  array([[107.783, 117.549,  84.878],
#         [ 81.989,  99.776,  91.965]])

rng.standard_normal(3)                            # 표준 정규 분포

# [결과]
# array([ 0.037, -0.576, -0.867])

rng.standard_normal((2,3))
# [결과]
#  array([[-0.917, -0.286,  1.019],
#         [ 0.614,  2.375, -1.77 ]])
```

나머지 확률분포에 대해서도 유사한 방법으로 난수를 생성할 수 있다.

4.5.2 난수 기반 재배열 Random Shuffling

새로운 난수를 생성하는 대신, 기존 배열의 순서를 무작위로 섞는 방법도 중요하다. 이러한 난수 기반 재배열은 데이터 전처리(data preprocessing) 과정에서 샘플의 순서를 무작위화하거나, 기계 학습 모델에서 교차 검증(cross-validation)을 위한 데이터셋 분할에 자주 활용된다.

난수 기반 재배열 함수

표 4.12: numpy 난수 기반 재배열 함수

함수	설명
shuffle(x)	배열 순서를 무작위로 할당 - 원본 배열 변경, 변경된 배열 반환하지 않음
permutation(x)	임의 순열 반환 또는 순서를 무작위로 재배열 - 원본 배열 유지, 새로운 배열 반환

난수 기반 재배열 예

```
import numpy as np
rng = np.random.default_rng(seed=311)
```

```
# shuffle()
arr = np.array([1, 2, 3, 4, 5])
rng.shuffle(arr)
arr                                         # [결과] array([5, 2, 1, 4, 3])

arr_s = rng.shuffle(arr)
print(arr_s)                                # [결과] None
                                            # 변환된 배열은 반환 없음

# permutation()
arr = np.array([1, 2, 3, 4, 5])
arr_p = rng.permutation(arr)
arr                                         # [결과] array([1, 2, 3, 4, 5])
arr_p                                       # [결과] array([3, 4, 1, 2, 5])
                                            #          새로운 배열 반환

# 0이상 n미만 정수의 무작위 순열 생성
rng.permutation(5)                          # [결과] array([0, 2, 4, 3, 1])
                                            #          마지막 값 5는 반영 안됨
```

다차원 배열의 경우, `shuffle`은 원본을 직접 섞어 `axis=0` 기준으로만 순서를 바꾸며, `permutation`은 복사본을 반환하면서 역시 `axis=0` 기준으로만 순서를 바꾼다. 각 방법의 특징은 [표 4.13]과 같다.

표 4.13: `shuffle()`과 `permutation()`

차원	`shuffle()`	`permutation()`
1차원	원소 순서를 무작위 재배열	원소 전체를 무작위 재배열
2차원	행(`axis=0`) 단위로만 무작위 재배열	행(`axis=0`) 순서만 무작위 재배열
3차원	층(`axis=0`) 단위로만 무작위 재배열	층(`axis=0`) 순서만 무작위 재배열
원본 영향	원본 변경	원본 유지, 복사본 반환

다차원 배열의 난수 기반 재배열 예

```
rng = np.random.default_rng(seed = 311)
#
# 2차원 배열
```

```
arr = np.array([[1, 2, 3], [4, 5, 6], [7, 8, 9]])
arr
# [결과]
# array([[1, 2, 3],
#        [4, 5, 6],
#        [7, 8, 9]])

# shuffle
np.random.shuffle(arr)
arr
# [결과]
# array([[4, 5, 6],
#        [7, 8, 9],
#        [1, 2, 3]])

# permutation
arr_p = np.random.permutation(arr)
arr_p
# [결과]
# array([[4, 5, 6],
#        [7, 8, 9],
#        [1, 2, 3]])

arr
# [결과]
# array([[1, 2, 3],
#        [4, 5, 6],
#        [7, 8, 9]])
```

axis = 0이외의 축 기준 재배열

- 원하는 축을 np.transpose 또는 np.swapaxes로 axis=0 위치로 이동한다.
- shuffle 또는 permutation을 적용한다.
- 다시 원래 축으로 되돌린다.

축 기준 재배열 예: axis = 1

```
import numpy as np

rng = np.random.default_rng(311)

arr = np.arange(24).reshape(2, 3, 4)
print(arr)
# [결과]
# [[[ 0  1  2  3]
#   [ 4  5  6  7]
#   [ 8  9 10 11]]
#
#  [[12 13 14 15]
#   [16 17 18 19]
#   [20 21 22 23]]]

swapped = np.swapaxes(arr, 0, 1)                    # axis=1을 axis=0으로 이동
print(swapped)
# [결과]
# [[[ 0  1  2  3]
#   [12 13 14 15]]
#
#  [[ 4  5  6  7]
#   [16 17 18 19]]
#
#  [[ 8  9 10 11]
#   [20 21 22 23]]]

shuffled = rng.permutation(swapped)                 # permutation 적용
result = np.swapaxes(shuffled, 0, 1)                # 다시 원래 축 복원
print(result)
# [결과]
# [[[ 8  9 10 11]
#   [ 0  1  2  3]
#   [ 4  5  6  7]]
#
#  [[20 21 22 23]
#   [12 13 14 15]
#   [16 17 18 19]]]
```

4.5.3 랜덤 샘플링 Random Sampling

데이터 분석에서는 기존 배열의 순서를 단순히 무작위로 섞는 것보다, 원하는 개수의 표본을 선택하는 작업이 더 자주 필요하다. numpy.choice()는 주어진 배열에서 지정한 개수만큼 표본을 직접 추출할 수 있는 기능을 제공하며, 랜덤 샘플링(Random Sampling)을 구현하는 대표적인 방법이다. 이러한 기능은 데이터 전처리와 통계 분석은 물론, 기계 학습에서 교차 검증을 위한 데이터셋 분할에도 널리 활용된다.

11 랜덤 샘플링(Random Sampling)

- choice()는 size 매개 변수를 사용하여 원하는 수의 표본을 선택할 수 있다.
- size는 선택할 표본의 개수를 지정한다.
  하나의 정수를 지정하면 1차원 배열, 튜플을 지정하면 다차원 배열 형태로 반환된다.
- replace = True, False를 지정하여 복원과 비복원을 선택할 수 있다.
  단, size는 주어진 모집단의 크기보다 작거나 같아야 한다.
- $p = [p_1, p_2, \cdots, p_n]$을 지정하여 각 원소의 선택 확률을 지정할 수 있다.
  단, 지정된 확률의 합은 반드시 1이어야 한다.
- choice()는 1차원 배열을 대상으로 동작한다.
- 다차원 배열에서 표본을 추출하는 경우, flatten() 또는 ravel()을 적용하여 1차원 배열로 변환 후 적용한다.

랜덤 샘플링 예

```
import numpy as np
rng = np.random.default_rng(seed=311)

arr = np.array([10, 20, 30, 40, 50])

# 1개 난수 선택
print(rng.choice(arr))                          # [결과] 20

# size = 5(default(replace=True))
print(rng.choice(arr, size=5))                  # [결과] [10 20 30 10 40]

#비복원 추출
print(rng.choice(arr, size=3, replace=False))   # [결과] [30 50 10]

# 2차원 비복원 추출
```

```
rng.choice(arr, replace=False, size=(2, 2))          # [결과]
                                                     # array([[30, 40],
                                                     #        [50, 20]])
rng.choice(arr, replace=False, size=(2, 3))          # [결과] ValueError

# 선택 확률 지정
print(rng.choice(arr, size=5,
                 p=[0.1, 0.2, 0.3, 0.2, 0.2]))       # [결과] [10 40 50 20 20]

# 다차원 배열
arr2d = np.array([[1, 2, 3],
                  [4, 5, 6]])
print(rng.choice(arr2d.flatten(),                    # [결과] [2 5 3 6]
                 size=4,
                 replace=False)
                 )
```

choice() 함수는 기본적으로 1차원 배열을 대상으로 무작위 표본을 선택한다. 그러나 실제 데이터는 행렬과 같이 다차원 배열로 구성되는 경우가 많다. 이때 단순히 전체 원소를 1차원으로 펼쳐서 추출하면, 데이터의 행과 열 구조가 보존되지 않고 단순 원소 집합으로 다루어지게 된다. 반대로 행 또는 열 단위의 구조를 유지한 채 무작위 표본을 뽑고자 할 때는 축을 기준으로 인덱스를 추출하는 방식이 필요하다. 따라서 다차원 배열에서의 랜덤 샘플링은 전체 원소 추출과 구분하여, 행 또는 열을 기준으로 일정한 수를 선택하는 방법으로 확장할 수 있다.

행(row) 기준 랜덤 샘플링

- 각 행에서 k개 인덱스를 choice(range(n_cols), size=k)로 선택하여 arr[i, idx_row_i] 형태로 추출한다.
- 행마다 k가 동일하면 결과를 (n_rows, k) 모양으로 쌓아 배열화한다.
- 가중 확률이 필요하면 행마다 p_row_i를 지정하고 p_row_i의 합이 1이 되도록 정의한다.
- replace=False이면 k $\leq$ n_cols이어야 한다.

행 기준 랜덤 샘플링 예

- vstack(tup)는 배열들을 수직 방향(vertical)으로 쌓아 새로운 배열을 생성한다.
- 입력 배열들은 열(axis=1)의 크기가 동일해야 하며, 행 방향으로 연결된다.

- 1차원 배열을 입력하면 자동으로 2차원 배열(행 벡터)로 변환하여 쌓는다.
- for _ in range(n):은 반복 횟수만 중요하고, 반복 인덱스인 루프 변수가 필요하지 않을때 사용한다.

```
import numpy as np
rng = np.random.default_rng(311)

arr = np.arange(1, 21).reshape(4, 5)                   # (4행, 5열)
print(arr)
# [결과]
# [[ 1  2  3  4  5]
#  [ 6  7  8  9 10]
#  [11 12 13 14 15]
#  [16 17 18 19 20]]

n_rows, n_cols = arr.shape
k = 2                                                   # 각 행에서 2개 비복원 추출

# 행마다 열 인덱스 k개를 샘플링
col_idx_per_row = np.vstack([
    rng.choice(n_cols, size=k, replace=False) for _ in range(n_rows)
])                                                     # shape: (n_rows, k)
print(col_idx_per_row)
# [결과] 인덱스
# [[0 1]                                               # 0번 행에서 열 [0,1]
#  [2 0]                                               # 1번 행에서 열 [2,0]
#  [3 0]                                               # 2번 행에서 열 [3,0]
#  [0 4]]                                              # 3번 행에서 열 [0,4]

# (행, 열) 인덱싱으로 각 행에서 뽑은 열을 선택
row_idx = np.arange(n_rows)[:, None]                  # shape: (n_rows, 1)
                                                      # - None는 새로운 차원 추가
sample_rows = arr[row_idx, col_idx_per_row]           # shape: (n_rows, k)
print(sample_rows)
# [결과]
# [[ 1  2]
#  [ 8  6]
#  [14 11]
#  [16 20]]
```

열(column) 기준 랜덤 샘플링

- 각 열에서 r개 인덱스를 choice(range(n_rows), size=r)로 선택하여 arr[idx_col_j, j] 형태로 추출한다.
- 열마다 r가 동일하면 결과를 (r, n_cols) 모양으로 쌓아 배열화한다.
- 가중 확률이 필요하면 열마다 p_col_j를 지정하고 p_col_j의 합이 1이 되도록 정의한다.
- replace=False이면 r $\leq$ n_rows 이어야 한다.

열 기준 랜덤 샘플링 예

- np.tile(A, reps)는 배열 A를 지정한 횟수(reps)만큼 반복하여 새로운 배열을 만든다.
- reps는 정수 또는 튜플로 지정할 수 있다. 정수 하나일 경우 전체 배열을 해당 횟수만큼 반복한다. 튜플일 경우 각 축(axis)별 반복 횟수를 지정한다.
- 원본 배열은 변하지 않고, 반복된 복사본을 이어 붙여 반환한다.

```
import numpy as np
rng = np.random.default_rng(311)

arr = np.arange(1, 21).reshape(4, 5)                # (4행, 5열)
print(arr)
# [결과]
# [[ 1  2  3  4  5]
#  [ 6  7  8  9 10]
#  [11 12 13 14 15]
#  [16 17 18 19 20]]

n_rows, n_cols = arr.shape
r = 3                                               # 각 열에서 3개 비복원 추출

# 열마다 행 인덱스 r개를 샘플링
row_idx_per_col_T = np.vstack([                     # shape: (n_cols, r)
    rng.choice(n_rows, size=r, replace=False) for _ in range(n_cols)
])
row_idx_per_col = row_idx_per_col_T.T               # 전치 shape: (r, n_cols)
print(row_idx_per_col)
# [결과]
```

```
# [[3 2 2 3 1]                                  # 0번 열에서 행 [3, 0, 2]
#  [0 1 0 0 0]                                  # 1번 열에서 행 [2, 1, 0]
#  [2 0 3 2 3]]                                 # 2번 열에서 행 [2, 0, 3]
                                                # 3번 열에서 행 [3, 0, 2]
                                                # 4번 열에서 행 [1, 0, 3]

# 열 인덱스도 같은 모양으로 생성
col_idx = np.tile(np.arange(n_cols), (r, 1))    # shape: (r, n_cols)
print(col_idx)
# [결과]
# [[0 1 2 3 4]
#  [0 1 2 3 4]
#  [0 1 2 3 4]]

sample_cols = arr[row_idx_per_col, col_idx]     # (r, n_cols)
print(sample_cols)
# [결과]
# [[16 12 13 19 10]
#  [ 1  7  3  4  5]
#  [11  2 18 14 20]]
```

4

5 판다스 pandas

판다스(pandas)는 NumPy를 확장하여 데이터 분석에 적합한 구조와 방법을 제공한다(McKinney, 2010)[1].

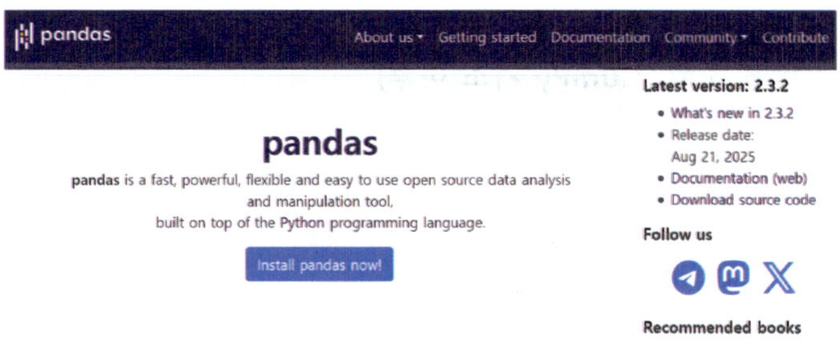

<https://pandas.pydata.org/>

pandas 설치: `pip install pandas`

pandas를 사용할 때는 NumPy도 함께 불러오며, Series와 DataFrame과 같은 pandas의 데이터 구조는 로컬에 별도로 import해 두면 편리하다(van Rossum and Fred L. Drake, 2009)[2].

판다스를 사용하기 위한 기본 컨벤션은 다음과 같다[3].

import 컨벤션

```
import numpy as np
import pandas as pd
from pandas import Series, DataFrame                    # 데이터 구조
```

[1] McKinney, W. (2010). Data structures for statistical computing in Python. In S. van der Walt & J. Millman (Eds.), Proceedings of the 9th Python in Science Conference (pp. 51–56). Austin, TX: SciPy.

[2] McKinney, W. (2022). Python for data analysis (3rd ed.). O'Reilly Media.

[3] 설명에서는 혼돈을 방지하기 위하여 pd.Series와 pd.DataFrame의 형태로 사용한다.

프롬프트 템플릿 8. pandas 학습 순서

> 당신은 Python 데이터 분석을 처음 배우는 학습자에게 Pandas를 소개하는 강사이다. NumPy 기초는 이미 배웠다고 가정하고, Pandas와 NumPy 연계 학습을 위한 학습 순서를 제시하시오.
>
> 요구사항:
> - Pandas 기본 개념과 필수 기능을 초보자 눈높이에 맞게 단계별로 제시한다.
> - 각 단계는 "무엇을 배우는가"에 초점을 맞추어 설명한다.
> - NumPy와 Pandas를 함께 활용하는 방법을 포함한다.

Pandas 학습 순서 (NumPy 기초 이후)

1. **Pandas 소개**
   - Series, DataFrame 기본 구조 이해
2. **데이터 생성과 불러오기**
   - 딕셔너리, 리스트, NumPy 배열로 생성
   - CSV/Excel 불러오기
3. **데이터 탐색**
   - `head()`, `info()`, `describe()` 로 데이터 요약
4. **데이터 선택과 인덱싱**
   - 열 선택, 행 선택 (`loc`, `iloc`)
   - 조건 필터링
5. **데이터 정리와 전처리**
   - 결측치 처리, 정렬, 중복 제거
6. **집계와 그룹화**
   - `groupby`, 요약 통계, 피벗 테이블
7. **데이터 가공과 변형**
   - 열 추가/삭제, DataFrame 합치기
8. **기본 시각화**
   - `plot()` 으로 그래프 그리기
9. **NumPy와 연계**
   - NumPy ↔ Pandas 변환
   - NumPy 연산을 Pandas 데이터에 적용

👉 이렇게 하면 학습자가 "Pandas 기본 → 데이터 다루기 → NumPy와 결합" 흐름을 간단히 따라갈 수 있습니다.

ChatGPT 응답 내용

NumPy와의 연계 내용을 데이터 분석의 관점에서 각 단계의 응용 방법으로 소개한다면, 별도의 장을 구성하는 것보다 효과적일 수 있다.

5.1 데이터 구조 Data Structure: Series and DataFrame

Series와 DataFrame은 데이터 분석에 특화된 데이터 구조이다. 이는 동일한 데이터 유형만이 가능하고 수치 계산에 최적화된 NumPy의 ndarray를 확장 정의한 것으로, 서로 다른 데이터 유형을 포함할 수 있고 다양한 인덱싱 방법과 데이터 처리 기능을 제공한다.

ndarray의 1차원 배열과 유사한 구조인 Series는 NumPy에서 정의되는 모든 데이터 유형을 반영할 수 있으며, 다음과 같은 기본 속성을 갖는다.

Series의 기본 속성

- array: 실제 데이터 값을 담고 있으며, values 속성을 통해 접근한다.
- index: 각 데이터에 연결된 행(row) 레이블이다.
- name: Series 객체 또는 Index에 이름을 지정할 수 있다.

Series 데이터 구조의 기본 속성 예

```
import numpy as np
import pandas as pd
#
one = pd.Series([10, 20, 30])
one
# [결과]
#  0    10
#  1    20
#  2    30
#  dtype: int64

one.array                                   # 배열 속성
# [결과]
#  <PandasArray>
#  [10, 20, 30]
#  Length: 3, dtype: int64

one.index                                   # 인덱스 속성
# [결과]
#  RangeIndex(start=0, stop=3, step=1)
```

Series의 인덱스와 배열 이름의 수정 예

```
# 인덱스 지정
one.index = ["B", "A", "C"]

# 배열 이름 지정
one.name = "count"

# 인덱스 이름 지정
one.index.name = "number"
one
# [결과]
#  number
#  B    10
#  A    20
#  C    30
# Name: count, dtype: int64
```

배열 또는 데이터의 각 원소의 인덱스를 보다 명확히 지정하고자 한다면, 사전에 index 배열을 함께 지정한다. 사전 지정된 인덱스 값을 이용하여 데이터를 선택할 수 있다.

Series 인덱스 사전 지정 예

```
one = pd.Series([10, 20, 30], index = ["B", "A", "C"])
one
# [결과]
#  B    10
#  A    20
#  C    30
#  dtype: int64

one["A"]
# [결과]
#  20

one[["A", "B"]]
# [결과]
#  A    20
#  B    10
# dtype: int64
```

정의된 Series 객체는 조건 선택 그리고 NumPy를 이용한 산술 계산을 적용할 수 있다.

Series 조건 선택과 산술 계산 예

```
one[one > 15]
# [결과]
#  A     20
#  C     30
#  dtype: int64

np.log(one)
# [결과]
#  B     2.302585
#  A     2.995732
#  C     3.401197
#  dtype: float64

"D" in one
# [결과]
#  False
```

Series와 딕셔너리(dict)의 변환

- 딕셔너리(dict)로부터 Series 객체를 생성할 수 있다.
- to_dict 메서드를 이용하여 Series 객체를 다시 딕셔너리로 변환할 수 있다.
- 딕셔너리로부터 생성된 Series의 인덱스는 딕셔너리의 key 순서로 정렬된다. 특정 순서를 원하면 index를 명시적으로 지정할 수 있다. index에 포함되지 않은 않은 원소는 제외되고, 존재하지 않는 값은 NaN으로 표시된다.

Series와 딕셔너리 변환 예

```
# 딕셔너리 정의: 인구 수(단위 1000명)
pop_info = {
    "Seoul": 9700,
    "Busan": 3400,
    "Incheon": 3000,
    "Daegu": 2400,
    "Gwangju": 1500,
    "Daejeon": 1500,
    "Ulsan": 1100
```

```
}

# Series 객체 생성
pop_1 = pd.Series(pop_info)
pop_1
# [결과]
#  Seoul      9700
#  Busan      3400
#  Incheon    3000
#  Daegu      2400
#  Gwangju    1500
#  Daejeon    1500
#  Ulsan      1100
#  dtype: int64

# 딕셔너리 변환
pop_1.to_dict()
# [결과]
#  {'Seoul': 9700, 'Busan': 3400, 'Incheon': 3000, 'Daegu': 2400,
#   'Gwangju': 1500, 'Daejeon': 1500, 'Ulsan': 1100}
#


# 새로운 순서 지정 I
order = ["Seoul", "Incheon", "Busan", "Daejeon", "Ulsan", "Daegu", "Gwangju"]

pop_2 = pd.Series(pop_info, index=order)
print(pop_2)
# [결과]
#  Seoul      9700
#  Incheon    3000
#  Busan      3400
#  Daejeon    1500
#  Ulsan      1100
#  Daegu      2400
#  Gwangju    1500
#  dtype: int64

# 새로운 순서 II
order2 = ["Seoul", "Busan", "Jeju"]            # 존재하지 않는 항목 "Jeju" 포함
```

```
pop_3 = pd.Series(pop_info, index=order2)
print(pop_3)
# [결과]
#  Seoul     9700.0
#  Busan     3400.0
#  Jeju         NaN
#  dtype: float64
```

결측값(Missing Values) 확인

- isnull()과 notnull() 메서드를 사용하여 결측 데이터를 확인할 수 있다.
- isna() 메서드 역시 동일한 기능을 제공한다.

결측값 확인 예

```
cities = ["Seoul", "Busan", "Sungnam", "Suwon", "Incheon"]
#
pop_4 = pd.Series(pop_info, index = cities)
pop_4
# [결과]
#  Seoul       9700.0
#  Busan       3400.0
#  Sungnam        NaN
#  Suwon          NaN
#  Incheon     3000.0
#  dtype: float64

pd.isnull(pop_4)                                   # 또는 pop_4.isna()
# [결과]
#  Seoul       False
#  Busan       False
#  Sungnam      True
#  Suwon        True
#  Incheon     False
# dtype: bool
```

□

DataFrame은 두 개 이상의 Series가 반영된 표(table) 형태의 데이터 구조이다. 이는 서로 다른 유형의 열들을 포함할 수 있으며, 행과 열 각각에 대한 인덱스를 갖는다.

DataFrame의 기본 속성

- array: 2차원 형태의 값들을 포함하며, values 속성을 통해 접근한다.
- index: 행(row) 레이블이다.
- columns: 열(column) 레이블이다.
- name: Index나 column에 이름을 지정할 수 있다.

DataFrame은 Series 객체를 values로 갖는 딕셔너리(dict)와 유사하다.

딕셔너리(dict)에서 DataFrame 생성

- DataFrame은 dict를 직접 변환하여 생성할 수 있다.
- dict의 key는 열 이름(column), value는 해당 열의 데이터 값들로 정의된다.

딕셔너리에서 DataFrame 생성 예

```
score = {'name': ['Kim', 'Park', 'Lee'],
         'History': [90, 80, 100],
         'Science': [70, 95, 90],
         'Statistics': [100, 95, 80]}
# dict에서 DataFrame으로 변환
df_score = pd.DataFrame(score)
df_score
# [결과]
#    name  History  Science  Statistics
# 0   Kim       90       70         100
# 1  Park       80       95          95
# 2   Lee      100       90          80
```

head(k)와 tail(k)는 객체의 처음과 끝의 k개 행을 반환한다.

- k를 지정하지 않으면, 기본적으로 5개 행을 반환한다.

```
df_score.head(2)
# [결과]
#    name  History  Science  Statistics
# 0   Kim       90       70         100
# 1  Park       80       95          95
df_score.tail(2)
```

```
# [결과]
#    name  History  Science  Statistics
# 1  Park       80       95          95
# 2   Lee      100       90          80
```

DataFrame 열(column) 관리[4]

- 순서 변경: columns 속성을 이용하여 원하는 순서를 지정할 수 있다.
- 선택: 각 열은 df[column] 또는 df.column을 통해 접근할 수 있다.
- 대입: 값 또는 배열을 특정 열에 새롭게 대입할 수 있다. 이때, 대입되는 배열의 길이는 기존 행의 길이와 동일해야 한다.
- 삭제: del 예약어를 사용하여 특정 열을 삭제할 수 있다.

DataFrame 열 관리 예

```
# 행 인덱스 지정
df_score.index = ["j1", "j2", "j3"]
df_score
# [결과]
#     name  History  Science  Statistics
# j1   Kim       90       70         100
# j2  Park       80       95          95
# j3   Lee      100       90          80

# 열 순서 변경
df_score = df_score[["name", "Statistics", "Science", "History"]]
df_score
# [결과]
#     name  Statistics  Science  History
# j1   Kim         100       70       90
# j2  Park          95       95       80
# j3   Lee          80       90      100

# 특정 열 선택
df_score["Statistics"]            # df_score.Statistics 도 가능
# [결과]
# j1     100
```

[4] 점 표기에 의한 column 선택은 **Python**에서 사용 가능한 변수 이름 형식이어야 하고, DataFrame의 다른 메서드와 이름 충돌이 없는 경우에만 사용할 수 있다.

```
# j2      95
# j3      80
# Name: Statistics, dtype: int64

# 새로운 열 추가
df_score["Total"] = [260, 270, 270]
df_score
# [결과]
#      name  Statistics  Science  History  Total
# j1    Kim         100       70       90    260
# j2   Park          95       95       80    270
# j3    Lee          80       90      100    270

# 조건 기반 열 추가
df_score["check"] = df_score["Total"] <= 260
df_score
# [결과]
#      name  Statistics  Science  History  Total  check
# j1    Kim         100       70       90    260   True
# j2   Park          95       95       80    270  False
# j3    Lee          80       90      100    270  False

# 열 삭제
del df_score["check"]                          # 방법 1
df_score = df_score.drop(columns=["Total"])   # 방법 2
df_score
# [결과]
#      name  Statistics  Science  History
# j1    Kim         100       70       90
# j2   Park          95       95       80
# j3    Lee          80       90      100
```

DataFrame에서의 연산[5]

- axis=0는 세로 방향(행 기준)으로 연산하여 각 열(column)에 적용한다.
- axis=1은 가로 방향(열 기준)으로 연산하여 각 행(row)에 적용한다.
- sum(), mean(), max() 등 다양한 집계 함수에서 활용된다. [pp. ?? 참조]

[5] DataFrame의 axis 정의는 NumPy의 2차원 배열과 동일하다. 하지만, NumPy에서는 주로 배열의 수학적 연산에 axis를 사용하고, pandas에서는 DataFrame의 행 또는 열 연산을 지정할 때 axis를 활용한다.

```
columns_to_sum = ["Statistics", "Science", "History"]
# 행 단위 연산(axis=1): 학생별 총합
df_score["Total"] = df_score[columns_to_sum].sum(axis=1)
df_score
# [결과]
#     name  Statistics  Science  History  Total
# j1   Kim         100       70       90    260
# j2  Park          95       95       80    270
# j3   Lee          80       90      100    270
# 열 단위 연산(axis=0): 과목별 평균
subject_mean= df_score[columns_to_sum].mean(axis=0)
subject_mean
# [결과]
# Statistics    91.667
# Science       85.000
# History       90.000
# dtype: float64
```

DataFrame 변환 메서드

- to_numpy(): DataFrame의 값을 단순한 2차원 배열로 변환한다. 열 이름과 인덱스 정보는 제거되고 값만 유지한다.
- to_dict(): DataFrame을 dict 구조로 변환한다. 열 이름과 인덱스 정보가 함께 유지된다.

```
df_score.to_numpy()
# [결과]
# array([['Kim', 100, 70, 90, 260],
#        ['Park', 95, 95, 80, 270],
#        ['lee', 80, 90, 100, 270]], dtype=object)
df_score.to_dict()
# [결과]
# {
#  'name': {'j1': 'Kim', 'j2': 'Park', 'j3': 'lee'},
#  'Statistics': {'j1': 100, 'j2': 95, 'j3': 80},
#  'Science': {'j1': 70, 'j2': 95, 'j3': 90},
#  'History': {'j1': 90, 'j2': 80, 'j3': 100},
#  'Total': {'j1': 260, 'j2': 270, 'j3': 270}
# }
```

□

5.2 인덱싱과 정렬 Indexing and Sorting

pandas 데이터는 메타데이터(metadata)를 저장하는 불변(immutable) 인덱스 객체(index object)를 갖는다[6]. 이러한 특성은 다양한 데이터 구조에서 안전하게 공유될 수 있으며, 데이터의 일부를 선택하거나 재구성할 때 유용하다. 여기서 불변이란 인덱스 객체의 개별 요소나 일부를 직접 변경할 수 없음을 의미한다.

인덱스 객체 확인 예

```
# 열 인덱스
df_score.columns
# [결과]
# Index(['name', 'Statistics', 'Science', 'History', 'Total'], dtype='object')

# 행 인덱스
df_score.index
# [결과]
# Index(['j1', 'j2', 'j3'], dtype='object')

# 인덱스 변경 불가
df_score.index[1] = "j0"
# [결과]
# TypeError: Index does not support mutable operations

# 인덱스를 통한 선택
df_score[df_score.index == "j1"]
# [결과]
#     name  Statistics  Science  History  Total
# j1   Kim         100       70       90    260
```

인덱스 지정과 부분 선택

- 중복 허용: NumPy와 달리 pandas의 인덱스는 중복 값을 허용하며, 중복된 인덱스로 선택하면 해당 인덱스를 가진 모든 행(row)이 반환된다.
- set_index(): 기존 변수(열)를 인덱스로 지정할 수 있다.
- loc[]: 레이블(label) 기반 인덱싱을 제공한다. 색인의 값(예: 'Kim')을 지정하여 부분 선택과 슬라이싱(slicing)을 할 수 있다.

---

[6] 메타데이터(metadata)란 데이터에 대한 데이터(data about data)를 의미하며, 데이터 구조의 특성이나 설명 정보를 저장한다.

인덱스 지정과 부분 선택 예

```
score = {                                                    # 'Kim'이 중복인 데이터
    'name': ['Kim', 'Park', 'Lee', 'Kim'],
    'History': [90, 80, 100, 88],
    'Science': [70, 95, 90, 92],
    'Statistics': [100, 95, 80, 85]
}

df_score = pd.DataFrame(score).set_index('name')
df_score
# [결과]
#       History  Science  Statistics
# name
# Kim        90       70         100
# Park       80       95          95
# Lee       100       90          80
# Kim        88       92          85

df_score.loc['Kim']
# [결과]
#       History  Science  Statistics
# name
# Kim        90       70         100
# Kim        88       92          85
```

□

슬라이싱(slicing)이란 주어진 데이터 중 일부를 선택하는 과정을 말하며, 다음과 같은 방식으로 수행할 수 있다[7,8].

- 레이블(label): 데이터의 이름을 기반으로 선택하며, loc을 사용한다.
- 인덱스(index): 행과 열의 위치를 이용하며, iloc을 사용한다.
- 조건 기반(Boolean): 값에 대한 조건식을 만족하는 행을 선택하며, df[조건] 형식을 사용한다.

[7] 데이터 분석에서는 주로 행(데이터 레코드, 인스턴스, 케이스 등)의 선택을 필터링(filtering), 열(속성, 변수, 특징(feature) 등)의 선택을 셀렉팅(selecting)이라고 구분하여 부르기도 한다.

[8] 인덱스(index) 기반은 정수 기반(integer-based)이라고도 하며, 인덱스 번호(위치)에 따라 데이터를 선택하는 방식이다.

슬라이싱(Slicing)

- Series는 1차원 구조이므로 열(column)의 개념이 없으며, 행 인덱스만 존재한다. .loc[], .iloc[], .at[], .iat[] 모두 행 선택 전용으로 적용된다.
- DataFrame은 2차원 구조이므로 행(row)과 열(column)을 동시에 지정할 수 있다. 조건 기반 선택은 주로 행 중심이지만, 선택된 행의 열도 함께 반환된다.

표 5.1: DataFrame 선택 메서드 비교

범주	메서드	설명	예
레이블 기반	[ ]	선택 연산자	df["A"], df[1:5]
레이블 기반	.loc	이름 기반 인덱싱	df.loc[0:5, "A":"C"]
레이블 기반	.at[row, col]	행/열 레이블 단일값 선택	df.at[0, "A"]
인덱스 기반	.iloc	위치 기반 인덱싱	df.iloc[0:5], df.iloc[1, 2]
인덱스 기반	.iat[row, col]	행/열 위치 단일값 선택	df.iat[1, 2]
조건 기반	df[df[조건]]	조건에 맞는 행 필터링	df[df["A"] > 10]

선택 연산자 [ ]의 적용

- 한 쌍의 [ ] 연산자는 기본적으로 DataFrame의 열(column) 선택에 사용된다.
- 행과 열의 혼합 지정은 적용되지 않는다. (예) df[0:3, "A":"C"]은 오류 발생
- 인덱스 기반 행 선택을 지원하지 않는다. (예) df[1, 3, 5, 7]은 오류 발생
  인덱스 기반 행 선택은 df.iloc[[1, 3, 5, 7]]을 적용해야 한다.

선택 연사자의 적용 예

```
import numpy as np
import pandas as pd

df = pd.DataFrame(np.arange(12).reshape(4, 3),
                  index=[1, 2, 5, 7],
                  columns=["A", "B", "C"])

df
# [결과]
#     A   B   C
# 1   0   1   2
# 2   3   4   5
# 5   6   7   8
```

```
# 7   9  10  11

df["A"]
# [결과]
# 1    0
# 2    3
# 5    6
# 7    9
# Name: A, dtype: int64

df[["A", "C"]]
# [결과]
#      A   C
# 1    0   2
# 2    3   5
# 5    6   8
# 7    9  11

df[[1, 2], ["A", "C"]]
# [결과] 오류
# pandas.errors.InvalidIndexError: ([1, 2], ['A', 'C'])

df[1, 2]
# [결과] 오류
# KeyError: (1, 2)
```

행과 열의 동시 선택

- 여러 행과 여러 열을 동시에 선택하려면 loc[] 또는 iloc[]를 사용한다.
- iloc[]는 위치 기반 인덱싱이므로, 값 조건을 직접 지정할 수 없다.

행과 열의 동시 선택 예

```
df.loc[[1, 2], ["A", "C"]]
# [결과]
#    A  C
# 1  0  2
# 2  3  5

df.iloc[[0, 1], [0, 2]]
```

```
# [결과]
#    A  C
# 1  0  2
# 2  3  5

df.loc[df.A >=5]
# [결과]
#    A   B   C
# 5  6   7   8
# 7  9  10  11
df.iloc[df.A >= 5]
#[결과]
# raise NotImplementedError:
# iLocation based boolean indexing on an integer type is not available
```

단일 행과 열의 값을 접근할 때는 이름은 at[ ] 그리고 위치는 iat[]을 사용한다.

```
df.at[1, "A"]
#[결과]
# 0
df.iat[2, 2]
#[결과]
# 8
```

□

DataFrame은 기본적으로 2차원 배열 구조를 갖지만, 계층적 인덱스(MultiIndex)을 이용하면 3차원 이상의 배열 데이터를 2차원 형태로 표현할 수 있다. 이를 통해 데이터를 분석에 적합한 구조로 변환할 수 있으며, 특히 행(또는 열)에 계층이 부여된 여러 인덱스 레벨(level)을 지정하여 다차원 데이터를 효율적으로 접근하고 관리할 수 있다[9].

6 계층적 인덱스(MultiIndex) 생성[10]

- from_tuples(): 튜플의 리스트를 이용하여 MultiIndex를 생성한다.
- from_arrays(): 리스트의 리스트 또는 배열을 이용하여 MultiIndex를 생성한다.
- from_frame(): DataFrame으로 부터 MultiIndex를 생성한다.

---

[9] label은 단일 인덱스에서의 개별 인덱스를 의미한다. 예를 들어, df.loc[["a","b"]]와 같이 여러 레이블을 지정할 수 있다. 반면, level은 MultiIndex에서의 계층적 인덱스를 의미한다. 예를 들어, df.loc[("서울","용산")]에서 "서울"은 상위 레벨, "용산"은 하위 레벨에 해당한다.

[10] MultiIndex는 흔히 다중 색인으로 번역되지만, 본질적으로는 계층 구조(hierarchical)를 가진 인덱스를 의미한다. 즉, 두 개 이상의 level을 통해 상위와 하위 색인을 구분한다.

tuple을 이용한 계층적 인덱스 생성 예

```
import pandas as pd

# 튜플을 이용한 색인 생성
index = pd.MultiIndex.from_tuples([
    (2023, 'Q1'),
    (2023, 'Q2'),
    (2023, 'Q3'),
    (2023, 'Q4'),
    (2024, 'Q1'),
    (2024, 'Q2'),
    (2024, 'Q3'),
    (2024, 'Q4')
], names=['Year', 'Quarter'])
#
sales = {'Sales': [2010, 2415, 3110, 4100, 2110, 2550, 3210, 4510]}
#
# 데이터프레임 생성
df_sales = pd.DataFrame(sales, index=index)
df_sales
```

```
#               Sales
# Year Quarter
# 2023 Q1        2010
#      Q2        2415
#      Q3        3110
#      Q4        4100
# 2024 Q1        2110
#      Q2        2550
#      Q3        3210
#      Q4        4510
```

배열을 이용한 계층적 인덱스 예

- tuple을 이용한 계층적 인덱스 생성과 동일한 결과를 제공한다.

```
import pandas as pd

# 색인에 사용될 각 배열 지정
```

```
years = [2023, 2023, 2023, 2023, 2024, 2024, 2024, 2024]
quarters = ['Q1', 'Q2', 'Q3', 'Q4', 'Q1', 'Q2', 'Q3', 'Q4']

# 계층적 색인 생성
index = pd.MultiIndex.from_arrays([years, quarters], names=['Year', 'Quarter'])
#
sales = {'Sales': [2010, 2415, 3110, 4100, 2110, 2550, 3210, 4510]}
#
# 데이터프레임 생성
df_sales = pd.DataFrame(sales, index=index)
df_sales
```

DataFrame으로 부터 계층적 인덱스 생성 예

- from_frame은 기존 열들로 계층적 인덱스를 생성하고, 사용된 열들을 보존한다.

```
data = {
    'Year': [2023, 2023, 2023, 2023, 2024, 2024, 2024, 2024],
    'Quarter': ['Q1', 'Q2', 'Q3', 'Q4', 'Q1', 'Q2', 'Q3', 'Q4'],
    'Sales': [2010, 2415, 3110, 4100, 2110, 2550, 3210, 4510]
}
df_sales = pd.DataFrame(data)
multi_index = pd.MultiIndex.from_frame(df_sales[['Year', 'Quarter']])
df_sales.index = multi_index
df_sales
```

```
#               Year Quarter  Sales
# Year Quarter
# 2023 Q1       2023      Q1   2010
#      Q2       2023      Q2   2415
#      Q3       2023      Q3   3110
#      Q4       2023      Q4   4100
# 2024 Q1       2024      Q1   2110
#      Q2       2024      Q2   2550
#      Q3       2024      Q3   3210
#      Q4       2024      Q4   4510
```

기존 DataFrame에 MultiIndex 지정

- set_index는 지정된 열들을 MultiIndex로 변환하면서, 해당 열들을 DataFrame에서 제거한다.
- inplace=True: 원본 DataFrame이 직접 수정된다.
- inplace=False: 새로운 DataFrame의 복사본을 반환하며, 원본은 유지된다.

기존 DataFrame에 계층적 인덱스 지정 예

```
data = {
    'Year': [2023, 2023, 2023, 2023, 2024, 2024, 2024, 2024],
    'Quarter': ['Q1', 'Q2', 'Q3', 'Q4', 'Q1', 'Q2', 'Q3', 'Q4'],
    'Sales': [2010, 2415, 3110, 4100, 2110, 2550, 3210, 4510]
}
df_sales = pd.DataFrame(data)

# 'Year'와 'Quarter' 열을 이용하여 MultiIndex 생성
df_sales.set_index(['Year', 'Quarter'], inplace=True)
df_sales
```

```
#               Sales
# Year Quarter
# 2023 Q1        2010
#      Q2        2415
#      Q3        3110
#      Q4        4100
# 2024 Q1        2110
#      Q2        2550
#      Q3        3210
#      Q4        4510
```

□

Series나 DataFrame의 개별 인덱스 원소는 불변(immutable)이므로 직접 수정할 수 없지만, 인덱스 전체를 새로운 것으로 대체하는 것은 가능하다. 이 과정을 재색인(reindexing)이라 하며, 새로운 인덱스 객체를 생성하여 기존 인덱스를 대체하는 방식으로 이루어진다. 재색인은 다음과 같은 상황에서 유용하다.

- 데이터의 순서를 변경하고자 할 때
- 결측 데이터를 포함하는 새로운 인덱스를 추가할 때
- 기존 데이터를 새로운 인덱스 구조에 맞게 재정의할 때

재색인(reindexing) - 인덱스 재정의

- reindex()는 지정된 인덱스에 맞추어 데이터를 재배열하며, 존재하지 않는 인덱스 값에는 NaN을 할당한다.
- 중복 인덱스가 존재할 경우 reindex()를 적용할 수 없다.
- 순차적인 데이터의 재색인에서는 method 옵션을 이용해 값을 보간하거나 채워넣을 수 있다. ffill은 직전 값으로 채우고, bfill은 다음 값으로 채운다.
- DataFrame에서는 행(index)과 열(columns) 모두 재색인이 가능하다.
- drop() 메서드를 사용하면 행 또는 열을 간단히 제거할 수 있다.

재색인 예: Series

```
seq_1 = pd.Series(["A", "B", "C"], index=[0, 3, 6])
seq_1
# [결과]
# 0    A
# 3    B
# 6    C
# dtype: object
seq_1.reindex(np.arange(7), method="ffill")          # ffill: 직전 값으로 채움
# [결과]
# 0    A
# 1    A
# 2    A
# 3    B
# 4    B
# 5    B
# 6    C
# dtype: object
seq_1.reindex(np.arange(7), method="bfill")          # bfill: 다음 값으로 채움
# [결과]
# 0    A
# 1    B
# 2    B
# 3    B
# 4    C
# 5    C
# 6    C
# dtype: object
```

재색인 예: DataFrame

```
df = pd.DataFrame(np.arange(12).reshape(4, 3), index=[1, 2, 5, 7],
                  columns=["A", "B", "C"])
df
# [결과]
#    A   B   C
# 1  0   1   2
# 2  3   4   5
# 5  6   7   8
# 7  9  10  11
df_2 = df.reindex(index=range(1, 8))                        # 행 인덱스 확장
df_2
# [결과]
#      A     B     C
# 1  0.0   1.0   2.0
# 2  3.0   4.0   5.0
# 3  NaN   NaN   NaN
# 4  NaN   NaN   NaN
# 5  6.0   7.0   8.0
# 6  NaN   NaN   NaN
# 7  9.0  10.0  11.0
df_2 = df_2.reindex(columns=["A", "B", "C", "D", "E", "F"])  # 열 인덱스확장
df_2
# [결과]
#      A     B     C   D   E   F
# 1  0.0   1.0   2.0 NaN NaN NaN
# 2  3.0   4.0   5.0 NaN NaN NaN
# 3  NaN   NaN   NaN NaN NaN NaN
# 4  NaN   NaN   NaN NaN NaN NaN
# 5  6.0   7.0   8.0 NaN NaN NaN
# 6  NaN   NaN   NaN NaN NaN NaN
# 7  9.0  10.0  11.0 NaN NaN NaN
df_2.drop(index=[3, 4, 6], columns=["D", "E", "F"])           # 행과 열 제거
# [결과]
#      A     B     C
# 1  0.0   1.0   2.0
# 2  3.0   4.0   5.0
# 5  6.0   7.0   8.0
# 7  9.0  10.0  11.0
```

□

7 정렬(Sorting)

- sort_index(axis, ascending = True/False)는 행/열 인덱스 기준으로 정렬한다.
- DataFrame 연산과 동일하게 axis를 지정하여 행 또는 열 단위를 지정할 수 있다.
- sort_values(by, ascending = True/False)는 특정 열의 값 기준으로 정렬한다.

정렬 예

```
data = {
    "A": [10, 20, np.nan, 20, 40, 40],
    "B": [5, np.nan, 15, 15, 25, 25],
    "C": [1, 2, 3, 3, 4, 4]
}
df2 = pd.DataFrame(data, index=[7, 5, 2, 2, 1, 1])
print(df2)
# [결과]
#       A     B  C
# 7  10.0   5.0  1
# 5  20.0   NaN  2
# 2   NaN  15.0  3
# 2  20.0  15.0  3
# 1  40.0  25.0  4
# 1  40.0  25.0  4
df2.sort_index(axis=0, ascending=True)
# [결과]
#        A      B  C
# 1 40.000 25.000  4
# 1 40.000 25.000  4
# 2    NaN 15.000  3
# 2 20.000 15.000  3
# 5 20.000    NaN  2
# 7 10.000  5.000  1
df2.sort_index(axis=1, ascending=False)
# [결과]
#   C      B      A
# 7 1  5.000 10.000
# 5 2    NaN 20.000
# 2 3 15.000    NaN
```

```
# 2  3 15.000 20.000
# 1  4 25.000 40.000
# 1  4 25.000 40.000
```

결측값과 중복 처리

- **dropna()** : 결측값이 포함된 행 또는 열을 제거한다.
- **fillna(value)** : 결측값을 지정한 값으로 대체한다.
- **drop_duplicates()** : 중복된 행을 제거한다.

결측값 처리 예

```
df2.dropna()                                # NaN이 포함된 행 제거
# [결과]
#        A      B  C
# 7 10.000  5.000  1
# 2 20.000 15.000  3
# 1 40.000 25.000  4
# 1 40.000 25.000  4

df2.fillna(0)                               # NaN을 0으로 대체
# [결과]
#        A      B  C
# 7 10.000  5.000  1
# 5 20.000  0.000  2
# 2  0.000 15.000  3
# 2 20.000 15.000  3
# 1 40.000 25.000  4
# 1 40.000 25.000  4

df2.drop_duplicates()                       #  중복된 마지막 두 행 중 하나 제거
# [결과]
#        A      B  C
# 7 10.000  5.000  1
# 5 20.000    NaN  2
# 2    NaN 15.000  3
# 2 20.000 15.000  3
# 1 40.000 25.000  4
```

순위 계산(Ranking)

- rank(axis, ascending = True/False, method)를 이용하여 순위를 계산할 수 있다.
- axis 옵션은 다른 메서드와 동일하게 적용된다.
- 매개변수 method를 지정하여 동일 순위 처리 방법을 선택할 수 있다.
- 결측값(NaN)은 순위 계산에서 고려하지 않으며, 순위 계산 결과를 NaN으로 표시된다.

동일 순위 처리 방법[11]

표 5.2: rank()의 method 옵션(데이터: [10, 20, 20, 10])

메서드	설명	결과
"average"	기본값, 동일 항목의 평균 순위 값	(1.5, 3.5, 3.5, 1.5)
"min"	동일 항목의 최소 순위 값	(1, 3, 3, 1)
"dense"	min과 동일하지만, 그룹 내 1씩 순위 증가	(1, 2, 2, 1)
"max"	동일 항목의 최대 순위 값	(2, 4, 4, 2)
"first"	데이터 내의 위치에 따른 순위 값	(1, 3, 4, 2)

동일 순위 처리 방법 예

```
df2["rank_A"] = df2["A"].rank(method="average")
print(df2)
# [결과]
#         A      B  C  rank_A
# 7 10.000  5.000  1   1.000
# 5 20.000    NaN  2   2.500
# 2    NaN 15.000  3     NaN
# 2 20.000 15.000  3   2.500
# 1 40.000 25.000  4   4.500
# 1 40.000 25.000  4   4.500
```

나머지 동일 순위 처리 방법도 동일한 방법으로 계산할 수 있다. □

[11] min과 dense는 동일 항목의 최소 순위를 부여하지만, dense는 순위 건너뛰기가 없다. 예를 들어, (10, 10, 20, 30)의 min에 의한 순서는 (1, 1, 3, 4)이지만, dense에 의한 순서는 (1, 1, 2, 3)이다. 또한 first는 동일 값이 있을 때 인덱스가 작은 항목에 더 높은 순위를 준다.

5.3 데이터 연산과 기술 통계 Data Operations and Descriptive Statistics

데이터 연산은 Series와 DataFrame의 각 원소에 대한 기본적인 산술 연산에서 출발하고 다양한 pandas의 기술 통계 메서드는 데이터의 전반적 특성을 쉽게 파악할 수 있도록 한다. 또한 실무적으로는 단순한 연산뿐만 아니라 연산 대상의 차원 조정, 적절한 행과 열의 선택, 그리고 NaN과 같은 결측값 처리와 같은 데이터 관리 과정을 필요로 한다. 여기서는 산술 연산을 바탕으로 한 데이터 관리와 기술 통계 계산을 통한 데이터 분석의 기본 과정을 소개한다.

5.3.1 산술 연산과 데이터 관리 Arithmetic Operations and Data Management

Pandas에서의 산술 연산은 Series와 DataFrame의 각 원소에 대해 수행되는 기본 계산이다.

산술 연산

- Pandas의 산술 연산은 기본적으로 NumPy의 산술 연산(universal functions; ufunc)에 기반하여 동작한다.
- NumPy는 단순 ndarray 연산만을 수행한다.
- Pandas는 색인(label) 정렬과 결측치 처리 기능을 추가하여 Series와 DataFrame에서의 연산에 더 적합하다.

Series 산술 연산 예

표 5.3: 산술 연산 메서드

메서드	설명
add(+), radd	덧셈, 역순 덧셈
sub(-), rsub	뺄셈, 역순 뺄셈
mul(*) , rmul	곱셈, 역순 곱셈
div(/), rdiv	나눗셈, 역순 나눗셈
floordiv(//), rfloordiv	소수점 내림 나눗셈, 역순 내림 나눗셈
pow(**), rpow	거듭제곱, 역순 거듭제곱

NumPy와 pandas 산술 연산 예

- fillna(value) : 결측치(NaN)를 지정한 값으로 채워서 데이터 자체를 영구 변경하여 전처리 단계에서 사용된다.
- fill_value : add, sub, mul, div 등 산술 연산 메서드에서만 사용되며, 연산 과정에서 발생하는 NaN을 지정한 값으로 임시 대체한다.

```
a = np.array([1, 2, 3])                              # NumPy 배열 연산
b = np.array([1, 2])
print(a + b)
# [결과] 오류 - 크기가 다른 배열 연산 불가
s1 = pd.Series([1, 2, 3], index=["A", "B", "C"])     # Pandas 시리즈 연산
s2 = pd.Series([1, 2], index=["A", "B"])
print(s1 + s2)
# [결과]
# A    2.0
# B    4.0
# C    NaN
# dtype: float64
print(s1.add(s2, fill_value=0))                      # 결측치 처리
# [결과]
# A    2.0
# B    4.0
# C    3.0
# dtype: float64
```

DataFrame 산술 연산 예: 동일 차원

```
data_1 = np.array([[1, 2, 3],
                   [4, 5, 6],
                   [7, 8, 9],
                   [10, 11, 12]])
df_1 = pd.DataFrame(data_1, columns=['A', 'B', 'C'])

data_2 = np.array([[10, 20, 30],
                   [40, 50, 60],
                   [70, 80, 90],
                   [100, 110, 120]])
df_2 = pd.DataFrame(data_2, columns=['A', 'B', 'C'])

# 상수 덧셈
df_1.add(10)
# [결과]
#    A   B   C
# 0  11  12  13
# 1  14  15  16
# 2  17  18  19
```

```
# 3  20  21  22

# 덧셈
df_1.add(df_2)                        # df_1.radd(df_2) = df_2.add(df_1)
# [결과]
#      A    B    C
# 0   11   22   33
# 1   44   55   66
# 2   77   88   99
# 3  110  121  132

# 뺄셈
df_1.sub(df_2)
# [결과]
#     A   B    C
# 0  -9 -18  -27
# 1 -36 -45  -54
# 2 -63 -72  -81
# 3 -90 -99 -108
df_1.rsub(df_2)                       # df_1.rsub(df_2) = df_2.sub(df_1)
# [결과]
#     A   B    C
# 0   9  18   27
# 1  36  45   54
# 2  63  72   81
# 3  90  99  108

# 곱셈
df_1.mul(df_2)                        # df_1.rmul(df_2) = df_2.mul(df_1)
# [결과]
#       A     B     C
# 0    10    40    90
# 1   160   250   360
# 2   490   640   810
# 3  1000  1210  1440

# 나눗셈
df_1.div(df_2)
# [결과]
#      A    B    C
```

```
# 0  0.1  0.1  0.1
# 1  0.1  0.1  0.1
# 2  0.1  0.1  0.1
# 3  0.1  0.1  0.1
df_1.rdiv(df_2)                       # df_1.rdiv(df_2) = df_2.div(df_1)
# [결과]
#        A     B     C
# 0  10.0  10.0  10.0
# 1  10.0  10.0  10.0
# 2  10.0  10.0  10.0
# 3  10.0  10.0  10.0

# 소수점 내림 나눗셈
df_1.floordiv(df_2)                   # df_2 // df_1
# [결과]
#     A  B  C
# 0  0  0  0
# 1  0  0  0
# 2  0  0  0
# 3  0  0  0
df_1.rfloordiv(df_2)                  # df_1.rfloordiv(df_2) = df_2.floordiv(df_1)
# [결과]
#      A   B   C
# 0  10  10  10
# 1  10  10  10
# 2  10  10  10
# 3  10  10  10

# 거듭제곱
df_1.pow(2)                           # (df_1(ij))^2
# [결과]
#      A    B    C
# 0    1    4    9
# 1   16   25   36
# 2   49   64   81
# 3  100  121  144
df_1.rpow(2)                          # 2^(df_1(ij))
# [결과]
#        A     B     C
# 0      2     4     8
```

```
# 1    16    32    64
# 2   128   256   512
# 3  1024  2048  4096
```

10 서로 다른 차원 더하기: 브로드캐스팅과 정렬[12]

- DataFrame + DataFrame: 색인과 열을 합집합 기준으로 연산한다.
  두 객체에 없는 색인은 새로 추가되며, 값은 NaN으로 표시된다.
- DataFrame + Series(axis=0): DataFrame의 색인을 기준으로만 연산한다.
  Series에만 있는 색인은 무시된다.
- fill_value 옵션을 지정하면 결측 부분이 임시 대체된다.

서로 다른 차원 더하기 예

```
df1 = pd.DataFrame({"A":[1,2], "B":[3,4]}, index=[0,1])       # 서로 다른 행과 열
df2 = pd.DataFrame({"B":[5,6], "C":[7,8]}, index=[1,2])
df1, df2
# [결과]
# df1
#    A  B
# 0  1  3
# 1  2  4
# df2
#    B  C
# 1  5  7
# 2  6  8
df1 + df2                                                   # 공통 위치만 연산
# [결과]
#      A    B    C
# 0  NaN  NaN  NaN
# 1  NaN  9.0  NaN
# 2  NaN  NaN  NaN

# 열 기준 브로드캐스팅
s_col = pd.Series({"A": 10, "C": 100})                      # DataFrame + Series
df1 + s_col
```

[12] 브로드캐스팅(broadcasting)이란 서로 다른 차원의 배열이나 객체 간 연산을 수행할 때, 작은 차원의 구조를 자동으로 확장하여 연산이 가능하도록 하는 방식을 말한다. Pandas에서는 인덱스(label)을 기준으로 정렬하여 DataFrame, Series, 스칼라 간의 연산을 지원한다.

```
# [결과]
#      A   B   C
# 0  11.0 NaN NaN
# 1  12.0 NaN NaN
df1.add(s_col, fill_value=0)                              # 결측값 0으로 대체
# [결과]
#       A  B   C
# 0  11.0  3  100
# 1  12.0  4  100

# 행 기준 브로드캐스팅
s_row = pd.Series({0: 100, 2: 10})
df1.add(s_row, axis=0)                                    # DataFrame 색인만 반영
# [결과]
#        A      B              # df1.loc[0] = (A=1, B=3) + s_row.loc[0] = 100
# 0  101.0  103.0              # (1+100, 3+100) = (101, 103)
# 1    NaN    NaN
df1.add(s_row, axis=0, fill_value=0)                      # 결측값 0으로 대체
# [결과]
#        A      B
# 0  101.0  103.0              # df1.loc[1] = (A=2, B=4) + s_row에 없음(0)
# 1    2.0    4.0              # (2+0, 4+0) = (2, 4)

# 전 요소 브로드캐스팅
df1 + 10                                                  # DataFrame + 스칼라
# [결과]
#     A   B
# 0  11  13
# 1  12  14
```

NumPy 유니버설 함수 적용

- Series와 DataFrame에는 NumPy의 universal function(ufunc)도 그대로 적용할 수 있다.
- np.sqrt, np.exp, np.log, np.sin 등과 같은 함수는 개별 원소 단위로 연산된다.

NumPy 유니버설 함수 적용 예

```
np.log(df1)
# [결과]
```

```
#          A         B         C
# 0  0.000000  0.693147  1.098612
# 1  1.386294  1.609438  1.791759
# 2  1.945910  2.079442  2.197225
# 3  2.302585  2.397895  2.484907
```

□

5.3.2 기술 통계 메서드 Descriptive Statistics Methods

pandas 객체는 데이터 분석에 유용한 다양한 기술 통계(descriptive statistics) 관련 메서드를 포함한다. 이는 Series와 DataFrame 객체에 직접 적용할 수 있으며, 데이터의 요약, 누적, 최소/최대값, 분포, 상관관계 등을 계산하는 데 사용된다.

기술 통계 메서드 - 열(column) 중심

- Series와 DataFrame의 행 또는 열에 적용되어 단일값 또는 Series를 반환한다.

표 5.4: pandas 기술 통계 관련 메서드

범주	함수메서드	설명
요약/집계	describe()	숫자형에 대한 기본 요약 통계 계산
요약/집계	sum()	합계 계산
요약/집계	count()	NA 값을 제외한 값의 개수 계산
고유값/빈도	unique()	유일한 값만을 발견된 순서대로 반환
고유값/빈도	value_counts()	유일한 값의 색인과 내림차순 도수 계산
최소/최대 및 위치	min(), max()	최소값, 최대값 추출
최소/최대 및 위치	argmin(), argmax()	최소/최대 값의 색인 위치(정수) 추출
최소/최대 및 위치	idxmin(), idxmax()	최소/최대 값의 색인 값 추출
누적 연산	cumsum()	누적 합 계산
누적 연산	cummin(), cummax()	누적 최소값과 최대값 계산
분포/변동성	mean(), median()	평균값과 중앙값 계산
분포/변동성	std(), var()	표준 편차와 분산 계산
분포/변동성	mad()	절대 편차 계산
상관/ㅇ공분산	cov(), corr()	공분산과 상관 계수 계산

NaN 관리 원칙

- Pandas의 메서드는 NumPy와 달리 기본적으로 결측값(NaN)을 제외하고 계산한다.
- skipna = False 옵션을 지정하면, 하나라도 NaN이 있으면 결과는 NaN이다.
- skipna는 sum(), mean(), median() 등 대부분의 집계 메서드에 적용된다.
- 모든 값이 NaN이면 sum()은 0, mean(), median() 등은 NaN을 반환한다.
- count()는 NaN을 제외한 개수를 반환하며, skipna 옵션이 없다.

sum에서의 NaN 관리 예

```
s = pd.Series([1, np.nan, 3])

print(s.sum())                                    # [결과] 4.0(NaN 제외)
print(s.sum(skipna=False))                        # [결과] NaN
print(pd.Series([np.nan]).sum())                  # [결과] 0.0


df_na = pd.DataFrame({
    'A': [1, np.nan, 3],
    'B': [4, 5, np.nan],
    'C': [np.nan, np.nan, np.nan]
})
print(df_na)
# [결과]
#      A    B   C
# 0  1.0  4.0 NaN
# 1  NaN  5.0 NaN
# 2  3.0  NaN NaN

# 열 기준 합계(axis=0, index 방향)
print(df_na.sum(axis=0))
# [결과]
# A    4.0                # 1+3
# B    9.0                # 4+5
# C    0.0                # 전부 NaN이므로 0
# dtype: float64

print(df_na.sum(axis=0, skipna=False))
# [결과] NaN이 하나라도 있으면 NaN 반환
# A   NaN
# B   NaN
```

```
# C    NaN
# dtype: float64

# 행 기준 합계 (axis=1, columns 방향)
print(df_na.sum(axis=1))
# [결과]
# 0     5.0              # 1+4
# 1     5.0              # 5(NaN 제외)
# 2     3.0              # 3
# dtype: float64

print(df_na.sum(axis=1, skipna=False))
# [결과] NaN이 하나라도 있으면 NaN 반환
# 0    NaN
# 1    NaN
# 2    NaN
# dtype: float64
```

기술 통계 메서드 적용 예

```
df = pd.DataFrame({
    "Statistics":  [90, 80, 70, 85],
    "Mathematics": [100, 95, 80, 75],
    "Programming": [85, 90, 95, 100],
    "Major": ["CS", "Math", "CS", "Stat"]
}, index=["S1","S2","S3","S4"])
df
# [결과]
#     Statistics  Mathematics  Programming Major
# S1          90          100           85    CS
# S2          80           95           90  Math
# S3          70           80           95    CS
# S4          85           75          100  Stat


#  요약/집계: 열별 평균(mean)
df[["Statistics","Mathematics","Programming"]].mean()
# [결과]
# Statistics     81.25
# Mathematics    87.50
```

```
# Programming    92.50
# dtype: float64


# 고유값/빈도
print(df["Major"].unique())
# [결과] ['CS' 'Math' 'Stat']
print(df["Major"].value_counts())
# [결과]
# CS      2
# Math    1
# Stat    1
# Name: Major, dtype: int64

# 최소/최대
(df["Mathematics"].min(), df["Mathematics"].idxmin(),
 df["Mathematics"].max(), df["Mathematics"].idxmax())
# [결과]
# (75, 'S4', 100, 'S1')


# 누적 연산
df["Statistics"].cumsum()
# [결과]
# S1     90
# S2    170
# S3    240
# S4    325
# Name: Statistics, dtype: int64


# 분포/변동성
df[["Statistics","Mathematics","Programming"]].std()
# [결과]
# Statistics      8.5440
# Mathematics    11.9041
# Programming     6.4550
# dtype: float64
```

나머지 기술 통계 메서드들도 동일한 방식으로 Series 또는 DataFrame의 개별 변수나 변수 집합에 적용할 수 있다. 이를 통해 평균, 중앙값, 표준편차, 분위수, 상관계수 등 다양한 통계량을 쉽게 계산하고 비교할 수 있다.

□

5.3.3 응용 사례 Application Examples

[제 7 장]의 시본(seaborn) 라이브러리에 내장된 tips 데이터를 이용하여 중요 통계 요약 함수/메서드를 확인해 보기로 한다.

tips: seaborn 내장 데이터 244 × 7

tips 데이터의 변수명과 데이터 유형

변수명	설명	데이터 유형
total_bill	총 계산금액(USD; $)	연속형
tip	팁(USD; $)	연속형
sex	성별	범주형
smoker	흡연 여부	범주형
day	요일	범주형
time	시간대	범주형
size	식사 인원수(명)	이산형

내장 데이터 로딩

- Python내장 데이터는 load_dataset()을 이용하여 불러온다.

```
import seaborn as sns
import pandas as pd

tips = sns.load_dataset('tips')
```

11 출력 형식 지정

- pd.set_option()은 DataFrame, Series를 출력할 때 전역적으로 적용되며, 계산 정확도에는 영향을 주지 않는다.
- .kf는 출력 형식을 부동소수점 숫자를 소수점 이하 k 자리까지 표시하도록 한다.
- pd.reset_option('display.float_format')을 사용하면 다시 기본 출력 형식으로 되돌릴 수 있다.

출력 형식 지정: 소수점 3자리까지 표현

```
pd.set_option('display.float_format', '{:.3f}'.format)
```

DataFrame의 차원 확인: (행의 수, 열의 수)

```
tips.shape                                    #[결과] (244, 7)
```

처음 5개의 행(케이스) 확인: 변수 이름과 유형

```
tips.head()
```

```
#    total_bill   tip     sex smoker  day    time  size
# 0      16.990 1.010  Female     No  Sun  Dinner     2
# 1      10.340 1.660    Male     No  Sun  Dinner     3
# 2      21.010 3.500    Male     No  Sun  Dinner     3
# 3      23.680 3.310    Male     No  Sun  Dinner     2
# 4      24.590 3.610  Female     No  Sun  Dinner     4
```

결측값 여부 확인: 열별과 전체 결측값

```
# 열별 결측값의 수
tips.isna().sum()
```

```
# total_bill    0
# tip           0
```

```
# sex          0
# smoker       0
# day          0
# time         0
# size         0
# dtype: int64
```

```
# 전체 결측값의 수
tips.isna().sum().sum()
```

```
# 0
```

tips 데이터는 결측값이 존재하지 않으므로 간단한 기술 통계를 확인한다. 만일 결측값이 존재한다면, 결측값이 발생하는 빈도와 유형 그리고 대책을 분석 전에 검토해야 한다.

요약 통계

- describe()는 숫자형 데이터에 대한 요약을 제공한다.
- include = "category"은 범주형 데이터에 대한 요약을 제공한다.
- include = "all"은 모든 변수에 대한 요약값을 제공하고, 의미 없는 값에는 NaN을 출력한다.

숫자형 데이터에 대한 요약 통계

```
tips.describe()
```

```
#        total_bill      tip     size
# count     244.000  244.000  244.000
# mean       19.786    2.998    2.570
# std         8.902    1.384    0.951
# min         3.070    1.000    1.000
# 25%        13.348    2.000    2.000
# 50%        17.795    2.900    2.000
# 75%        24.127    3.562    3.000
# max        50.810   10.000    6.000
```

✿ 범주형 데이터에 대한 요약 통계

```
tips.describe(include = "category")
```

```
#          sex smoker  day    time
# count    244    244  244     244
# unique     2      2    4       2
# top     Male     No  Sat  Dinner
# freq     157    151   87     176
```

✿ 모든 데이터에 대한 요약 통계

```
tips.describe(include = "all")
```

```
#         total_bill     tip  sex smoker  day    time    size
# count      244.000 244.000  244    244  244     244 244.000
# unique         NaN     NaN    2      2    4       2     NaN
# top            NaN     NaN Male     No  Sat  Dinner     NaN
# freq           NaN     NaN  157    151   87     176     NaN
# mean        19.786   2.998  NaN    NaN  NaN     NaN   2.570
# std          8.902   1.384  NaN    NaN  NaN     NaN   0.951
# min          3.070   1.000  NaN    NaN  NaN     NaN   1.000
# 25%         13.348   2.000  NaN    NaN  NaN     NaN   2.000
# 50%         17.795   2.900  NaN    NaN  NaN     NaN   2.000
# 75%         24.127   3.562  NaN    NaN  NaN     NaN   3.000
# max         50.810  10.000  NaN    NaN  NaN     NaN   6.000
```

간단한 데이터 검토를 통하여 대략적인 정보를 확인했다면, 좀 더 구체적인 정보를 확인해 볼 필요가 있다.

✿ 조사된 기간의 총 판매액은 어느 정도인가?

```
tips['total_bill'].sum()
```

```
# 4827.77
```

✿ 식사 인원 별로 식사 비용은 얼마 정도 인가?

- size별 total_bill의 합계

```
tips.groupby('size')['total_bill'].sum()
```

```
# size
# 1      28.970
# 2    2565.890
# 3     884.550
# 4    1058.700
# 5     150.340
# 6     139.320
# Name: total_bill, dtype: float64
```

- size별 total_bill의 평균과 표준 편차

```
tips.groupby('size')['total_bill'].mean()
```

```
# size
# 1     7.242
# 2    16.448
# 3    23.278
# 4    28.614
# 5    30.068
# 6    34.830
# Name: total_bill, dtype: float64
```

```
tips.groupby('size')['total_bill'].std()
```

```
# size
# 1    3.011
# 2    6.044
# 3    9.407
# 4    8.609
# 5    7.340
# 6    9.382
# Name: total_bill, dtype: float64
```

12 그룹(group) 별 요약[13]

- groupby(): 특정 열의 값을 기준으로 데이터를 그룹화한다.
- agg([]): 그룹별 연산 결과를 하나로 집계하여 반환한다. 각 열마다 서로 다른 연산을 적용할 수 있다.
- reset_index(): 그룹화 대상 열을 일반 열로 유지하고, 각 행에 대한 정수 인덱스를 부여한다.
- 괄호 ( ), { }, [ ] 내부에 여러 줄을 표현하거나, 백슬래시(\)를 사용하여 줄넘김할 수 있다.
  \는 다음 줄도 현재 명령의 일부임을 의미한다. (\ 뒤에는 공백 문자가 포함되지 않아야 한다.)

size의 값 별로 그룹화

```
# \를 사용한 줄넘김
size_info = tips.groupby('size')['total_bill']\
            .agg(['sum', 'mean', 'std', 'count']).reset_index()
#
# 괄호()를 이용한 줄넘김
size_info['per_person'] = (size_info['sum'] /
                           (size_info['size'] * size_info['count']))
#
size_info
```

```
#   size      sum   mean   std  count  per_person
# 0    1   28.970  7.242 3.011      4       7.242
# 1    2 2565.890 16.448 6.044    156       8.224
# 2    3  884.550 23.278 9.407     38       7.759
# 3    4 1058.700 28.614 8.609     37       7.153
# 4    5  150.340 30.068 7.340      5       6.014
# 5    6  139.320 34.830 9.382      4       5.805
```

size = 2에서 최대 매출 2565.89($)이 발생하였고, 빈도도 가장 높았다. 또한 해당 size에서의 평균 매출은 16.45($)이며, 1인당 지불 금액도 8.2($)로 가장 높았다. size별 total_bill의 변동(표준 편차)는 size = 3,6에서 약 9.4로 크게 나타났다.

---

[13] agg()는 pandas에서 집계(aggregation) 연산을 수행한다. 이는 df.agg(['sum', 'mean'])과 같이 여러 함수를 list로 전달하거나, 열별로 서로 다른 연산이 필요한 경우 df.agg({'x': 'sum', 'y': ['min', 'max']})와 같이 dict를 이용하여 서로 다른 집계를 수행할 수 있다.

size = 2에서 최소/최대 total_bill 은 얼마인가?

```
# 개별 계산
tips[tips['size'] == 2]['total_bill'].min()                    # [결과]  5.75
tips[tips['size'] == 2]['total_bill'].max()                    # [결과] 40.55

# 집계 함수를 이용한 결과 통합
tips[tips['size'] == 2]['total_bill'].agg(['min', 'max'])
```

```
# min     5.750
# max    40.550
# Name: total_bill, dtype: float64
```

요일별로 total_bill의 총계, 평균 그리고 표준편차는 얼마인가?

```
# 개별 계산
tips.groupby('day')['total_bill'].sum()
tips.groupby('day')['total_bill'].mean()
tips.groupby('day')['total_bill'].std()

# 집계 함수를 이용한 결과 통합
day_data_no = tips.groupby('day')['total_bill'].agg(['sum', 'mean', 'std'])
# 재정렬을 적용하지 않은 경우
day_data_no
```

```
#           sum   mean   std
# day
# Thur 1096.330 17.683 7.886
# Fri   325.880 17.152 8.303
# Sat  1778.400 20.441 9.480
# Sun  1627.160 21.410 8.832
```

```
# 재정렬을 적용한 경우
day_data_yes = tips.groupby('day')['total_bill']\
               .agg([
                 'sum',
                 'mean',
                 'std'
```

```
                ]).reset_index()
day_data_yes

#     day      sum   mean   std
# 0  Thur 1096.330 17.683 7.886
# 1   Fri  325.880 17.152 8.303
# 2   Sat 1778.400 20.441 9.480
# 3   Sun 1627.160 21.410 8.832
```

요일별로 가장 빈도가 많은 size는 몇 명인가?

- reset_index(name = "varname")를 이용하여 연산된 새로운 열에 이름을 지정한다.

```
df_group1 = tips.groupby(['day', 'size']).size()
df_group1.head()

# day   size
# Thur  1        1
#       2       48
#       3        4
#       4        5
#       5        1
# dtype: int64

df_group2 = tips.groupby(['day', 'size']).size().reset_index(name='count')
df_group2.head()

#     day  size  count
# 0  Thur     1      1
# 1  Thur     2     48
# 2  Thur     3      4
# 3  Thur     4      5
# 4  Thur     5      1
```

13 행 선택

- idxmax(): 지정된 열에서 최대값을 갖는 행의 인덱스를 반환한다.
- idxmin(): 지정된 열에서 최소값을 갖는 행의 인덱스를 반환한다.
- loc[] + idxmax()/idxmin(): 반환된 인덱스를 이용하여 전체 행을 선택한다.

day별로 빈도(count)가 최대인 행들의 인덱스는 무엇인가?

```
df_group3 = df_group2.loc[df_group2.groupby('day')['count'].idxmax()]
df_group3.head()
```

```
#       day  size  count
# 1    Thur     2     48
# 7     Fri     2     16
# 13    Sat     2     53
# 19    Sun     2     39
```

14 교차표(Cross Tabulation) 생성

- crosstab(): 두 개 이상의 범주형 변수 간의 교차표를 생성한다.
- 행(index)과 열(columns)을 지정하여 빈도 수를 집계한다.
- margins=True를 지정하면, 교차표에 행/열 합계를 포함한다.
- normalize=True를 지정하면, 전체 대비 상대 비율 교차표를 제공한다.
- normalize='index': 행(row) 기준 상대 비율을 제공한다. 각 행의 합이 1이 된다.
- normalize='columns': 열(column) 기준 상대 비율을 제공한다. 각 열의 합이 1이 된다.

day와 size의 교차 빈도, 행/열별 합계 그리고 전체 데이터에서의 상대 비율은 어떠한가?

```
cross_tab = pd.crosstab(index=tips['day'], columns=tips['size'])
print(cross_tab)
```

```
# size  1   2   3   4  5  6
# day
# Thur  1  48   4   5  1  3
# Fri   1  16   1   1  0  0
# Sat   2  53  18  13  1  0
# Sun   0  39  15  18  3  1
```

```
cross_tab_margins = pd.crosstab(index=tips['day'],
                                columns=tips['size'],
                                margins=True)
print(cross_tab_margins)
```

```
# size  1    2   3   4  5  6  All
```

```
# day
# Thur  1   48   4   5  1  3   62
# Fri   1   16   1   1  0  0   19
# Sat   2   53  18  13  1  0   87
# Sun   0   39  15  18  3  1   76
# All   4  156  38  37  5  4  244
```

```
cross_tab_norm = pd.crosstab(index=tips['day'],
                             columns=tips['size'],
                             normalize=True)
print(cross_tab_norm.round(3))
```

```
# size      1     2     3     4     5     6
# day
# Thur 0.004 0.197 0.016 0.020 0.004 0.012
# Fri  0.004 0.066 0.004 0.004 0.000 0.000
# Sat  0.008 0.217 0.074 0.053 0.004 0.000
# Sun  0.000 0.160 0.061 0.074 0.012 0.004
```

일반적으로 식사 비용이 높으면, 팁 금액 역시 많을 것이다. 따라서, 식사 비용과 팁 금액간의 관계가 양의 선형 관계를 가질 것이라고 가정할 수 있다. 하지만, 팁 금액은 제공되는 서비스 그리고 이에 대한 고객의 만족도에 따라서 달라질 수 있다. 이를 근거로 선형 밀접도가 어느 정도인지를 확인해 볼 필요가 있다.

⚙ 두 변수 (total_bill, tip) 간 상관 계수와 공분산은 각각 얼마인가?

```
# 두 변수의 상관 계수
correlation = tips[['total_bill', 'tip']].corr()         # 상관 행렬 반환
corr_value = correlation.loc['total_bill', 'tip']        # 특정 상관 계수 추출
corr_value
```

```
# 0.6757341092113648
```

```
# 공분산 행렬
covariance = tips[['total_bill', 'tip']].cov()           # 공분산 행렬 반환
covariance
```

```
#              total_bill    tip
# total_bill       79.253  8.324
# tip               8.324  1.914
```

성별(sex)로 (total_bill, tip) 간의 차이가 크게 존재하는가?

```
# 개별 계산
male_corr = tips[tips['sex'] == 'Male'][['total_bill', 'tip']].corr()
male_corr_value =male_corr.loc['total_bill', 'tip']
#
female_corr = tips[tips['sex'] == 'Female'][['total_bill', 'tip']].corr()
female_corr_value = female_corr.loc['total_bill', 'tip']
print(f"(Male, Female) = ({male_corr_value:.3f}, {female_corr_value:.3f})")
```

```
# (Male, Female) = (0.670, 0.683)
```

15 원소별 함수 적용

- apply(func): 기본적으로 열(column) 단위로 함수를 적용한다.
- apply(func, axis=1): 행(row) 단위로 함수를 적용한다.
- applymap(func): DataFrame의 원소(element) 단위로 함수를 적용한다.
- map(func): Series 단위에서 원소별 함수를 적용한다.

sex별 상관 계수 계산

```
# "sex"로 그룹화하여 계산
corr_values = tips.groupby('sex')\
              .apply(lambda x: x[['total_bill', 'tip']].corr()\
              .loc['total_bill', 'tip'])
corr_values
```

```
# sex
# Male      0.670
# Female    0.683
# dtype: float64
```

⚙ 각 행별로 팁 비율(tip / total_bill)

```
tips['tip_rate'] = tips.apply(lambda row: row['tip'] / row['total_bill'], axis=1)
print(tips[['total_bill', 'tip', 'tip_rate']].head())
```

```
#    total_bill   tip  tip_rate
# 0      16.990 1.010     0.059
# 1      10.340 1.660     0.161
# 2      21.010 3.500     0.167
# 3      23.680 3.310     0.140
# 4      24.590 3.610     0.147
```

```
print(tips[['total_bill', 'tip', 'tip_rate']].tail())
```

```
#      total_bill   tip  tip_rate
# 239      29.030 5.920     0.204
# 240      27.180 2.000     0.074
# 241      22.670 2.000     0.088
# 242      17.820 1.750     0.098
# 243      18.780 3.000     0.160
```

⚙ 고려된 데이터의 모든 숫자값을 정수로 반올림

```
rounded_df = tips[['total_bill', 'tip']].applymap(lambda x: round(x, 0))
print(rounded_df.head())
```

```
#    total_bill   tip
# 0      17.000 1.000
# 1      10.000 2.000
# 2      21.000 4.000
# 3      24.000 3.000
# 4      25.000 4.000
```

나머지 요약 함수와 메서드 역시 필요한 상황에 맞추어 유사한 방식으로 적용할 수 있다. 이를 위해서는 실제 데이터를 분석하는 과정에서 관련 함수를 직접 찾아보고, 그 동작 원리를 이해한 뒤 활용해 보는 것이 중요하다. 이러한 탐구 과정에서 **ChatGPT** 는 적절한 예제와 설명을 제공하는 중요한 조력자가 될 수 있다.

□

5.4 데이터 불러오기 Loading Data

저장된 데이터를 읽어 들여 명령어 또는 메서드에서 활용할 수 있도록 준비하는 과정을 데이터 로딩(loading)이라고 한다. 데이터의 저장 형식은 매우 다양하며, 각 실무 영역마다 고유한 포맷이 존재한다. 텍스트 파일의 경우에는 일반적으로 with open() 구문을 사용한다.

텍스트(Text) 파일

- with open(filename, mode) as f:
  파일을 열고, 블록 내의 지정된 작업을 수행한 뒤 자동으로 닫는다.
- with 키워드를 함께 지정하면, 파일을 닫지 않아 발생할 수 있는 오류를 방지한다.
- 텍스트(text) 파일 이외의 CSV, JSON, 이미지 등 특정 포맷을 다룰 때는 적합한 라이브러리를 사용하거나, 해당 라이브러리가 제공하는 로딩 메서드를 활용한다.

기본 형식[14]

- filename은 원하는 작업을 실행할 파일의 경로와 파일명을 문자열로 지정한다.
- f에는 열린 파일에 대한 참조명을 지정한다.
- mode는 파일 처리 방식을 지정한다. 주요 모드는 [표 5.5]와 같다.

표 5.5: 파일 열기 기본 모드

mode	설명
r	읽기(read) 전용 - 존재하지 않는 경우, FileNotFoundError 발생
w	쓰기(write) 전용 - 파일이 존재하는 경우에는 덮어쓰기 - 존재하지 않는 경우에는 새로운 파일 생성
a	추가(append) 쓰기 - 기존 파일의 마지막 부분에 내용 추가
x	배타적(exclusive) 생성 - 파일이 존재하는 경우, FileExistsError 발생
+	다른 mode와 함께 사용, 읽기와 쓰기를 동시에 허용(read/write)

[14] 바이너리(binary) 모드 - rb, wb, ab, xb - 는 텍스트가 아닌 이미지나 비디오 파일과 같은 데이터를 다룰 때 사용되며, 기본 모드와 동일한 방식으로 적용된다. 동시 읽기/쓰기(read-write) 모드 - r+, w+, a+, x+ - 는 파일을 동시에 읽고 쓸 수 있으나, 파일 내 포인터 위치 자동 설정 및 읽기/쓰기 순서에 따라 데이터가 덮어써지는 오류가 발생할 수 있으므로 주의가 필요하다.

새로운 파일 생성 예[15]

```
with open('ex1.txt', 'w') as example:
    example.write('Welcome, Data Science!')                    # 파일 내용 쓰기
```

```
# 22
```

파일 불러오기 예

```
with open('ex1.txt', 'r') as example:                          # 읽기 전용
    ex1 = example.read()                                        # 파일 내용 읽기
    print(ex1)                                                  # 읽은 내용 확인
```

```
# Welcome, Data Science!
```

pandas에서의 주요 로딩 메서드는 [표 5.6]과 같다. 여기서, 별표(*)가 표시된 메서드는 상대적으로 사용 빈도가 낮거나 고급 과정에 해당하므로 다루지 않는다(The HDF Group, 1997, McKinney and Wickham (2016), Python Software Foundation (2024)).

중요 데이터 로딩 메서드[16]

표 5.6: 주요 데이터 로딩 메서드와 파일 형식

메서드	파일 형식	설명
read_csv()	CSV, TXT	가장 일반적으로 사용되는 파일 형식
read_clipboard()	클립보드	클립보드에 복사된 표 데이터를 불러올 때 활용
read_excel()	EXCEL	스프레드시트 데이터를 불러오기 위해 사용
read_json()	JSON	경량의 데이터 교환 형식으로, 웹 API의 표준 데이터 형식
read_hdf()*	HDF	대용량 또는 복잡한 데이터를 저장하기 위한 형식
read_feather()*	Feather	빠른 입출력의 이진 형식, R과 Python간 호환 가능
read_pickle()*	Pickle	Python 객체의 상태를 저장 및 복원할 수 있는 형식 복잡한-데이터 구조 저장에 유용

[15] 실행 후 나타나는 숫자(예: 22)는 write된 총 문자의 수를 의미한다.

[16] 통계 소프트웨어 파일 형식 중 .dta 확장자는 read_stata(), .sav 형식은 read_spss(), .sas7bdat 및 .sas7bcat 확장자는 read_sas()를 통해 불러올 수 있다. 또는 별도의 라이브러리- pyreadstat, SAS7BDAT 등 -를 이용하여 pandas의 DataFrame으로 변환할 수 있다.

5.4.1 CSV 포맷 Comma Separated Values

CSV (Comma-Separated Values)는 쉼표(,)를 구분자로 하여 각 값들을 나열하는 데이터 포맷(data format)을 말한다.

CSV 포맷[17]

- 가장 널리 사용되는 데이터 저장 형식 중 하나이다.
- 테이블 형태의 데이터에서 각 줄(line)은 데이터 레코드(record)를 나타내며, 각 필드(field) 값은 쉼표(,)로 구분된다.
- 일반적으로 첫 번째 줄에 변수명이 포함되며, 이를 header라고 한다.

CSV 형식 예: ex1.csv

```
ID, name,age,major                          # header(변수명)
1,Kim,30,Statistics                         # 각 레코드와 필드
2,Park,25,Computer Science
3,Choi,35,History
4,Yoon,-999,Mathmatics
```

CSV 파일 메서드

- read_csv(): CSV 파일을 불러와 DataFrame으로 변환한다.
- to_csv(): DataFrame을 CSV 파일로 저장한다.

CSV 파일 불러오기와 저장하기 예

```
import pandas as pd
#
df = pd.read_csv('ex1.csv')                  # 불러오기
df
```

```
#    ID  name   age            major
# 0   1   Kim    30       Statistics
# 1   2  Park    25 Computer Science
# 2   3  Choi    35          History
# 3   4  Yoon  -999      Mathematics
```

[17] 표 형태의 데이터에서 각 행(줄)을 레코드(record)라 하고, 각 열(column)에 해당하는 값을 필드(field)라고 한다.

```
df.to_csv("ex1.csv", index = False)                          # 저장하기
```

CSV 파일은 사용자의 목적에 따라 다양한 형식으로 저장될 수 있다. pandas는 이를 올바로 불러오기 위해 다양한 매개 변수(arguments)를 제공한다[18]. 이 중에서 read_csv() 에서 자주 사용되는 매개 변수들은 [표 5.7]와 같다.

read_csv() 에서의 주요 매개 변수

표 5.7: read_csv() 주요 매개 변수

구분	매개변수	설명
기본	filepath_or_buffer	파일의 경로나 객체를 문자열로 지정
기본	sep	필드를 구분하는 문자 지정, 기본값은 컴마(,) - delimiter 역시 sep과 같이 구분자를 지정한다.
구조 제어	header	열 이름으로 사용할 행 번호 지정, 기본값은 0 - 열 이름이 없는 경우, header=None 설정
구조 제어	names	열 이름의 리스트 지정, header=None과 함께 사용
구조 제어	index_col	인덱스로 사용할 열 번호나 이름 지정
데이터 관리	usecols	사용할 열 지정 (이름 또는 번호의 리스트)
데이터 관리	nrows	로딩할 행의 수 지정
데이터 관리	na_values	결측치로 간주할 값 지정
데이터 관리	dtype	각 열의 데이터 유형 지정
데이터 관리	encoding	파일 인코딩 지정
예외 상황	skiprows	파일의 시작에서 무시할 행의 수 지정
예외 상황	skipfooter	파일의 끝에서 무시할 행의 수 지정

header 적용 예

```
df = pd.read_csv("ex1.csv", header=None)  # 헤더 없음: 자동으로 0,1,2,... 부여
df                                        # 첫 행도 데이터로 가정한다.

#     0    1    2                    3
```

[18]현재 reda_csv의 매개 변수는 약 50개를 넘는다. 이를 모두 기억하는 것은 현실적이지 않다. 필요한 매개 변수는 다음을 참조한다. <https://pandas.pydata.org/pandas-docs/stable/reference/api/pandas.read_csv.html>

```
# 0  ID  name   age             major
# 1   1   Kim    30        Statistics
# 2   2  Park    25  Computer Science
# 3   3  Choi    35           History
# 4   4  Yoon  -999       Mathematics
```

```
df = pd.read_csv("ex1.csv", header=0)     # 첫 행을 헤더로 사용(기본)
df
```

```
#    ID  name  age             major
# 0   1   Kim   30        Statistics
# 1   2  Park   25  Computer Science
# 2   3  Choi   35           History
# 3   4  Yoon -999       Mathematics
```

```
df = pd.read_csv("ex1.csv", header=None,
                 names=["ID", "Name", "Age", "Major"])  # 열 이름 사용자 지정
df
```

```
#    ID  Name   Age             Major
# 0  ID  name   age             major
# 1   1   Kim    30        Statistics
# 2   2  Park    25  Computer Science
# 3   3  Choi    35           History
# 4   4  Yoon  -999       Mathematics
```

특정 열 인덱스 지정 예

```
df = pd.read_csv('ex1.csv', index_col = 'ID' )
df
```

```
#     name  age             major
# ID
# 1    Kim   30        Statistics
# 2   Park   25  Computer Science
# 3   Choi   35           History
# 4   Yoon -999       Mathematics
```

특정 열들만 불러오기 예

```
df = pd.read_csv('ex1.csv', usecols = ['name', 'major'])
df
```

```
#    name             major
# 0   Kim        Statistics
# 1  Park  Computer Science
# 2  Choi           History
# 3  Yoon       Mathematics
```

처음 몇 행만 읽기 예

```
df = pd.read_csv("ex1.csv", nrows=2)
df
```

```
#    ID  name  age             major
# 0   1   Kim   30        Statistics
# 1   2  Park   25  Computer Science
```

결측값 지정 예

```
df = pd.read_csv("ex1.csv", na_values=["-999"])
df
```

```
#    ID  name    age             major
# 0   1   Kim 30.000        Statistics
# 1   2  Park 25.000  Computer Science
# 2   3  Choi 35.000           History
# 3   4  Yoon    NaN       Mathematics
```

처음 특정 행 제외하고 읽기 예

```
df = pd.read_csv('ex1.csv', skiprows = 2)          # 처음 2개 행 제외
df
```

```
#    2  Park   25 Computer Science
# 0  3  Choi   35          History
# 1  4  Yoon -999      Mathematics
```

마지막 특정 개수의 행 제외하고 읽기 예[19]

```
df = pd.read_csv('ex1.csv', skipfooter = 1, engine='python') # 마지막 1개 행 제외
df
```

```
#    ID  name  age             major
# 0   1   Kim   30        Statistics
# 1   2  Park   25  Computer Science
# 2   3  Choi   35           History
```

인코딩(encoding) 지정 예[20]

```
df = pd.read_csv('ex1.csv', encoding='cp949' )
df
```

데이터를 로딩하여 원하는 작업을 실행한 DataFrame을 다시 CSV 포맷 파일로 저장할 수 있다. to_csv()의 주요 매개변수들은 read_csv()에서와 동일한 방법으로 정의한다.

to_csv() 에서의 주요 매개 변수

표 5.8: to_csv()의 주요 매개변수

매개변수	설명	기본값
path_or_buf	파일 경로 또는 버퍼 지정	None
sep	필드를 구분하는 문자	,
na_rep	결측값을 대체할 문자열	' '
columns	내보낼 열만 선택	None
index	행 인덱스를 함께 저장할지 여부	True
header	열 이름을 저장할지 여부	True
encoding	파일 인코딩 지정	'utf-8'

□

[19]pandas는 기본적으로 빠른 데이터 처리 속도가 장점인 C 엔진을 사용한다. 그러나 skipfooter는 C 엔진에서 지원되지 않으므로, 이 경우 engine='python'을 명시적으로 지정해야 한다. 만일 이를 지정하지 않으면 ValueError가 발생한다.

[20]UTF-8은 Unicode Transformation Format의 약자로, 유니코드 문자를 표현하기 위한 표준 인코딩 방식이다. 영어 텍스트에는 주로 UTF-8을 사용하지만, 한글 Windows 환경에서는 CP949 또는 EUC-KR도 많이 사용된다. 인코딩이 올바로 지정되지 않는 경우, 비영어 문자가 올바로 표시되지 않을 수 있다. 인코딩 타입은 파일 생성 환경과 사용 언어 그리고 사용된 시스템에 따라 달라질 수 있다.

클립보드 데이터 읽기

- read_clipboard(): 클립보드에 복사된 텍스트 데이터를 바로 DataFrame으로 불러온다.
- 기본적으로 read_csv()와 유사한 매개 변수를 사용할 수 있다.
- 예: 엑셀이나 웹 페이지에서 표를 복사한 뒤, pd.read_clipboard()를 실행하면 즉시 데이터프레임으로 변환된다.

pyperclip으로 클립보드 미리보기

- paste(): 현재 클립보드 문자열을 반환한다
- copy(text): 문자열을 클립보드에 저장한다
- (활용) 복사 -> paste()로 확인 -> read_clipboard() 불러오기

클립보드 내용 보기 예

```
import pyperclip

content = pyperclip.paste()
print(content)
#[결과]
#    Numbers Letters
# 0        1       a
# 1        2       b
# 2        3       c
# 3        4       d
# 4        5       e
```

복사된 내용 읽기 예

- sep='s+'는 정규표현식에서 하나 이상의 연속된 공백 문자를 의미하며, 스페이스, 탭, 줄바꿈 등 불규칙적인 공백으로 구분된 데이터를 열로 분리할 때 유용하다.

```
import pandas as pd
#
df = pd.read_clipboard(sep='\s+', index_col=0, header=0)
df
#[결과]
#    Numbers Letters
# 0        1       a
# 1        2       b
```

```
# 2        3       c
# 3        4       d
# 4        5       e
```

DataFrame을 클립보드로 내보내기

- **to_clipboard()**: DataFrame의 내용을 클립보드에 복사한다.
- 복사된 내용은 메모장 등 텍스트 에디터에 붙여넣기(ctrl+V)하여 확인할 수 있다.
- 기본적으로 탭(tab)으로 구분된 형식이므로, 엑셀과 같은 스프레드시트에 직접 붙여넣으면 표 형식으로 정렬된다.

```
import pandas as pd
#
df.to_clipboard()
```

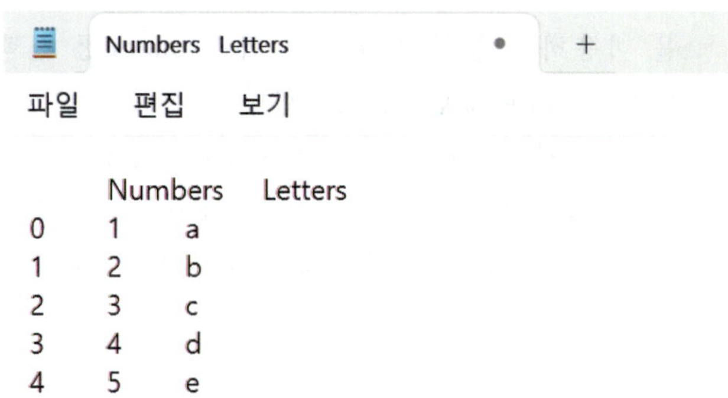

□

5.4.2 Excel 파일 포맷 Excel Formats

Excel은 Microsoft사가 개발한 스프레드시트(spreadsheet) 프로그램으로, 데이터의 정리, 분석, 저장, 그리고 기본적인 시각화를 위하여 사용된다. 이는 **셀(cell) 기반** 구조 하에서 숫자, 문자, 수식 등을 입력하고 관리할 수 있으며, 기본 worksheet 파일 형식 이외에도 csv와 txt 형식을 지원한다. Excel에서 자주 사용되는 주요 파일 형식은 다음과 같다.

Excel 파일 형식[21]

표 5.9: Excel의 주요 파일 형식

확장자	설명	주요 활용 분야
xlsx	Excel 2007 이후의 기본 XML 기반 형식	일반적 데이터 관리와 분석
xls	Excel 2003 및 이전 버전 형식	구버전 파일, 호환성 확보
xlsm	매크로 포함 가능 Worksheet 파일	자동화 및 반복 작업 관리
xlsb	이진(binary) 형식으로 저장	대용량 데이터 저장 및 빠른 연산 처리
csv	쉼표로 구분된 단순 텍스트 파일	이식성 높은 데이터 교환
txt	탭 또는 기타 문자로 구분된 단순 텍스트 파일	데이터 교환

Excel 파일 불러오기[22]

- : read_excel() 메서드를 이용하여 불러올 수 있다.
- sheet_name을 이용하여 통합 문서에서 특정 sheet를 선택할 수 있으며, read_csv()와 대부분의 매개 변수를 공유한다.
- Excel 파일을 읽고 쓰기 위해서는 다음의 라이브러리가 필요하다.
  openpyxl: xlsx 형식을 지원하며, xls 형식은 지원하지 않는다.
  xlrd(Ver. 1.2.0): xls 형식을 읽을 수 있다. 단, Ver. 2.0 이상에서는 지원하지 않는다.

sheet_name 매개 변수

- sheet_name을 지정하지 않는 경우, 첫번째 sheet를 불러 온다.
- sheet_name을 지정하여, 단일 또는 여러 개의 sheet 내용을 불러올 수 있다.
- 2개 이상의 sheet 이름을 리스트로 지정할 수 있다.
  sheet 이름을 key, 해당 sheet의 내용을 DataFrame으로 하는 사전(dict) 구조로 반환한다.

[21] 스프레드시트(spreadsheet)는 데이터를 행과 열의 격자 형태로 관리하는 프로그램으로, 대표적으로 Microsoft Excel, Google Sheets 등이 있다. XML(eXtensible Markup Language)은 데이터 구조를 정의하고 교환할 수 있는 범용 텍스트 형식이다. xlsx는 이를 기반으로 저장하여 호환성을 지원한다.

[22] xls는 openpyxl에서 지원되지 않으므로 가급적 xlsx 형식을 권장한다. xlsx가 더 최신이고 유연한 구조를 제공하므로, 필요 시 xls를 xlsx로 변환하여 사용하는 것이 바람직하다.

Excel 파일 형식 불러오기 예: ex2_score.xlsx

[sheet1: 통계학]

A	B	C	D
ID	name	mid	final
1	홍길동	70	60
2	나제일	90	95
3	박꼼꼼	80	75
4	강일등	99	95

[sheet2: 자료분석]

A	B	C	D
ID	name	mid	final
1	박대충	75	60
2	김열심	90	80
3	강대일	80	80
4	임꺽정	55	60

2개의 sheet로 구성: ex2_score.xlsx

sheet_name 지정 없음: 첫번째 sheet 반영

```
import openpyxl

df = pd.read_excel('ex2_score.xlsx')
df

#    ID name  mid  final
# 0   1  홍길동  70     60
# 1   2  나제일  90     95
# 2   3  박꼼꼼  80     75
# 3   4  강일등  99     95
```

sheet_name 지정

```
df = pd.read_excel('ex2_score.xlsx', sheet_name='자료분석')
df

#    ID name  mid  final
# 0   1  박대충  75     60
# 1   2  김열심  90     80
# 2   3  강대일  80     80
# 3   4  임꺽정  55     60
```

sheet_name 2개 이상 지정

```
df_sheet = pd.read_excel('ex2_score.xlsx', sheet_name=['통계학', '자료분석'])
df_sheet                                                        # dict 형태로 저장
```

```
# {'통계학':    ID name  mid  final
# 0   1  홍길동  70     60
# 1   2  나제일  90     95
# 2   3  박꼼꼼  80     75
# 3   4  강일등  99     95, '자료분석':    ID name  mid  final
# 0   1  박대충  75     60
# 1   2  김열심  90     80
# 2   3  강대일  80     80
# 3   4  임꺽정  55     60}
```

```
    df_sheet['통계학']                                         # DataFrame
```

```
#     ID name  mid  final
# 0   1  홍길동  70     60
# 1   2  나제일  90     95
# 2   3  박꼼꼼  80     75
# 3   4  강일등  99     95
```

```
    df_sheet['자료분석']                                       # DataFrame
```

```
#     ID name  mid  final
# 0   1  박대충  75     60
# 1   2  김열심  90     80
# 2   3  강대일  80     80
# 3   4  임꺽정  55     60
```

DataFrame을 Excel 파일로 저장

- 개별 DataFrame은 to_excel() 메서드를 이용하여 저장한다.
- 여러 sheet를 동시에 저장하는 경우, ExcelWriter() 객체를 이용하여 각 DataFrame을 지정된 시트에 기록한다.
- index=False는 불필요한 인덱스 열이 저장되는 것을 방지한다.

DataFrame을 Excel 파일로 저장 예

```
df_score['통계학'].to_excel(                                # 개별 파일 저장
    'stat.xlsx',
    sheet_name='통계학',
```

```
    engine='openpyxl',
    index=False
)

df_score['자료분석'].to_excel(
    'data_analysis.xlsx',
    sheet_name='자료분석',
    engine='openpyxl',
    index=False
)

with pd.ExcelWriter(                                    # 여러 시트 저장
    '최종성적.xlsx',
    engine='openpyxl'
) as writer:
    for sheet_name, df in df_score.items():
        df.to_excel(
            writer,
            sheet_name=sheet_name,
            index=False
        )
```

한 파일에 여러 번 쓰기 예

```
with pd.ExcelWriter(
    '최종성적.xlsx',
    mode='a',
    if_sheet_exists='replace'
) as writer:
    new_df.to_excel(
        writer,
        sheet_name='성적 보완',
        index=False
    )
```

나머지 매개 변수들 - usecols, skiprows, nrows 등 - 은 read_csv와 동일하게 적용한다.

□

5.4.3 JSON 포맷 JavaScript Object Notation

JSON(JavaScript Object Notation) 포맷은 읽고 쓰기 쉽고 파싱(parsing)이 용이하도록 설계된 텍스트 기반 형식으로, 웹 개발에서 데이터 전송에 널리 사용된다[23]. 이는 key-value 쌍으로 구성되며, 값에는 숫자, 문자열, 배열, 불리언, 다른 객체 등이 포함될 수 있다. 간결함과 유연성 덕분에 XML과 같은 다른 데이터 교환 형식보다 더 자주 선호되며, 특히 웹 페이지와 서버 간 데이터 교환, 다양한 서비스의 API 요청 및 응답에서 중요한 역할을 한다[24].

JSON 데이터의 특징

- JSON은 데이터를 객체(object)와 배열(array) 형태로 표현할 수 있다.
- 객체(object)는 중괄호 { }로 구분된 key-value 쌍의 집합이며, 각 key는 객체 내에서 고유해야 하고 하나의 값만 가질 수 있다.
- 배열(array)은 대괄호 [ ]로 구분된 순서 있는 값의 리스트이다.
- 값은 문자열, 숫자, 배열, 불리언, null 또는 다른 객체가 될 수 있다.

다음은 다양한 데이터 유형이 포함된 JSON 포맷의 예이다.

JSON 포맷 예: 계층 구조

```
{
  "name": "홍길동순",                    # (문자열) key: "name", value: "홍길동순"
  "age": 21,                             # (숫자)   key: "age", value: 21
  "is-Stat": true,                       # (불리언) key: "is-Stat", value: true
  "address": {                           # (객체)  { }로 둘러싸인 key: "address"
    "street": "성남대로 65",             # (객체 내 문자열) key: "street",
                                         #                  value:  "성남대로 65"
    "city": "성남시"                     # (객체 내 문자열) key: "city", value: "성남시"
  },
  "phoneNumbers": [                      # (배열)  [ ] 안에 여러 값이 위치
    "010-456-7890",                      # (문자열 값)
    "010-654-7890"                       # (문자열 값)
  ]
}
```

[23] 파싱(parsing)은 문자열을 잘게 나누어 의미 있는 토큰(token)으로 만들고, 그 구조를 분석하여 프로그램이 이해할 수 있는 형태로 변환하는 과정이다. 보통 (1) 문자열을 토큰으로 분리하는 렉싱(lexing), (2) 토큰의 순서와 구조를 확인하는 구문 분석(syntax parsing), (3) 그 결과를 바탕으로 의미를 해석하는 의미 분석(semantic parsing) 단계를 거친다. 이 과정은 데이터 처리, 프로그래밍 언어 해석, 번역 등 다양한 분야에서 필수적으로 사용된다.

[24] API(Application Programming Interface)는 서로 다른 소프트웨어나 시스템이 기능과 데이터를 주고받을 수 있도록 정의된 규약이다. 복잡한 기능을 직접 구현하지 않고도 기존 서비스를 활용할 수 있어 개발 효율을 높이며, 웹 서비스에서는 웹 API를 통해 소셜 미디어, 지도, 결제 시스템 등과 같은 기능 통합에 널리 사용된다.

이러한 JSON 계층 구조를 대략적으로 표현하면 [그림 5.1]과 같다.

```
root
├── name: 홍길동순
├── age: 21
├── is-Stat: true
├── address
│   ├── street: 성남대로 65
│   └── city: 성남시
└── phoneNumbers
    ├── 0: 010-456-7890
    └── 1: 010-654-7890
```

그림 5.1: JSON 포맷의 계층 구조(예)

Python과 JSON은 모두 계층적 구조를 지원하고 텍스트 기반이라는 공통점을 가진다. 그러나 데이터 타입과 구문 규칙에는 차이가 있으며, 변환 과정에서 일부 데이터는 자동으로 형식이 바뀌거나 지원되지 않을 수 있다. [표 5.10]는 이러한 변환 규칙의 차이점을 정리한 것이다.

표 5.10: Python 포맷과 JSON 포맷의 비교

Python	JSON	차이점
dict	object(객체)	키-값 쌍의 집합
		- Python의 키는 불변 타입 사용 가능
		- JSON에서는 문자열 키만 허용
		- JSON은 마지막에 콤마 불가
list	array(배열)	list와 tuple 모두 JSON 배열로 변환
tuple		- JSON은 마지막에 콤마 불가
str	string(문자열)	Python은 쌍/홑따옴표 모두 사용
		- JSON은 쌍따옴표만 허용
int	number(숫자)	Python은 정수, 실수 구분
float		- JSON은 정수/실수 구분 없음
True, False	true, false	Python은 첫 문자가 대문자, JSON은 소문자만 사용
None	null	둘 다 값이 없음을 의미
set		JSON으로 변환 불가

Python과 JSON 변환

- Python의 데이터 유형은 표준 라이브러리의 json 모듈을 사용하여 JSON 포맷으로 변환할 수 있다. 단, 딕셔너리의 키(key)는 반드시 문자열이어야 한다.
- json.dump()은 Python 객체를 JSON 형식으로 저장한다.
- json.load()는 JSON 형식을 읽어서 Python 객체로 변환한다.

Python 데이터 예

```
data = {                                          # Python 데이터
    "string": "Welcome, Data Science!",
    "integer": 311,
    "float": 3.14159,
    "boolean": True,
    "list": [1, 2, 3, 4, 5],
    "tuple": ("Kim", "Park", "Lee"),
    "none": None
}
```

Python 객체를 JSON 형식으로 저장: json.dump()

- 불리안은 소문자로 전환된다: True -> true
- tuple은 array로 저장되고, 다시 **Python**로 읽으면, list로 변환된다.
- None은 null로 변환된다.

```
import json
#
with open('data.json', 'w') as json_file:       # 현재 작업 디렉토리에 저장
    json.dump(data, json_file, indent=4)

json_check = json.dumps(data, indent=4)          # 내용 확인
print(json_check)
```

```
# {
#     "string": "Welcome, Data Science!",
#     "integer": 311,
#     "float": 3.14159,
#     "boolean": true,
#     "list": [
#         1,
#         2,
```

```
#         3,
#         4,
#         5
#     ],
#     "tuple": [
#         "Kim",
#         "Park",
#         "Lee"
#     ],
#     "none": null
# }
```

JSON 형식을 읽어서 Python 객체로 변환: json.load()

```
with open('data.json', 'r') as json_file:
    data_py = json.load(json_file)

print(data_py)
# [결과]
# {'string': 'Welcome, Data Science!', 'integer': 311, 'float':
# 3.14159, 'boolean': True, 'list': [1, 2, 3, 4, 5],
# 'tuple': ['Kim', 'Park', 'Lee'], 'none': None}
```

□

올바르게 입력된 JSON 파일은 Python 객체로 로딩할 수 있다. 그러나 pandas의 DataFrame으로 효과적으로 변환하기 위해서는 다음 조건을 만족해야 한다.

DataFrame 변환에 적합한 JSON 형식

- 각각의 객체가 하나의 행을 나타내는 리스트일 것
- 각 객체가 일관된 key(열 이름)를 가질 것
- 모든 객체가 동일한 수의 key를 가질 것
- 파일의 문자 인코딩이 올바르게 정의될 것
- 위 조건이 충족되지 않고 데이터 구조의 길이가 일치하지 않으면, ValueError가 발생한다.

16 JSON의 DataFrame 변환

- read_json()은 JSON을 읽어 DataFrame으로 변환할 수 있으며, 단일 구조에서 유용하다.
- 중첩 구조나 여러 데이터 세트를 포함하는 경우에는 (1) key 별로 DataFrame을 생성하거나 (2) json 모듈로 로드 한 후, 필요한 데이터를 파싱하여 DataFrame()으로 변환하는 것이 더 적절하다.

JSON 단일 구조 불러오기 예: stat.json

```
# stat.json
[
  {"ID":1,"name":"홍길동","mid":28.0,"final":36.0,"total":64.0},
  {"ID":2,"name":"나제일","mid":36.0,"final":57.0,"total":93.0},
  {"ID":3,"name":"박꼼꼼","mid":32.0,"final":45.0,"total":77.0},
  {"ID":4,"name":"강일등","mid":39.6,"final":57.0,"total":96.6}
]

import pandas as pd
#
stat = pd.read_json('stat.json', orient ='records')
stat
```

```
#     ID name    mid  final  total
# 0    1  홍길동 28.000      36 64.000
# 1    2  나제일 36.000      57 93.000
# 2    3  박꼼꼼 32.000      45 77.000
# 3    4  강일등 39.600      57 96.600
```

중첩 구조 불러오기 예: 최종성적.json

- tolist()는 사전(dict) 객체들의 리스트를 추출한다.

```
data = pd.read_json('최종성적.json', orient ='records')

# DataFrame 전환
df  = pd.DataFrame(data)

# 각 키에 대한 개별 DataFrame 생성
df_통계학 = pd.DataFrame(df['통계학'].tolist())
```

```
df_자료분석 = pd.DataFrame(df['자료분석'].tolist())

# 데이터 확인
print(f"통계학 DataFrame:\n{df_통계학}")
```

```
# 통계학 DataFrame:
#    ID name    mid  final  total
# 0   1  홍길동 28.000 36.000 64.000
# 1   2  나제일 36.000 57.000 93.000
# 2   3  박꼼꼼 32.000 45.000 77.000
# 3   4  강일등 39.600 57.000 96.600
```

```
print(f"자료분석 DataFrame:\n{df_자료분석}")
```

```
# 자료분석 DataFrame:
#    ID name    mid  final  total
# 0   1  박대충 30.000 36.000 66.000
# 1   2  김열심 36.000 48.000 84.000
# 2   3  강대일 32.000 48.000 80.000
# 3   4  임꺽정 22.000 36.000 58.000
```

json 모듈 적용 예

```
import json
import pandas as pd
#
with open('최종성적.json', 'r', encoding='utf-8') as file:
    data = json.load(file)

df = data['통계학']                                    # 필요한 부분 선택
df_통계학 = pd.DataFrame(df)                            # DataFrame 생성
print(f"통계학 DataFrame:\n{df_통계학}")                 # 확인
```

```
# 통계학 DataFrame:
#    ID name    mid  final  total
# 0   1  홍길동 28.000 36.000 64.000
# 1   2  나제일 36.000 57.000 93.000
# 2   3  박꼼꼼 32.000 45.000 77.000
# 3   4  강일등 39.600 57.000 96.600
```

□

DataFrame을 JSON 파일로 저장[25]

- to_json()은 DataFrame을 JSON 포맷의 파일로 저장할 수 있다.
- 한글과 같은 비 ASCII 문자를 유지하려면 force_ascii=False 옵션을 지정해야 한다.

```
df_통계학.to_json('통계학.json', orient='records', force_ascii=False)
```

□

pandas의 read_json()과 to_json()은 orient 매개 변수를 통해 JSON 구조를 지정할 수 있다. orient 옵션은 JSON 데이터를 어떤 구조로 변환할지를 지정하는 매개 변수이다. 동일한 DataFrame이라도 orient 값에 따라 JSON 결과가 달라지므로, 파일을 불러오거나 저장하기 전에 데이터가 어떤 구조로 저장되어 있는지를 반드시 확인해야 한다.

orient 매개 변수[26]

- split: { index, columns, data }로 분리된 구조
- records: 각 행(row)을 dict로 변환한 list 구조
- index: 행 인덱스를 기준으로 한 dict 구조
- columns: 열 이름을 기준으로 한 dict 구조
- values: 값만 포함된 2차원 list 구조
- table: 메타데이터와 함께 table 형식으로 저장되는 구조로 표준화된 스키마(schema) 지원

DataFrame 정의

```
import pandas as pd

df = pd.DataFrame({
    "A": [1, 2, 3],
    "B": [4, 5, 6]
})
```

[25] 기본값은 True이며, 이 경우 비 ASCII 문자를 ASCII 코드로 변환한다.

[26] schema 구조란 데이터나 시스템의 전체적인 설계도 또는 틀(structure, framework)을 의미하며, 데이터를 어떤 규칙과 구조에 따라 저장하고 연결할 것인지를 정의한다. JSON에서 표준화된 스키마 지원이란 단순히 값 배열만을 저장하는 것이 아니라, 데이터 필드 이름, 자료형, 인덱스, 기본키 등 구조적 정보를 JSON 내부에 함께 포함함으로써 다른 언어와 환경에서도 동일한 데이터 구조를 재현할 수 있도록 하는 것을 의미한다.

orient 옵션의 적용 예

```
# orient 옵션별 JSON 변환 결과
print("split:\n", df.to_json(orient="split", indent=2), "\n")
```

```
# split:
#  {
#   "columns":[
#     "A",
#     "B"
#   ],
#   "index":[
#     0,
#     1,
#     2
#   ],
#   "data":[
#     [
#       1,
#       4
#     ],
#     [
#       2,
#       5
#     ],
#     [
#       3,
#       6
#     ]
#   ]
# }
```

```
print("records:\n", df.to_json(orient="records", indent=2), "\n")
```

```
# records:
#  [
#   {
#     "A":1,
#     "B":4
#   },
```

```
#   {
#     "A":2,
#     "B":5
#   },
#   {
#     "A":3,
#     "B":6
#   }
# ]
```

```
print("index:\n", df.to_json(orient="index", indent=2), "\n")
```

```
# index:
#  {
#   "0":{
#     "A":1,
#     "B":4
#   },
#   "1":{
#     "A":2,
#     "B":5
#   },
#   "2":{
#     "A":3,
#     "B":6
#   }
# }
```

```
print("columns:\n", df.to_json(orient="columns", indent=2), "\n")
```

```
# columns:
#  {
#   "A":{
#     "0":1,
#     "1":2,
#     "2":3
#   },
#   "B":{
#     "0":4,
```

```
#     "1":5,
#     "2":6
#   }
# }
```

```
print("values:\n", df.to_json(orient="values", indent=2), "\n")
```

```
# values:
#  [
#   [
#     1,
#     4
#   ],
#   [
#     2,
#     5
#   ],
#   [
#     3,
#     6
#   ]
# ]
```

```
print("table:\n", df.to_json(orient="table", indent=2), "\n")
```

```
# table:
#  {
#   "schema":{
#     "fields":[
#       {
#         "name":"index",
#         "type":"integer"
#       },
#       {
#         "name":"A",
#         "type":"integer"
#       },
#       {
#         "name":"B",
```

```
#         "type":"integer"
#       }
#     ],
#     "primaryKey":[
#       "index"
#     ],
#     "pandas_version":"1.4.0"
#   },
#   "data":[
#     {
#       "index":0,
#       "A":1,
#       "B":4
#     },
#     {
#       "index":1,
#       "A":2,
#       "B":5
#     },
#     {
#       "index":2,
#       "A":3,
#       "B":6
#     }
#   ]
# }
```

지금까지 데이터 분석에서 자주 사용되는 세 가지 데이터 포맷 - CSV, Excel, JSON - 을 소개하였다. 이들은 모두 동일한 목적으로 사용될 수 있으나, 그 구조와 특징에 따라 주로 활용되는 분야가 서로 다르다. 3가지 데이터 포맷의 구조와 장점 그리고 주 활용 분야는 [표 5.11]과 같다.

표 5.11: 주요 데이터 파일 포맷의 장점과 활용 분야

포맷	장점	활용 분야
CSV	가볍고 범용적, 대부분의 프로그램에서 지원	데이터 교환, 데이터 분석용 입력
Excel	서식, 수식, 차트 등 다양한 기능 포함	보고서, 일반 데이터 관리 및 분석 작업
JSON	계층적 데이터 표현 가능, 가독성 높음	웹 서비스, API 데이터 교환, 설정 파일

5.5 데이터 랭글링 Data Wrangling

실무에서 거의 모든 데이터는 전처리를 필요로 한다. 데이터 전처리(data preprocessing)는 다양한 절차와 방법으로 수행되며, 전체 데이터 분석 과정에서 약 70–95%의 시간을 차지하기도 한다. 이 과정의 세부 절차는 데이터의 특징, 형식, 저장 형태에 따라 다를 수 있으며, 데이터 클리닝, 인코딩, 정규화, 스케일링 등을 포함한다[27]. 이 중에서 데이터 클리닝(data cleaning)은 데이터 오류와 불일치를 바로잡는 과정을 말하며, 공통적으로 결측값 처리, 중복 데이터 제거, 그리고 문자열과 범주형 데이터의 일관성 확보를 포함한다. 이를 통해 데이터의 오류를 수정하고 통일된 형식을 달성함으로써 데이터의 일관성과 정확성을 확보한다.

데이터 랭글링(data wrangling)이란 전처리된 원시 데이터(raw data)를 보다 구조화된 형식으로 재구성하여 분석 가능한 형태로 변환하는 과정을 말한다[28]. 이 과정에서 새롭게 발생하는 데이터 오류는 다시 전처리를 필요로 하므로, 데이터 전처리와 데이터 랭글링은 상호 보완적이며 순환적으로 적용된다.

데이터 전처리, 클리닝, 랭글링

- 데이터 전처리 (Preprocessing)
  - 분석 전에 수행하는 전체 준비 작업
  - 클리닝, 인코딩, 정규화, 스케일링 등을 포함하여 데이터 분석을 위한 기본 활동
- 데이터 클리닝(Cleaning)
  - 전처리의 과정 중의 일부
  - 결측값 처리, 중복 데이터 정리, 이상값 수정/제거 등을 통해 데이터의 정확성과 일관성을 확보하는 단계
- 데이터 랭글링(Wrangling/Munging)
  - 전처리 이후, 분석 목적에 맞게 데이터를 변형·재구성하는 과정
  - 여러 데이터 소스 결합, 변수 변환, 변수 선택 등을 통하여 실제 분석에 적합한 데이터의 구축 과정

[27] 전처리(preprocessing)란 데이터 분석이나 모델링을 시작하기 전에 데이터를 준비하고 정리하는 과정을 말한다. 이는 다양한 출처로 부터의 데이터 수집, 크리닝(cleaning 또는 cleansing), 변환(transformation), 축소 및 통합(reduction and integration) 그리고 포매팅(formatting) 등으로 구성된다. 이를 통하여 데이터의 품질과 일관성을 높이고 분석 가능한 데이터의 형식을 갖춘다. 이는 프로젝트의 요구 사항과 데이터의 특성에 따라 적용 단계와 방법이 달라진다.

[28] 랭글링(Wrangling) 또는 먼징(Munging)은 데이터를 원하는 형태로 정제하여 그 활용이 용이하도록 정제하는 과정을 의미한다. 랭글링은 데이터 과학, 빅 데이터 분석 분야에서 대량의 데이터를 다루고 이에 대한 통찰력을 얻기 위한 형태를 생성하고자 할 때 사용되는 용어이고, 먼징은 소프트웨어 개발자, 데이터 엔지니어 등의 역할에서 데이터의 형식 변경 또는 프로그래밍을 통한 데이터 변형을 적용할 때 주로 사용하는 용어이다. 이들 용어는 상호 교환적으로 사용될 수 있다.

데이터 수집으로 부터 데이터 전처리와 데이터 랭글링의 의미와 상호 관계는 순환 관계는 [그림 5.2]와 같다. 여기서, Standard ABT(Analytics Base Table)은 데이터 분석 작업을 수행하기 위한 기본 데이터 테이블을 의미한다(Kelleher et al., 2015; 고승곤, 2022)[29,30].

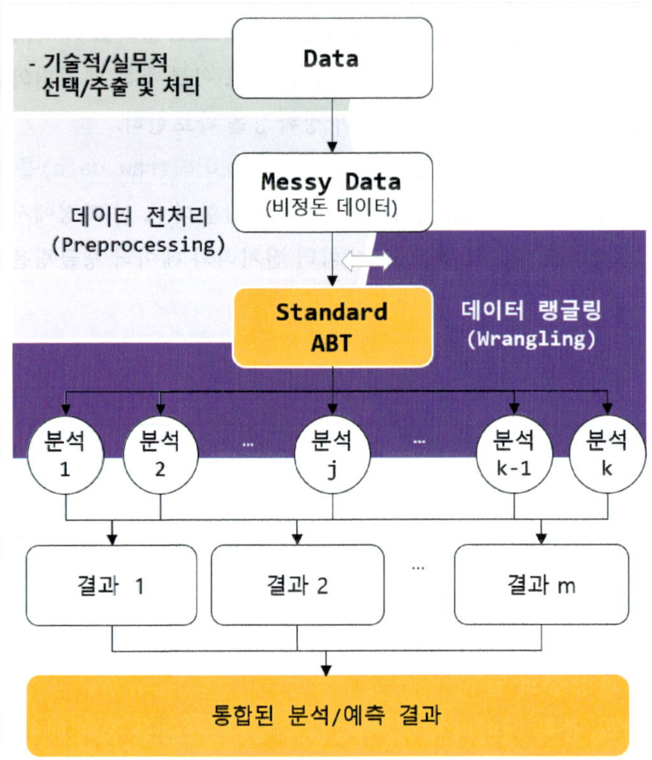

그림 5.2: 데이터 전처리와 랭글링의 적용 단계

5.5.1 데이터 클리닝 Data Cleaning

pandas는 결측값을 자동으로 인식하고 대부분의 연산에서 제외한다. 또한 다양한 감싯값(sentinel values) — 파이썬 내장 None, 실수값 NaN, R의 NA — 을 인식하여 별도의 지정 없이도 구별된다. 따라서 실제 데이터 랭글링 과정에서는 결측값을 확인한 뒤, 분석 목적에 따라 제거(drop), 보완(completion), 또는 예측 기반(imputation) 방식으로 처리한다.

[29] Kelleher, J. D., Mac Namee, B., & D'Arcy, A. (2015). Machine Learning for Predictive Data Analytics: Algorithms, Worked Examples, and Case Studies. MIT Press, pp. 1–19.

[30] 고승곤 (2022). 디지털 전환 환경에서 프로세스 분석을 위한 데이터 전처리 (Preprocessing) 방법에 대한 연구. 창조와 혁신, 15(4), 293–324.

결측값의 처리

- 제거(drop)
  (1) 결측값이 포함된 (row) 또는 열(column)을 제거
  (2) 간단하고 빠르지만 데이터 손실이 발생할 수 있음
- 보완(completion)
  (1) 평균, 중앙값, 최빈값 또는 도메인 지식 기반의 값으로 대체
  (2) 데이터 크기를 유지하나, 대체 방식에 따라 왜곡 가능
- 예측 기반(imputation)
  (1) 통계적/기계학습 모형을 사용하여 결측값을 추정 (2) 모형이 적합하다면, 데이터 손실 최소화, 분석 정확도 향상 가능

이에 유용한 함수들은 다음과 같다[31].

17 결측값 처리 함수[pp. 187 참조]

- 결측값 처리 함수는 원본 객체의 내용을 변경하지 않고 새로운 객체를 반환한다.
- 제거(drop): dropna()로 결측값이 포함된 행(row) 또는 열(column) 제거
  - axis=0는 행 제거, axis=1는 열 제거
  - how='any'는 하나라도 결측이면 제거, how='all'는 모두 결측일 때만 제거
  - thresh=k: 유지할 최소 비결측값 개수 k 지정
- 보완(completion)
  (1) 대체(fill): fillna()로 지정한 값이나 통계량으로 대체
    - method='ffill'/'bfill': 앞/뒤 방향 값으로 채움
    - dict를 이용하여 각 열마다 서로 다른 값 대체 가능
  (2) 보간(interpolate): interpolate()로 연속형 데이터의 결측값을 추정
    - method='linear': 선형 보간
    - method='time': 시계열 시간축 기반 보간
    - method='polynomial', order=n: 다항식 보간
  (3) 치환(replace): replace()를 사용하여 특정 값을 다른 값으로 치환
    - 결측 처리뿐만 아니라 데이터 클리닝 전반에 활용 가능
- 예측 기반(imputation)
  - 통계적 기법이나 기계학습 모형을 사용하여 결측값을 추정
  - 회귀, 최근접 이웃KNN, 다중 대치(MICE) 등

[31] 예측 기반 결측값 처리를 분석 초기에 사용하면 데이터 자체가 왜곡될 가능성이 높다. 따라서 데이터 탐색과 기본 모델 설정 후의 데이터 클리닝에 적용하는 것을 권장한다.

여러 데이터를 병합하는 경우, 결과에 중복된 행(rows)들이 포함될 수 있다. 이를 확인하거나 중복되지 않은 행만을 필터링(filtering)하는 방법은 다음과 같다.

18 중복 값 처리

- 중복 탐지/제거
  - 기본적으로 행(rows) 단위로 중복 여부를 판단
  - duplicated()는 중복된 행을 True/False로 반환
  - drop_duplicates()는 중복된 행을 제거
- 중복 행 처리 옵션 - 기본값: 중복된 행들 중 첫 번째 행만 남기고 나머지를 제거
  - keep="last": 중복된 행들 중 마지막 행만 유지
  - keep=False: 모든 중복 행을 제거
- 특정 열 기준 처리(subset) - subset=["열1","열2",...] 옵션을 지정하면 특정 열 값만 비교하여 중복 여부를 판단

중복값 처리 예

```
data = pd.DataFrame({
    'A': [1, 2, 2, 3, 4],
    'B': ['a', 'b', 'b', 'c', 'd']
})

data_duplicated = data.duplicated()                    # 중복 확인
data_duplicated
```

```
# 0    False
# 1    False
# 2     True
# 3    False
# 4    False
# dtype: bool
```

```
data_filtered = data.drop_duplicates()                 # 제거: 첫번째 값 유지
data_filtered
```

```
#    A  B
# 0  1  a
# 1  2  b
```

```
# 3  3  c
# 4  4  d
```

```
data_filtered = data.drop_duplicates(keep = "last")   # 제거: 마지막 값 유지
data_filtered
```

```
#    A  B
# 0  1  a
# 2  2  b
# 3  3  c
# 4  4  d
```

만일 ID와 같이 일련 번호를 포함하고 있다면, 일반적으로 중복된 행은 존재하지 않는다. 특정 변수를 제외하고 나머지 변수들간의 중복 여부를 확인하기 위해서는 subset 매개 변수를 이용하여 검토할 열 이름을 리스트로 전달한다.

특정 열들만을 이용한 중복값 처리 예

- A, B 변수만을 고려하여 중복 여부를 판단한다.

```
data = pd.DataFrame({
    'ID': [1, 2, 3, 4, 5],
    'A': [1, 2, 2, 3, 4],
    'B': ['a', 'b', 'b', 'c', 'd'],
    'C': ['x', 'y', 'x', 'y', 'x']
})

data_filtered = data.drop_duplicates(subset=['A', 'B'])
data_filtered
```

```
#    ID  A  B  C
# 0   1  1  a  x
# 1   2  2  b  y
# 3   4  3  c  y
# 4   5  4  d  x
```

□

이상점(outliers)이란 동일한 수집 환경에서 발생했다고 보기 어려울 정도로 특이한 값 또는 특정 분석 결과에서 일반적인 패턴을 벗어난 일부 데이터 값을 의미한다. 실무적으로 이상점은 개별 분석 과정에서 각각의 기준에 따라 탐지되는 것이 일반적이며, 이를 올바르게 처리함으로써 데이터의 품질과 분석 결과의 신뢰도를 높일 수 있다.

데이터 전처리와 랭글링 단계에서의 이상점 탐지란 고려된 수집 환경에서 발생할 가능성이 매우 낮은 특이 값을 구별해 내는 것을 의미한다. 따라서, 이상점 처리는 특이 값의 기준 범위나 값이 명확히 지정된 경우 또는 일정한 군집(clusters) 형태에서 크게 벗어나는 경우로 제한하여 적용하는 것이 바람직하다.

19 이상점 탐지와 처리[32]

- 이상점 탐지 조건 지정
  - data[조건]을 사용하면, 조건에 맞지 않는 행은 NaN으로 처리
  - dropna(how='all')을 적용하면 모든 값이 NaN인 행만 제거 가능
- 특정 열 지정
  - 특정 열에서 이상점 여부를 확인하려면 변수명 또는 iloc[:, k]로 열을 지정
- 조건 연산 및 any()
  - any()를 사용하면 행/열 단위에서 이상점 조건을 만족하는 경우를 탐지 가능
  - 반드시 조건식을 괄호 ( )로 감싼 후 적용
- 이상점 제거
  - 탐지된 이상점을 제거할 때는 ~ 연산자(Bitwise NOT operator)를 사용
  - 이 연산자는 불리언 값(True/False)의 반전 결과를 반환
- 제거 후 원본 보존
  - 이상점을 제거/대체한 경우, 원본 데이터를 copy()한 후 추가 분석 적용

예를 들어, 다음의 가상 데이터에서 [-10.0, 10.0]을 벗어난 값들은 수집 환경에서 발생할 가능성이 낮은 이상점이라는 실무적 기준이 존재할 때, 이를 탐지하고 처리하는 방법은 다음과 같다.

이상점을 포함한 가상 데이터 생성 예

```
np.random.seed(311)                                    # 가상 데이터 생성
data = np.random.normal(loc=3, scale=1, size=(30, 5))
```

[32] 연산자는 비트 단위 보수 연산을 수행하지만, 불리언 값에 대해서는 True를 False로, False를 True로 바꾸는 역할을 한다. 이는 True를 1로, False를 0으로 간주하여 비트 단위 보수 연산을 수행한 다음, 그 결과를 다시 불리언 값으로 해석한다.

```
data[5, 0] = 11.5                                  # +-10 근처의 값들을 추가
data[1, 1] = -10.2
data[2, 2] = 11.1
data[5, 3] = -10.7
data[6, 4] = 10.8

columns = ['A', 'B', 'C', 'D', 'E']                   # 변수명 정의
data = pd.DataFrame(data, columns = columns)
data.shape                                           # DataFrame 차원 확인

# (30, 5)

data.head()                                          # DataFrame 일부 행 확인

#       A       B      C     D     E
# 0 0.803   1.349  2.747 4.706 3.447
# 1 1.797 -10.200  1.278 2.483 3.544
# 2 5.103   3.628 11.100 2.686 2.252
# 3 2.474   1.506  2.796 1.232 3.435
# 4 2.221   2.438  2.070 3.497 2.931
```

이상점 NaN 처리 및 제거 예

```
mask = (data['A'] < -10) | (data['A'] > 10)         # 조건 정의
data_nan = data.copy()                               # 복사
data_nan[mask] = np.nan                              # NaN 처리
data_clean = data_nan.dropna(how='all')              # NaN 행 제거
```

특정 열 기준 이상점 탐지 예

```
data[data['B'] < -10]                                # 변수명으로 지정
data[data.iloc[:, 1] < -10]                           # 열 인덱스로 지정
```

이상점 탐지 및 제거 표준 예

```
lower, upper = -10.0, 10.0                            # 이상점 기준 범위 설정
mask = (data < lower) | (data > upper)                # 이상점 탐지 기준
outlier_rows = mask.any(axis=1)                       # 이상점 포함 행 확인
print("이상점 포함 행 개수:", outlier_rows.sum())
```

```
# 이상점 포함 행 개수: 4
```

```
print(data[outlier_rows])                              # 이상점 포함 행 출력
```

```
#        A       B      C       D      E
# 1  1.797 -10.200  1.278   2.483  3.544
# 2  5.103   3.628 11.100   2.686  2.252
# 5 11.500   3.951  1.976 -10.700  3.808
# 6  3.895   2.844  3.325   1.920 10.800
```

```
data_clean = data[~outlier_rows].copy()                # 이상점 제거
print("제거 후 데이터 차원:", data_clean.shape)
```

```
# 제거 후 데이터 차원: (26, 5)
```

만일 탐지된 이상점을 제거하지 않고, 특정 값으로 대체하고자 한다면 간단히 원하는 값을 지정하면 된다. 예를 들어, 각 열의 값이 < -10.0이라면 -10.0 그리고 > 10.0이라면 10.0으로 대체하고자 한다면, 다음과 같이 적용한다.

이상점 대체 예

- 이상점을 대체하는 경우, 반드시 원본 데이터를 copy한 후 적용한다.
- clip(): 지정한 구간 [lower, upper] 범위로 값을 제한
  - lower보다 작은 값은 lower, upper보다 큰 값은 upper로 대체

```
data_replaced = data.copy()                                   # 데이터프레임 복사
data_replaced = data_replaced.clip(lower=-10.0, upper=10.0)  # 기준값 대체
data_replaced.shape                                           # 차원 확인
```

```
# (30, 5)
```

□

5.6 데이터 결합과 재구조화 Data Combination and Reshaping

데이터 랭글링의 대표적인 방법인 데이터 결합과 재구조화를 위하여 pandas는 merge, combine_first, concat, pivot, melt, split 등을 제공한다. 이는 분석 가능한 형태를 확보하고 효율적으로 분석을 적용하기 위해 데이터 병합(merge/join), 결합(concatenate), 변형(reshape) 과정과 함께 보조적인 보완(combine_first)과 열의 분해와 결합(split, string operations)을 포함한다.

데이터 랭글링을 위한 주요 방법

- 병합(merge/join)
  - 키(key)를 기준으로 두 데이터셋을 하나로 통합하는 과정
- 보완(combine_first)
  - 동일한 인덱스를 기준으로 누락된 값을 다른 데이터의 값으로 보완하는 과정
- 결합(concat)
  - 여러 데이터셋을 행(row) 또는 열(column) 단위로 이어 붙이는 과정
- 변형(pivot, melt)
  - 데이터 구조를 wide ↔ long 형태로 재구성하는 과정
  - 데이터 reshape의 핵심적인 형태 변환
- 열의 분해와 결합(split, string operations)
  - 문자열 열을 분리하거나 합쳐서 새로운 변수를 만드는 과정

데이터 병합(merge)이란 둘 이상의 데이터프레임(DataFrame)을 공통의 열(columns)이나 색인(index)을 기준으로 하나로 통합하는 방법을 말한다. 예를 들어, 제품 정보와 판매 기록이 각각 다른 데이터프레임에 존재할 경우, 제품명을 기준으로 병합하면 제품별 판매량을 분석할 수 있는 새로운 데이터를 얻을 수 있다.

데이터 보완(combine_first)은 동일한 인덱스를 기준으로 누락된 값을 다른 데이터의 값으로 대체하여, 결측값을 보충하고 데이터의 완전성을 높이는 방법이다.

데이터 결합(concatenate)이란 동일한 구조를 가진 둘 이상의 데이터프레임을 단순히 이어 붙여 하나의 데이터로 만드는 방법을 말한다. 예를 들어, 일정 형식의 제품별 판매량 데이터가 날짜별로 여러 개 존재한다면, 이를 행 단위로 결합하여 전체 기간의 판매 추세를 분석할 수 있는 데이터를 생성할 수 있다.

데이터 변형(reshape)은 전처리 단계의 클리닝(cleaning)이나 변환(transformation)을 포함하지만, 여기서는 분석 요구에 적합한 긴 형식(long-form)과 짧은 형식(short-form) 간

전환을 중심으로 소개한다. 데이터 열의 분해와 결합(split/string operations)은 문자열 열을 분리하거나 합쳐 새로운 변수를 생성하는 과정으로, 분석 목적에 맞는 파생 변수를 생성할 때 유용하다.

이러한 병합, 보완, 결합, 변형, 그리고 열의 분해와 결합 과정을 통해 다양한 출처와 형식을 갖는 다양한 데이터를 통합하여 원한느 분석에 적합한 데이터를 새롭게 정의할 수 있다.

5.6.1 병합 Merge Data

데이터의 병합(merge)은 하나 이상의 키(key)를 사용하여 서로 다른 데이터들의 행(row)을 통합한다.

⚙20 데이터 병합

- merge(df1, df2)는 키(keys)를 기준으로 중복되는 열들의 공통된 행(교집합)을 반환한다.
- 공통된 열이 2개 이상인 경우, 모든 공통된 열을 기준으로 병합한다.
- on=[var1, var2, ..., vark]를 이용하여 1개 이상의 병합 기준을 명시적으로 지정한다.
- how 옵션을 통하여 다양한 병합 기준을 지정할 수 있다.
- 서로 다른 열 이름을 이용한 병합에서는 left_on과 right_on으로 지정한다.
  - 병합되는 색인과 일치하지 않는 행은 NaN으로 표시된다.
- 일반적으로 열의 순서를 보장하지 않는다.

표 5.12: merge()의 how 옵션

옵션	결과	동일 키가 없는 경우
inner	두 df 키의 교집합 - 기본 적용	어떤 행도 포함되지 않음
outer	두 df 키의 합집합 - 불일치 색인 행은 NaN 값 표시	모든 행 포함
left	왼쪽 df1의 키 기준	왼쪽 df1의 모든 행 포함
right	오른쪽 df2의 키 기준	오른쪽 df2의 모든 행 포함

데이터 병합 예

```
df1 = pd.DataFrame({
    'ID': [1, 2, 3, 4],
    'Name': ['김열심', '나일등', '박꼼꼼', '홍길동']
})

df2 = pd.DataFrame({
    'ID': [2, 3, 4, 5],
    'Age': [25, 34, 30, 28]
})

merged_df = pd.merge(df1, df2)                          # 병합: 교집합(inner) 반환
print(merged_df)
```

```
#    ID Name  Age
# 0   2 나일등  25
# 1   3 박꼼꼼  34
# 2   4 홍길동  30
```

```
merged_df = pd.merge(df1, df2, on = "ID")               # 병합 기준 열 명시적 지정
print(merged_df)
```

```
#    ID Name  Age
# 0   2 나일등  25
# 1   3 박꼼꼼  34
# 2   4 홍길동  30
```

how 옵션 적용 예

```
merged_df_inner = pd.merge(df1, df2, how = "inner")          # inner
print(merged_df_inner)
```

```
#    ID Name  Age
# 0   2 나일등  25
# 1   3 박꼼꼼  34
# 2   4 홍길동  30
```

```
merged_df_outer = pd.merge(df1, df2, how = "outer")                  # outer
print(merged_df_outer)

#    ID Name    Age
# 0   1  김열심   NaN
# 1   2  나일등 25.000
# 2   3  박꼼꼼 34.000
# 3   4  홍길동 30.000
# 4   5  NaN 28.000

merged_df_left = pd.merge(df1, df2, how = "left")                    # left
print(merged_df_left)

#    ID Name    Age
# 0   1  김열심   NaN
# 1   2  나일등 25.000
# 2   3  박꼼꼼 34.000
# 3   4  홍길동 30.000

merged_df_right = pd.merge(df1, df2, how = "right")                  # right
print(merged_df_right)

#    ID Name  Age
# 0   2  나일등  25
# 1   3  박꼼꼼  34
# 2   4  홍길동  30
# 3   5  NaN    28
```

서로 다른 열이름 병합 예

```
df3 = pd.DataFrame({
    'ID': [1, 2, 3, 4],
    'Name': ['김열심', '나일등', '박꼼꼼', '홍길동']
    }, index = ["a", "b",  "c", "d"])

df4 = pd.DataFrame({
    'Student_ID': [2, 3, 4, 5],
```

```
    'Age': [25, 30, 34, 28]
    }, index = ["z", "y",  "x", "t"])

merged_df_id = pd.merge(
  df3, df4,
  left_on = "ID", right_on = "Student_ID",
  how = "inner"
)

merged_df_id = merged_df_id.drop(columns=["Student_ID"])  # 병합 ID 정리
print(merged_df_id)
```

```
#    ID Name  Age
# 0   2  나일등  25
# 1   3  박꼼꼼  30
# 2   4  홍길동  34
```

일반적으로 병합 과정에서 원본 index는 무시되고 새로운 정수 인덱스가 할당된다.

21 병합 데이터의 인덱싱

- 원본 인덱스를 보존하고 싶은 경우에는 병합 전에 reset_index를 사용하여 열로 전환한 후 병합한다.
- 병합되는 원본들의 인덱스는 왼쪽부터 index_x, index_y로 지정할 수 있다.
- 병합 기준인 key(열) 이외에 동일한 변수(열) 이름은 var_x, var_y와 같이 구분할 수 있다.
  - 특정 이름을 지정하고자 한다면, suffixes를 이용하여 튜플 형태로 지정한다.
- 병합 기준이 단일 인덱스의 경우, left_index=True 또는 right_index=True를 지정하면 인덱스 기준으로 병합할 수 있다.
- 계층적 인덱스의 경우, 모든 레벨이 일치해야 병합된다.
  - 특정 레벨 기준으로 병합하려면, 해당 레벨을 reset_index로 열로 변환한 뒤, left_on, right_on을 지정한다.

원본 인덱스 보존 병합 예

- reset_index()를 적용하지 않는 경우 새로운 정수 인덱스가 부여된다.
- reset_index()를 적용하면, 원래 인덱스가 열로 보존되어, 각 행의 출처를 알수 있다.

```
merged_no_reset = pd.merge(                          # 원본 인덱스 삭제 병합
    df3, df4,
    left_on="ID", right_on="Student_ID",
    how="inner"
)
print(merged_no_reset)

#    ID Name  Student_ID  Age
# 0   2  나일등         2   25
# 1   3  박꼼꼼         3   30
# 2   4  홍길동         4   34


df3_index = df3.reset_index()                        # 인덱스를 열로 재설정
df4_index = df4.reset_index()

merge_df_2 = pd.merge(                               # 병합
  df3_index, df4_index,
  left_on='ID', right_on='Student_ID',
  how = 'inner'
)
print(merge_df_2)

#   index_x  ID Name index_y  Student_ID  Age
# 0       b   2 나일등      z           2   25
# 1       c   3 박꼼꼼      y           3   30
# 2       d   4 홍길동      x           4   34
```

suffixes 사용 예

```
df5 = pd.DataFrame({
    'ID': [1, 2, 3, 4],
    'Name': ['김열심', '나일등', '박꼼꼼', '홍길동'],
    'Age': [25, 30, 34, 28]
})
#
df6 = pd.DataFrame({
    'ID': [2, 3, 4, 5],
    'Name': ['나일등', '박꼼꼼', '홍길동', '하대충'],
```

```
    'Location': ['Suwon', 'Seoul', 'Tajen', 'Jeju'],
    }, index = ["z", "y",  "x", "t"])

merge_df_3 = pd.merge(                                   # suffixes 사용
  df5, df6,
  on='ID',
  suffixes=('_df5', '_df6'),
  how = "outer"
)
print(merge_df_3)
```

```
#    ID Name_df5    Age Name_df6 Location
# 0   1      김열심 25.000      NaN      NaN
# 1   2      나일등 30.000      나일등    Suwon
# 2   3      박꼼꼼 34.000      박꼼꼼    Seoul
# 3   4      홍길동 28.000      홍길동    Tajen
# 4   5      NaN    NaN      하대충    Jeju
```

병합 기준 인덱스 선택 예: 단일 인덱스

```
df1 = pd.DataFrame({"A": [10, 20, 30]}, index=[1, 2, 3])
df2 = pd.DataFrame({"B": [100, 200, 300]}, index=[2, 3, 4])

merged_single = pd.merge(df1, df2, left_index=True, right_index=True, how="inner")
print(merged_single)
```

```
#     A    B
# 2  20  100
# 3  30  200
```

병합 기준 인덱스 선택 예: 계층적 인덱스

```
index1 = pd.MultiIndex.from_tuples(
  [(1, 'a'), (1, 'b'), (2, 'a'), (2, 'b')],
  names=['id', 'sub_id']
)

df7 = pd.DataFrame({
```

```
    'V1': [10, 20, 30, 40]
}, index=index1)

index2 = pd.MultiIndex.from_tuples(
  [(1, 'a'), (1, 'c'), (2, 'a'), (3, 'a')],
  names=['id', 'sub_id']
)

df8 = pd.DataFrame({
    'V2': [100, 200, 300, 400]
}, index=index2)

merge_df_index = pd.merge(df7, df8, left_index=True, right_index=True, how='outer')
print(merge_df_index)
```

```
#                V1      V2
# id sub_id
# 1  a       10.000 100.000
#    b       20.000     NaN
#    c          NaN 200.000
# 2  a       30.000 300.000
#    b       40.000     NaN
# 3  a          NaN 400.000
```

병합 기준 인덱스 선택 예: 계층적 인덱스의 특정 레벨

```
df7_reset = df7.reset_index()                    # 인덱스 레벨 열로 전환
df8_reset = df8.reset_index()

merge_df_index_id = pd.merge(                    # 특정 레벨(`id`)로 병합
  df7_reset, df8_reset,
  left_on=['id'], right_on=['id'],
  how='inner'
)

print(merge_df_index_id)
```

```
#   id sub_id_x  V1 sub_id_y   V2
# 0  1        a  10        a  100
```

```
# 1   1       a  10      c  200
# 2   1       b  20      a  100
# 3   1       b  20      c  200
# 4   2       a  30      a  300
# 5   2       b  40      a  300
```

실무적인 데이터 랭글링에서는 다음의 추가 기능이 유용하게 사용된다.

merge()의 추가 인수

표 5.13: merge()의 추가 인수

인수	설명
sort	병합 결과를 키에 따라 정렬할지 여부(True/False)
copy	병합 결과를 새로운 객체로 복사할지 여부(기본값은 True)
indicator	병합 방식을 나타내는 열을 결과에 추가할지 여부
	- True, False 또는 열 이름
validate	병합된 데이터가 특정 관계를 만족하는지 확인
	- one_to_one, one_to_many 등

merge()의 추가 인수 예

- try 블록에는 실행할 명령문을 작성한다.
  - 오류가 발생하지 않으면 정상적으로 코드가 실행된다.
- except 블록에는 오류 발생 시 처리할 동작을 작성한다.
  - 특정 오류 유형(ValueError, TypeError 등)을 지정할 수 있다.
  - 오류 메시지를 변수(as e)로 받아 출력하거나 추가 동작을 수행할 수 있다.

```
df9 = pd.DataFrame({'Key': [2, 1, 3], 'A': ['A2', 'A1', 'A3']})
df10 = pd.DataFrame({'Key': [1, 2, 3], 'B': ['B1', 'B2', 'B3']})

merged_sorted = pd.merge(df9, df10, on='Key', sort=True)           # sort
print(merged_sorted)
```

```
#    Key   A   B
# 0    1  A1  B1
# 1    2  A2  B2
# 2    3  A3  B3
```

```
merged_indicator = pd.merge(df9, df10,                         # indicator
                            on='Key', how='outer',
                            indicator=True)
print(merged_indicator)
```

```
#    Key   A   B _merge
# 0    2  A2  B2   both
# 1    1  A1  B1   both
# 2    3  A3  B3   both
```

```
try:                                                            # validate
    pd.merge(df9, df10, on='Key', validate='one_to_one')
    print("성공적인 병합")
except ValueError as e:
    print("1-1 병합 검증 실패:", e)
```

```
#    Key   A   B
# 0    2  A2  B2
# 1    1  A1  B1
# 2    3  A3  B3
# 성공적인 병합
```

join() 메서드는 주로 인덱스(index)를 기준으로 단순 병합이 필요한 경우 또는 여러 DataFrame을 인덱스를 기준으로 연쇄적으로 병합할 때 유용하게 사용된다. 이는 기본적으로 인덱스를 키로 사용하지만, on 인수를 지정하면 열을 기준으로도 병합 가능하다[33].

✿22 인덱스 기준 단순 병합[34]

- join()은 기본적으로 left join(왼쪽 병합)을 적용한다.
- 병합을 위한 key는 반드시 인덱스(index)로 설정되어야 한다.
  - key가 인덱스가 아닌 경우, set_index()로 해당 key를 인덱스로 지정한 후 적용한다.
- on 인수를 지정하면, 인덱스가 아닌 특정 열(column)을 기준으로 병합할 수 있다.
- how = {'inner', 'outer', 'left', 'right'}로 병합 방식을 지정할 수 있다.
- 병합 시 key 이외에 중복되는 열 이름은 lsuffix와 rsuffix로 지정할 수 있다.

[33] join() 메서드는 DataFrame 객체에 속하는 메서드이므로, DataFrame 인스턴스에 직접 적용된다. 따라서, pd를 지정하지 않는다. 반면, pd.merge()와 같은 함수는 pandas 모듈 레벨에서 제공되는 독립적인 함수이므로 반드시 앞에 pd를 지정해야 한다.

[34] 이는 merge()의 suffixes와 동일한 역할을 한다.

여러 개의 DataFrame을 연속 병합 예

```
d1 = pd.DataFrame({
    'A': ['A0', 'A1', 'A2'],
}, index=[0, 1, 2])
#
d2 = pd.DataFrame({
    'B': ['B0', 'B1', 'B2'],
}, index=[1, 2, 3])
#
d3 = pd.DataFrame({
    'C': ['C0', 'C1', 'C2'],
}, index=[1, 2, 3])

join_multi = d1.join(d2, how='outer').join(d3, how='outer') # (d1, d2)와 d3 병합
print(join_multi)
```

```
#      A    B    C
# 0   A0  NaN  NaN
# 1   A1   B0   C0
# 2   A2   B1   C1
# 3  NaN   B2   C2
```

인덱스 지정 후 병합 예

```
d4 = pd.DataFrame({
    'Item': ['K0', 'K1', 'K2', 'K3'],
    'A': ['A0', 'A1', 'A2', 'A3']
})

d5 = pd.DataFrame({
    'Item': ['K0', 'K1', 'K2', 'K3'],
    'B': ['B0', 'B1', 'B2', 'B3']
})

df_col = d4.set_index('Item').join(d5.set_index('Item'))    # set_index 적용
print(df_col)
```

```
#        A   B
# Item
```

```
# K0    A0  B0
# K1    A1  B1
# K2    A2  B2
# K3    A3  B3
```

Key 지정에 따른 join()과 merge()의 결과

- join()은 key를 지정하지 않아도 기본적으로 정수 인덱스를 기준으로 병합한다.
- merge()는 반드시 key를 지정해야 병합할 수 있다.

```
join_df2 = d2.join(d3)                                    # join을 이용한 병합
join_df2
```

```
#     B   C
# 1  B0  C0
# 2  B1  C1
# 3  B2  C2
```

```
try:                                                      # merge를 이용한 병합
    # merge 시도
    merged = pd.merge(d2, d3)
    print(merged)
except Exception as e:
    print("병합 실패:", e)
# [결과]
# 병합 실패: No common columns to perform merge on. Merge options:
#            left_on=None,right_on=None, left_index=False, right_index=False
```

□

join()은 명령이 간결하고 인덱스 중심으로 실행되므로, 동일한 구조와 인덱스를 갖는 데이터를 쉽게 병합할 수 있다. 반면 merge()는 열(하나 또는 여러 개), 서로 다른 열 이름, 인덱스, 계층적 인덱스 전체나 일부 레벨, 혹은 열과 인덱스의 조합 등 다양한 기준으로 병합이 가능하다. 따라서 실무적 목적에 따라 두 방법 중에서 더 유용한 것을 선택하여 적용할 필요가 있다.

5.6.2 조합 대체 Combination and Replacement

두 개의 데이터를 결합(merge) 할 때, 일부 또는 전체에서 중복된 인덱스가 존재할 수 있다. 이 경우 다음과 같은 문제가 생길 수 있다.

- 첫 번째(first) 데이터에 누락값(NaN)이 있고, 두 번째(second) 데이터에는 값이 존재하는 경우
- 동일한 인덱스를 갖는 두 데이터의 값이 서로 다른 경우

이러한 경우, 누락된 데이터를 대체하거나 서로 다른 데이터의 충돌을 방지 할 수 있다.

23 데이터 대체 및 충돌 방지

- combine_first() 메서드는 첫 번째 데이터의 누락값을 두 번째 데이터의 값으로 대체한다.
- 두 데이터 값이 서로 다를 때는 첫 번째(first) 데이터의 값을 우선 적용한다.
- 이를 통해 데이터 충돌을 최소화하고, 전체 데이터의 일관성을 유지할 수 있다.

서로 다른 데이터의 병합 예

```
df1 = pd.DataFrame(
  {'A': [1.0, np.nan, 3.0],
  'B': [4.0, 5.0, np.nan]},
  index=[0, 1, 2]
)
df1
```

```
#       A     B
# 0 1.000 4.000
# 1   NaN 5.000
# 2 3.000   NaN
```

```
df2 = pd.DataFrame(
  {'A': [5.0, 6.0, 7.0],
   'B': [8.0, np.nan, 10.0]},
  index=[0, 1, 2]
)
df2
```

```
#       A      B
# 0 5.000  8.000
```

```
# 1 6.000    NaN
# 2 7.000 10.000
```

```
df_c= df1.combine_first(df2)          # df1의 누락된 데이터를 df2의 데이터로 대체
print(df_c)
```

```
#        A      B
# 0 1.000  4.000
# 1 6.000  5.000
# 2 3.000 10.000
```

이 과정을 간단히 정리하면 다음과 같다.

- 색인 0: df1은 결측값이 없으므로 $(A = 1, B = 4)$ 값이 유지된다.
- 색인 1: df1의 $A =$ NaN, df2의 $A = 6$이므로 df1의 A는 6으로 대체된다. - B는 df1의 값 5를 유지한다.
- 색인 2: df1의 $A = 3$은 결측값이 아니므로 그대로 유지된다. - B는 df1이 NaN이므로 df2의 값 10으로 대체된다.

데이터 충돌 방지 예

```
df3 = pd.DataFrame(
  {'A': [1, 2, 3],
   'B': [4, 5, 6]},
   index=[1, 2, 3]
)
df3
```

```
#    A  B
# 1  1  4
# 2  2  5
# 3  3  6
```

```
df4 = pd.DataFrame(
  {'A': [10, 20, 30],
   'B': [40, 50, 60]},
    index=[2, 3, 4]
)
df4
```

```
#      A   B
# 2   10  40
# 3   20  50
# 4   30  60
```

```
df_c2 = df3.combine_first(df4)                        # 데이터 값의 충돌 방지
print(df_c2)
```

```
#      A   B
# 1    1   4
# 2    2   5
# 3    3   6
# 4   30  60
```

이 과정도 정리하면 다음과 같다.

- 색인 1: df3의 값만 존재하므로 해당 값이 반영된다.
- 색인 2, 3: 두 데이터 모두 존재하지만 값이 서로 다르므로, 첫 번째(first)인 df3의 값이 반영된다.
- 색인 4: df3에는 없으므로, df4의 값이 추가되어 결과에 반영된다.

□

5.6.3 결합 Concatenation

데이터를 통합하는 또 다른 방법으로 결합(concatenate)을 고려할 수 있다. 이는 비슷한 형식의 데이터를 특정 축에 따라 연결하는 방법으로, 적층(stacking)이라고도 한다. Series나 DataFrame 객체는 축 이름이 정의되어 있으므로 손쉽게 결합할 수 있다.

24 데이터 결합

- concat()는 모든 값과 인덱스를 연결한다.
- axis=0("index")을 기본값으로 하며, 세로 방향(행 추가)으로 데이터를 결합한다.
- 주어진 색인을 유지하며, 계층적 색인도 허용된다.
  - 중복을 방지하려면 ignore_index=True로 새로운 색인을 할당한다.
- keys를 지정하면 각 데이터에 이름을 부여하여 계층적 인덱스를 생성할 수 있다.
- join='inner'는 공통 열만(교집합), join='outer'는 모든 열을 포함(합집합)하며, 기본값은 outer이다.

Series의 결합 예

```
s1 = pd.Series(['A', 'B', 'C', 'D'], index=[1, 2, 3, 4])
s2 = pd.Series(['E', 'F', 'G', 'H'], index=[1, 2, 3, 4])

con_series = pd.concat([s1, s2])                          # 행 기준 결합
con_series
```

```
# 1    A
# 2    B
# 3    C
# 4    D
# 1    E
# 2    F
# 3    G
# 4    H
# dtype: object
```

```
con_series = pd.concat([s1, s2], ignore_index=True)       # Index 정의
con_series
```

```
# 0    A
# 1    B
# 2    C
# 3    D
# 4    E
# 5    F
# 6    G
# 7    H
# dtype: object
```

```
con_series = pd.concat([s1, s2], axis = 1)                # 열 기준 결합
con_series
```

```
#    0  1
# 1  A  E
# 2  B  F
# 3  C  G
# 4  D  H
```

```
con_series = pd.concat([s1, s2], axis = 1, keys=['V1', 'V2'])  # 열 변수명 정의
con_series
```

```
#   V1 V2
# 1  A  E
# 2  B  F
# 3  C  G
# 4  D  H
```

DataFrame 결합 예

```
df1 = pd.DataFrame({'V1': [1, 2, 3], 'V2': [4, 5, 6]})
df2 = pd.DataFrame({'V1': [70, 80, 90], 'V3': [100, 110, 120]})

con_df_in = pd.concat([df1, df2])                    # 행 기준 결합(기본:'outer')
con_df_in
```

```
#    V1    V2      V3
# 0   1 4.000     NaN
# 1   2 5.000     NaN
# 2   3 6.000     NaN
# 0  70   NaN 100.000
# 1  80   NaN 110.000
# 2  90   NaN 120.000
```

```
con_df_out = pd.concat([df1, df2], join = 'inner') # 행 기준 결합('inner')
con_df_out
```

```
#    V1
# 0   1
# 1   2
# 2   3
# 0  70
# 1  80
# 2  90
```

```
con_df = pd.concat([df1, df2], ignore_index=True)  # 새로운 Index 정의
con_df

#    V1    V2      V3
# 0   1 4.000     NaN
# 1   2 5.000     NaN
# 2   3 6.000     NaN
# 3  70   NaN 100.000
# 4  80   NaN 110.000
# 5  90   NaN 120.000

                                                   # 행 기준 MultiIndex 생성
con_df = pd.concat([df1, df2], keys=["case1", "case2"])
con_df

#          V1    V2      V3
# case1 0   1 4.000     NaN
#       1   2 5.000     NaN
#       2   3 6.000     NaN
# case2 0  70   NaN 100.000
#       1  80   NaN 110.000
#       2  90   NaN 120.000

con_df = pd.concat([df1, df2], axis = 1)           # 열 기준 결합
con_df

#    V1  V2  V1   V3
# 0   1   4  70  100
# 1   2   5  80  110
# 2   3   6  90  120

                                                   # 열 기준 MultiIndex 생성
con_df = pd.concat([df1, df2], axis = 1, keys=["A", "B"])
con_df

#    A       B
#   V1 V2  V1   V3
# 0  1  4  70  100
# 1  2  5  80  110
# 2  3  6  90  120
```

```
con_df = pd.concat(                              # 색인 이름 지정
                   [df1, df2],
                   axis = 1,
                   keys=["A", "B"],
                   names=["Upper", "Lower"]
                   )
#
con_df
```

```
# Upper   A       B
# Lower V1  V2  V1   V3
# 0      1   4  70  100
# 1      2   5  80  110
# 2      3   6  90  120
```

행 결합과 열 결합

- 행 기준(axis=0): 중복 열이 없으면 각 객체의 모든 열이 유지된다. - 각 객체에서 값이 없는 행은 NaN으로 표시된다.
- 열 기준(axis=1): 모든 열을 색인에 따라 결합한다. - 색인이 일치하지 않으면 NaN으로 표시된다.

행 결합과 열 결합 예

```
df3 = pd.DataFrame({
    'Name': ['나일등', '박꼼꼼'],
    'Age': [25, 34]
}, index = [0, 1])

df4 = pd.DataFrame({
    'City': ['Taejon', 'Seoul'],
    'Salary': [5000, 7000]
}, index = [1, 2])

row_df = pd.concat([df3, df4], axis = 0)                  # 행 기준 결합
row_df
```

```
#    Name     Age     City    Salary
# 0  나일등 25.000     NaN       NaN
# 1  박꼼꼼 34.000     NaN       NaN
```

```
# 1  NaN    NaN  Taejon 5000.000
# 2  NaN    NaN   Seoul 7000.000
```

```
col_df = pd.concat([df3, df4], axis=1)                    # 열 기준 결합
col_df
```

```
#    Name    Age    City   Salary
# 0  나일등 25.000     NaN      NaN
# 1  박꼼꼼 34.000  Taejon 5000.000
# 2  NaN    NaN   Seoul 7000.000
```

25 인덱스 검증과 재설정

- verify_integrity=True는 결합된 결과에서 중복된 인덱스가 있으면 오류를 발생시킨다.
- ignore_index=True는 결합된 결과에 중복되지 않는 새로운 색인을 부여한다.

인덱스 검증과 재설정 예

```
try:
    con_df_verify = pd.concat(
      [df1, df2], ignore_index=True, verify_integrity=True
      )
    print(con_df_verify)
#
except ValueError as e:
    print("ValueError:", e)
```

```
#     V1    V2      V3
# 0    1 4.000     NaN
# 1    2 5.000     NaN
# 2    3 6.000     NaN
# 3   70   NaN 100.000
# 4   80   NaN 110.000
# 5   90   NaN 120.000
```

□

5.6.4 변형 Reshaping Data

개별 데이터 분석 방법은 특정한 데이터 구조를 요구한다. 일반적으로 분석의 대상이 되는 데이터는 행과 열을 갖는 **표 형식(table form)**이어야 하며, 이는 다시 **긴 형식(long-form, stacked-form)**과 **넓은 형식(wide-form, unstacked-form)**으로 구분된다. [그림 5.3]는 그 예이다.

표 데이터의 형식

- **긴 형식(long-form, stacked-form)**
  - 변수 이름은 Variable과 같은 단일 열에 기록되고, 값은 Value라는 단일 열에 저장되어 여러 행을 구성한다.
  - 통계 분석 및 시각화 도구에서 주로 사용된다.
- **넓은 형식(wide-form, unstacked-form)**
  - 각 변수마다 별도의 열을 두어, 하나의 행에 관련 값들이 함께 표현된다.
  - 요약표, 보고서, 스프레드시트 형식, 집계 데이터 분석에 주로 사용된다.
- 두 형식은 **상호 변형**이 가능하다.

긴 형식(long-from)

name	fall.24	score
강제일	midterm	90
나일등	midterm	85
박꼼꼼	midterm	100
강제일	final	85
나일등	final	95
박꼼꼼	final	95

pivot() →

← melt()

넓은 형식(wide-from)

name	midterm	final
강제일	90	85
나일등	85	95
박꼼꼼	100	95

그림 5.3: 긴 형식과 넓은 형식(예)

주어진 데이터는 재구성(reshape) 또는 피벗(pivot) 연산을 활용하여 다양한 방식으로 재배치(rearrange)할 수 있다. 일반적인 데이터 분석에서 주어진 표 형식의 데이터는 단일 구조로만 사용되는 것이 아니라, **긴 형식(long-form)**과 **넓은 형식(wide-form)**, **원시 데이터(raw data)**와 **집계 데이터(aggregated data)**로의 변형을 필요로 한다. 이러한 변형 과정을 통해 데이터는 특정 분석 목적에 적합한 구조로 재구성되고, 서로 다른 분석 기법을 적용할 수 있다.

26 데이터 변형

표 5.14: 데이터 형식 변환을 위한 주요 함수

함수	설명
melt()	넓은 형식을 긴 형식으로 변환
pivot()	긴 형식을 넓은 형식으로 변환
stack()	넓은 형식을 긴 형식으로 변환
	- NaN을 자동 제거
unstack()	긴 형식을 넓은 형식으로 변환
	- MultiIndex 색인 중 하나를 열로 변환

27 넓은 형식을 긴 형식으로 변형

- melt(id_vars, var_name, value_name)
- id_vars: 형식 변형에서 위치가 변경되지 않을 열(들)을 리스트로 지정한다.
  - 단일 열인 경우 [ ]를 생략할 수 있으나, 일관성을 위해 사용하는 것이 좋다.
- var_name, value_name: 변형된 긴 형식에서 변수와 값 열의 이름을 지정한다.

넓은 형식을 긴 형식으로 변형 예

```
df_wide = pd.DataFrame({
    'name': ['강제일', '나일등', '박꼼꼼'],
    'midterm': [90, 85, 100],
    'final': [85, 95, 95]
})

df_long = pd.melt(df_wide,                    # 넓은 형식에서 긴 형식으로 변환
                  id_vars=['name'],
                  var_name='fall.24',
                  value_name='score'
        )
print(df_long)
```

```
#   name  fall.24  score
# 0  강제일 midterm     90
# 1  나일등 midterm     85
# 2  박꼼꼼 midterm    100
```

```
# 3  강제일  final     85
# 4  나일등  final     95
# 5  박꼼꼼  final     95
```

만일 데이터가 긴 형식으로 주어진 경우, 다음을 이용하여 넓은 형식으로 변형할 수 있다.

28 긴 형식을 넓은 형식으로 변형

- pivot(index, columns, values)
- index: 행 인덱스로 사용할 열(들)을 지정한다.
- columns: 열 이름으로 변환할 변수(들)를 지정한다.
- values: 셀에 채워질 값으로 사용할 열(들)을 지정한다.

```
df_wide = df_long.pivot(index='name',
                        columns='fall.24',
                        values='score'
                        ).reset_index()
df_wide
```

```
# fall.24 name   final  midterm
# 0        강제일   85       90
# 1        나일등   95       85
# 2        박꼼꼼   95      100
```

□

데이터 형식을 변형하는 직관적인 방법으로 stack()과 unstack()을 사용할 수 있다. 이들은 기본적으로 열을 행으로, 혹은 행을 열로 변형하는 기능을 제공한다[35].

stack()

- DataFrame을 stack()하면 계층적 인덱스를 갖는 Series를 생성한다.
- 계층적 인덱스는 원래의 행 인덱스과 각 열을 표현하는 새로운 인덱스 레벨로 구성된다.
- level 인수를 지정하면, 계층적 인덱스 중 중 특정 레벨만 스택킹할 수 있다.

[35] stack()과 unstack()은 pandas 모듈 레벨 함수가 아니라 DataFrame/Series 객체의 메서드이다. 따라서, 호출 시 pd를 붙이지 않는다.

stack 적용 예

```
df_multi = pd.DataFrame(
    {('fall.24', 'midterm'): [90, 85, 100],
     ('fall.24', 'final'):   [85, 95, 95],
     ('spring.25', 'midterm'): [88, 82, 95],
     ('spring.25', 'final'):   [80, 93, 97]},
    index=['강제일', '나일등', '박꼼꼼']
)
print(df_multi)

#      fall.24        spring.25
#      midterm final   midterm final
# 강제일    90    85        88    80
# 나일등    85    95        82    93
# 박꼼꼼   100    95        95    97

df_stack_all = df_multi.stack()                          # stack 적용
print(df_stack_all.head())

#                fall.24  spring.25
# 강제일 final        85         80
#     midterm       90         88
# 나일등 final        95         93
#     midterm       85         82
# 박꼼꼼 final        95         97

df_stack_sem = df_multi.stack(level=0)                   # level 지정(semester)
print(df_stack_sem.head())

#                  final  midterm
# 강제일 fall.24       85       90
#     spring.25     80       88
# 나일등 fall.24       95       85
#     spring.25     93       82
# 박꼼꼼 fall.24       95      100
```

```
df_stack_exam = df_multi.stack(level=1)                # level 지정(exam)
print(df_stack_exam.head())
```

```
#              fall.24  spring.25
# 강제일 final       85        80
#       midterm     90        88
# 나일등 final       95        93
#       midterm     85        82
# 박꼼꼼 final       95        97
```

unstack()

- unstack()은 계층적 행 인덱스를 계층적 열 구조로 변환한다.
- 기본적으로 가장 낮은 단계의 행 인덱스가 열로 이동하여 새로운 DataFrame을 생성한다.
- level 인수를 지정하면 특정 레벨의 행 인덱스만 열로 변환할 수 있다.

unstack() 적용 예

```
df = pd.DataFrame({
    'midterm': [90, np.nan, 100],
    'final': [85, 95, np.nan]
}, index=['강제일', '나일등', '박꼼꼼'])
print(df)
```

```
#       midterm  final
# 강제일  90.000 85.000
# 나일등     NaN 95.000
# 박꼼꼼 100.000    NaN
```

```
df_stack_all = df.stack()                # stack(): 계층적 인덱스 Series
print(df_stack_all)
```

```
# 강제일 midterm    90.000
#       final      85.000
# 나일등 final      95.000
# 박꼼꼼 midterm   100.000
# dtype: float64
```

```
df_unstack = df_stack_all.unstack()          # unstack(): 마지막 레벨 열로 이동
print(df_unstack)
```

```
#       midterm   final
# 강제일  90.000  85.000
# 나일등     NaN  95.000
# 박꼼꼼 100.000     NaN
```

```
df_unstack_level0 = df_stack_all.unstack(level=0)   # 특정 level 지정(level=0)
print("\nunstack 결과 (level=0 지정)")
```

```
#
# unstack 결과 (level=0 지정)
```

```
print(df_unstack_level0)
```

```
#            강제일   나일등   박꼼꼼
# midterm  90.000     NaN  100.000
# final    85.000  95.000      NaN
```

결측값의 처리

- stack()은 결측값(NaN)을 자동으로 제거한다.
  - DataFrame에 결측값이 있으면, 스택된 Series에서는 해당 항목을 제외한다.
- unstack()은 계층적 색인을 열로 확장할 때, 존재하지 않는 값은 NaN으로 채운다.
  - 따라서 스택된 결과를 다시 언스택하면, 결측값이 새롭게 생성될 수 있다.

□

5.6.5 열의 분해와 결합 Splitting and Combining Columns

지금까지 설명된 열 또는 행 중심의 데이터 병합, 결합, 변형 방법 이외에도 특정 열의 데이터를 여러 개의 열로 분해(split)하거나, 여러 열의 데이터를 하나의 열로 결합(unite)하는 경우를 고려할 수 있다. 이러한 작업은 주로 데이터 전처리 단계에서 활용되지만, 데이터 랭글링 단계에서도 자주 적용된다.

29 열의 분해와 결합

- split()
  - 하나의 열을 여러 개의 열로 분해한다.
  - str.split()은 문자열을 구분하며, expand=True은 새로운 열을 반환한다.
- str.cat()
  - 여러 개의 열을 하나로 결합한다.
  - 결합 시 원하는 구분자를 지정할 수 있다.
  - + 연산자를 사용해도 동일한 결과를 얻을 수 있다.

열의 분해 예

```
df = pd.DataFrame({
    'info': ['강제일_2023001122', '나일등_2022012345', '박꼼꼼_2015000011']
})
df[['name', 'id']] = df['info'].str.split('_', expand=True)
print(df)

#                info name          id
# 0  강제일_2023001122  강제일  2023001122
# 1  나일등_2022012345  나일등  2022012345
# 2  박꼼꼼_2015000011  박꼼꼼  2015000011
```

열의 결합 예

```
df = pd.DataFrame({
    'name': ['강제일', '나일등', '박꼼꼼'],
    'rank': [17, 5, 1]
})
df['combined'] = df['name'].str.cat(df['rank'].astype(str), sep='/')
print(df)

#   name  rank combined
# 0  강제일   17   강제일/17
# 1  나일등    5    나일등/5
# 2  박꼼꼼    1    박꼼꼼/1

df['combined'] = df['name'] + '/' + df['rank'].astype(str)      # 연산자 사용
print(df)                                                        # [결과] 동일
```

□

5.7 그룹 연산과 집계 Group Operations and Aggregation

병합과 결합을 통하여 생성된 새로운 데이터를 분석하는 과정에서 특정 그룹 별 또는 그룹의 조합 별 연산과 집계는 필수적인 단계이다. 기본 작업은 [그림 5.4]과 같이 SAC(Split-Apply-Combine)의 절차를 따라 실행된다(Wickham et al., 2019, 2023)[36,37].

SAC 과정

- 분리(Split): 기준이 되는 키(key)를 이용하여 데이터를 여러 그룹의 객체로 구분한다.
- 적용(Apply): 각 그룹에 대해 요약 통계(평균, 표준편차 등) 또는 사용자 정의 함수를 적용한다.
- 결합(Combine): 연산/변형된 결과를 다시 통합하여 분석 요약, 피벗(pivot) 테이블, 교차표 등의 형태로 결합한다.

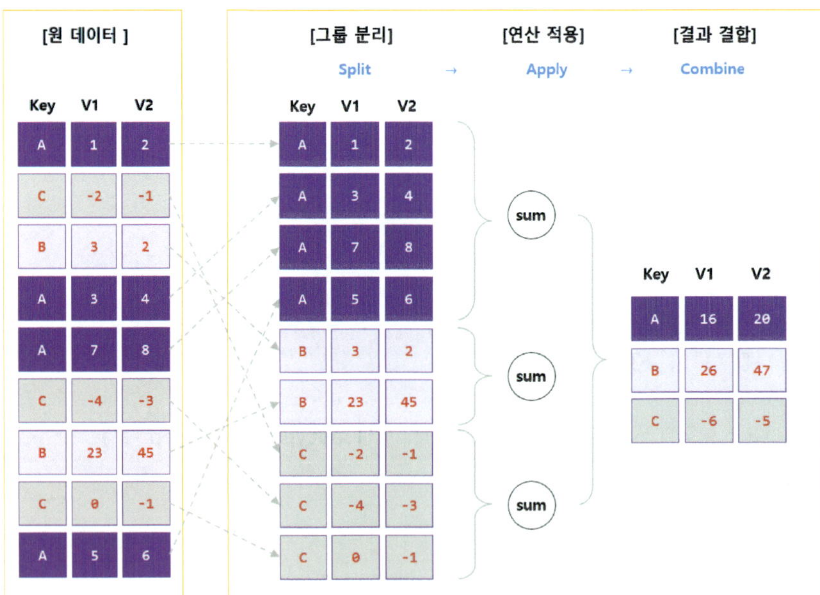

그림 5.4: 그룹 연산(예): 분리(Split) - 적용(Apply) - 결합(Combine)

---

[36] Wickham, H., Averick, M., Bryan, J., Chang, W., McGowan, L. D. A., François, R., ⋯ & Yutani, H. (2019). Welcome to the Tidyverse. Journal of open source software, 4(43), 1686.

[37] Wickham, H., Çetinkaya-Rundel, M., & Grolemund, G. (2023). R for data science. " O'Reilly Media, Inc.".

5.7.1 그룹 분리와 선택 Group Splitting and Selection

groupby() 메서드는 다양한 방법으로 원 데이터를 2개 이상의 그룹으로 분리할 수 있다.

그룹 분리 기준

- 그룹 기준은 하나 이상의 열(column) 또는 인덱스를 지정할 수 있으며, 문자열, 정수, Series 객체 등 다양한 유형이 사용 가능하다.
- 그룹 기준은 서로 다른 데이터 유형을 혼합하여 지정할 수 있다.
- 일반적으로 데이터 내의 열(또는 인덱스)을 사용하지만, 데이터에 존재하지 않는 새로운 기준도 지정할 수 있다.

30 groupby() 기본 기능

- groupby()는 키(key)로 정의된 특정 열(또는 인덱스)을 기준으로 groupby 객체를 생성한다.
- get_group()은 특정 그룹의 데이터를 반환한다.
- 그룹 키 값이 결측(None, NaN, NA)인 행은 기본적으로 제외된다.
  - dropna = False 옵션을 지정하면 결측값을 포함한다.
- size()는 그룹별 전체 크기를 반환한다.
- count()는 각 그룹 내에서 비결측값의 수를 반환한다.

단일 열 그룹 분리 예

```
df = pd.DataFrame({
    'category': ['A', 'A', None, 'B', None, 'B'],
    'subdiv': [1, 2, None, 2, 2, 1],
    'V1': [10, 20, 10, 30, 50, 40],
    'V2': [1.5, None, 3.5, 4.5, 5.5, 6.5],
    'V3': [100, 200, 300, 400, None, 600],
    'V4': ['K1', 'K2', 'K1', 'K2','K1', 'K2']
})
print(df)
```

```
#   category  subdiv  V1    V2      V3  V4
# 0        A   1.000  10 1.500 100.000  K1
# 1        A   2.000  20   NaN 200.000  K2
# 2     None     NaN  10 3.500 300.000  K1
# 3        B   2.000  30 4.500 400.000  K2
# 4     None   2.000  50 5.500     NaN  K1
# 5        B   1.000  40 6.500 600.000  K2
```

```
grouped_part = df.groupby(['category'])              # 단일 열로 groupby 객체 생성
grouped_part.get_group('A')                          # 그룹화 결과 확인: A

#   category  subdiv  V1    V2      V3  V4
# 0        A   1.000  10 1.500 100.000  K1
# 1        A   2.000  20   NaN 200.000  K2
```

```
grouped_part.get_group('B')                          # 그룹화 결과 확인: B

#   category  subdiv  V1    V2      V3  V4
# 3        B   2.000  30 4.500 400.000  K2
# 5        B   1.000  40 6.500 600.000  K2
```

```
df.groupby(['category']).size()                      # 그룹 별 전체 크기

# category
# A    2
# B    2
# dtype: int64
```

```
df.groupby(['category'], dropna = False).size()      # 그룹 별 전체 크기(결측 포함)

# category
# A      2
# B      2
# NaN    2
# dtype: int64
```

```
df.groupby(['category']).count()                     # 그룹 내 비결측 개수

#           subdiv  V1  V2  V3  V4
# category
# A              2   2   1   2   2
# B              2   2   2   2   2
```

```
df.groupby(['category'], dropna = False).count()  # 그룹 내 비결측 개수(결측포함)
```

```
#          subdiv  V1  V2  V3  V4
# category
# A             2   2   1   2   2
# B             2   2   2   2   2
# NaN           1   2   2   1   2
```

그룹화 결과로 부터 열 선택[38]

- 열 이름을 지정하여 그룹화된 데이터 중 일부 열만 선택할 수 있다.
- 두 개 이상의 열은 반드시 [ ]로 지정해야 한다.
- 그룹화된 결과는 단순히 준비 상태이며, 연산을 적용해야 결과를 확인할 수 있다.
- list()로 변환하면 각 그룹의 키와 데이터프레임을 직접 확인할 수 있다.

그룹화 결과로 부터 열 선택 예

```
g_select = df.groupby("category")[['V1','V2']]        # 준비 상태
print(g_select)                                       # GroupBy object 설명만 출력
```

```
# <pandas.core.groupby.generic.DataFrameGroupBy object at 0x000002630FA69A50>
```

```
list(g_select)                                        # list()로 확인
```

```
# [('A',     V1    V2
# 0  10 1.500
# 1  20   NaN), ('B',     V1    V2
# 3  30 4.500
# 5  40 6.500)]
```

```
g_select.mean()                                       # 연산 적용 후 결과
```

```
#              V1    V2
# category
# A        15.000 1.500
# B        35.000 5.500
```

[38] 단일 변수를 선택할 때 [ ]로 감싸면 DataFrame을 반환하고, 감싸지 않으면 Series로 반환한다. 이는 type() 함수로 확인할 수 있다.

✿ 다중 열 그룹화

- 동일한 방법으로 두 개 이상의 열을 기준으로 그룹화할 수 있다.
- 그룹화된 결과 확인은 **튜플(tuple)** 형태로 지정해야 한다.
- for-문을 적용하면, 각 그룹의 요소를 순회(iteration)하여 튜플 형태로 제공한다.

다중 열 그룹화 예

```
grouped_all = df.groupby(['category', 'subdiv'])  # 2개의 열로 groupby 객체 생성
```

그룹화된 데이터에서 열 선택 예

```
grouped_all.get_group(('A', 1))                    #그룹화 결과 확인: 튜플 사용

#   category  subdiv  V1    V2      V3  V4
# 0        A   1.000  10 1.500 100.000  K1

grouped_all.get_group(('A', 2))                    # 개별 확인

#   category  subdiv  V1  V2      V3  V4
# 1        A   2.000  20 NaN 200.000  K2

grouped_all.get_group(('B', 1))                    # 개별 확인

#   category  subdiv  V1    V2      V3  V4
# 5        B   1.000  40 6.500 600.000  K2

grouped_all.get_group(('B', 2))                    # 개별 확인

#   category  subdiv  V1    V2      V3  V4
# 3        B   2.000  30 4.500 400.000  K2
```

모든 개별 요소 순회 예: for-문

```
for (k1, k2), group in df.groupby(['category', 'subdiv']):
    print((k1, k2))
    print(group)
```

```
# ('A', 1.0)
#   category  subdiv  V1    V2      V3  V4
# 0        A   1.000  10 1.500 100.000  K1
# ('A', 2.0)
#   category  subdiv  V1  V2      V3  V4
# 1        A   2.000  20 NaN 200.000  K2
# ('B', 1.0)
#   category  subdiv  V1    V2      V3  V4
# 5        B   1.000  40 6.500 600.000  K2
# ('B', 2.0)
#   category  subdiv  V1    V2      V3  V4
# 3        B   2.000  30 4.500 400.000  K2
```

□

열을 이용한 그룹화는 평면적이고 단순한 데이터 구조를 다루는 데는 유리하지만, 데이터의 구조가 복잡해지면, 일부 인덱스 기능 활용에 어려움이 있다. 이러한 경우, **계층적 인덱스 (MultiIndex)**를 사용하면 데이터의 구조를 보다 명확히 표현할 수 있으며, 복잡한 색인 연산을 효율적으로 처리할 수 있고, 피벗 테이블 연산도 간단해 진다.

계층적 인덱스 그룹화[39]

- level 인수를 이용하면, MultiIndex에서 특정 단계별로 그룹화할 수 있다.
- as_index = False를 지정하면, 그룹 키가 색인이 아닌 일반 열로 반환된다.
- xs 메서드를 사용하면, MultiIndex의 특정 레벨 값을 기준으로 행을 선택할 수 있다.

계층적 인덱스 그룹화 예

- groupby(...)[[...]]는 준비 상태이며, mean(), sum(), size(), agg() 등 연산을 적용해야 결과를 반환한다.
- head()를 사용하면 각 그룹의 선두 행을 모아 DataFrame으로 확인할 수 있다.

```
df = pd.DataFrame({
    'V1': [10, 20, 10, 30, 50, 40],
    'V2': [1.5, None, 3.5, 4.5, 5.5, 6.5],
    'V3': [100, 200, 300, 400, None, 600],
```

[39]xs는 DataFrame 또는 Series 객체의 특정 **크로스 섹션(cross section)**을 선택하는 메서드이다. 주로 MultiIndex를 갖는 DataFrame에서 특정 레벨(level)에서 원하는 값을 선택할 때 사용된다. 즉, 특정 레벨의 인덱스를 기준으로 주어진 데이터의 부분 집합을 반환한다.

```
        'V4': ['K1', 'K2', 'K1', 'K2','K1', 'K2']
    }, index=pd.MultiIndex.from_arrays([        # (category, subdiv) 계층적 인덱스
        ['A', 'A', None, 'B', None, 'B'],
        [1, 2, None, 2, 2, 1]
    ], names=['category', 'subdiv']))

    g_cat = df.groupby(level='category')[['V1','V2','V3']]
    g_cat.head()

#                  V1    V2      V3
# category subdiv
# A        1       10 1.500 100.000
#          2       20   NaN 200.000
# B        2       30 4.500 400.000
#          1       40 6.500 600.000


    g_cat_na = df.groupby(level='category', dropna=False)[['V1','V2','V3']]
    g_cat_na.head()

#                  V1    V2      V3
# category subdiv
# A        1       10 1.500 100.000
#          2       20   NaN 200.000
# NaN      NaN     10 3.500 300.000
# B        2       30 4.500 400.000
# NaN      2       50 5.500     NaN
# B        1       40 6.500 600.000


    g_cat_sub = df.groupby(level=['category','subdiv'])[['V1','V2','V3']]
    g_cat_sub.head()

#                  V1    V2      V3
# category subdiv
# A        1       10 1.500 100.000
#          2       20   NaN 200.000
# B        2       30 4.500 400.000
#          1       40 6.500 600.000
```

```
g_cat_cols = df.groupby(level='category', as_index=False)[['V1','V2','V3']]
g_cat_cols.head()
```

```
#                  V1    V2      V3
# category subdiv
# A        1       10 1.500 100.000
#          2       20   NaN 200.000
# B        2       30 4.500 400.000
#          1       40 6.500 600.000
```

xs 교차 선택 예

```
only_B = df.xs(key='B', level='category')              # category == 'B'인 행
print(only_B)
```

```
#         V1    V2      V3  V4
# subdiv
# 2       30 4.500 400.000  K2
# 1       40 6.500 600.000  K2
```

```
only_sub2 = df.xs(key=2, level='subdiv')               # subdiv == 2 인 행
print(only_sub2)
```

```
#           V1    V2      V3  V4
# category
# A         20   NaN 200.000  K2
# B         30 4.500 400.000  K2
# NaN       50 5.500     NaN  K1
```

```
only_cat_none = df.xs(key=None, level='category')      # 결측 키 선택 가능
print(only_cat_none)
```

```
#         V1    V2      V3  V4
# subdiv
# NaN     10 3.500 300.000  K1
# 2.000   50 5.500     NaN  K1
```

□

5.7.2 함수 적용과 결합 Apply and Combine

함수 적용과 결합(Apply and Combine)은 그룹화된 데이터에 함수를 적용하여 단일 요약값 또는 변환된 결과를 얻고, 이를 다시 하나의 데이터 구조로 결합하는 과정을 말한다. 즉, 배열과 같은 여러 데이터로부터 스칼라 값이나 새로운 배열을 생성하는 모든 데이터 변환 작업이 이에 해당한다.

5.7.2.1 기본 집계 메서드 Basic Aggregation Methods

groupby는 함수 적용과 결합을 위한 다양한 최적화된 집계(aggregation) 방법을 제공한다. 여기서 최적화란 최소의 메모리 사용과 높은 성능을 의미하며, 대규모 데이터 처리에서 중요한 역할을 한다.

31 groupby 집계 메서드[40]

- groupby 객체에는 그룹별 집계 함수(sum, mean 등)를 적용할 수 있다.
- 연산 시 결측(None, NaN, NA) 값은 자동으로 제외된다.
- 결과는 DataFrame 또는 Series로 반환되며, 그룹 키(key)는 결과 객체의 인덱스로 사용된다.
- 함수 인수 numeric_only = True를 지정하면, 문자열/색인 열은 제외된다.
- drop(columns=[var_1,..., var_k])을 지정하면, 특정 열/색인을 제외 할 수 있다.
- 기존 변수명과 다른 새로운 키(열 이름)를 정의하여 집계 결과를 반환할 수 있다.

groupby 객체 연산 예

```
df = pd.DataFrame({
    'category': ['A', 'A', None, 'B', None, 'B'],
    'subdiv': [1, 2, None, 2, 2, 1],
    'V1': [10, 20, 10, 30, 50, 40],
    'V2': [1.5, None, 3.5, 4.5, 5.5, 6.5],
    'V3': [100, 200, 300, 400, None, 600],
    'V4': ['K1', 'K2', 'K1', 'K2','K1', 'K2']
})
print(df)
```

```
#   category  subdiv  V1    V2      V3  V4
# 0        A   1.000  10 1.500 100.000  K1
```

[40] sum()은 숫자형인 경우 연산을 하고, 문자형인 경우에는 연결(concatenate) 결과를 제공한다.

```
# 1        A   2.000  20   NaN 200.000  K2
# 2     None     NaN  10 3.500 300.000  K1
# 3        B   2.000  30 4.500 400.000  K2
# 4     None   2.000  50 5.500     NaN  K1
# 5        B   1.000  40 6.500 600.000  K2
```

```
group_part_sum = grouped_part.sum()                         # 모든 경우 제공
group_part_sum
```

```
#           subdiv  V1     V2        V3    V4
# category
# A          3.000  30  1.500   300.000  K1K2
# B          3.000  70 11.000  1000.000  K2K2
```

```
group_part_sum = grouped_part.sum(numeric_only=True)        # 숫자형만 제공
group_part_sum
```

```
#           subdiv  V1     V2        V3
# category
# A          3.000  30  1.500   300.000
# B          3.000  70 11.000  1000.000
```

```
df.drop(columns=['subdiv', 'V4']).groupby('category').sum()  # 특정 변수들 제외
```

```
#           V1     V2       V3
# category
# A         30  1.500  300.000
# B         70 11.000 1000.000
```

```
new_category = ['a', 'a', 'a', 'a', 'b', 'b']               # 새로운 키 정의
grouped_new = df.groupby(new_category)
grouped_new_sum = grouped_new.sum(numeric_only=True)        # 그룹별 합산 계산
grouped_new_sum
```

```
#    subdiv  V1     V2       V3
# a   5.000  70  9.500 1000.000
# b   3.000  90 12.000  600.000
```

[표 5.15]는 대표적인 groupby 집계 메서드이다. 적용 방법은 앞의 예제와 동일하다.

표 5.15: groupby 집계 메서드

구분	메서드	설명
요약 연산	mean	그룹 내 모든 값의 평균
	sum	그룹 내 모든 값의 합
	count	그룹 내 값의 개수
	size	그룹 별 크기를 Series 형태로 반환
	median	그룹 내 모든 값의 중앙값
	max	그룹 내 모든 값의 최대값
	min	그룹 내 모든 값의 최소값
	first	그룹 내 첫 번째 값
	last	그룹 내 마지막 값
	quantile	그룹 내 표본 분위수
	prod	그룹 내 모든 값의 곱
	nth	정렬된 순서에서 위치 n의 값
누적 연산	cumsum	그룹 내 값들의 누적 합
	cummax	그룹 내 값들의 누적 최대값
	cummin	그룹 내 값들의 누적 최소값
	cumprod	그룹 내 값들의 누적 곱
기술 통계	std	그룹 내 값들의 표준편차
	var	그룹 내 값들의 분산
	rank	그룹 내 값들의 순서
	any	그룹 내 하나 이상의 값이 참인지 확인
	all	그룹 내 모든 값이 참인지 확인

불리안 판정

- any()는 그룹 내에 하나라도 참(True) 값이 존재하면, True를 반환한다.
- all()은 그룹 내 모든 값이 참(True)일 때에만 True를 반환한다.
- 기본적으로 숫자형에서는 0을 거짓, 0이 아닌 값을 참으로 간주하며, 문자형에서는 빈 문자열("")을 거짓, 비어 있지 않은 문자열을 참으로 간주한다.

any, all 적용 예

```
df = pd.DataFrame({
    'category': ['A', 'A', 'B', 'B', 'A', 'B'],
    'V1': [10, 0, 10, 30, 0, 40],
    'V2': [0, 0, 0, 4.5, 5.5, 0],
    'string': ['park', '', 'pak', 'kim', '', 'lee']
})

grouped_any = df.groupby('category').any()  # 0 또는 빈칸이 1개 이상일 때, True
grouped_any

#            V1    V2  string
# category
# A        True  True    True
# B        True  True    True

grouped_all = df.groupby('category').all()  # 모두 0 또는 빈칸일때, True
grouped_all

#             V1     V2  string
# category
# A        False  False   False
# B         True  False    True
```

□

5.7.2.2 응용 집계 메서드 Advanced Aggregation Methods

pandas는 기본 집계 메서드 이외에도, 그룹화된 데이터에 보다 다양한 집계와 변환을 수행할 수 있는 방법을 제공한다. 그 가운데 대표적인 세 가지 메서드는 다음과 같다.

응용 집계 메서드

- agg() : 여러 집계 함수를 동시에 적용하거나, 함수 결과에 사용자 정의 이름을 붙여 반환할 수 있다.
- apply() : 임의의 사용자 정의 함수를 적용하여, 그룹별 복잡한 연산이나 맞춤형 집계를 수행할 수 있다.
- transform() : 그룹별 연산 결과를 원래 데이터와 동일한 크기로 반환하므로, 그룹 단위 정규화나 표준화와 같은 행 단위 변환에 적합하다.

32 agg() 메서드

- 사용자 정의 함수를 포함한 여러 함수 목록을 agg()로 적용할 수 있다.
- 각 열에 적용할 함수들은 딕셔너리 구조에서 변수와 함수들의 리스트로 정의한다.
- 여러 함수 목록을 적용하는 경우, 결과는 다중 색인(multi-index)을 갖는 열 이름이 생성된다.
- 각 함수 결과에 사용자 정의 이름을 지정하려면, 함수 목록을 튜플 형태로 정의한다.
- 동일한 작업은 apply()를 이용하여 수행할 수도 있다.

agg() 적용 예

```
# 최소 문자열 길이를 계산하는 사용자 정의 함수
def min_length(series):
    return series.str.len().min()

# 최대 문자열 길이를 계산하는 사용자 정의 함수
def max_length(series):
    return series.str.len().max()

# 그룹화
grouped = df.groupby('category')

#여러 함수 적용
result_1 = df.groupby('category').agg({
    'V1': ['mean', 'std'],
    'V2': ['mean', 'std'],
    'string': [min_length, max_length]
})
result_1
```

```
#              V1            V2            string
#            mean    std  mean   std min_length max_length
# category
# A         3.333  5.774 1.833 3.175          0          4
# B        26.667 15.275 1.500 2.598          3          3
```

```
# 이름 지정
result_2 = grouped.agg(
```

```
        V1_mean=('V1', 'mean'),
        V1_std=('V1', 'std'),
        V2_mean=('V2', 'mean'),
        V2_std=('V2', 'std'),
        mnl=('string', min_length),
        mxl=('string', max_length)
    )
    result_2
```

```
#           V1_mean  V1_std  V2_mean  V2_std  mnl  mxl
# category
# A           3.333   5.774    1.833   3.175    0    4
# B          26.667  15.275    1.500   2.598    3    3
```

33 apply()

- apply()는 최적화된 groupby 메서드와 함께 일반 집계 함수와 사용자 정의 함수를 적용할 수 있는 범용 메서드이다.
- DataFrame 또는 Series의 각 요소에 함수를 적용하여 반복적인 작업을 간편하게 수행할 수 있으며, 그룹별로 데이터프레임 전체를 변환하거나 복잡한 로직을 적용할 때 유용하다.
- 여러 함수의 반환값은 Series 또는 DataFrame 형태로 반환되며, axis = 0, 1 매개변수를 통해 열 또는 행 단위 적용을 지정할 수 있다.
- groupby와 함께 사용할 경우, 그룹 단위의 고급 연산과 맞춤형 집계를 수행하는 데 적합하다.

agg() vs. apply()

- apply()는 다양한 함수들과 그룹 내의 각 행에 대한 복잡한 변환을 적용할 수 있다.
- apply()는 복잡한 사용자 정의 함수를 동시에 적용할 수 있으며, 그룹 단위뿐 아니라 행 단위 연산에도 활용할 수 있다.
- apply()는 데이터프레임 전체에 대한 다양한 변환(transform) 작업에 유용하다.
- agg()는 집계 연산에 특화되어 있으며, 개별 행별 변환은 수행할 수 없다.
- agg()는 각 행별 변환과 동일한 크기의 데이터프레임으로 결과를 반환하지 못한다.

```
np.random.seed(311)
df = pd.DataFrame({
    'category': np.random.choice(['A', 'B'], size=10),
    'V1': np.random.randint(0, 100, size=10),
    'V2': np.random.randn(10),
    'text': np.random.choice(['park', 'kim', 'lee', 'hong'], size=10)
})
df
```

```
#   category  V1     V2  text
# 0        A   6  0.367  hong
# 1        A  69 -0.362   kim
# 2        B   1 -0.367   lee
# 3        A  72 -0.591   kim
# 4        A  11 -0.146  park
# 5        B  28 -1.262   lee
# 6        B  93  0.273   kim
# 7        A  14 -1.473   kim
# 8        B  40  0.521   kim
# 9        B  66 -0.271   kim
```

다양하고 복잡한 함수 적용 예

```
def specific_function(group):
    return pd.Series({
        'V1_sum': group['V1'].sum(),
        'V1_mean': group['V1'].mean(),
        'V1_std': group['V1'].std(),
        'V2_median': group['V2'].median(),
        'V2_min': group['V2'].min(),
        'V2_max': group['V2'].max(),
        'text_combined': ','.join(group['text'])
    })

group_summary = df.groupby('category').apply(specific_function)
group_summary
```

```
#           V1_sum  V1_mean  V1_std  ...  V2_min  V2_max          text_combined
# category                           ...
# A            172   34.400  33.095  ...  -1.473   0.367  hong,kim,kim,park,kim
```

```
# B             228   45.600  35.331  ...  -1.262   0.521    lee,lee,kim,kim,kim
#
# [2 rows x 7 columns]
```

그룹 내 각 행에 대한 처리 예

```
def row_processing(row):
    return row['V1'] * row['V2']
df_row = df.copy()
df_row['multiple'] = df_row.apply(row_processing, axis=1)
df_row
```

```
#   category  V1     V2  text  multiple
# 0        A   6  0.367  hong     2.200
# 1        A  69 -0.362   kim   -25.000
# 2        B   1 -0.367   lee    -0.367
# 3        A  72 -0.591   kim   -42.576
# 4        A  11 -0.146  park    -1.606
# 5        B  28 -1.262   lee   -35.345
# 6        B  93  0.273   kim    25.425
# 7        A  14 -1.473   kim   -20.619
# 8        B  40  0.521   kim    20.822
# 9        B  66 -0.271   kim   -17.896
```

다양한 변환 작업 예

```
def trans_group(group):
    group['V1_zscore'] = (group['V1'] - group['V1'].mean()) / group['V1'].std()
    group['v2_cumsum'] = group['V2'].cumsum()
    return group

trans_result = df.groupby('category').apply(trans_group)
trans_result
```

```
#            category  V1     V2  text  V1_zscore  v2_cumsum
# category
# A        0        A   6  0.367  hong     -0.858      0.367
#          1        A  69 -0.362   kim      1.045      0.004
#          3        A  72 -0.591   kim      1.136     -0.587
#          4        A  11 -0.146  park     -0.707     -0.733
```

```
#         7     A  14 -1.473  kim    -0.616    -2.206
# B       2     B   1 -0.367  lee    -1.262    -0.367
#         5     B  28 -1.262  lee    -0.498    -1.629
#         6     B  93  0.273  kim     1.342    -1.356
#         8     B  40  0.521  kim    -0.158    -0.835
#         9     B  66 -0.271  kim     0.577    -1.106
```

□

34 transform()[41]

- transform() 메서드는 데이터프레임의 구조(행과 열의 수)를 유지하면서, 각 그룹 내 요소별 변환을 적용한다.
- 결과는 입력 데이터프레임과 동일한 크기와 색인을 갖는다.
- 백터화된 연산(vectorized operation)을 수행하므로 성능이 우수하다.
- 그룹 내 각 행에 대한 연산을 개별적으로 적용할 수 있다.
- 주로 그룹 단위의 변환 작업에 적합하며, 복잡한 집계 작업에는 적합하지 않다.

transform() 적용 예

- transform()의 결과는 원 데이터프레임의 구조와 색인을 그대로 유지한다.
- pandas에서 제공하는 기본 집계 함수 이름을 문자열로 지정하여 적용할 수 있다.

```
df_org = pd.DataFrame({
    'category': ['A', 'A', 'A', 'B', 'B', 'B'],
    'V1': [10, 20, 30, 40, 50, 60]
})
df_org
```

```
#   category  V1
# 0        A  10
# 1        A  20
# 2        A  30
# 3        B  40
# 4        B  50
# 5        B  60
```

[41] 이를 래핑되지 않는 그룹 연산(non-wrapping group operation)이라고 한다. 이는 입력 데이터 프레임의 구조(행과 열의 수)를 유지하면서 각 그룹에 대한 변환을 수행하여 원래 데이터프레임과 동일한 크기와 색인을 갖는 결과를 반환한다.

```
df = df_org.copy()
df['mean_trans'] = df.groupby('category')['V1'].transform('mean')
df
```

```
#   category  V1  mean_trans
# 0        A  10      20.000
# 1        A  20      20.000
# 2        A  30      20.000
# 3        B  40      50.000
# 4        B  50      50.000
# 5        B  60      50.000
```

지금까지 집계 방법으로 소개한 agg(), apply(), transform() 의 중요 용도와 장단점은 [표 5.16]와 같다.

표 5.16: groupby 집계 메서드 비교

	agg()	apply()	transform()
용도	요약 통계 계산	복잡한 사용자 정의 함수 적용	변환 작업 수행
장점	다양한 집계 함수 지원	적용 유연성	일관된 반환 크기
	간결한 코드	행별 연산 가능	벡터화된 연산 지원
	열별 다른 연산 적용 가능	다양한 반환 형태 지원	행별 연산 가능
단점	복잡한 연산 제한	성능 저하	제한된 연산
	행별 연산 불가	결과 예측 어려움	유연성 부족

지금까지는 groupby를 중심으로 집계 메서드를 소개하였다. 이와 더불어 데이터 요약과 구조 변환을 동시에 수행하는 대표적인 방법에는 pivot_table()과 crosstab()이 있다. 이들은 groupby와 유사하게 데이터를 집계하지만, 결과를 행과 열의 형태로 재구조화하여 보다 직관적인 요약 결과를 제공한다.

5.7.2.3 피벗 테이블과 교차표 Pivot Table and Cross Tabulation

피벗(pivot) 테이블은 하나 이상의 키로 수집된 데이터를 행과 열로 구분하여, 이를 기준으로 요약과 집계를 수행하는 테이블을 말한다. 이는 동일한 데이터를 다양한 기준으로 검토하고 비교하는 데 유용하다.

교차표(cross tabulation)는 피벗 테이블의 특수한 형태로, 두 개 이상의 범주형 변수 간 빈도나 비율을 요약하는 방법이다. 이를 통해 범주형 데이터 간의 관계를 직관적으로 확인할 수 있으며, 특정 그룹 간의 분포를 비교·분석하는 데 효과적이다.

요약 테이블(Summary Tables)

- pivot_table() : 하나 이상의 키를 행과 열로 구분하여 데이터를 요약/집계하는 일반적인 피벗 테이블로, 다양한 집계 함수를 지정할 수 있다.
- crosstab() : 두 개 이상의 범주형 변수 간의 교차 빈도(분할표)를 요약하는 특수한 피벗 테이블로, 범주형 데이터 간의 관계를 검토하고 분석하는 데 유용하다.

35 pivot_table()

- index와 values를 정의하여 피벗 테이블을 작성할 수 있다.
- margins=True 옵션을 지정하면, 행/열별 부분합이 All 이름으로 함께 제시된다.
- aggfunc 매개변수에는 다양한 집계 함수를 지정하여 요약 결과를 조정할 수 있다.

표 5.17: pivot_table()의 주요 매개변수

매개변수	설명	기본값
data	피벗 테이블 대상 데이터프레임	필수
values	집계할 열 이름 또는 열 이름 리스트	None
index	행 색인으로 사용할 열 이름(또는 리스트)	None
columns	열 색인으로 사용할 열 이름(또는 리스트)	None
aggfunc	집계 함수 또는 함수 리스트	'mean'
fill_value	결측값을 대체할 값	None
margins	부분 총계 행/열 추가 여부	False
dropna	모든 값이 NaN인 행/열 제외 여부	True
margins_name	총계 행/열의 이름	'All'
observed	그룹화에서 관찰된 값만 포함 여부	False

피벗 테이블 생성 예

```
df = pd.DataFrame({
    'Date': ['2025-01-01', '2025-01-01', '2025-02-01', '2025-02-01',
             '2025-03-01', '2025-03-01', '2025-03-15', '2025-03-15'],
    'Region': ['Capital', 'Yeongnam', 'Capital', 'Yeongnam',
               'Capital', 'Yeongnam', 'Capital', 'Yeongnam'],
    'Sales': [200, 150, 220, 180, 210, 160, 300, 250],
    'Discount': [0.10, 0.15, 0.05, 0.10, 0.20, 0.15, 0.05, 0.10],
    'Quantity': [10, 7, 12, 9, 15, 11, 20, 13]
})

tab_sales = pd.pivot_table(df,
                           values='Sales',
                           index='Date',
                           columns='Region',
                           aggfunc=['sum','mean'],
                           margins=True)
print(tab_sales)
```

```
#                sum                    mean
# Region     Capital Yeongnam  All Capital Yeongnam     All
# Date
# 2025-01-01     200      150  350 200.000      150 175.000
# 2025-02-01     220      180  400 220.000      180 200.000
# 2025-03-01     210      160  370 210.000      160 185.000
# 2025-03-15     300      250  550 300.000      250 275.000
# All            930      740 1670 232.500      185 208.750
```

```
tab_dis = pd.pivot_table(df,
                         index='Region',
                         values=['Sales','Discount'],
                         aggfunc={'Sales':'sum','Discount':'mean'})
print(tab_dis)
```

```
#           Discount  Sales
# Region
# Capital      0.100    930
# Yeongnam     0.125    740
```

36 crosstab()

- crosstab()은 범주형 데이터 간의 교차 빈도를 집계한다.
- index와 columns는 배열, Series, 배열의 리스트, 또는 DataFrame의 열로 지정할 수 있다.
- 교차표는 빈도, 비율, 통계량 등을 요약하는 데 활용되며, 결과는 DataFrame으로 반환된다.

표 5.18: crosstab()의 주요 매개변수

매개변수	설명	기본값
index	행 인덱스로 사용할 열	필수
columns	열 인덱스로 사용할 열	필수
values	집계할 값, 지정하지 않으면 단순 빈도 계산	None
rownames	행 이름 지정	None
colnames	열 이름 지정	None
aggfunc	집계 함수	None
margins	부분합 행/열 포함 여부	False
margins_name	총계 행/열의 이름	'All'
dropna	결측값을 행/열에서 제외할지 여부	True
normalize	비율 계산 방식(False, 'all', 'index', 'columns')	False

crosstab() 생성 예 : array

```
a = np.array(['kim', 'park', 'kim', 'park', 'kim', 'park'])          # 배열
b = np.array(['one', 'one', 'two', 'two', 'one', 'one'])

tab_array = pd.crosstab(a, b)                                        # 교차표 생성
print(tab_array)
```

```
# col_0  one  two
# row_0
# kim      2    1
# park     2    1
```

crosstab() 생성 예 : Series

```
a_series = pd.Series(['kim', 'park', 'kim', 'park', 'kim', 'park'])    # Series
b_series = pd.Series(['one', 'one', 'two', 'two', 'one', 'one'])

tab_series = pd.crosstab(a_series, b_series)                          # 교차표 생성
print(tab_series)
```

```
# col_0  one  two
# row_0
# kim      2    1
# park     2    1
```

crosstab() 생성 예 : array list

```
arrays = [                                                          # 배열의 리스트
    np.array(['kim', 'park', 'kim', 'park', 'kim', 'park']),
    np.array(['one', 'one', 'two', 'one', 'two', 'two'])
]

tab_list = pd.crosstab(arrays[0], arrays[1])                        # 교차표 생성
print(tab_list)
```

```
# col_0  one  two
# row_0
# kim      1    2
# park     2    1
```

crosstab() 생성 예 : DataFrame

```
df = pd.DataFrame({
    "Gender": ["F","F","F","M","M","M","F","M","F","M"],
    "Passed": ["Yes","No","Yes","Yes","No","No","Yes","Yes","No","No"]
})

tab_df = pd.crosstab(index=df["Gender"], columns=df["Passed"])  # 빈도 교차표
print(tab_df)
```

```
# Passed  No  Yes
# Gender
# F        2    3
# M        3    2
```

```
tab_row = pd.crosstab(df["Gender"], df["Passed"],
                      normalize="index",
                      margins=True
                      )
print(tab_row)                                          # 행 비율 + All
```

```
# Passed    No    Yes
# Gender
# F       0.400 0.600
# M       0.600 0.400
# All     0.500 0.500
```

□

5.7.3 이산화와 가변수 생성 Discretization and Dummy Coding

데이터 분석 과정에서 연속형(continuous) 데이터를 분석 목적에 따라 일정한 개수의 구간(bins) 또는 그룹(groups)으로 재정의해야 하는 경우가 있다. 예를 들어 연령대 구분, 점수 등급화, 소득 구간 등이 대표적이다. 이러한 과정을 이산화(discretization)라 하고, 이산화의 결과로 얻어진 데이터는 범주형(categorical) 데이터로 간주된다.

이산화와 가변수

- cut()은 연속형 데이터를 지정된 구간(bins)으로 나누어 범주형으로 변환한다.
  - 균등 간격 또는 임의의 경계값을 지정할 수 있다.
  - 반환값은 범주형(categorical)이며, categories과 codes 속성을 가진다.
- qcut()는 분위수(quantiles)를 기준으로 빈도를 구간화한다.
  - 각 구간별 데이터가 일정하게 분포되도록 할 때 유용하다.
  - 중복 분위값이 발생하면 duplicates='drop' 옵션을 지정할 수 있다.
- get_dummies()는 범주형 변수를 가변수(dummy variable)로 생성한다.
  - drop_first=True는 기준 범주를 한 개 제거하여 모형의 다중공선성을 줄일 수 있다.
  - 여러 열에 동시에 적용할 수 있으며, 분석에서 자주 사용된다.

37 cut()

- 연속형 데이터를 일정한 구간(bins)으로 나누어 범주형으로 변환한다.
- bins는 구간 수(정수) 또는 경계값 배열로 지정할 수 있다
  - 기본 구간은 (a, b]이며, right = False는 [a, b)로 변경한다.
  - 무한 경계의 하한은 float('-inf'), 상한은 float('inf')로 지정할 수 있다.
- labels로 구간 이름을 지정 또는 labels=False로 정수 코드만 반환한다.
- 반환 객체는 범주형(categorical) 유형이며 categories와 codes 속성을 가진다.
- 반환된 Series에 value_counts()를 적용하면 구간별 빈도를 구할 수 있다.
- 데이터 값이 지정한 구간 범위를 벗어나면 오류가 발생하므로, 무한 경계 또는 충분한 여유 구간을 설정해야 한다.

cut() 적용 예

```
import pandas as pd

heights = [160, 172, 168, 178, 155, 183, 170, 162, 177, 180]
bins = [0, 160, 170, 180, float('inf')]                    # 구간 정의
labels = ['160 이하', '161-170', '171-180', '181 이상']     # 구간 별 레이블
heights_cut = pd.cut(heights, bins=bins, labels=labels)     # 이산화
print(heights_cut[:2])                                      # 처음 3개 확인
```

```
# ['160 이하', '171-180']
# Categories (4, object): ['160 이하' < '161-170' < '171-180' < '181 이상']
```

```
result = pd.DataFrame({'키': heights, '범주': heights_cut}) # 데이터 생성
print(result)
```

```
#      키    범주
# 0  160   160 이하
# 1  172  171-180
# 2  168  161-170
# 3  178  171-180
# 4  155   160 이하
# 5  183   181 이상
# 6  170  161-170
# 7  162  161-170
# 8  177  171-180
# 9  180  171-180
```

```
print(pd.value_counts(result['범주']).sort_index())        # 범주별 빈도 확인
```

```
# 범주
# 160 이하   2
# 161-170    3
# 171-180    4
# 181 이상   1
# Name: count, dtype: int64
```

명시적으로 구간의 경계값을 지정할 수 없는 경우에는 데이터의 범위를 균등한 간격으로 구분하는 구간의 수(bins)를 지정하여 생성할 수 있다. 이 경우, 각 구간의 범위는 균등하지만 데이터 구조에 따라 각 구간에 속한 데이터의 수는 서로 다를 수 있다.

```
data = np.random.normal(loc=100, scale=10, size=30)        # 난수 생성
groups = pd.cut(data, bins=3, precision = 2)               # 구간의 수 지정

for g in groups[:5]:                                        # 처음 5개 구간 확인
    print(g)
```

```
# (90.48, 106.19]
# (106.19, 121.9]
# (106.19, 121.9]
# (74.73, 90.48]
# (90.48, 106.19]
```

```
groups.value_counts()                                       # 그룹 별 데이터의 수
```

```
# (74.73, 90.48]      5
# (90.48, 106.19]    15
# (106.19, 121.9]    10
# Name: count, dtype: int64
```

□

38 qcut()

- 연속형 데이터의 분위수(quantiles)를 기준으로 일정한 개수의 구간으로 이산화한다.
- q는 분위수의 개수 또는 분위수 리스트를 지정할 수 있다.
- 각 구간에 속한 데이터는 대체로 동일한 개수로 분배된다.
- labels로 구간 이름을 지정할 수 있으며, labels=False는 정수 코드만 반환한다.
- 분위수 경계가 중복될 경우 duplicates='drop' 옵션으로 중복 경계를 제거할 수 있다.
- 반환 객체는 범주형(categorical)이며, categories, codes 속성을 갖는다.
- 소득, 점수, 연령과 같은 지표를 사분위수, 십분위수 등으로 그룹화한 통계 분석에 유용하다.

qcut() 적용 예

```
ages = [18, 21, 22, 25, 26, 29, 30, 32, 34, 36,
        38, 40, 42, 45, 47, 50, 52, 55, 58, 60]

ages_qcut = pd.qcut(ages, q=4)                        #  4분위수 구간화
for c in ages_qcut.categories:                        # 4 분위수 경계값
    print(c)
```

```
# (17.999, 28.25]
# (28.25, 37.0]
# (37.0, 47.75]
# (47.75, 60.0]
```

```
for i, v in enumerate(ages_qcut):                     # 처음 10개 출력
    if i >= 10:
        break
    print(i, v)
```

```
# 0 (17.999, 28.25]
# 1 (17.999, 28.25]
# 2 (17.999, 28.25]
# 3 (17.999, 28.25]
# 4 (17.999, 28.25]
# 5 (28.25, 37.0]
# 6 (28.25, 37.0]
```

```
# 7 (28.25, 37.0]
# 8 (28.25, 37.0]
# 9 (28.25, 37.0]
```

```
print(ages_qcut.codes)                                    # 정수 코드(0~3)
```

```
# [0 0 0 0 0 1 1 1 1 1 2 2 2 2 2 3 3 3 3 3]
```

```
labels = ['Q1', 'Q2', 'Q3', 'Q4']                        # 레이블 지정
ages_labeled = pd.qcut(ages, q=4, labels=labels)
result = pd.DataFrame({'나이': ages, '분위수': ages_labeled})   # 결과 정리
result.head(10)
```

```
#    나이 분위수
# 0  18  Q1
# 1  21  Q1
# 2  22  Q1
# 3  25  Q1
# 4  26  Q1
# 5  29  Q2
# 6  30  Q2
# 7  32  Q2
# 8  34  Q2
# 9  36  Q2
```

```
freq = pd.value_counts(ages_labeled).sort_index()
print(freq)
```

```
# Q1    5
# Q2    5
# Q3    5
# Q4    5
# Name: count, dtype: int64
```

□

연속형 변수는 이산화(discretization) 과정을 거쳐 범주형 데이터로 변환함으로써 범주형 분석을 적용할 수 있다. 반대로, 범주형 변수는 가변수(dummy variable)를 생성하여 다양한 통계 분석에 적용할 수 있다. 여기서 가변수란 k개의 범주를 갖는 범주형 변수로부터 0, 1 값을 갖는 k개의 변환된 변수군을 의미한다.

39 get_dummies()

- 범주형 변수를 $\{0, 1\}$ 값을 갖는 여러 개의 더미 변수(dummy variables)로 변환한다.
- columns은 특정 열만 선택하여 더미 변수를 생성할 수 있다.
- drop_first는 True로 설정하면 기준 범주를 하나 제거하여 다중공선성(multicollinearity)을 줄인다.
- dtype은 생성되는 더미 변수의 데이터 타입을 지정할 수 있으며, 기본은 uint8이다.
- 결과는 범주형 열을 분해하여 여러 개의 이진 열이 추가된 DataFrame을 반환한다.
- 회귀분석, 로지스틱 회귀, 트리 기반 모형, 신경망 등 범주형 변수를 직접 다루지 못하는 모델에서 유용하다.

get_dummies 활용 예

```
scores = [95, 82, 76, 61, 59, 88, 73, 99, 65, 70]
bins = [0, 60, 70, 80, 90, 100]
labels = ['F', 'D', 'C', 'B', 'A']
grades = pd.cut(scores, bins=bins, labels=labels, right=True) # 점수의 학점 변환

df = pd.DataFrame({'점수': scores, '학점': grades})
print(df)
```

```
#    점수 학점
# 0  95  A
# 1  82  B
# 2  76  C
# 3  61  D
# 4  59  F
# 5  88  B
# 6  73  C
# 7  99  A
# 8  65  D
# 9  70  D
```

```
dummies = pd.get_dummies(df['학점'], prefix='학점')          # 가변수 생성
print(dummies)

#    학점_F  학점_D  학점_C  학점_B  학점_A
# 0  False  False  False  False   True
# 1  False  False  False   True  False
# 2  False  False   True  False  False
# 3  False   True  False  False  False
# 4   True  False  False  False  False
# 5  False  False  False   True  False
# 6  False  False   True  False  False
# 7  False  False  False  False   True
# 8  False   True  False  False  False
# 9  False   True  False  False  False

df_with_dummies = pd.concat([df, dummies], axis=1)            # 원본과 통합
print(df_with_dummies)

#   점수 학점  학점_F  학점_D  학점_C  학점_B  학점_A
# 0  95   A  False  False  False  False   True
# 1  82   B  False  False  False   True  False
# 2  76   C  False  False   True  False  False
# 3  61   D  False   True  False  False  False
# 4  59   F   True  False  False  False  False
# 5  88   B  False  False  False   True  False
# 6  73   C  False  False   True  False  False
# 7  99   A  False  False  False  False   True
# 8  65   D  False   True  False  False  False
# 9  70   D  False   True  False  False  False
```

□

5.7.3.1 범주 데이터의 확장형 Categorical Extension Type

범주형 데이터(Categorical Data)란 특정 개수의 범주(categories) 또는 클래스(class)로 분류된 데이터를 말한다. 이는 측정 척도에 따라 순서가 없는 명목형(nominal)과 순서가 있는 순서형(ordinal)로 구분되고, 일반적으로 문자열 형태로 정의되어 메모리를 효율적으로 사용하지 못하는 단점을 갖는다. pandas는 범주형 데이터를 위하여 범주 데이터 유형인 Categorical 유형을 제공한다. 이를 이용하면 다음과 같은 장점을 갖는다.

Categrical 유형의 장점

- 메모리 절약: 내부적으로 각 범주가 문자열이 아닌 정수로 인코딩되어 저장되므로 메모리 사용량이 줄어든다. 특히 고유 범주의 수가 적을 때 더욱 유용하다.
- 계산 속도 향상: 정수 인코딩된 범주는 연산 효율이 높아, 많은 범주형 변수 또는 많은 범주의 수를 가진 경우에도 분석 속도가 빨라진다.
- 함수 및 메서드 지원: 범주형 전용 함수와 메서드를 적용할 수 있어 시각화와 분석 작업을 더 쉽게 수행할 수 있다.
- 데이터 일관성: 범주를 사전에 정의하면 입력 가능한 값이 제한되어 잘못된 입력을 방지하고, 데이터의 일관성과 정확성을 높일 수 있다.

40 범주 확장형(CategoricalDtype)

- 확장 데이터 유형으로 categories와 codes라는 두 가지 속성을 가진다.
- categories는 범주 이름들의 집합을 정의한다.
- codes는 각 데이터 값이 속하는 범주의 정수 인덱스 배열을 지정한다.
- ordered=True는 범주 간 순서를 정의한다.
- cut, qcut 함수의 결과는 기본적으로 범주 확장형(categorical)으로 반환된다.
- 단순 문자열(object)보다 메모리 효율성이 높고, 범주 연산이 빠르다.

확장 범주형 적용 예

- cat은 범주형 데이터 접근자(accessor)이며, 범주 확장형의 속성과 메서드에 접근할 수 있다.
- astype('category')는 객체를 범주 확장형으로 변환하며, categories와 codes 속성을 갖는다.

```
medals = ['Gold', 'Silver', 'Bronze', 'Gold', 'Silver',
          'Gold', 'Bronze', 'Silver', 'Gold']
df = pd.DataFrame({'medal': medals})
```

```
df['medal'] = df['medal'].astype('category')          # 확장 범주형 객체로 변환
print(df['medal'].cat.categories)                      # 범주 명
```

```
# Index(['Bronze', 'Gold', 'Silver'], dtype='object')
```

```
print(df['medal'].cat.codes.tolist())                  # 정수 코드
```

```
# [1, 2, 0, 1, 2, 1, 0, 2, 1]
```

```
print(df['medal'].value_counts())                      # 범주별 빈도
```

```
# medal
# Gold      4
# Silver    3
# Bronze    2
# Name: count, dtype: int64
```

astype('category')와 pd.Categorical()

- astype('category'): 기존 Series나 DataFrame 열을 범주형으로 변환한다.
  - 데이터에 존재하는 고유값을 자동으로 categories로 지정한다.
  - 기본적으로 순서(ordered)는 고려하지 않는다.
- pd.Categorical(): 리스트나 배열에서 직접 범주형 객체를 생성한다.
  - categories와 ordered=True/False를 사용자가 직접 정의할 수 있다.
  - 데이터에 존재하지 않는 범주도 미리 포함시킬 수 있다.
  - 독립적인 범주형 객체를 만들 때 또는 특정 순서가 필요한 경우 유용하다.

astype('category')와 pd.Categorical()의 비교 예

```
# astype('category')
df_medal = pd.DataFrame({'Medal': ['Gold', 'Silver', 'Bronze', 'Gold']})

df_medal['Medal'] = df_medal['Medal'].astype('category')
print("astype 변환:", df_medal['Medal'].cat.categories)
```

```
# astype 변환: Index(['Bronze', 'Gold', 'Silver'], dtype='object')
```

```
# pd.Categorical()
cat_medal = pd.Categorical(['Gold', 'Silver', 'Bronze', 'Gold'],
                           categories=['Gold', 'Silver', 'Bronze', 'Platinum'],
                           ordered=True)
print("pd.Categorical 생성:", cat_medal.categories)
```

```
# pd.Categorical 생성: Index(['Gold', 'Silver', 'Bronze', 'Platinum'], dtype='object')
```

순서의 부여와 제거

- as_ordered()는 입력된 범주를 문자 순서 기준으로 순서형을 반환한다.
- as_reorder_categories(new_order): 사용자가 지정한 순서에 맞게 범주의 순서를 변경하고 순서형으로 반환한다.
- as_unordered(): 기존에 지정된 순서를 제거하고 명목형 범주형으로 변환한다.

순서의 부여와 제거

```
ordered = df['medal'].cat.as_ordered()            # 순서 부여
print(ordered)
```

```
# 0      Gold
# 1    Silver
# 2    Bronze
# 3      Gold
# 4    Silver
# 5      Gold
# 6    Bronze
# 7    Silver
# 8      Gold
# Name: medal, dtype: category
# Categories (3, object): ['Bronze' < 'Gold' < 'Silver']
```

```
print("categories:", ordered.cat.categories)
```

```
# categories: Index(['Bronze', 'Gold', 'Silver'], dtype='object')
```

```
reordered = df['medal'].cat.reorder_categories(         # 사용자 지정 순서
    ['Bronze', 'Silver', 'Gold'], ordered=True        # Bronze < Silver < Gold
)
print(reordered)
```

```
# 0      Gold
# 1    Silver
# 2    Bronze
# 3      Gold
# 4    Silver
# 5      Gold
# 6    Bronze
# 7    Silver
# 8      Gold
# Name: medal, dtype: category
# Categories (3, object): ['Bronze' < 'Silver' < 'Gold']
```

```
print("categories:", reordered.cat.categories)
```

```
# categories: Index(['Bronze', 'Silver', 'Gold'], dtype='object')
```

```
unordered = reordered.cat.as_unordered()                # 순서 제거
print(unordered)
```

```
# 0      Gold
# 1    Silver
# 2    Bronze
# 3      Gold
# 4    Silver
# 5      Gold
# 6    Bronze
# 7    Silver
# 8      Gold
# Name: medal, dtype: category
# Categories (3, object): ['Bronze', 'Silver', 'Gold']
```

```
    print("categories:", unordered.cat.categories)

# categories: Index(['Bronze', 'Silver', 'Gold'], dtype='object')
```

범주의 제거

- remove_categories(removals)는 지정된 범주를 범주 집합(categories)에서 제거하고, 해당 범주를 갖는 데이터 값은 NaN으로 처리된다.
- drop(removals): 지정된 범주를 포함하는 행 전체를 제거한다. 즉, 데이터 자체에서 해당 범주값을 삭제한다.

범주의 제거 예

```
    medals = ['Gold', 'Silver', 'Bronze', 'Gold', 'Silver', 'Bronze']
    df = pd.DataFrame({'medal': medals})
    df['medal'] = df['medal'].astype('category')

    removed = df['medal'].cat.remove_categories(['Bronze'])# 범주 제거: NaN으로 대체
    print("categories:", removed.cat.categories.tolist())

# categories: ['Gold', 'Silver']


    print(removed)

# 0      Gold
# 1    Silver
# 2       NaN
# 3      Gold
# 4    Silver
# 5       NaN
# Name: medal, dtype: category
# Categories (2, object): ['Gold', 'Silver']


    dropped = df.loc[~df['medal'].isin(['Bronze']), :] # 해당 범주값이 있는 행 제거
    print(dropped.reset_index(drop=True))
```

```
#     medal
# 0    Gold
# 1  Silver
# 2    Gold
# 3  Silver
```

사전 정의된 데이터로 부터 확장형 정의

- Categorical.from_codes(codes, categories)는 사전에 정의된 categories와 codes를 이용하여 범주형 데이터를 생성한다.
- remove_unused_categories()는 데이터에서 사용되지 않은 범주를 제거하고, 유효한 범주만 남긴 범주형 객체를 반환한다.

```
import pandas as pd

codes = [0, 1, 2, 1, 0, 2, 4, 3, 1, 0]
categories = ['A', 'B', 'C', 'D', 'F']

grades = pd.Categorical.from_codes(codes, categories=categories)
print(grades)
```

```
# ['A', 'B', 'C', 'B', 'A', 'C', 'F', 'D', 'B', 'A']
# Categories (5, object): ['A', 'B', 'C', 'D', 'F']
```

```
print("categories:", grades.categories.tolist())
```

```
# categories: ['A', 'B', 'C', 'D', 'F']
```

```
print("codes:", grades.codes.tolist())
```

```
# codes: [0, 1, 2, 1, 0, 2, 4, 3, 1, 0]
```

```
# 'Pass', 'Fail'을 추가: 실제 데이터에는 없음
categories_extended = ['A', 'B', 'C', 'D', 'F', 'Pass', 'Fail']
grades_extended = pd.Categorical.from_codes(codes,
                                            categories=categories_extended)
print(grades_extended)
```

```
# ['A', 'B', 'C', 'B', 'A', 'C', 'F', 'D', 'B', 'A']
# Categories (7, object): ['A', 'B', 'C', 'D', 'F', 'Pass', 'Fail']
```

```
print("categories:", grades_extended.categories.tolist())
```

```
# categories: ['A', 'B', 'C', 'D', 'F', 'Pass', 'Fail']
```

```
# 불필요한 범주 제거
grades_cleaned = grades_extended.remove_unused_categories()
print(grades_cleaned)
```

```
# ['A', 'B', 'C', 'B', 'A', 'C', 'F', 'D', 'B', 'A']
# Categories (5, object): ['A', 'B', 'C', 'D', 'F']
```

```
print("categories:", grades_cleaned.categories.tolist())
```

```
# categories: ['A', 'B', 'C', 'D', 'F']
```

□

입력해야 할 데이터가 많은 경우 다음의 방법이 효율적이다.

효율적인 범주형 데이터 입력

- categories를 사전에 정의하여 사용할 범주 집합을 고정한다.
- codes에는 문자열 대신 정수를 입력하여 데이터 입력을 효율화한다.
- 데이터 생성 후 remove_unused_categories() 메서드를 적용하여 사용되지 않는 범주를 제거한다.
- 이를 통해 입력 오류를 줄이고, 데이터 크기를 최적화할 수 있다.

범주형 데이터 생성 예

```
categories = ['A', 'B', 'C', 'D']                  # categories 사전 정의
codes = [0, 1, 2, 0, 1]                            # 범주형 데이터 생성(A, B, C, A, B)
grades = pd.Categorical.from_codes(codes, categories=categories)
print(grades.categories)                           # 사용되지 않은 categories 확인
grades_clean = grades.remove_unused_categories()  # 불필요한 categories 제거
print(grades_clean.categories)                     # 최종 확인
```

5.8 그래프 생성 Graphing

pandas의 Series와 DataFrame은 다음 장에서 소개할 맷플롯립(Matplotlib)을 백엔드로 사용하는 plot() 메서드를 통해 다양한 형태의 그래프를 손쉽게 생성할 수 있다[42].

plot() 메서드

- plot()는 Series와 DataFrame 모두에서 기본 그래프를 생성할 수 있으며, Matplotlib를 별도로 import하지 않아도 된다.
- Series는 선 그래프(line), 막대 그래프(bar) 등 단일 변수 중심의 그래프를 바로 생성할 수 있다.
- DataFrame은 여러 변수를 동시에 시각화할 수 있으며, 2차원 그래프인 scatter, hexbin도 지원한다.

표 5.19: plot()의 주요 그래프

유형	설명
line	선 그래프(기본값)
bar	수직 막대 그래프
barh	수평 막대 그래프
hist	히스토그램
box	박스 플롯
density	커널 밀도 추정 그래프
kde	density와 동일 기능
area	영역 그래프
pie	원형 그래프
scatter	2차원 데이터의 산점도
hexbin	2차원 데이터에 대한 hexbin 그래프

[42] 백엔드(backend)란 pandas가 그래프를 생성하고 화면에 렌더링할 때 내부적으로 Matplotlib 라이브러리의 기능을 호출한다는 의미이다. 즉, pandas의 plot() 메서드는 Matplotlib의 기능을 보다 간단하게 사용할 수 있도록 wrapping된 인터페이스이다.

다음은 간단한 랜덤 워크(Random Walk)를 pandas의 plot() 함수로 구현하는 예제이다[43]. 이의 모형은 다음과 같다. 여기서, 초기값은 $y_0 = 0$이다.

$$y_t = y_{t-1} + z_t, \quad t = 1, 2, \ldots, n, \quad z_t \sim N(0, \sigma^2)$$

plot() 적용 예: Series

```
np.random.seed(311)
n = 100
random_wk = pd.Series(np.random.standard_normal(n).cumsum()) # Random Walk 생성
random_wk.plot()                                              # 그래프 생성
```

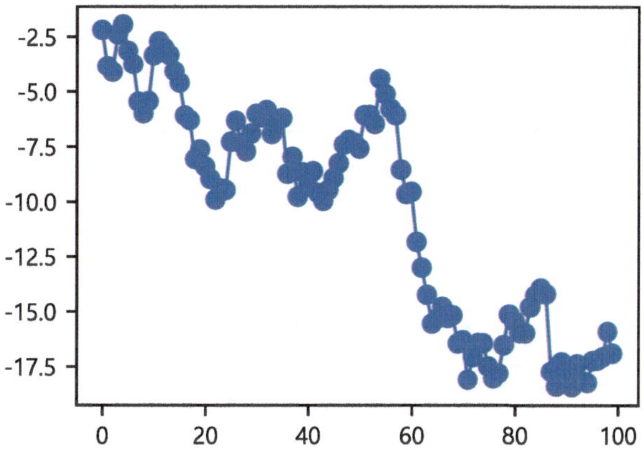

plot() 적용 예: DataFrame

```
rw1 = np.random.standard_normal(n).cumsum()           # 첫번째 Random Walk
rw2 = np.random.standard_normal(n).cumsum()           # 두번째 Random Walk
df = pd.DataFrame({                                   # DataFrame 정의
    'RW 1': rw1,
    'RW 2': rw2
})
df.plot()                                             # 그래프 생성
```

[43] 이는 통계학과 수학에서 자주 사용되는 개념으로, 시간에 따른 값의 변화를 모델링하는데 사용된다. 예를 들어, 주식 가격의 변동, 입자의 브라운 운동, 경제 지표의 변화 등 다양한 분야에서 모델을 적용할 수 있다.

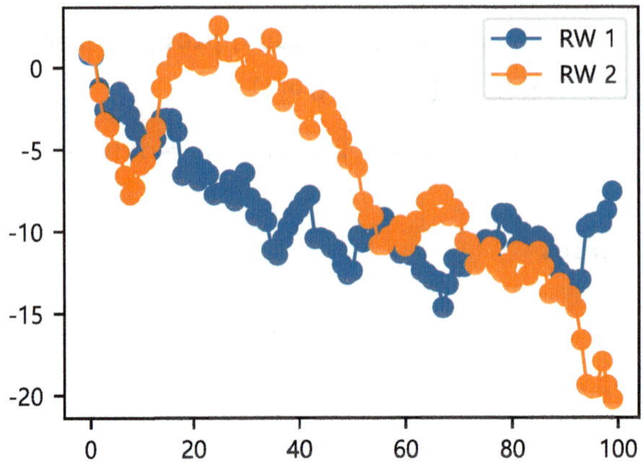


```
df.plot.scatter(x = 'RW 1', y='RW 2')                # Scatter plot
```

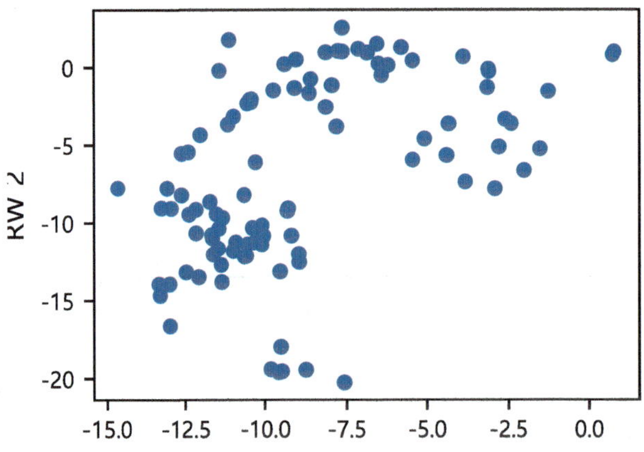

범주형 데이터의 막대그림

- plot.bar, plot.barh는 DataFrame의 인덱스를 기준으로 막대 그래프를 생성한다.
- 기본적으로 정수형 인덱스 (0, 1, 2, ...)가 x축 또는 y축에 표시된다.
- 여러 열로 구성된 DataFrame은 각 열을 그룹으로 가정하여, 그룹별 막대를 묶어서 표현한다.
- stacked=True 옵션을 지정하면, 각 행의 값들을 하나의 막대에 누적하여 표현한다.

막대 그림 예: 수직형과 수평형

```
np.random.seed(311)
customer_ids = [f'Customer {i}' for i in range(1, 11)]
locations = ['A', 'B', 'C']
df = pd.DataFrame({
    'Customer ID': customer_ids,
    'A': np.random.randint(1, 20, size=10)
})
df.plot.bar()                                        # 수직형 막대 그래프
```

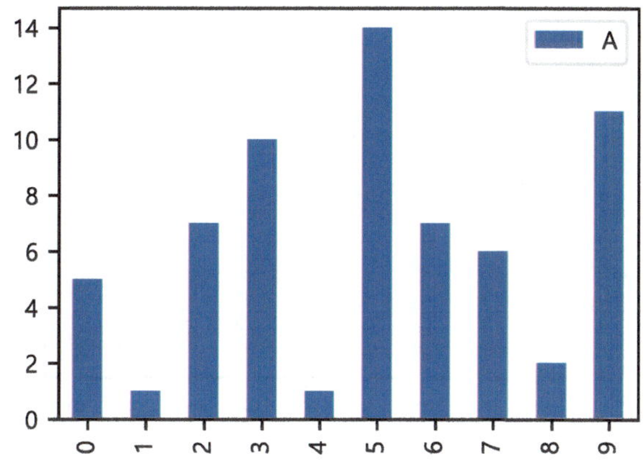


```
df.plot.barh()                                       # 수평형 막대 그래프
```

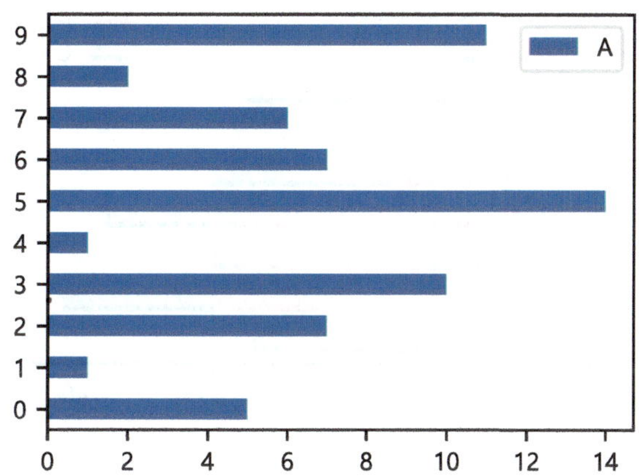

두개의 범주형 변수 적용 예: 수평형과 수직형

```
df_all = pd.DataFrame({
    'Customer ID': customer_ids,
    'A': np.random.randint(1, 20, size=10),
    'B': np.random.randint(1, 20, size=10),
    'C': np.random.randint(1, 20, size=10)
})
df_all.plot.bar()                                    # 수직형 그룹별 막대 그래프
```

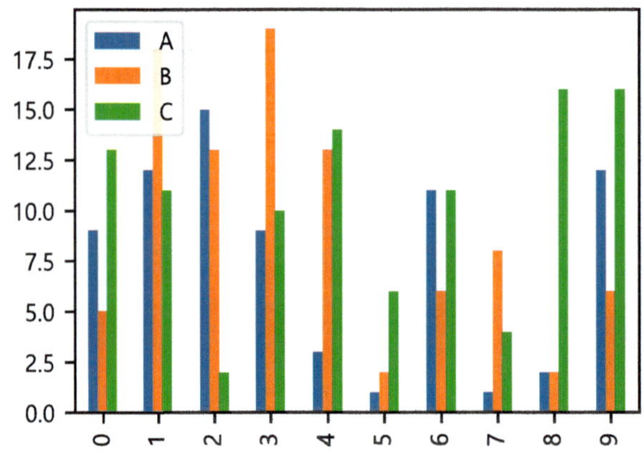


```
df_all.plot.barh(stacked=True)                       # 수평형 그룹별 막대 그래프
```

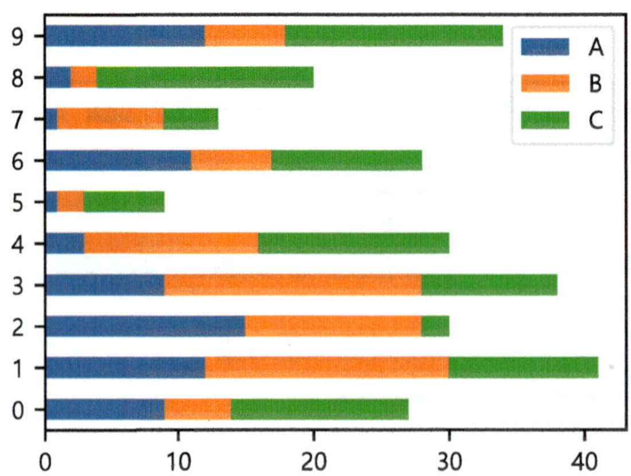

pandas의 plot() 함수는 간단하게 기본 그래프를 생성할 수 있고, Series와 DataFrame에 따라 다양한 인수를 제공하지만, 이는 다른 시각화 라이브러리와 비교하면 매우 제한적이다. 따라서, 분석 과정에서 임시적으로 검토하는 그래프를 생성할 때는 간단한 plot()을 사용하여 결과를 점검하고, 축 라벨, 레이아웃 조정 등 세부적 요소의 상세 제어가 필요한 경우에는 [제 6 장]과 [제 7 장]에서 다룰 맷플롯립(Matplotlib)이나 시본(Seaborn) 라이브러리를 사용하는 것을 권장한다.

6 맷플롯립 Matplotlib

시각화 도구(visualization tools)는 이상점(outliers), 패턴(patterns), 추세(trends)를 식별하고, 다양한 모형의 적합성을 검토하는 데 유용한 정보를 제공한다(Anscombe, 1973; Tukey, 1977)[1,2].

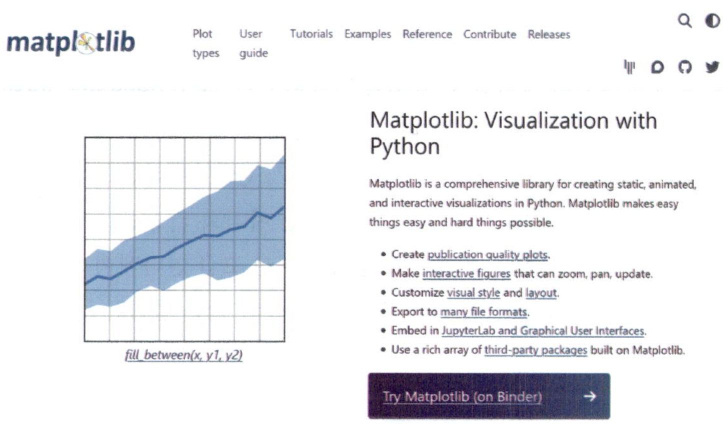

<https://matplotlib.org/>

데이터 분석을 위한 대상 데이터가 정제되면, 다양한 탐색(Exploratory) 과정을 통하여 데이터에 대한 이해와 함께 분석의 방향을 결정해야 한다. 이 과정에서 시각화(Visualization)를 위한 다양한 종류의 차트(charts)와 그래프(graphs)는 데이터로부터의 통찰력 확보, 합리적 의사 결정을 위한 객관적 기준 설정 그리고 데이터 소비자와의 커뮤니케이션 강화 등에서 효율적이면서도 효과적인 방법을 제공한다(고승곤, 2025)[3,4,5].

[1]Anscombe, F. J. (1973). "Graphs in Statistical Analysis." The American Statistician, 27(1), 17–21.

[2]Tukey, J. W. (1977). Exploratory Data Analysis. Addison-Wesley.

[3]고승곤(2025). Python EDA: 탐색적 데이터 분석, 교우사.

[4]시각화(Visualization)란 데이터를 차트, 그래프, 맵, 다이어그램 등과 같은 시각적 형태로 표현하여 정보와 통찰을 쉽게 이해하고 분석할 수 있도록 하는 과정을 말한다.

[5]차트(charts)란 데이터를 시각적으로 표현한 도표를 의미하며, 주로 비교, 분류, 순서 등을 강조하기 위해 사용한다. 그래프(graphs)는 수학적 또는 통계적 데이터를 시각적으로 표현한 것으로 주로 함수나 데이터간의 관계를 표현하는데 사용한다.

Python은 시각화에 유용한 다양한 라이브러리와 모듈을 제공한다. 예를 들어, pandas 라이브러리에서는 plot() 함수를를 통하여 Series와 DataFrame으로부터 다양한 차트와 그래프를 쉽게 생성할 수 있다. 이는 Matplotlib 라이브러리를 백엔드(backend)로 사용하는 편리한 랩핑(wrapping) 기능으로, Matplotlib에서 제공하는 다양한 플롯(plot) 생성 및 제어 관련 함수/메서드를 함께 적용할 수 있다(Hunter, 2007)[6]

Numpy를 기초로 개발된 맷플롯립(Matplotlib)은 다양한 차트와 그래프 생성을 위한 라이브러리 중의 하나이다[7]. 이는 다양한 사용 환경과 사용자 요구 사항에 대응하는 플롯 생성과 구성 요소에 대한 유연한 제어가 가능하도록 설계되었다. 특히, 사용자 요구 사항들 - 제목, 축 이름, 라벨 등 - 을 세부적으로 섬세하게 조정할 수 있는 고품질의 플롯을 생성하고, 이를 pdf, jpg, png, gif 등의 다양한 파일 형식으로 저장할 수 있다. 하지만, 제어를 원하는 플롯의 구성 요소들을 개별적으로 지정해야 한다는 불편함을 갖는다.

Matplotlib을 기반으로 개발된 시본(Seaborn) 라이브러리는 Matplotlib.Pyplot이 제공하는 대부분의 함수/메서드와 호환되면서 데이터 분석에서 자주 사용되는 다양한 형태의 고품질 차트와 그래프를 쉽게 생성하고 제어할 수 있도록 설계되었다. 또한 pandas의 DataFrame 객체와 원활하게 연동되어, 열(columns) 기준으로 다양한 플롯을 생성하고, 축 레이블에 열 이름을 자동으로 설정하는 등, 용이한 데이터 시각화 작업을 가능하게 한다. 이러한 호환성 덕분에 사용자는 pandas의 간편한 데이터 처리 기능과 Seaborn의 강력한 시각화 기능을 결합하여 더욱 효율적인 시각화 작업을 수행할 수 있으며, 통계적 그래프 생성을 위한 고급 인터페이스를 제공한다. 데이터 분석 관점에서 이러한 그래프 생성 관련 라이브러리/모듈의 활용 범위는 [그림 6.1]와 같다.

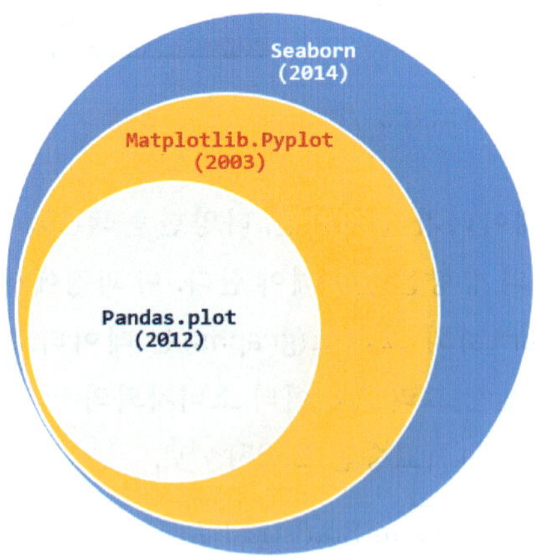

그림 6.1: 데이터 분석에서 pandas.plot-Matplotlib.Pyplot-Seaborn의 활용 범위

[6] Hunter, J. D. (2007). Matplotlib: A 2D graphics environment. Computing in Science & Engineering, 9(3), 90–95.

[7] Matplotlib은 2003년에 John D. Hunter가 MATLAB과 유사한 플롯 기능을 Python에서 제공하기 위하여 제안되었다.

여기서는 Matplotlib을 이용한 플롯(plot) 생성과 구성 요소를 세부적으로 제어하는 방법을 설명한다. 먼저 Matplotlib 라이브러리를 이용한 플롯 생성과 서브 플롯(subplot)의 레이아웃 배치, 세부 요소 지정 및 조정 방법 그리고 다양한 파일 포맷으로 생성된 플롯을 저장하는 방법을 확인한다[8].

Matplotlib 설치: pip install matplotlib

Matplotlib은 다양한 모듈로 구성되어 있으며, 그중 Pyplot 모듈은 차트와 그래프를 포함한 플롯 생성을 지원한다. 일반적으로 Pyplot 모듈의 import 컨벤션은 다음과 같다. import 이후에는 plt라는 별칭을 통해 활용한다.

import 컨벤션

```
import matplotlib.pyplot as plt
```

그래프에서 한글 표현

- plt.rc()의 중요 옵션과 지정값은 그래프 전역 옵션의 설정 참조 [pp. 385]

```
plt.rc('font', family='Malgun Gothic')     # 시스템에 설치된 한글 폰트 설정
```

[8] 시각화 도구에서 플롯(plot)은 차트와 그래프를 모두 포함하는 더 넓은 범주의 용어이다.

6.1 플롯 생성과 배치 Plot Creation and Layout

Matplotlib에서 생성되는 모든 플롯은 Figure 객체 안에 포함된다. Figure는 하나 이상의 Axes 객체를 담는 컨테이너(container)이며, 하나의 Figure 안에는 여러 개의 서브플롯을 배치할 수 있다.

개별 Axes 객체는 독립적인 플롯 단위를 구성하며, 각 플롯의 제목, 축 레이블, 눈금과 눈금 레이블, 선, 마커 등의 다양한 심미적 요소를 제어한다. 따라서 실제 그래프의 시각적 표현은 주로 Axes 단위에서 이루어진다.

플롯 생성과 출력[9]

- plt.figure는 새로운 Figure 객체를 생성한다.
  - figsize=(width, height)를 이용하여 플롯의 크기를 인치 단위로 지정한다.
- plt.show()는 생성된 플롯을 지정된 방법(콘솔, 독립된 창, 에디터 창 등)으로 출력한다.
- savefig("파일명", dpi=k): 생성된 플롯을 지정된 파일명으로 저장한다.
  - dpi는 해상도를 의미하며, 기본값은 100이다.

Matplotlib은 플롯을 만드는 두 가지 방식을 제공한다. Pyplot 인터페이스는 자동으로 Figure와 Axes를 생성하여 간단한 플롯에 적합하고, 객체 지향 인터페이스는 사용자가 이를 직접 정의할 수 있어서 복잡한 플롯과 세밀한 제어에 유리하다(Pyplot vs. 객체 지향 [p.??] 참조).

Matplotlib 플롯 생성 인터페이스 비교

표 6.1: Matplotlib 인터페이스 방식 비교

방법	장점	단점
Pyplot	- MATLAB 스타일	- 전역 상태 기반으로 설정 제약
	- 간결하고 쉬운 코드	- 다중 플롯 및 세밀한 조정 제한
	- 간단한 그래프 빠르게 생성	
객체 지향	- 모든 플롯 요소 제어 가능	- 난이도 높은 문법
	- 효과적인 레이아웃 관리	- 비교적 복잡한 코드
	- 대규모 프로젝트에 적합	

[9] Jupiter Notebook 환경에서는 %matplotlib notebook 그리고 IPython 환경에서는 %matplotlib을 실행하여 인터렉티브 플롯을 사용할 수 있다. RStudio에서는 별도의 환경 설정을 하지 않아도 Plots 창에서 결과를 확인할 수 있다.

Matplotlib에서는 단일 또는 다중 플롯 생성을 위한 다양한 함수들 - plt.plot(), plt.subplot(), plt.subplots() 등 - 을 제공한다.

- plt.plot()은 별도의 설정 없이 빠르게 단일 플롯을 생성할 수 있는 간단한 함수로, 가장 기본적인 시각화 작업에 적합하지만, 여러 플롯을 배치하는 데는 한계가 있다.
- plt.subplot()은 단일 창에 여러 플롯을 배치할 수 있는 함수로, 행과 열을 지정하여 subplot들을 생성할 수 있으나, 각 플롯에 대한 세부 조정이 어렵고 코드가 길어진다는 단점이 있다
- plt.subplots()는 Matplotlib에서 가장 유연하고 강력한 함수 중 하나로, 한번에 subplot들을 한 번에 생성하고, 각 플롯을 개별적으로 조정할 수 있는 객체(Axes)를 반환하므로 시각화 작업에서 자주 사용된다.

plt.subplots()의 중요 옵션

옵션	설명	가능한 값
nrows	서브플롯 그리드의 행 수	Integer
ncols	서브플롯 그리드의 열 수	Integer
figsize	전체 그림의 크기 (width, height)	(tuple)
sharex	다른 서브플롯과 x축 공유	Boolean 또는 Axes 객체
sharey	다른 서브플롯과 y축 공유	Boolean 또는 Axes 객체
constrained_layout	서브플롯 간 간격 자동 조정	True 또는 False
gridspec_kwargs	서브플롯 간격 관련 키워드 설정	dict
subplot_kw	각 서브플롯 생성 시 개별 옵션 전달	dict

단일 플롯의 생성

- constrained_layout=True를 지정하면 각 요소의 크기와 위치를 계산하여 자동으로 간격을 조정한다.

```
fig, ax = plt.subplots(constrained_layout=True)  # Figure 객체와 Axes 객체 정의
ax.plot([1, 2, 3, 4], [10, 20, 25, 30])          # Axes 객체를 통하여 플롯 생성
ax.set_title('단일 그림')                          # 심미적 요소 조절
ax.set_xlabel('X-축')
ax.set_ylabel('Y-축')

plt.show()
```

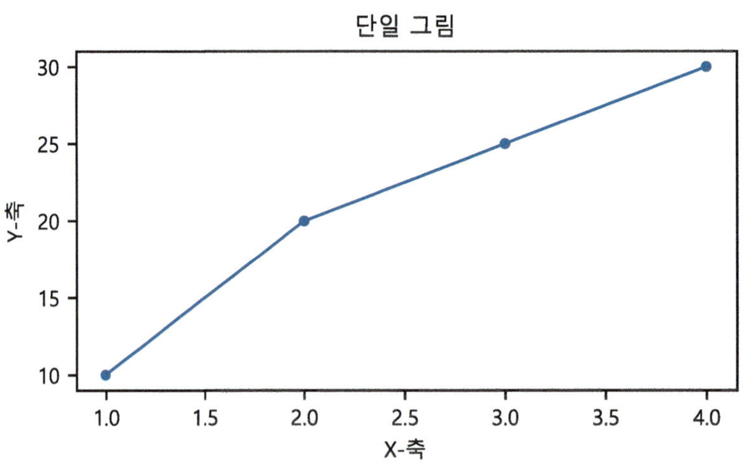

plt.subplots()은 동일한 크기의 서브플롯을 배열 형식으로 배치할때 유용하다.

다중 플롯의 생성

- plt.subplots(nrows, ncols)는 생성된 서브플롯 객체를 담는 Numpy 배열을 반환한다.
- axes 배열은 2차원 배열처럼 색인할 수 있다.

```
fig, axs = plt.subplots(3, 2)            # Figure 객체 생성
print(type(axs))                         # [결과] <class 'numpy.ndarray'>
```

생성된 객체 배열의 색인은 다음과 같다.

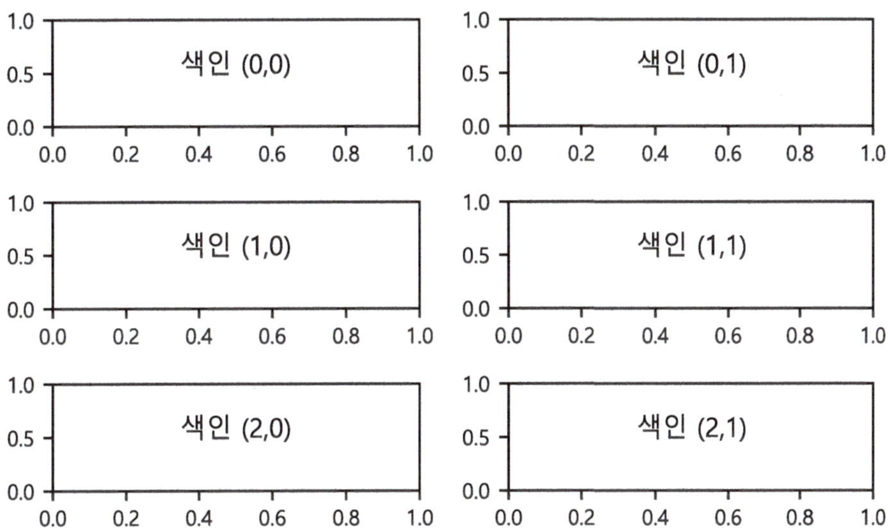

다중 플롯을 생성할 때, 다음의 메서드가 유용하다.

- subtitle()은 Figure 객체내의 서브플롯 집단의 제목을 지정한다[10].
  - fontsize 옵션을 지정할 수 있고, y 인수로 상대적인 수직 위치를 조정한다.
- plt.tight_layout()은 서브플롯의 배치 영역을 자동으로 조정한다[11].
  - 서브플롯 간의 간격과Figure의 경계 간의 간격을 최적화한다.

[10] y 값은 Figure 전체 높이를 기준으로 한 상대적인 위치를 나타낸다. y=1.0은 가장 상단, y=0.0은 가장 하단을 의미하며, y=1.02는 상단보다 약간 위쪽에 제목을 배치한다.

[11] left와 right에서 0은 왼쪽 끝, 1은 오른쪽 끝을 의미하며, bottom과 top에서 0은 아래 끝, 1은 위 끝을 의미한다. 예를 들어, rect=[0, 0.03, 1, 0.95]로 지정되었다면, 아래에 3%, 위에 5%의 여백을 지정한 것이다.

- rect = [left, bottom, right, top]은 서브플롯 배치 영역을 [0,1] 값으로 지정한다.

```
fig, axs = plt.subplots(1, 2)
fig.suptitle('다중 플롯: (1, 2) 형태', fontsize=11, y=0.95)  # Figure 전체 제목 설정

axs[0].plot([1, 2, 3, 4], [10, 20, 25, 30])              # 첫 번째 Axes 객체 설정
axs[0].set_title('그림 1')
axs[0].set_xlabel('X 축')
axs[0].set_ylabel('Y 축')

axs[1].plot([1, 2, 3, 4], [30, 25, 20, 10])             # 두 번째 Axes 객체 설정
axs[1].set_title('그림 2')
axs[1].set_xlabel('X 축')
axs[1].set_ylabel('Y 축')

fig.tight_layout()                                      # 여백 자동 조정(기본값)

plt.show()
```

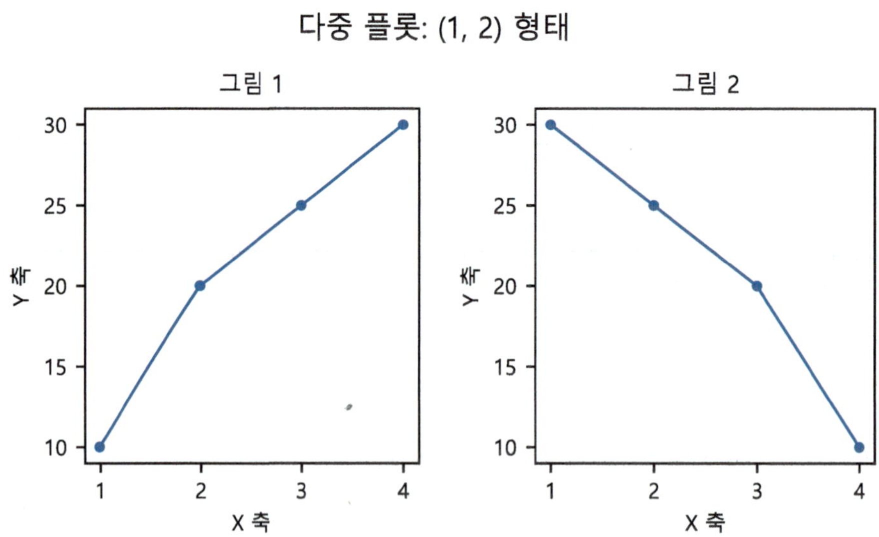

fig.tight_layout(rect=[0.0, 0.1, 0.8, 0.9])을 적용해 보세요.

[Case I] 여러 행에 서로 다른 크기의 그래프 배열

```
import matplotlib.pyplot as plt
import matplotlib.gridspec as gridspec
#
# Figure 객체 생성(Axes 객체 생성하지 않음음)
fig = plt.figure()
#
# GridSpec 객체 생성(3X2)
gs = gridspec.GridSpec(3, 2)
#
# 서브플롯 생성 및 위치 지정
ax1 = fig.add_subplot(gs[0, :])  # 첫 번째 행 전체
ax2 = fig.add_subplot(gs[1, 0])  # 두 번째 행의 첫 번째 열(왼쪽)
ax3 = fig.add_subplot(gs[1, 1])  # 두 번째 행의 두 번째 열(오른쪽)
ax4 = fig.add_subplot(gs[2, :])  # 세 번째 행 전체
#
# add_subplot()이 생성한 Axes 객체에 플롯 정의
ax1.plot([1, 2, 3, 4], [10, 20, 25, 30])
ax1.set_title('그림 1 (행 전체)')
#
ax2.plot([1, 2, 3, 4], [30, 25, 20, 10])
ax2.set_title('그림 2')
#
ax3.plot([1, 2, 3, 4], [5, 15, 10, 20])
ax3.set_title('그림 3')
#
ax4.plot([1, 2, 3, 4], [25, 20, 15, 10])
ax4.set_title('그림 4(행 전체)')
#
# 전체 제목을 위한 상단 여백 확보
fig.tight_layout(rect=[0, 0, 1, 0.95])
# Figure의 전체 제목 설정
fig.suptitle('서로 다른 크기의 행별 다중 그림', fontsize=11, y=0.95)
# 그래프 확인
plt.show()
```

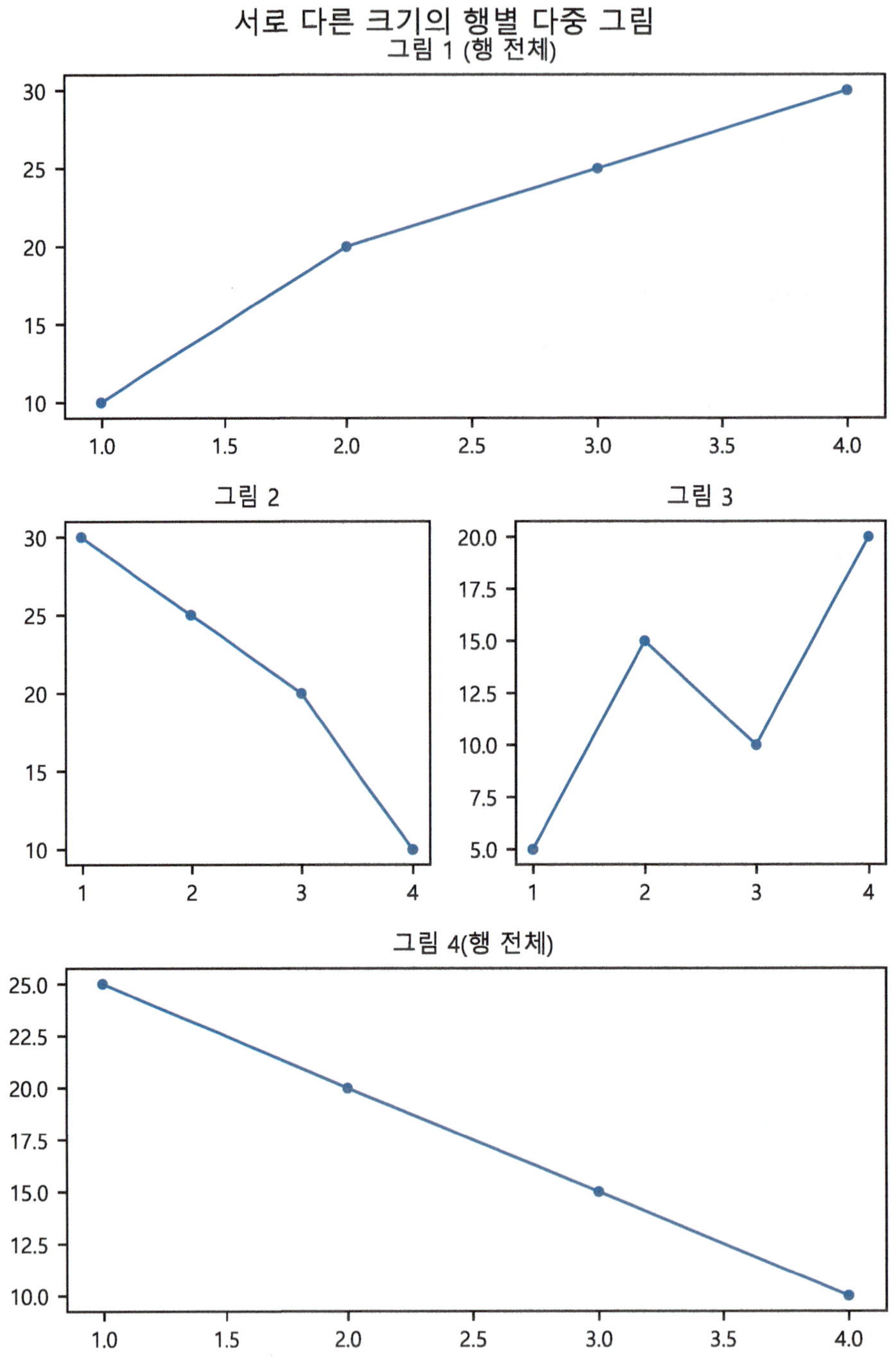
서로 다른 크기의 행별 다중 그림
그림 1 (행 전체)
30
25
20
15
10
1.0
1.5
2.0
2.5
3.0
3.5
4.0
그림 2
30
25
20
15
10
1
2
3
4
그림 3
20.0
17.5
15.0
12.5
10.0
7.5
5.0
1
2
3
4
그림 4(행 전체)
25.0
22.5
20.0
17.5
15.0
12.5
10.0
1.0
1.5
2.0
2.5
3.0
3.5
4.0

[Case II] 여러 열에 서로 다른 크기의 그래프 배열

```
# Figure 객체 생성
fig = plt.figure()
#
# GridSpec 객체 생성 및 2개의 열의 상대 비율 지정
gs = gridspec.GridSpec(4, 2, width_ratios=[1, 0.5])
#
# 서브플롯 생성 및 위치 지정
ax1 = fig.add_subplot(gs[:, 0])  # 모든 행의 첫 번째 열 전체
ax2 = fig.add_subplot(gs[0, 1])  # 첫 번째 행의 두 번째 열
ax3 = fig.add_subplot(gs[1, 1])  # 두 번째 행의 두 번째 열
ax4 = fig.add_subplot(gs[2, 1])  # 세 번째 행의 두 번째 열
ax5 = fig.add_subplot(gs[3, 1])  # 네 번째 행의 두 번째 열
#
# add_subplot()이 생성한 Axes 객체에 플롯 정의
ax1.plot([1, 2, 3, 4], [10, 20, 25, 30])
ax1.set_title('그림 1')
#
ax2.plot([1, 2, 3, 4], [30, 25, 20, 10])
ax2.set_title('그림 2')
#
ax3.plot([1, 2, 3, 4], [5, 15, 10, 20])
ax3.set_title('그림 3')
#
ax4.plot([1, 2, 3, 4], [25, 20, 15, 10])
ax4.set_title('그림림 4')
#
ax5.plot([1, 2, 3, 4], [10, 40, 30, 20])
ax5.set_title('그림 5')
#
# 전체 제목을 위한 상단 여백 확보
fig.tight_layout(rect=[0, 0, 1, 0.95])
#
# Figure 제목 설정
fig.suptitle('서로 다른 크기의 열별 다중 그림', fontsize=11, y=0.99)
# 그래프 확인
plt.show()
```

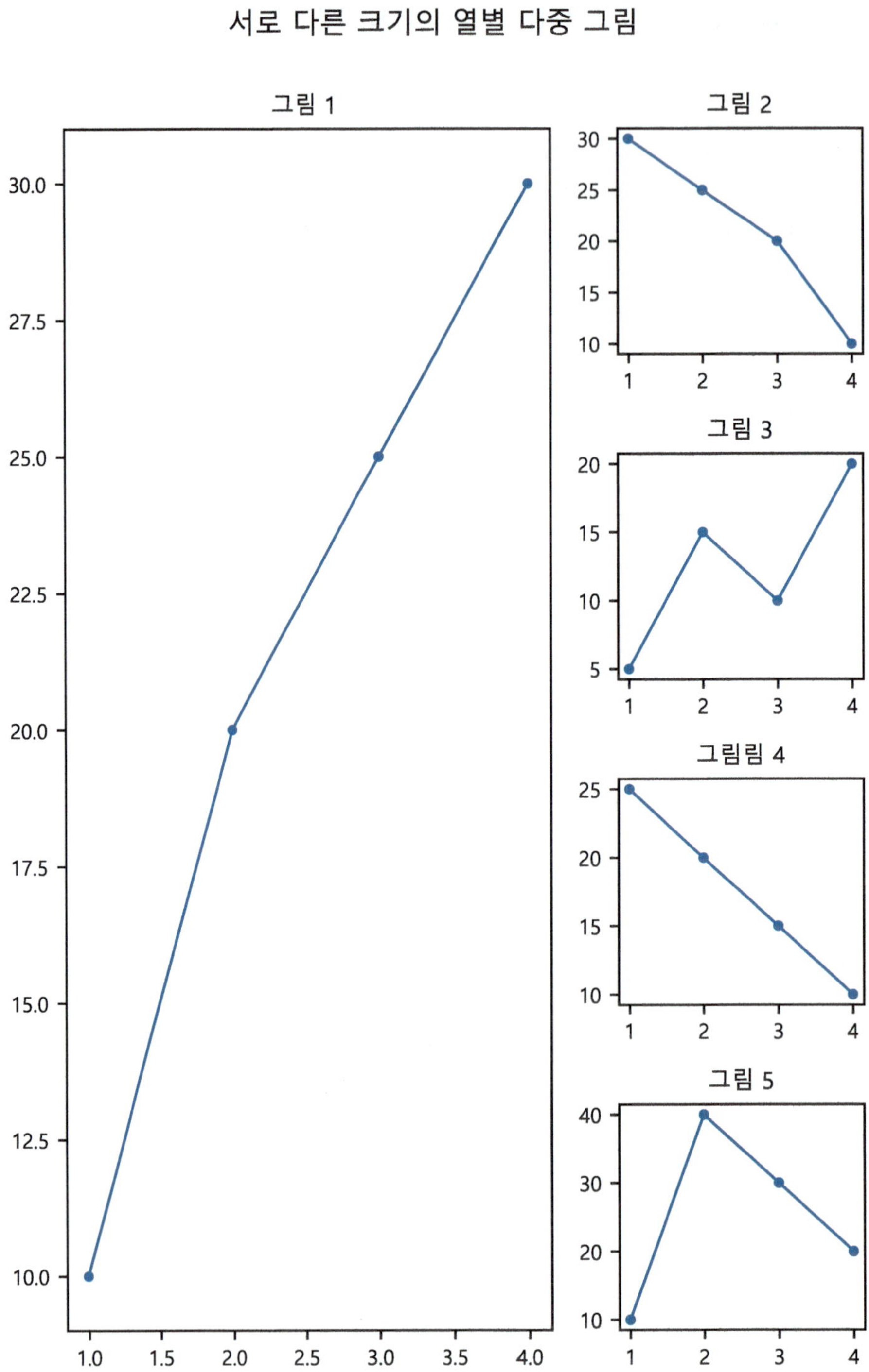
서로 다른 크기의 열별 다중 그림
그림 1
30.0
27.5
25.0
22.5
20.0
17.5
15.0
12.5
10.0
1.0 1.5 2.0 2.5 3.0 3.5 4.0
그림 2
30
25
20
15
10
1 2 3 4
그림 3
20
15
10
5
1 2 3 4
그림림 4
25
20
15
10
1 2 3 4
그림 5
40
30
20
10
1 2 3 4

[Case III] 행/열에서 서로 다른 크기의 그래프 배열

```
# Figure 객체 생성
fig = plt.figure()
#
# GridSpec 객체 생성 및 비율 설정
gs = gridspec.GridSpec(2, 2, width_ratios=[1, 2], height_ratios=[2, 1])
#
# 서브플롯 생성 및 위치 지정
ax1 = fig.add_subplot(gs[0, 0])  # 첫 번째 행의 첫 번째 열
ax2 = fig.add_subplot(gs[0, 1])  # 첫 번째 행의 두 번째 열
ax3 = fig.add_subplot(gs[1, 0])  # 두 번째 행의 첫 번째 열
ax4 = fig.add_subplot(gs[1, 1])  # 두 번째 행의 두 번째 열
#
# add_subplot()이 생성한 Axes 객체에 플롯 정의
ax1.plot([1, 2, 3, 4], [10, 20, 25, 30])
ax1.set_title('그림 1')
#
ax2.plot([1, 2, 3, 4], [30, 25, 20, 10])
ax2.set_title('그림 2')
#
ax3.plot([1, 2, 3, 4], [5, 15, 10, 20])
ax3.set_title('그림 3')
#
ax4.plot([1, 2, 3, 4], [25, 20, 15, 10])
ax4.set_title('그림 4')
#
# 전체 제목을 위한 상단 여백 확보
fig.tight_layout(rect=[0, 0, 1, 0.95])
#
# Figure의 전체 제목 설정
fig.suptitle('width_ratios=[1, 2]와 height_ratios=[2, 1]', fontsize=11, y=0.99)
#
# 그래프 확인
plt.show()
```

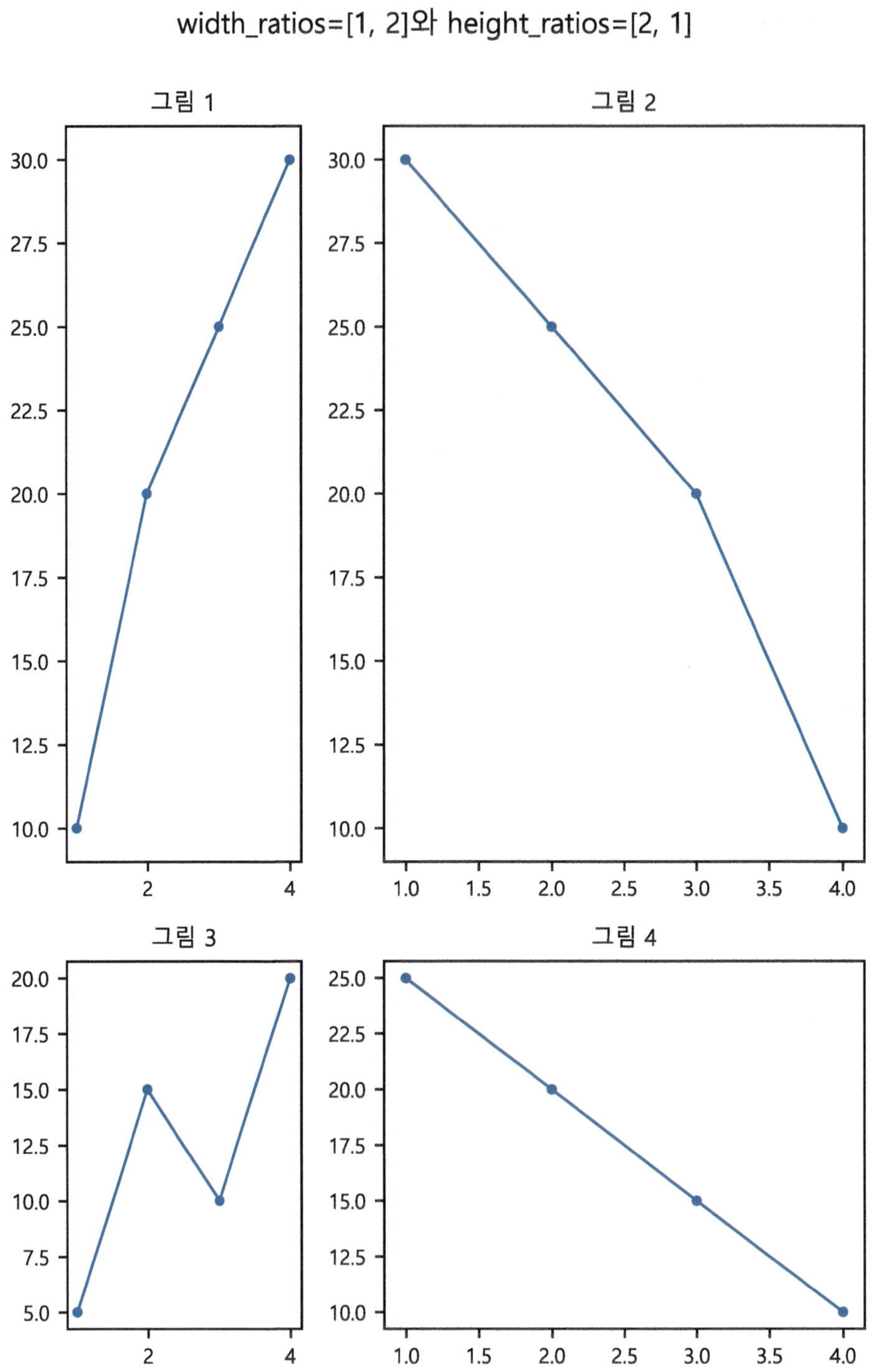
width_ratios=[1, 2]와 height_ratios=[2, 1]
그림 1
그림 2
그림 3
그림 4
30.0
27.5
25.0
22.5
20.0
17.5
15.0
12.5
10.0
7.5
5.0
2
4
1.0
1.5
2.0
2.5
3.0
3.5
4.0

[Case IV] 2개 이상의 행/열에서 서로 다른 크기의 그래프 배열

```
# Figure 객체 생성
fig = plt.figure()
# GridSpec 객체 생성 및 비율 설정
gs = gridspec.GridSpec(3, 3, width_ratios=[1, 2, 3], height_ratios=[3, 2, 1])
# 서브플롯 생성 및 위치 지정
ax1 = fig.add_subplot(gs[0, 0])  # 첫 번째 행의 첫 번째 열
ax2 = fig.add_subplot(gs[0, 1])  # 첫 번째 행의 두 번째 열
ax3 = fig.add_subplot(gs[0, 2])  # 첫 번째 행의 세 번째 열
ax4 = fig.add_subplot(gs[1, 0])  # 두 번째 행의 첫 번째 열
ax5 = fig.add_subplot(gs[1, 1])  # 두 번째 행의 두 번째 열
ax6 = fig.add_subplot(gs[1, 2])  # 두 번째 행의 세 번째 열
ax7 = fig.add_subplot(gs[2, 0])  # 세 번째 행의 첫 번째 열
ax8 = fig.add_subplot(gs[2, 1])  # 세 번째 행의 두 번째 열
ax9 = fig.add_subplot(gs[2, 2])  # 세 번째 행의 세 번째 열
# add_subplot()이 생성한 Axes 객체에 플롯 정의
ax1.plot([1, 2, 3, 4], [10, 20, 25, 30])
ax1.set_title('그림 1')
ax2.plot([1, 2, 3, 4], [30, 25, 20, 10])
ax2.set_title('그림 2')
ax3.plot([1, 2, 3, 4], [5, 15, 10, 20])
ax3.set_title('그림 3')
ax4.plot([1, 2, 3, 4], [25, 20, 15, 10])
ax4.set_title('그림 4')
ax5.plot([1, 2, 3, 4], [10, 10, 10, 10])
ax5.set_title('그림 5')
ax6.plot([1, 2, 3, 4], [20, 30, 10, 40])
ax6.set_title('그림 6')
ax7.plot([1, 2, 3, 4], [15, 25, 35, 45])
ax7.set_title('그림 7')
ax8.plot([1, 2, 3, 4], [20, 20, 20, 20])
ax8.set_title('그림 8')
ax9.plot([1, 2, 3, 4], [5, 10, 15, 20])
ax9.set_title('그림 9')
# 전체 제목을 위한 상단 여백 확보
fig.tight_layout(rect=[0, 0, 1, 0.95])
# Figure의 전체 제목 설정
fig.suptitle('width_ratios=[1, 2, 3]와 height_ratios=[3, 2, 1]', fontsize=11, y=0.99)
# 그래프 확인
```

```
plt.show()
```

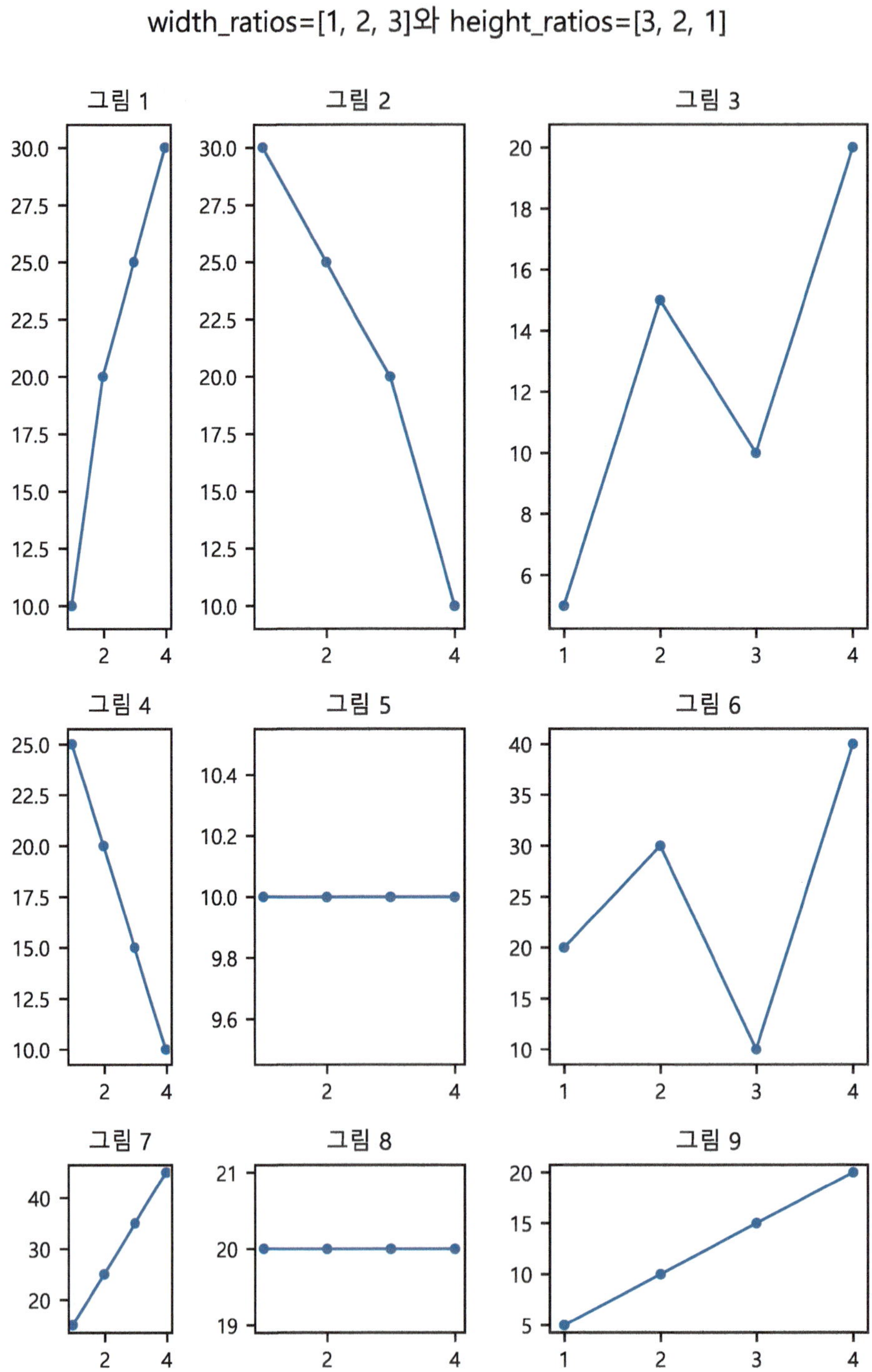
width_ratios=[1, 2, 3]와 height_ratios=[3, 2, 1]
그림 1
그림 2
그림 3
그림 4
그림 5
그림 6
그림 7
그림 8
그림 9

6.2 플로팅 메서드 Plot Functions and Axes Methods

Matplotlib.pyplot 모듈의 plot() 함수는 독립적으로 사용되거나 Axes 객체의 메서드로 사용될 수 있다[12]. 간단한 플롯을 빠르게 생성하고자 할 때는 주로 독립적인 함수로 사용되며, 여러 개의 플롯을 포함한 복잡한 다중 플롯을 생성할 때는 Axes 객체의 메서드로 사용된다. 다음은 동일한 데이터를 이용한 두 가지 방식의 플롯 생성 방법이다. 결과는 동일하다.

```
x = [1, 2, 3, 4]
y = [10, 20, 25, 30]
```

✿ 독립적인 함수로 사용된 plot()

```
plt.plot(x, y)
plt.xlabel('X 축')
plt.ylabel('Y 축')
plt.title('기본 그림')
plt.legend()
plt.show()
```

✿ Axes 객체의 plot() 메서드

```
# Figure와 Axes 객체 생성
fig, axs = plt.subplots()

axs.plot(x, y)
axs.set_xlabel('X 축')
axs.set_ylabel('Y 축')
axs.set_title('기본 그림')
axs.legend()
plt.show()
```

두 방식 모두 동일한 옵션(예: 마커의 종류와 크기, 색상, 선 스타일 등)을 사용하여 다양한 플롯을 생성할 수 있다. Axes 객체의 메서드로 사용될 경우, 추가적인 메서드(예: set_title, set_xlabel, set_ylabel 등)를 적용하여 그래프의 제목, 축 이름, 축 눈금 등을 좀 더 세부적으로 제어할 수 있다.

[12]Figure 객체는 전체 플롯을 나타내는 객체로, 하나 이상의 Axes 객체를 포함할 수 있다. Axes 객체는 Figure 객체 내의 개별 플롯 영역으로, 각각은 하나의 플롯을 나타낸다.

plot() 함수의 주요 옵션

옵션	설명	기본값
marker	점을 표시할 스타일	none
markersize	마커의 크기(float)	6.0
color	선의 색상(문자열)	C0
linestyle	선 스타일	-
linewidth	선의 두께(float)	1.5
alpha	선의 투명도(0 1)	1.0
drawstyle	선에서의 연결 방식	default
label	범례의 레이블	

plot() 함수의 주요 옵션에서 지정 가능한 인수값들을 확인해 보면 다음과 같다.

marker와 markersize

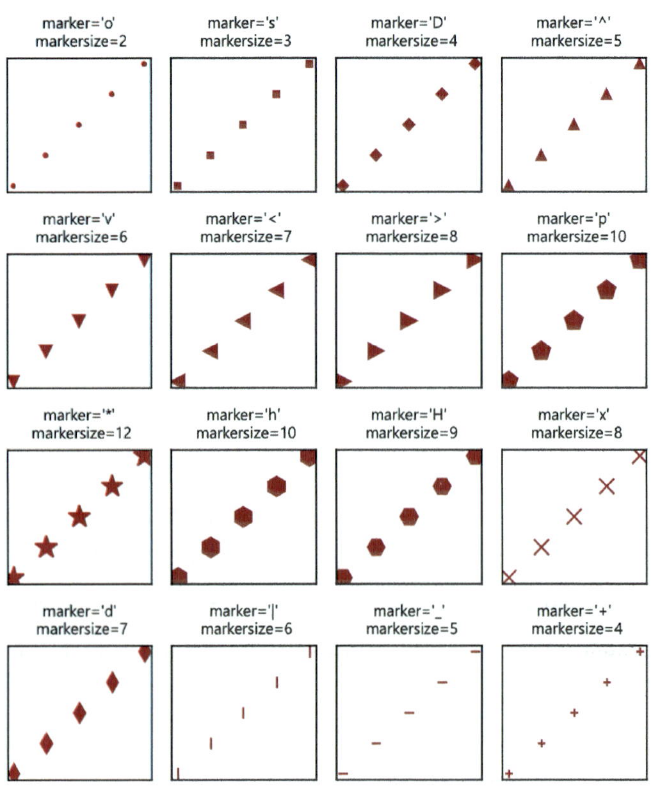

color

C0는 matplotlib의 기본 색상 사이클의 첫번째 색상이다. 이는 다양한 플롯에서 색상 간의 시각적 구분을 돕기 위해 설계된 것으로 (1) 다양한 그래프에서 일관성 유지 (2) 서로 다른 데이터의 명확한 구분 (2) 지정하지 않아도 자동 적용됨을 통하여 생성된 그래프의 가독성 및 사용 편의성을 향상하고, 그래프의 품질을 높이고자 적용된다. 기본 색상 사이클을 구성하는 C0 ~ C9의 10가지 색상은 다음과 같다.

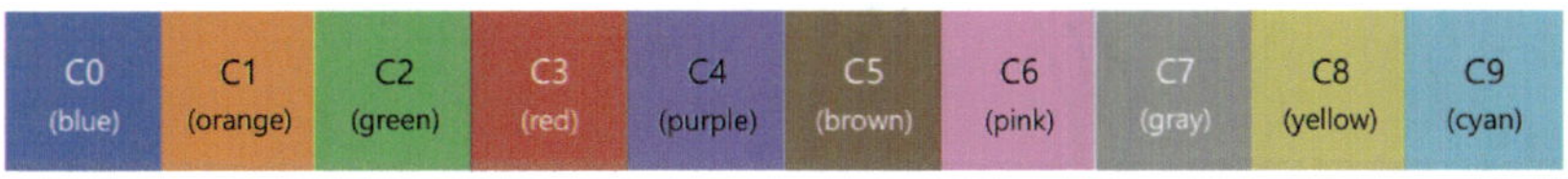

Matplotlib에서는 기본 색상에 대하여 다음의 약자를 사용할 수 있으며, 원하는 색상을 **헥사 코드**(예: '#0000FF')로 지정할 수 있다[13].

표 6.2: Matplotlib 색상 약어

약자	색상	설명
b	blue	파란색
g	green	녹색
r	red	빨간색
c	cyan	청록색
m	magenta	자홍색
y	yellow	노란색
w	white	흰색
k	black	검정색

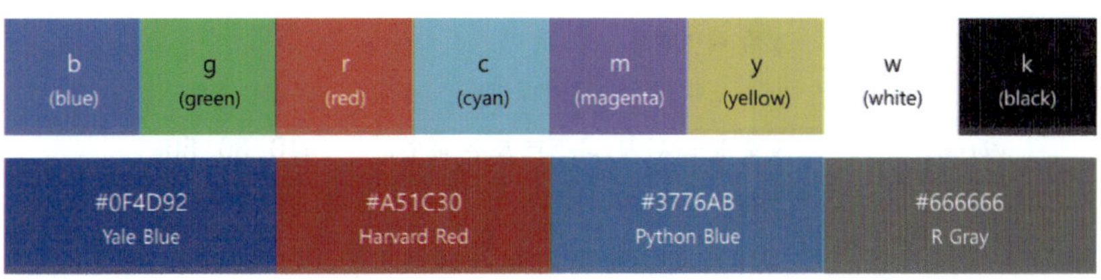

[13] **헥사 코드(hexadecimal code)**는 색상을 16진수로 표현한 것으로 빨강, 초록, 파랑(RGB) 성분을 각각 2자리 16진수로 나타내어 #RRGGBB의 형식을 갖는다. 각 성분은 0부터 255까지의 값을 가질 수 있으며, 이를 16진수로 표현하면 00부터 FF로 표현된다. 예를 들어, 빨간색(Red)는 #FF0000 그리고 파란색(Blue)는 #0000FF 등으로 표현된다.

linestyle, linewidth, alpha 그리고 drawstyle

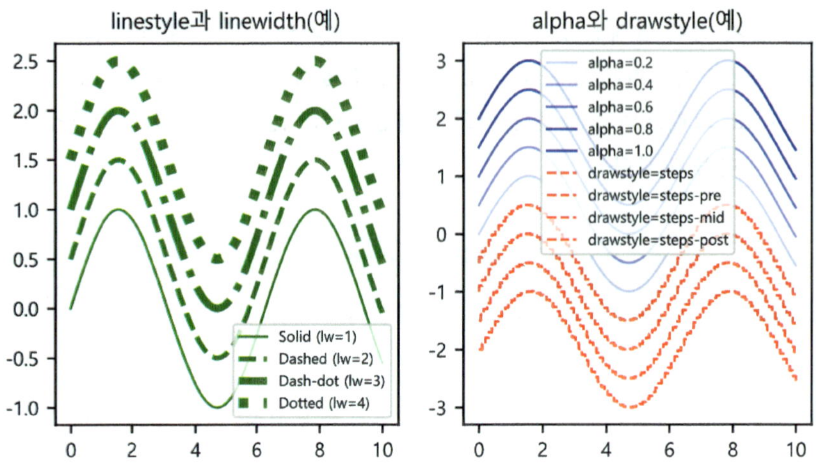

Axes 객체는 플롯의 핵심 구성 요소로, 그래프에서 데이터가 표시되는 실제 영역을 담당한다. 이는 다양한 메서드를 제공하여 플롯을 세부적으로 조정하고 시각적 요소를 제어할 수 있다. 다음은 plot() 함수와 관련된 추가적인 Axes 메서드이다.

Axes 객체의 중요 메서드

- Axes 객체에 set_과 함께 적용한다[예: ax.set_title()]

메서드	설명	예
title()	플롯의 제목	'기본 그림'
xlabel()	x축 레이블	'X 축'
xlim()	x축 범위(최소값, 최대값)	(0, 10)
xticks()	x축 눈금 위치(리스트 또는 배열)	[0, 3, 5]
xticklabels()	x축의 눈금 레이블	['A', 'B', 'C']
ylabel()	y축 레이블	'Y 축'
ylim()	y축 범위(최소값, 최대값)	(10, 50)
yticks()	y축 눈금 위치(리스트 또는 배열)	[10, 30, 50]
yticklabels()	y축의 눈금 레이블	['RL', 'RC', 'RU']
grid()	그리드 표시 여부(True, False)	True
legend()	호출 시 범례 및 위치 지정	loc = 'best'

- 각 축에 참조선을 추가할 수 있다. 단, 참조선은 set_을 적용하지 않는다.

메서드	설명	예
axhline()	y값에서 수평 참조선	'y=0, color='gray''
axvline()	x값에서 수직 참조선	'x=0, linestyle='–''
axline()	절편(또는 점)과 기울기 참조선	'(0, 0), slope=1'

다양한 Axes 메서드의 적용

```
np.random.seed(311)                                    # 데이터 생성
x_s1 = np.random.rand(100) * 10
y_s1 = np.random.rand(100) * 10
x_s2 = np.random.rand(100) * 10
y_s2 = np.random.rand(100) * 30
#
x = np.linspace(0, 10, 100)
y1 = np.sqrt(x)
y2 = np.log1p(x)                                       # log(1+x)

fig, axs = plt.subplots(1, 2)

axs[0].plot(
  x, y1, marker='none', color='#0F4D92', alpha=1,
  linestyle=':', linewidth=1.5, drawstyle='default', label='Square Root'
)
axs[0].plot(
  x, y2, marker='none', color='#A51C30', alpha=0.5,
  linestyle='--', linewidth=3, drawstyle='default', label='log(1+x)'
)

axs[0].set_title('수학 함수: 로그와 제곱근', color = 'C4')       # 첫번째 플롯
axs[0].set_xlabel('독립 변수')
axs[0].set_ylabel('종속 변수')
axs[0].set_xticks([0, 2, 4, 6, 8, 10])
axs[0].set_xticklabels(['Min', '2', '4', '6', '8', 'Max'], color = '#666666')
axs[0].set_yticks([0, 1, 1.5, 2, 2.5, 3, 4])
axs[0].set_yticklabels(['0', '1', 'B1', '2', 'B2', '3', '4'], color = '#3776AB')
axs[0].grid(True)
axs[0].legend(loc='best')
```

```
axs[0].axvline(x=0, color='g', linestyle='--')
axs[0].axvline(x=10, color='g', linestyle='--')

axs[1].scatter(x_s1, y_s1, color='b', alpha=0.7, label='Case 1')  # 두번째 플롯
axs[1].scatter(x_s2, y_s2, color='r', alpha=0.2, label='Case 2')
axs[1].set_title('산점도 비교', color = 'C5')
axs[1].set_xlabel('Input')
axs[1].set_ylabel('Output')
axs[1].set_xticks([0, 2, 4, 6, 8, 10])
axs[1].set_xticklabels(['0', '2', '4', '6', '8', '10'], color = 'C7')
axs[1].set_yticks([0, 10, 20, 30])
axs[1].set_yticklabels(['0', '10', '20', '30'], color = 'r')

axs[1].legend(loc='best')
axs[1].axhline(y=10, color = 'g', linestyle = '--')

fig.tight_layout()

plt.show()
```

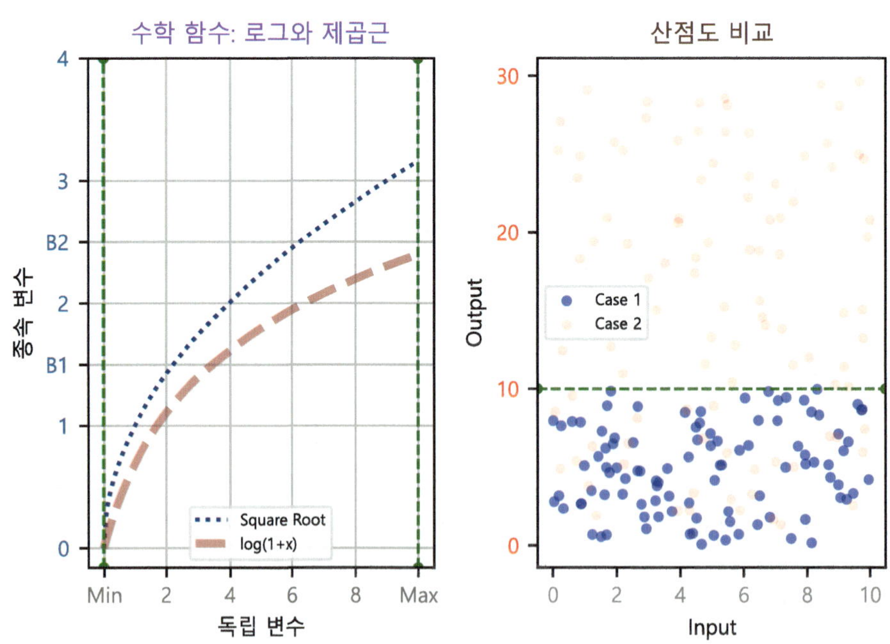

6.3 플롯의 저장 Saving Figures

생성된 플롯(들), 즉, 활성화된 Figure 객체는 savefig() 메서드를 이용하여 원하는 형식의 파일로 저장할 수 있다. 이때 사용 가능한 옵션은 다음과 같다.

savefig()의 중요 옵션

표 6.3: savefig()의 주요 옵션

옵션	설명	예
fname	저장할 파일 이름	'plot.png'
dpi	이미지 해상도(dots per inch)	300
format	저장 파일 형식	'png'
	- 'pdf', 'png', 'jpeg' 등	
bbox_inches	그림 크기(인치)	'tight'
	- 'tight'는 그림 주위 여백 최소화	
pad_inches	그림 주위 여백 설정(인치)	0.1
transparent	투명한 그림 배경(True, False)	True
facecolor	그림 배경 색	'w'
edgecolor	그림 테두리 색	'w'
orientation	페이지 방향	'landscape'
	- 'landscape' 또는 'portrait'	

다음은 savefig 옵션을 사용하는 간단한 예제이다.

A4 사이즈로 지정하고자 한다면, figsize=(8.27, 11.69)를 지정한다.

- bbox_inches='tight'는 플롯의 주위의 빈공간을 최대한 줄인다.
- pad_inches=k는 최소 k인치 만큼의 여백을 확보하여 'tight'을 보완한다.

```
x = [1, 2, 3, 4]
y = [10, 20, 25, 30]
fig, ax = plt.subplots(figsize=(8.27, 11.69))        # A4 용지 크기 (단위: 인치)
ax.plot(x, y)
ax.set_title('기본 그림')

fig.savefig(                                          # 그래프 저장
    'plot.png', dpi=300, bbox_inches='tight', pad_inches=0.1
)
```

지금까지 Matplotlib을 이용하여 플롯의 생성, 다중 플롯의 배치 그리고 심미적 요소를 제어하는 다양한 방법에 대하여 소개하였다[14]. 실제로 Matplotlib은 거의 모든 요소를 조절하여 높은 품질의 그래프를 작성하고 다양한 레이아웃으로 표현할 수 있지만, 이를 위해서는 많은 시간과 노력이 필요하다는 제약을 갖는다. 이러한 제약을 극복하기 위하여 Michael Waskom은 Matplotlib에 기반하여 2014년 데이터 시각화와 통계 분석을 보다 쉽게 수행할 수 있는 시본(Seaborn) 라이브러리를 소개하였다.

□

6

[14] https://matplotlib.org/stable/plot_types/index.html의 tutotials page와 gallery에서 다양한 예제와 코드를 제공한다.

7 시본 Seaborn

수치적 요약은 예상된 값에 집중하고, 시각적 요약은 예상하지 못한 값에 집중한다 (Tukey, 1977)[1].

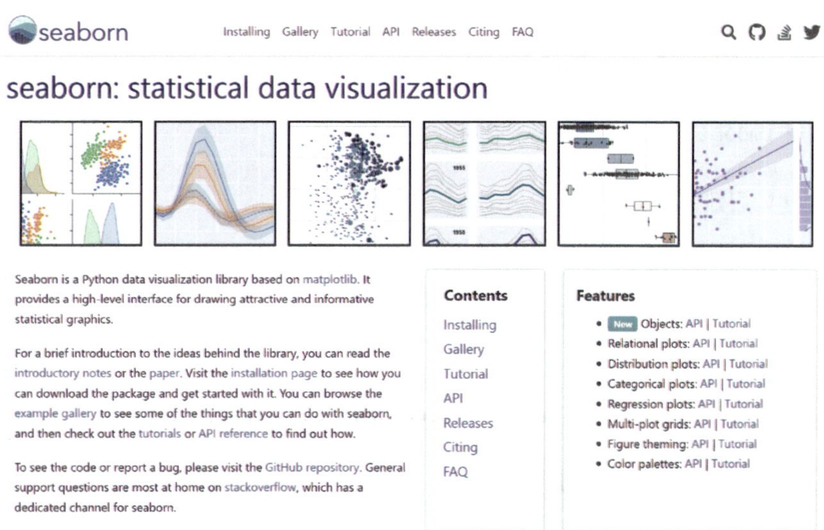

<https://seaborn.pydata.org/>

Matplotlib은 플롯의 거의 모든 요소를 조절하여 높은 품질의 그래프를 작성하고 다양한 레이아웃으로 표현할 수 있지만, 이를 위해서는 많은 시간과 노력이 필요하다는 제약을 갖는다. 이러한 제약을 극복하기 위하여 Michael Waskom은 Matplotlib에 기반하여 데이터 시각화와 통계 분석을 보다 쉽게 수행할 수 있는 시본(Seaborn) 라이브러리를 소개하였다(Waskom, 2021)[2,3].

[1]Tukey, J. W. (1977). Exploratory Data Analysis. Addison-Wesley.

[2]Waskom, M. L. (2021). Seaborn: Statistical data visualization. Journal of Open Source Software, 6(60), 3021.

[3]Seaborn은 특정 약어에서 유래한 것은 아니며, 창시자에 의해서 명명된 고유의 라이브러리 이름이다. It's not an acronym. It's just a name I liked(Michael Waskom).

Matplotlib을 기반으로 개발된 시본(Seaborn) 라이브러리는 Matplotlib.Pyplot이 제공하는 대부분의 함수/메서드와 호환되면서 데이터 분석에서 자주 사용되는 다양한 형태의 고품질 차트와 그래프를 쉽게 생성하고 제어할 수 있도록 설계되었다. 또한 pandas의 DataFrame 객체와 원활하게 연동되어, 열(columns) 기준으로 다양한 플롯을 생성하고, 축 레이블에 열 이름을 자동으로 설정하는 등, 용이한 데이터 시각화 작업을 가능하게 한다. 이러한 호환성 덕분에 사용자는 pandas의 간편한 데이터 처리 기능과 Seaborn의 강력한 시각화 기능을 결합하여 더욱 효율적인 시각화 작업을 수행할 수 있으며, 통계적 그래프 생성을 위한 고급 인터페이스를 제공한다.

여기서는 Seaborn 라이브러리를 이용하여 데이터 분석에서 자주 사용되는 다양한 플롯을 생성하고, 고품질 플롯 생성을 위한 스타일링(styling) 옵션을 소개한다. 이는 Matplotlib의 강력한 구성 요소 제어 기능과 Seaborn의 간편한 사용성을 결합하여 효율적인 시각화 작업을 가능하게 한다.

Seaborn 설치: pip install seaborn

Seaborn의 import 컨벤션은 다음과 같다.

import 컨벤션

```
import seaborn as sns
```

7.1 기본 구조와 스타일 Basics of Seaborn: Structure, Plots, and Styles

Matplotlib 기반으로 설계된 시본(Seaborn)은 효과적인 데이터 시각화를 위하여 다음의 새로운 기능을 제공한다[4].

1) Matplotlib의 복잡한 설정을 단순화한 명령과 고품질의 플롯 생성[5]
2) 다양한 스타일(style), 색상 팔레트(palette), 컨텍스트(context) 등의 플롯 스타일링 테마(theme) 지원
3) pandas DataFrame과의 호환성을 통한 직관적인 통계적 시각화 지원

예를 들어, Seaborn에서 lineplot은 다음 명령으로 플롯을 생성한다. Matplotlib을 이용한 기본 플롯과 비교하면 다음과 같다.

[4] <https://seaborn.pydata.org/examples/index.html>에서 다양한 예제와 코드를 제공한다.

[5] Seaborn의 plot은 Matplotlib의 Axes 객체 위에 그려지며, Matplotlib의 함수를 사용하여 세부적인 조정이 가능하다. 즉, Seaborn의 시각화 함수의 옵션을 적용한 다음, Matplotlib의 설정을 활용하여 더욱 정교하게 조정할 수 있다.

Seaborn 기본 그림

```
sns.lineplot(data=data).set_title("Seaborn의 기본 플롯")
```

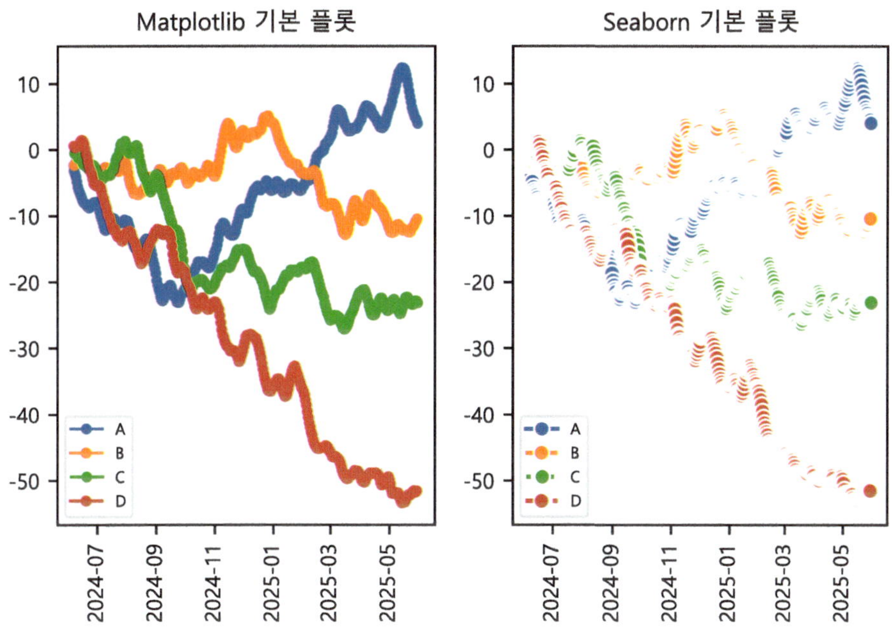

Seaborn은 set_theme()를 통하여 고품질의 일관된 플롯을 생성할 수 있는 (1) style (2) palette (3) context 그리고 사용자 정의 옵션을 반영한 (4) rc를 지정할 수 있다.

```
sns.set_theme(style = 'ticks',                    # 플롯 스타일링 테마 지정
              palette = 'bright',
              context = 'paper',
              rc = custom_rc )
```

지정된 set_theme()는 이를 재지정하기 전까지 모든 플롯에서 기본값으로 적용된다. 따라서 각 플롯에 대한 개별적인 스타일링(styling) 없이 일관된 형태와 요소를 유지할 수 있다. 먼저 style은 [그림 7.1]과 같이 5개 중에서 하나를 선택할 수 있다.

style의 종류 - ticks, white, whitegrid, dark, darkgrid

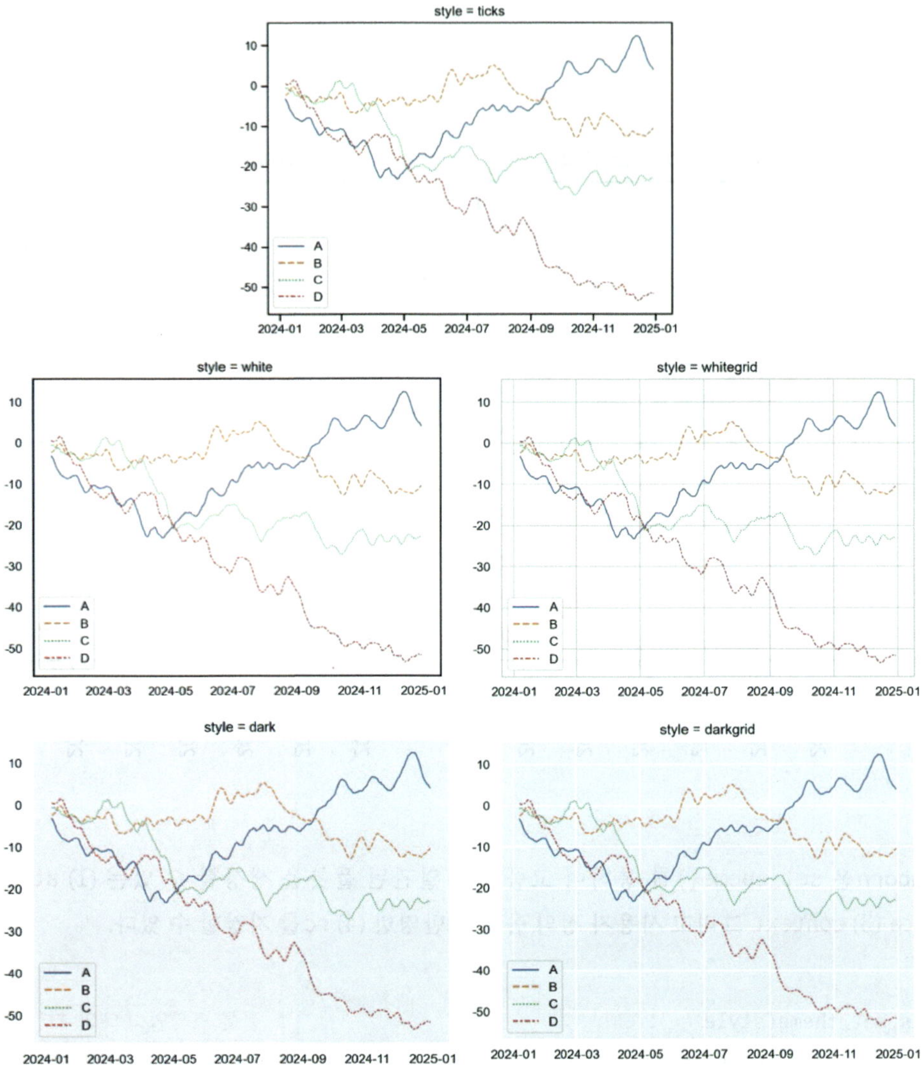

그림 7.1: 기본 스타일(style)의 종류

palette는 기본적으로 [그림 7.2]와 같이 6개 중에서 선택할 수 있으며, 추가적으로 Matplotlib에서 제공하는 기본 색상 사이클 팔레트(tab10)를 포함하여 [그림 7.3]의 다양한palette 도 사용할 수 있다[6].

palette의 종류

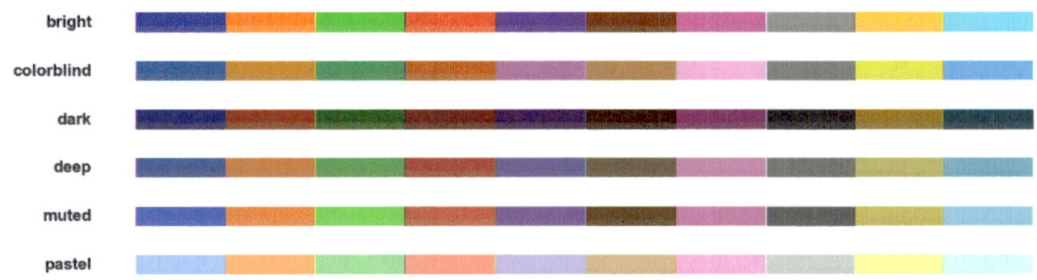

그림 7.2: 기본 색상 파레트(palette)의 종류

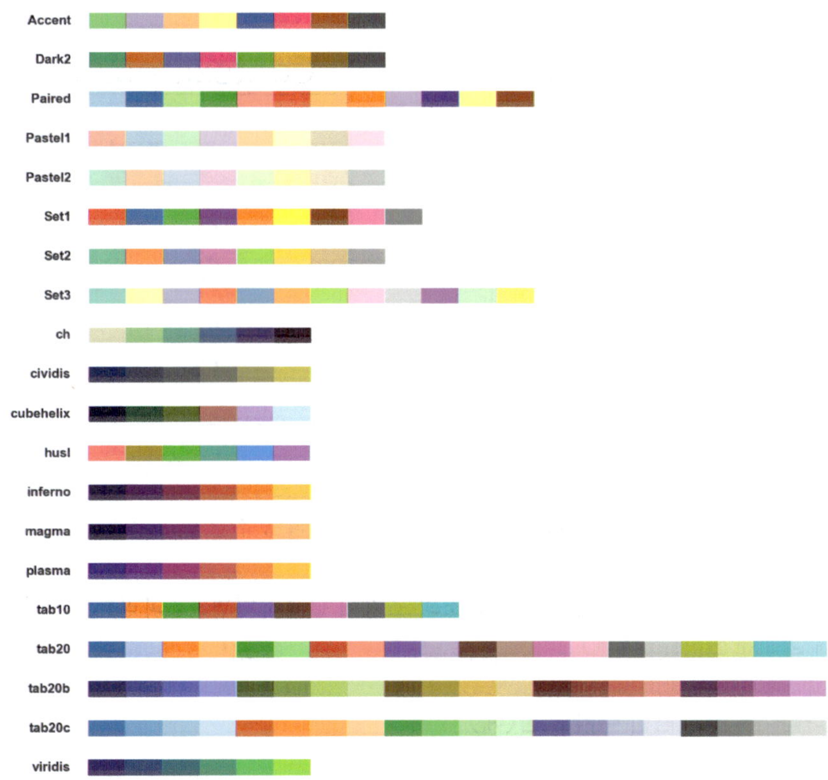

그림 7.3: 추가로 사용 가능한 색상 파레트(palette) 종류

[6] 만일 생성되는 플롯에서 구별하고자 하는 범주 또는 그룹이 palette에서 제공하는 색상의 수 보다 적다면, 일반적으로 첫번째 색상부터 필요한 만큼 선택하여 플롯에 적용한다.

context는 [그림 7.4]와 같이 4개 중에서 선택할 수 있다. 이는 원하는 목적에 따라 title(제목 폰트), markers(점 크기), lines(선 두께), legend(범례) 등을 서로 다르게 정의한다.

context의 종류 - paper, notebook, talk, poster

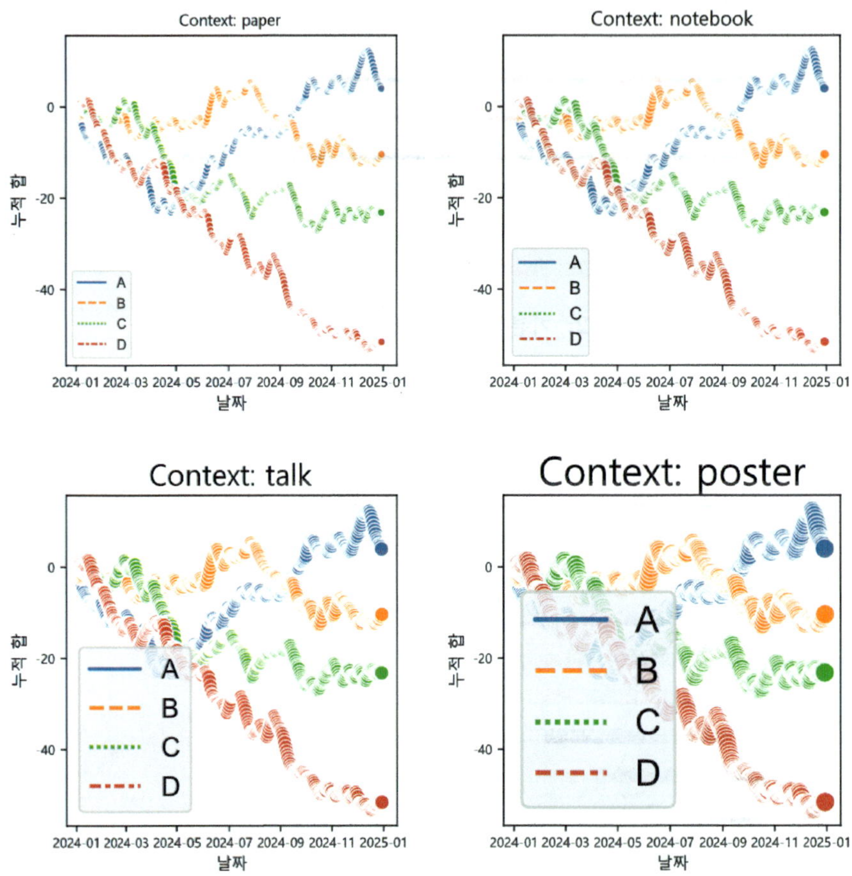

그림 7.4: 컨텍스트(context)의 종류

만일 이러한 설정 이외에 추가적인 플롯 요소의 조정이 필요하다면, rc 파라미터 정의를 통하여 이를 플롯에 반영할 수 있다(플롯의 전역 옵션 설정[pp.385] 참조)[7].

rc 파라미터를 이용한 추가 조정(예)

```
custom_rc = {
    'legend.fontsize': 10                    # 범례 폰트 크기
```

[7] rc는 런타임 설정(runtime configuration)의 약자로 플롯의 다양한 속성을 사용자가 정의할 수 있도록 한다. 이의 인수를 사용하여 matplotlib.pyplot.rc에서 모든 옵션을 설정할 수 있다.

```
    'grid.linestyle': '--',                  # 그리드 라인 스타일
}
```

이외에도 Seaborn에서 제공하는 다양한 시각화 함수들은 시각화 작업을 더욱 세밀하게 조정할 수 있는 특정 옵션을 제공한다. 이는 set_theme()의 전역적 설정과 독립적으로 적용되며, 개별 시각화 함수 내에서 특정 요구 사항에 맞추어 유연하게 구성 요소들을 변경할 수 있다. 특히, hue와 palette는 많은 함수에서 지원되며, style 옵션은 특정 함수에서 주로 사용한다.

- hue: 색상으로 구분할 변수 지정
- palette: 구분할 변수의 범주 별 색상 지정
- style: 마커, 라인 스타일 지정

Seaborn의 주요 시각화 함수와 hue, palette, style 적용 가능 여부[8,9]

함수	설명	hue	palette	style
countplot	빈도 막대 그림	O	O	X
barplot	막대 그림	O	O	X
histplot	히스토그램	O	O	X
boxplot	상자 그림	O	O	X
violinplot	바이올린 그림	O	O	X
scatterplot	산점도	O	O	O
lineplot	선 그림	O	O	O
jointplot	결합 분포도	X	X	X
lmplot	회귀 적합 산점도	O	O	O
pairplot	쌍별 산점도	O	O	X
heatmap	히트맵	X	O	X

[8] Seaborn에서 기본적으로 Pie chart는 제공하지 않는다. 이는 Matplotlib을 이용하여 도시한다.

[9] jointplot, pairplot, lmplot은 figure-level 함수로, 하나의 플롯(axes)을 그리는 것이 아니라 전체 figure(예: 여러 subplot 포함 구조)를 생성하고 관리하는 함수이다. 따라서, style 인자처럼 라인 모양, 마커 등 개별 선에 적용되는 속성(style aesthetics)은 직접 지정할 수 없거나, 내부적으로 제한적으로만 적용된다.

7.2 데이터 분석 시각화 도구 Visualization Tools in Data Analysis

올바른 시각화를 위해서는 분석자가 제시하고자 하는 정보 또는 데이터 소비자의 요구 사항을 주어진 데이터로부터 확보할 수 있는가를 먼저 고려해야 한다. 따라서, 데이터 시각화의 유용성은 다음 세 가지 요인에 의해 결정된다.

- 데이터 소비자의 요구 사항에 대한 적합성
- 목적에 적합한 데이터 확보 가능성
- 데이터에 대한 분석자의 이해도와 다양한 시각화 방법에 대한 구현 역량

시각화를 통해 제공할 수 있는 기본 정보는 [표 7.1]과 같이 10-키-인포(10-Key-Info)로 요약할 수 있다.

표 7.1: 데이터 시각화를 위한 10-Key-Info

	정보	설명
1	크기 Magnitude	빈도(frequency, counts) 또는 양(size)의 비교
2	순서 Order	크기의 오름(ascending) 또는 내림(descending)의 순위(rank)
3	부분/비율 Proportion	전체에서 항목들의 집계 수 또는 비중(fraction)
4	편차 Deviation	기준값(reference value(s))과의 차이(양(+) 또는 음(-))
5	분포 Distribution	전체 데이터의 구조(structure), 형태(shape), 위치, 범위 등
6	흐름 Flow	기준값의 변화에 따른 데이터(시퀀스)의 패턴(patterns)
7	변화 Change	시간의 변화에 따른 트렌드(trends)
8	상관 Correlation	2개의 양적 변수들 간의 상관성(correlations)
9	연관 Association	개체 간의 관계(network) 또는 밀접도(associations)
10	공간 Space	공간적(spatial)/지리학적(geographical) 표현 또는 변화(changes)

Seaborn에서는 Pandas의 DataFrame 형식을 직접 사용할 수 있다. 이는 데이터 전처리 또는 정제 과정 중에서도 특별한 구조 변경 없이 시각화 기능을 수행할 수 있게 한다. 또한 Seaborn의 개별 시각화 함수들은 DataFrame의 열 이름을 직접 사용하거나 자동 맵핑할 수 있어 보다 직관적인 시각화 작업을 가능하게 한다. 이러한 Seaborn의 Pandas DataFrame과의 통합 기능은 데이터의 정보를 보다 효율적으로 탐색할 수 있도록 한다.

Seaborn은 다양한 출처로 부터 수집된 예제 데이터를 Pandas DataFrame의 형태로 제공한다. Seaborn의 내장 데이터의 목록을 확인하는 방법은 다음과 같다.

내장 데이터의 목록 확인

```
dataset_names = sns.get_dataset_names()
list(set(dataset_names))
```

내장 데이터 중에서 원하는 데이터를 다음과 같이 로딩(loading)하여 사용할 수 있다.

load_dataset()

```
tips = sns.load_dataset('data_name')
```

로드된 데이터는 [표 7.2]의 함수를 이용하여 구조, 각 열의 유형 그리고 결측값 유무 등을 검토할 수 있다 [제 5 장 참조].

표 7.2: 데이터 검토를 위한 주요 함수

명령	설명
info()	전체 구조 및 요약 정보 확인
head()	상위 5개 또는 지정 행 미리보기
tail()	하위 5개 또는 지정 행 미리보기
dtypes	각 열의 데이터 유형 확인
shape	행과 열의 수 확인
columns	열 이름 확인
isna().sum()	각 열의 결측값의 개수 확인
nunique()	각 열의 고유한 값 개수 확인
duplicated().sum()	중복된 행의 수 확인
describe()	수치형 데이터에 대한 기본 통계 정보 확인

개별 시각화 함수들의 기본 사용 방법을 소개하기 위하여 기본적으로 내장된 데이터 tips를 사용하기로 한다. 각 도구를 소개하면서, 다양한 스타일링 테마(styling theme)를 적용하여 시각화의 심미적 효과를 확인하기로 한다.

미국 뉴욕의 한식당 Oiji Mi, 17 W 19th St.

tips 데이터의 변수명과 데이터 유형[10]

변수명	설명	데이터 유형
total_bill	총 계산금액(USD; $)	연속형
tip	팁(USD; $)	연속형
sex	성별	범주형
smoker	흡연 여부	범주형
day	요일	범주형
time	시간대	범주형
size	식사 인원수(명)	이산형

데이터 로딩 및 검토

```
tips = sns.load_dataset('tips')
```

기본 정보 확인

```
tips.info()
```

```
# <class 'pandas.core.frame.DataFrame'>
# RangeIndex: 244 entries, 0 to 243
# Data columns (total 7 columns):
#  #   Column      Non-Null Count  Dtype
# ---  ------      --------------  -----
#  0   total_bill  244 non-null    float64
```

[10] 시각화에서는 이산형과 연속형을 간단히 숫자형(numeric)으로 간주된다. 하지만, 통계 데이터 분석에서는 이산형과 연속형은 서로 다른 특징을 표현하므로, 이를 항상 구분하고 데이터를 고찰하는 것이 바람직하다.

```
#  1   tip         244 non-null    float64
#  2   sex         244 non-null    category
#  3   smoker      244 non-null    category
#  4   day         244 non-null    category
#  5   time        244 non-null    category
#  6   size        244 non-null    int64
# dtypes: category(4), float64(2), int64(1)
# memory usage: 7.4 KB
```

tips 데이터는 Pandas의 DataFrame class이며, 244개의 행과 7개의 열로 구성되어 있고, 각 열에는 결측값이 존재하지 않는다. 열 이름 total_bill과 tip은 부동 소수점 숫자 데이터이며, size는 정수형이다. sex에서 time까지 4개의 변수는 일정 수의 범주를 갖는 범주형 데이터이다. 전체 DataFrame은 7.4 KB의 메모리를 사용한다.

범주형 변수의 기본 정보는 다음과 같이 확인할 수 있다. 여기서 unique는 각 변수별 범주의 수를 말하고 top은 최빈값 그리고 freq는 최빈값의 빈도를 의미한다.

```
tips.describe(include=['category'])
```

```
#          sex smoker  day    time
# count    244    244  244     244
# unique     2      2    4       2
# top     Male     No  Sat  Dinner
# freq     157    151   87     176
```

tips 데이터의 처음 5개의 행은 다음과 같다.

```
tips.head()
```

```
#    total_bill   tip     sex smoker  day    time  size
# 0      16.990 1.010  Female     No  Sun  Dinner     2
# 1      10.340 1.660    Male     No  Sun  Dinner     3
# 2      21.010 3.500    Male     No  Sun  Dinner     3
# 3      23.680 3.310    Male     No  Sun  Dinner     2
# 4      24.590 3.610  Female     No  Sun  Dinner     4
```

원하는 형태의 플롯의 형식과 색상 등을 위하여 다음과 같이 스타일링 테마를 사전 지정할 수 있다. 한번 지정된 스타일링 테마는 추가되는 모든 플롯에 동일하게 적용된다.

플롯 스타일링 테마: set_theme() 지정[11]

- 올바른 한글 출력을 위하여 rc={'font.family': 'Malgun Gothic'}를 지정한다[12].

```
sns.set_theme(style = 'ticks',
              palette = 'bright',
              context = 'paper',
              rc = {'font.family': 'Malgun Gothic'}
              )
```

7.2.1 선 그림과 요약점 그림 lineplot and pointplot

Seaborn의 lineplot()은 x 변수가 연속형 또는 증가하는 형태의 순서를 갖는 범주형 변수에 사용되며, pointplot()은 x 변수가 순서를 갖지 않는 범주형 변수에 주로 사용된다[13]. 두 경우 모두 구간 추정 결과인 신뢰구간을 시각화할 수 있으며, x 축에서서 동일한 값이 여러 개 일 경우, 자동으로 평균을 계산하여 시각화한다. 이들의 특징을 정리하면 [표 7.3]와 같다.

표 7.3: lineplot과 pointplot의 비교

항목	lineplot	pointplot
용도	연속형 x에 따른 변화 추적	범주형 그룹 간 평균 비교
x축	연속형 또는 순서형(time, 숫자 등)	범주형(unordered categories)
y축	관측값 또는 집계 통계량	집계 통계량(기본: 평균)
선의 의미	연속적인 변화 추세	범주 간의 비교선
신뢰구간	기본 95%(변경 가능) 신뢰구간	기본 95% 신뢰구간
그룹 구분	hue, style, size 등	hue, dodge 등
적합 데이터	시간/수치 데이터	요약된 범주형 데이터
시계열 표현	적합	부적합

[11] seaborn.set_theme()는 Seaborn의 전역 플롯 스타일링을 설정하는 함수로, 배경, 격자선, 폰트 등의 시각적 속성을 한 번에 조정할 수 있다. set() 역시 Seaborn의 style, palette, context를 설정할 수 있지만, 최신 버전의 Seaborn에서는 set_theme()의 사용이 권장된다.

[12] matplotlib에서의 한글 출력은 폰트 설정이 필요하며, Windows 환경에서는 Malgun Gothic을 주로 사용한다.

[13] Python의 pointplot()은 요약통계량(평균 등)을 점으로 표현하며 선으로 연결하는 함수로, R 의 dotchart() 또는 단변량 dot plot과는 개념적으로 서로 다른 함수이다.

두 그림에서 관찰 가능한 정보는 다음과 같다.

선 그림(lineplot)에서 관찰 가능한 정보

- 데이터의 시간적 추세 또는 패턴
- 변화의 방향과 급격한 변동 구간
- 주기성의 존재 여부
- 이상값 또는 급격한 점프(jump)와 밸리(valley) 존재 여부
- 그룹 별 다중 그림을 통한 그룹 간 변화 양상 비교

요약점 그림(pointplot)에서 관찰 가능한 정보

- 범주형 그룹별 중심 경향(평균, 중앙값 등)의 비교
- 다양한 통계량의 그룹 간 변화 방향 및 차이 검토
- hue를 통한 비교 그룹 지정 시 다중 점-선 구조를 통한 교차 비교
- 요약 중심값에 기반한 패턴 시각화

다음은 가장 간단한 구조로 구현한 선 그림과 요약점 그림이다. 두 그림 모두 요일(day) 별로 평균 팁(tip)을 도시한 것이다.

lineplot()과 pointplot()

```
plt.figure()
sns.lineplot(data=tips, x='day', y='tip', errorbar=None)            # 선그림
plt.title('[lineplot] 요일 별 평균 팁 금액')
plt.xlabel('요일')
plt.ylabel('평균 팁')
plt.show()

plt.figure()
sns.pointplot(data=tips, x='day', y='tip', errorbar=None)           # 요약점 그림
plt.title('[pointplot] 요일 별 평균 팁 금액')
plt.xlabel('요일')
plt.ylabel('평균 팁')
plt.grid(True)
plt.show()
```

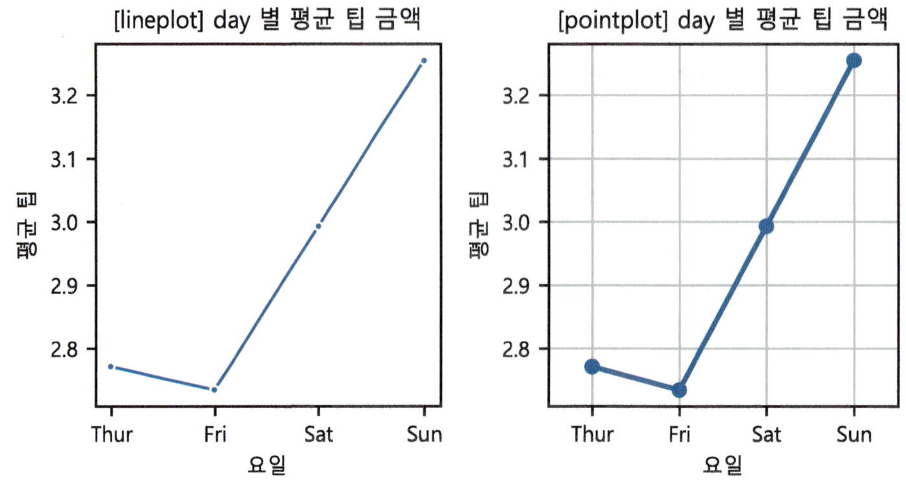

오차 한계의 추가

- errorbar는 lineplot(), pointplot() 등에서 통계량에 대한 오차 막대를 설정한다.
  - errorbar = None으로 지정하면 오차 막대를 추가하지 않는다.
  - errorbar = ('ci', 95), ('pi', 90), ('se', 1) 중 하나를 지정하면, 각각 신뢰구간(confidence interval), 예측구간(prediction interval), 표준오차(standard error)의 배수로 오차 막대를 추가한다.

```
sns.lineplot(data=tips, x='day', y='tip',errorbar = ('ci', 95))
sns.pointplot(ax=axes[1], data=tips, x='day', y='tip', errorbar = ('ci', 95))
```

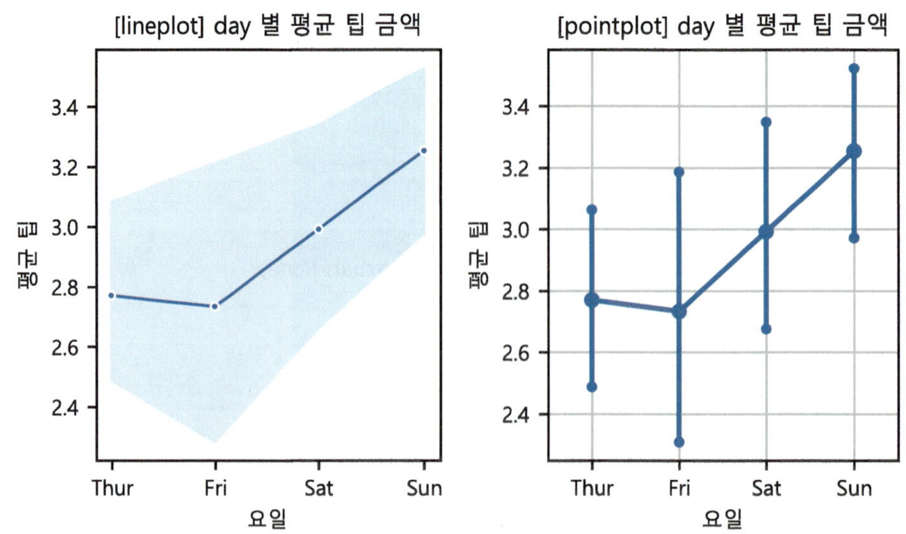

데이터 그룹화

hue는 범주형 변수에 따라 데이터를 그룹화한다[14].

- hue는 일반적으로 범주형 변수에 사용한다. 연속형 변수를 지정하는 경우, 색상 그라데이션이 적용된다.
- hue는 데이터 내의 하위 그룹을 시각적 비교를 용이하게 하며, 자동으로 범례(legend)를 생성한다.

```
plt.figure()
sns.lineplot(
    data=tips,
    x='day', y='tip',
    hue='time',                                    # 그룹화 변수 지정
    marker='o'
    )

plt.title('시간과 요일에 따른 평균 팁 금액')
plt.xlabel('Day')
plt.ylabel('평균 팁 금액')
plt.legend(title='Time')
plt.tight_layout()
plt.show()
```

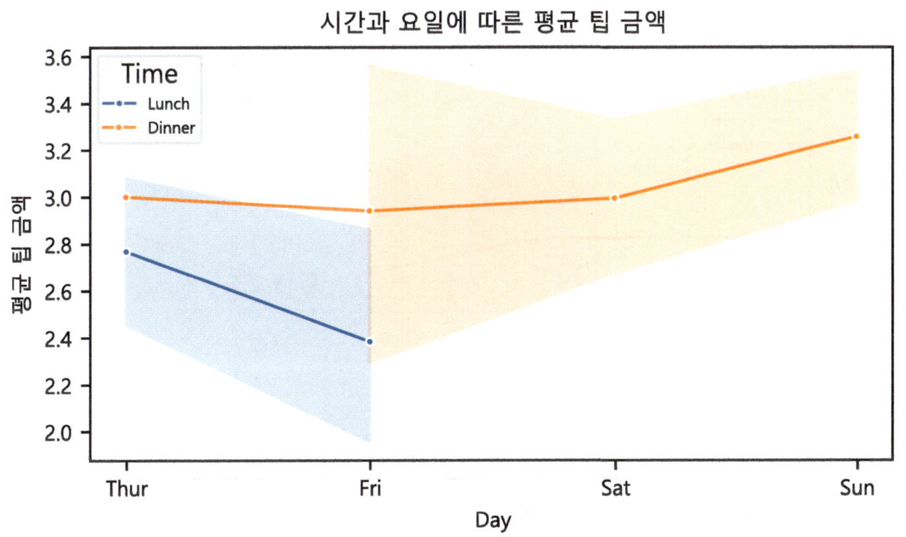

[14]hue는 색조, 색상을 의미하며 색의 종류나 빛깔의 뉘앙스를 표현하는 영어 단어이다. 프로그래밍/시각화 도구에서는 이 색조(hue) 개념이 확장되어, 범주형 변수에 따라 색상을 다르게 구분짓는 역할로 사용된다.

관심 통계량 반영

estimator를 이용하여 플롯에 표시될 통계량을 지정할 수 있다.

- Numpy의 함수(예: np.mean, np.median, np.sum)나 len과 같은 집계 함수를 직접 지정할 수 있다.
- 기본값은 np.mean이다.

```
plt.figure()

sns.lineplot(
    data=tips,
    x='day', y='tip', hue='time', marker='o',
    estimator = np.median                                    # 중앙값 지정
    )

plt.title('시간과 요일에 따른 팁 중앙값')
plt.xlabel('Day')
plt.ylabel('팁 중앙값')
plt.legend(title='Time')
plt.tight_layout()
plt.show()
```

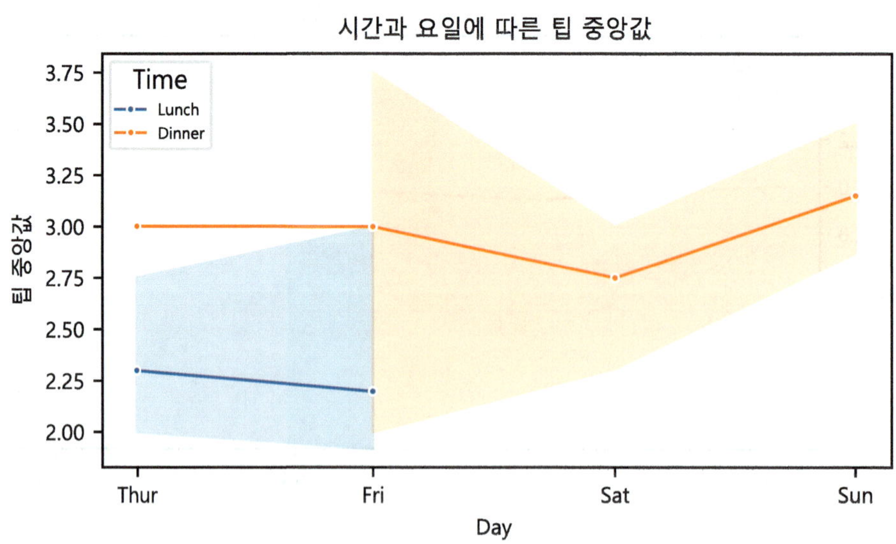

7.2.2 빈도 막대 그림 countplot과 막대 그림 barplot

Seaborn의 countplot()과 barplot()은 범주형 데이터의 시각화를 위한 막대 그림을 생성한다. countplot()은 단일 또는 2개의 범주형 변수에 대하여 단순 빈도(counts)를 시각화하고, barplot()은 기준이 되는 범주형 변수 하에서 연산이 가능한 변수(들)에 대한 함수 값(예: mean, sum, 사용자 정의 함수 등)을 시각화한다. 이들의 특징을 비교해 보면, 표[7.4]와 같다.

표 7.4: countplot과 barplot의 비교

구분	countplot()	barplot()
사용 목적	범주 분포의 크기 비교	범주별 수치 변수의 비교
대상 변수	범주형 변수 1개 또는 2개	범주형 변수와 수치형 변수
y축 값	빈도	통계적 요약값 (기본: 평균)
집계 방식	value_counts()	estimator

두 그림에서 관찰 가능한 정보는 다음과 같다.

빈도 막대 그림(countplot)에서 관찰 가능한 정보

- 범주형 변수의 각 범주의 관찰 빈도 확인
- 하나의 범주형 변수 또는 hue를 이용한 이중 범주의 빈도 비교
- 범주형 데이터의 불균형 진단 및 검토
- 데이터 전처리 없이 범주별 빈도 파악 가능

요약 막대 그림(barplot)에서 관찰 가능한 정보

- 범주(그룹) 별 수치형 변수의 통계량 비교
- estimator를 통한 요약값 시각화 및 비교
- 오차 막대 추가로 통계적 불확실성 검토
- hue를 통한 다중 범주 조합 간 비교

countplot()

- 원하는 형태에 따라 범주형 변수를 x(세로형) 또는 y(가로형)에 지정한다.

```
sns.countplot(x='day', data=tips)                    # 요일별 빈도 막대그래프(세로형)
plt.title('요일(day)별 데이터의 빈도(세로형)')
plt.xlabel('요일')
plt.ylabel('빈도')
plt.show()
#
sns.countplot(y='day', data=tips)                    # 요일별 빈도 막대그래프(가로형)
plt.title('요일(day)별 데이터의 빈도(가로형)')
plt.xlabel('요일')
plt.ylabel('빈도')
plt.show()
```

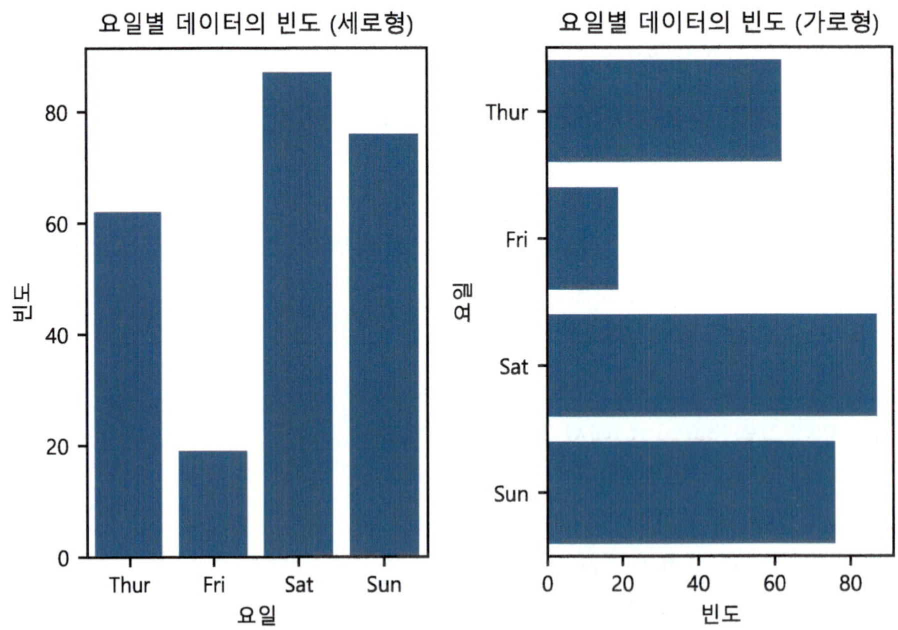

분석 목적에서 범주형 변수의 범주들의 순서가 고려되지 않는 명목형(nominal)인 경우, 범주별 빈도 순서로 막대 그림을 표현하는 것이 바람직하다.

빈도의 오름 차순/내림 차순 정렬

order 인수를 통하여 각 범주의 빈도를 반영한다[15].

- value_counts().index는 범주별 빈도의 순서에 따라 정렬된 리스트를 반환한다.

```
day_order = tips['day'].value_counts().index          # 범주별 빈도 계산 및 정렬

sns.countplot(x='day', data=tips, order = day_order)        # order 인수 지정
plt.title('요일별 데이터의 빈도(세로형)')
plt.xlabel('요일')
plt.ylabel('빈도')
plt.show()
#
sns.countplot(y='day', data=tips, order = day_order)        # order 인수 지정
plt.title('요일별 데이터의 빈도(가로형)')
plt.xlabel('요일')
plt.ylabel('빈도')
plt.show()
```

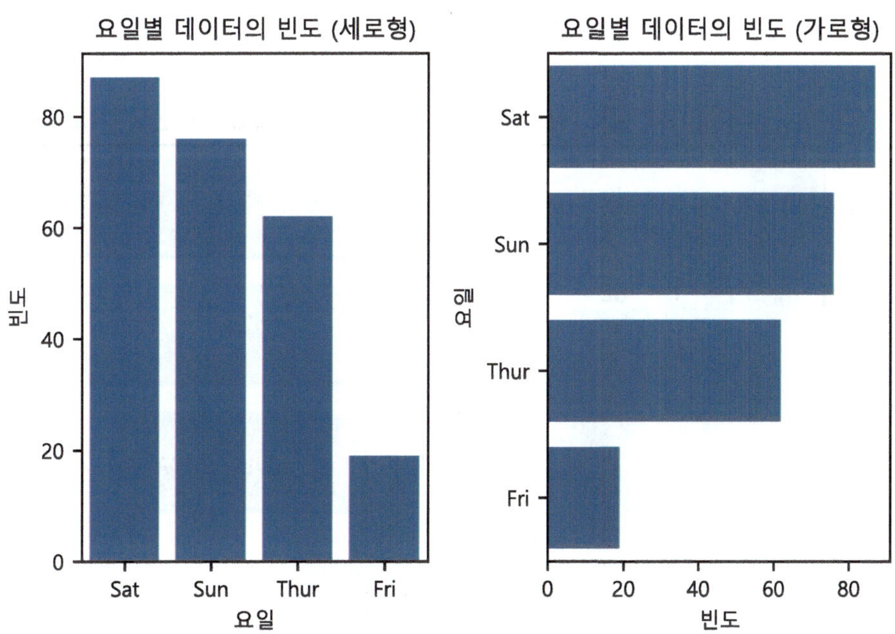

[15] 만일 역순으로 정렬하고자 하는 경우에는 value_counts().index[::-1]을 적용한다.

막대의 빈도 표시

matplotlib의 bar_label()을 적용하여 개별 막대의 빈도를 플롯에 표시할 수 있다.

```
day_order = tips['day'].value_counts().index

fig, ax = plt.subplots()
plot = sns.countplot(x='day', data=tips, order=day_order, ax=ax)
ax.bar_label(ax.containers[0])                        # 각 막대 끝에 빈도 수 표시
plt.title('요일별 데이터의 빈도(세로형)')
plt.xlabel('요일')
plt.ylabel('빈도')
plt.show()

fig, ax = plt.subplots()
plot = sns.countplot(y='day', data=tips, order=day_order, ax=ax)
ax.bar_label(ax.containers[0])
plt.title('요일별 데이터의 빈도(가로형)')
plt.xlabel('빈도')
plt.ylabel('요일')
plt.show()
```

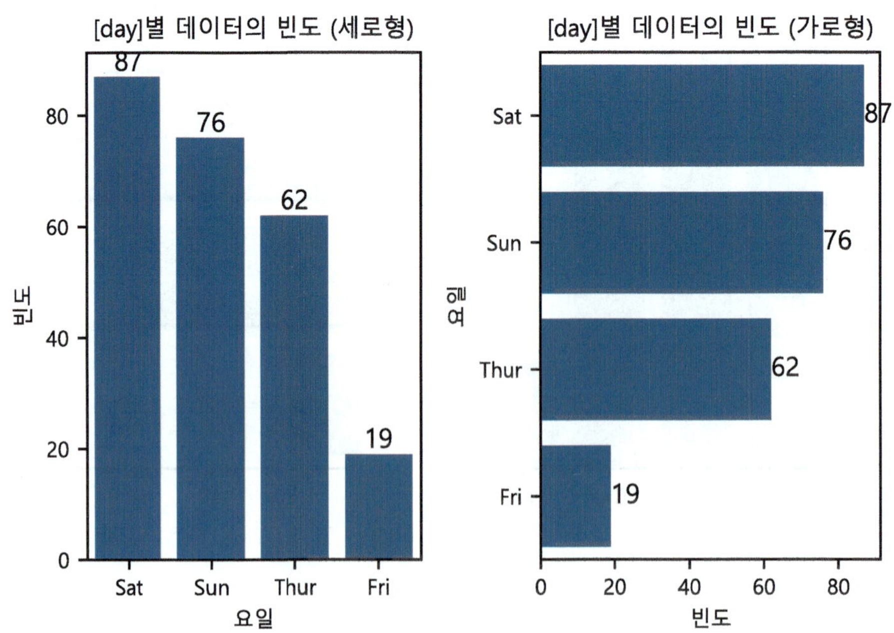

두 개의 범주형 변수를 고려하는 경우, 제 1 변수(예: day)를 중심으로 제 2 변수(예: sex)의 빈도를 함께 표현할 수 있다. 이때, 병렬(dodge)형과 누적(stack)형을 적용할 수 있다.

- 두개의 변수의 병렬/누적 표시 - palette='colorblind' 적용
- countplot()은 기본적으로 병렬(dodge)형을 제공한다.
    - stack 방법은 histplot()을 이용하여 간접적으로 구현한다. 여기서, shrink는 막대의 너비의 감소 폭을 조정하는 인자([0, 1])이며, discrete는 x축이 이산형 변수(범주형) 여부를 지정한다.

```
plt.figure()                                                      # dodge형의 막대그래프
sns.countplot(data=tips,x='day', hue='sex', palette='colorblind')
plt.title('[day, sex]별 데이터의 빈도(dodge)')
plt.xlabel('요일')
plt.ylabel('빈도')
plt.show()

plt.figure()
sns.histplot(data=tips,x='day', hue='sex', palette='colorblind',
             multiple='stack',                                   # stack형 지정
             shrink=0.7, discrete=True, alpha=1.0)
plt.title('[day, sex]별 데이터의 빈도(stack)')
plt.xlabel('요일')
plt.ylabel('빈도')
plt.show()
```

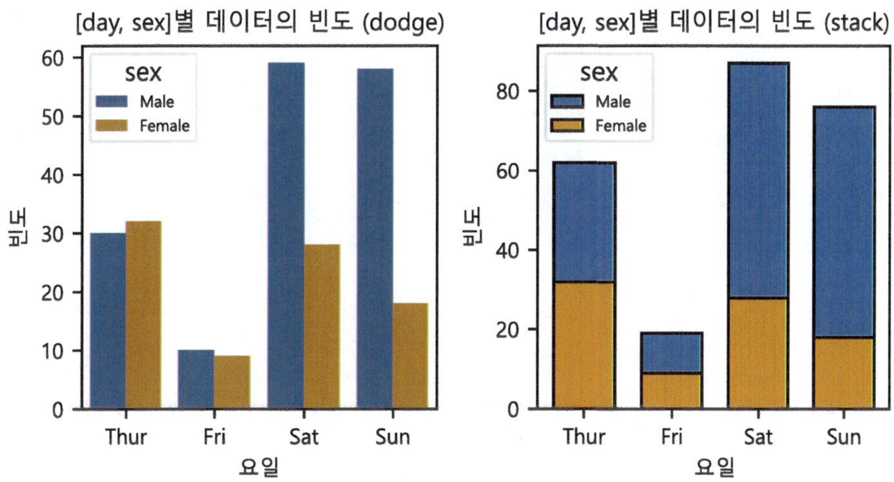

두 개의 범주형 변수에서 제 1 변수의 범주 별 빈도(marginal counts)가 동일하지 않은 경우, 제 2 변수의 범주 별 빈도 보다는 비율(proportion)을 고려하는 것이 바람직한 경우가 많다.

각 범주별 비율(proportion)의 누적(stack)형

```
stacked_data = tips.groupby(['day', 'sex']).size().unstack()
# 행 별 백분율 계산
stacked_data_p = stacked_data.div(stacked_data.sum(axis=1), axis=0) * 100
# 데이터 long-from으로 재구성
stacked_data_p = stacked_data_p.reset_index().melt(
                                    id_vars='day',
                                    var_name='sex',
                                    value_name='percentage'
                                    )
plt.figure()
sns.histplot(data=stacked_data_p, x='day', hue='sex',
             multiple='stack', palette='colorblind',
             weights='percentage', shrink=0.7, discrete=True, alpha=1.0
             )
plt.title('[day, sex]별 데이터의 빈도(백분율)')
plt.xlabel('요일')
plt.ylabel('백분율(%)')
plt.tight_layout()
plt.show()
```

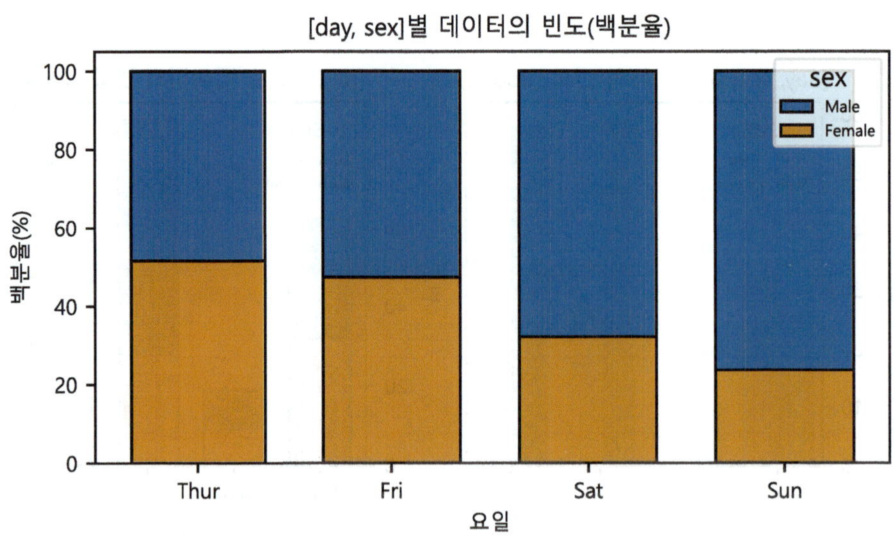

barplot()은 countplot()과 유사하지만, 주로 범주형 변수(x)를 기준으로 연산이 가능한 변수(y)에 대한 함수(예: mean) 값을 시각화한다. 이는 x 또는 y 중 하나만 적용하는 countplot()과 달리 x, y 인수 모두 필요하다.

범주형 변수 별 평균 반영 - palette='dark' 적용

```
plt.figure()                    # 요일과 성별에 따른 평균 식사 인원수 막대그래프
sns.barplot(
            data=tips,
            x='day',
            y='size',
            hue='sex',
            estimator='mean',
            palette='dark'
            )
plt.title('[day, sex]별 평균 식사 인원수(세로형)')
plt.xlabel('요일')
plt.ylabel('평균')
plt.show()                              # 가로형은 x, y를 서로 바꾸면 생성된다.
```

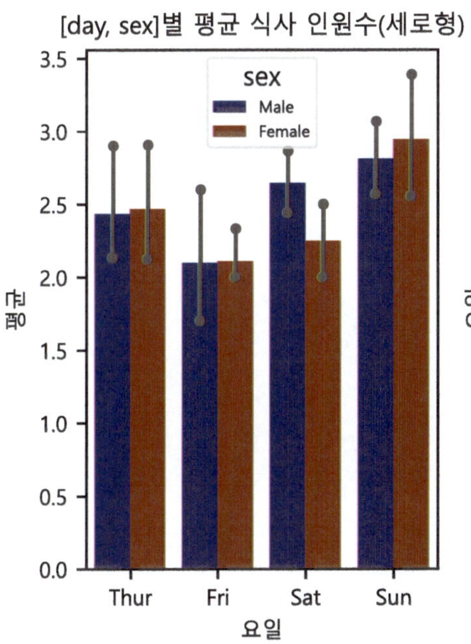

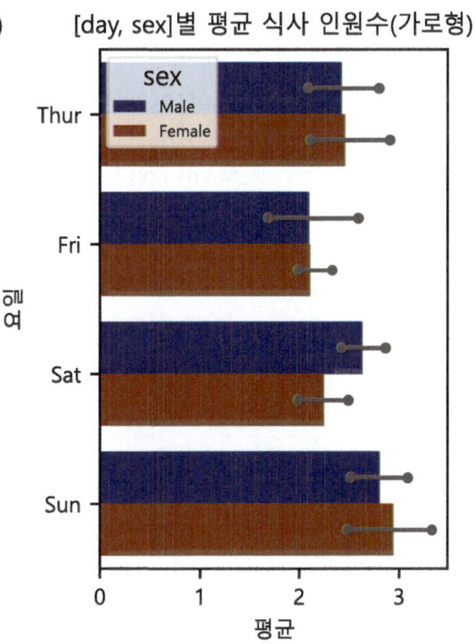

□

7.2.3 원 그림 pie chart

Seaborn은 기본적으로 원그림(pie chart)을 제공하지 않는다. 대신에 matplotlib의 pie() 함수를 이용하여 생성할 수 있다. 원 그림에서 관찰 가능한 정보는 다음과 같다.

원그림에서 관찰 가능한 정보

- 원의 면적으로 표현된 범주형 변수의 범주별 빈도의 크기를 확인할 수 있다.
- 전체(Total; 100%)를 고려할 때, 범주 별 비중(%)을 확인할 수 있다.

- 파이 그림은 대부분 막대 그림으로 전환할 수 있다.
- 전체(Total)가 대상이 아닌 경우, 막대 그림을 사용한다.

경우에 따라서, 플롯 생성 요소 별로 메시지가 출력되는 경우가 있다.

플롯 옵션 메시지 억제 - palette='deep' 적용
- warnings모듈의 warnings.catch_warnings(), warnings.simplefilter("ignore")[16]

```
import warnings
day_counts = tips['day'].value_counts()
labels = day_counts.index
sizes = day_counts.values
colors = sns.color_palette('deep')[0:len(labels)]        # deep 색상 팔레트 적용

with warnings.catch_warnings():                           # 경고 메시지 억제
    warnings.simplefilter("ignore")

    plt.figure()                                          # 파이 그림
    plt.pie(sizes, labels=labels, colors=colors,
            autopct='%1.1f%%',
            startangle=90                                 # 조각의 시작 각도
            )
    plt.axis('equal')  # 파이를 원형으로 정의
    plt.title('요일별 빈도수')
    plt.show()
```

[16] _ =를 이용하여 matplotlib의 플롯 생성 함수가 반환하는 메시지를 변수 _에 할당하여 메시지를 출력되지 않도록 할 수 있다.

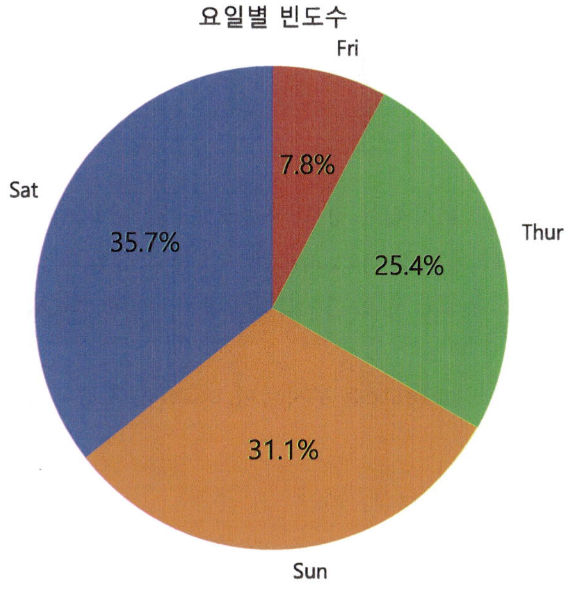

7.2.4 히스토그램 histogram

히스토그램(histogram)은 연속형 데이터의 대략적인 분포(distribution)를 검토하기 위하여 사용된다(Pearson, 1895)[17]. 이는 사전 정의된 빈(bin)의 수 또는 크기(binwidth)를 기준으로 빈도(frequncy) 또는 그림의 총 면적을 1.0으로 척도화한 **확률 밀도**(probability density)를 도시하여 분포의 모양을 판단한다. 필요한 경우, 히스토그램의 이산성을 보완하여 데이터의 분포를 더욱 부드럽게 적합하는 하기 위하여 **커널 밀도 추정(kernel density estimation; KDE)**을 고려할 수 있다(p.?? 참조). 이는 연속적이고 매끄러운 분포 곡선을 제공하여 데이터의 기저에 있는 확률 분포를 추정하는데 도움이 된다.

히스토그램에서 관찰 가능한 정보

- 데이터의 좌우대칭 여부와 양(+)과 음(−)의 왜도
- 데이터의 대표값에 대한 대략적 위치

[17] Pearson은 다음의 논문에서 통계적 데이터의 분포를 시각적으로 나타내기 위하여 히스토그램을 사용하였다. Pearson, K. (1895). "Contributions to the Mathematical Theory of Evolution. II. Skew Variation in Homogeneous Material". Philosophical Transactions of the Royal Society A: Mathematical, Physical and Engineering Sciences. 186: 343–414.

- 데이터의 범위와 산포의 정도
- 군집(clusters)의 존재 유무
- 이상값(outliers)의 존재 유무

histplot()과 kdeplot()

- bin=k을 지정하지 않는 경우, 자동으로 계산된 bin의 수를 지정한다.
- 사전 정보가 있는 경우, binwidth = k를 지정할 수 있다.
- kdeplot()은 KDE 밀도 함수를 표현한다. 이때, bw_adjust 값이 클수록 부드러운 밀도 함수를 제공한다.
- hue가 없으면 palette는 무시되며, color가 지정되면 해당 색상이 우선 적용된다.

```
fig, axes = plt.subplots(1, 2)                                    # 서브플롯 생성

# 첫 번째 플롯(총 매출액의 히스토그램)
sns.histplot(tips['total_bill'], kde=False, palette='deep', ax=axes[0])
axes[0].set_title('총 매출액의 관찰 분포')
axes[0].set_xlabel('총 매출액')
axes[0].set_ylabel('빈도')

# 두 번째 플롯(팁 금액의 히스토그램과 KDE)
sns.histplot(tips['tip'], bins=10,
             kde=False, stat='density', palette='deep',
             ax=axes[1]
             )
sns.kdeplot(tips['tip'], bw_adjust=1.5, fill=True,
            color='red',
            ax=axes[1]
            )
axes[1].set_title('팁 금액의 관찰 분포와 KDE')
axes[1].set_xlabel('팁 금액')
axes[1].set_ylabel('확률 밀도')

plt.tight_layout()
plt.show()
```

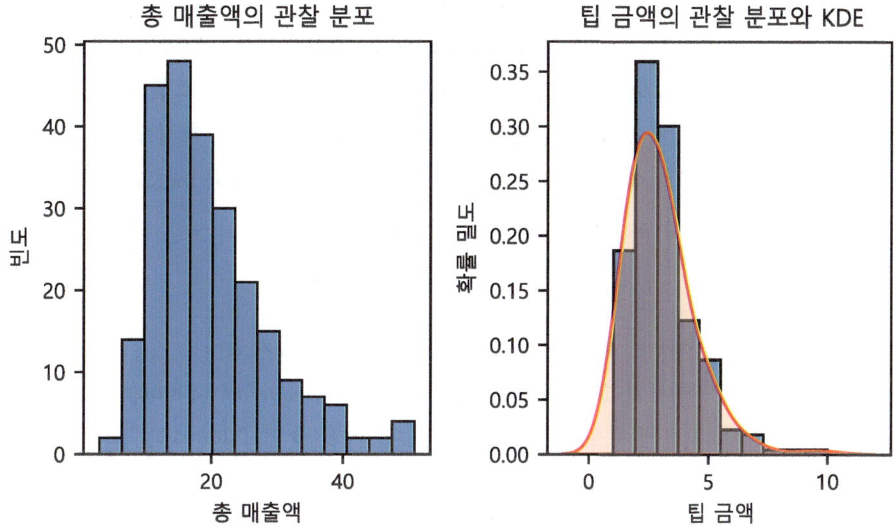

히스토그램은 구간 수(bins)와 커널 밀도 추정의 부드러움 정도(bw_adjust)에 따라 서로 다른 형태로 표현된다. 이 두 매개변수는 데이터 분포 구조를 단순 또는 복잡하게 표현할 수 있으므로, 다양한 값을 시도해 보고 해석에 가장 적합한 구간 수와 부드러움 정도를 선택하여 시각화해야 한다.

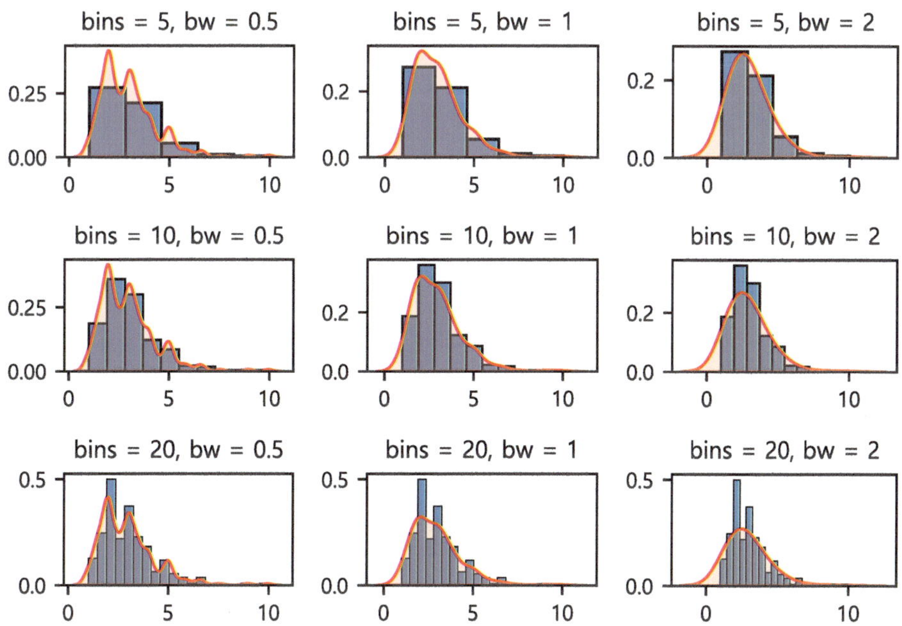

그림 7.5: bin과 bw_adjust에 따른 히스토그램과 커널 밀도 추정

[그림 7.5]는 팁 금액 변수에 대해 다양한 구간 수(bins)와 커널 밀도 추정의 부드러움 정도(bw_adjust)를 적용한 결과이다. 행은 각각 bins = 5, 10, 20에 대응하며, 열은 bw_adjust = 0.5, 1, 2에 해당한다. bins 값이 커질수록 데이터 분포의 세부 구조를 더 잘 반영하지만, 과도하게 큰 경우에는 잡음이 강조될 수 있다. 또한, bw_adjust 값이 커질수록 KDE 곡선은 더 부드러워지고, 작을수록 국소적인 변화에 민감해진다. 이처럼 bins와 bw_adjust는 데이터의 전체적 형태와 국소적 특성을 조절하는 매개 변수이다.

범주별 히스토그램

- hue는 데이터프레임 내 범주형 변수를 기준으로 그룹화한다.
- stat은 y축에 표시할 값을 지정하며, "count"(기본값), "frequency", "probability", "density" 중 하나를 선택할 수 있다. 예를 들어, "density"로 지정하면 각 막대의 면적 합이 1이 되도록 정규화된다.
- palette는 각 hue 그룹에 대응되는 색상 조합을 설정하는 데 사용된다. 문자열 이름("pastel", "deep" 등) 또는 딕셔너리({"Male": "blue", "Female": "red"}) 형태로 지정할 수 있다.

```
plt.figure()
sns.histplot(
    data=tips,
    x="tip",
    hue="sex",                                  # 그룹 변수 지정
    bins=15,
    stat="count",
    element="bars",
    common_norm=False,
    palette="deep",
    edgecolor="white"
)
plt.title("성별에 따른 팁 금액 분포")
plt.xlabel("팁 금액")
plt.ylabel("빈도")
plt.tight_layout()
plt.show()
```

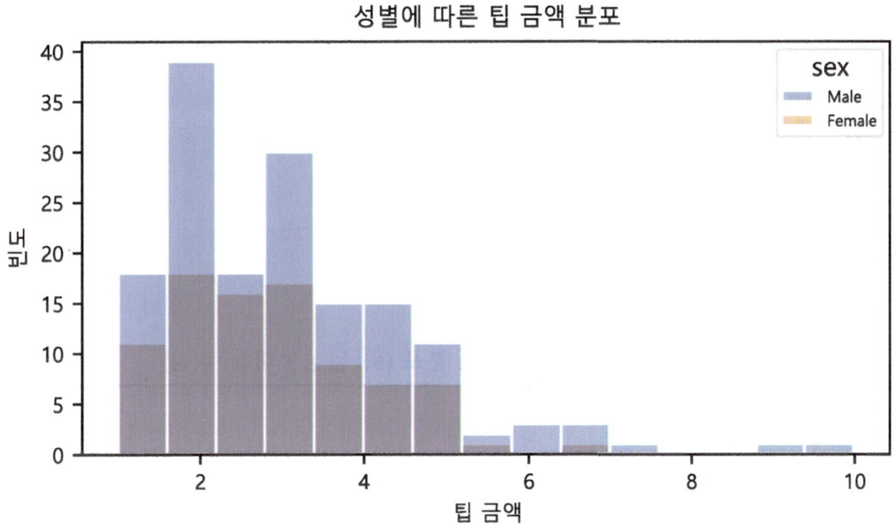

범주별 히스토그램: 상하 배치

```
male = tips[tips["sex"] == "Male"]
female = tips[tips["sex"] == "Female"]

# 히스토그램 설정
bins = 15
color_male = "blue"
color_female = "red"

counts_m, bins_m = np.histogram(male["tip"], bins=bins)          # 빈도 계산
counts_f, bins_f = np.histogram(female["tip"], bins=bins)
bin_centers = 0.5 * (bins_m[1:] + bins_m[:-1])
bin_width = bins_m[1] - bins_m[0]

# 그래프 생성
plt.figure()

plt.bar(bin_centers, counts_m, width=bin_width,                # 위쪽 히스토그램
        color=color_male, alpha=0.7, label="Male")

plt.bar(bin_centers, -counts_f, width=bin_width,       # 아래쪽 히스토그램(음수)
        color=color_female, alpha=0.7, label="Female")
```

```
plt.axhline(0, color='gray')
plt.xlabel("팁 금액")
plt.ylabel("빈도")
plt.title("성별에 따른 팁 금액 분포 (위: 남성 / 아래: 여성)")
plt.legend()
plt.tight_layout()
plt.show()
```

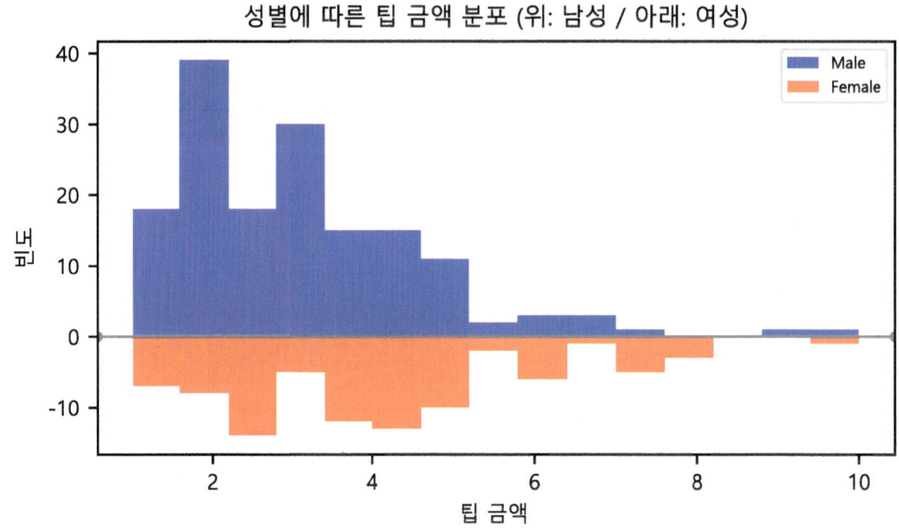

✿ 배열형 히스토그램

- FacetGrid는 범주형 변수의 수준(level)에 따라 플롯을 격자 형태(facet)로 분할하여 반복 시각화를 할 수 있는 seaborn의 figure-level 클래스이다. col, row, hue 인자를 이용하여 다차원적 분할이 가능하다.
- map()은 지정한 plotting 함수(예: plt.hist, sns.scatterplot)를 FacetGrid의 각 서브셋(축)에 반복적으로 적용한다. 입력 데이터는 Series로 전달되므로 pandas가 아닌 함수에 적합하다.
- map_dataframe()은 각 facet에 데이터프레임 단위로 접근하여, sns.histplot, sns.boxplot 등 seaborn 함수처럼 데이터프레임을 인자로 받는 함수와 함께 사용할 수 있다.
- set_axis_labels(), set_titles(), add_legend() 등은 FacetGrid 객체에 후속적으로 라벨, 제목, 범례 등을 추가하기 위한 메서드이다.

```
g = sns.FacetGrid(tips, col="day", col_wrap=2);
g.map_dataframe(sns.histplot, x="tip", bins=10, edgecolor="white");
g.set_axis_labels("팁 금액", "빈도");
g.set_titles(col_template="{col_name} 요일");

plt.tight_layout()
plt.show()
```

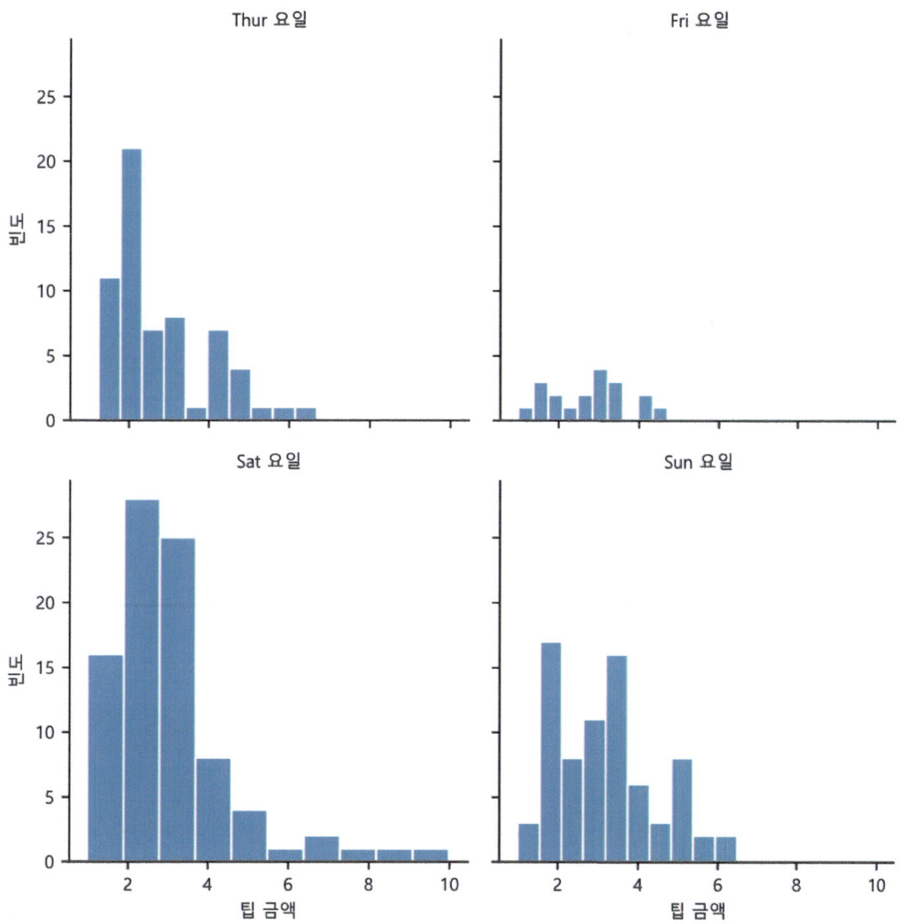

7.2.5 산점도 scatterplot

산점도(scatter plot())는 동시에 측정되는 2개의 연속형 변수들의 값을 2차 평면 (x, y) 상에 도시하는 플롯으로 변수들 간의 관계 파악에 유용하다.

산점도에서 관찰 가능한 정보

- 두 연속형 변수 간의 관계(선형/비선형 여부)
- 변수 간 상관 방향(양의 상관, 음의 상관 등)
- 데이터의 분포 패턴 또는 퍼짐 정도
- 그룹별 군집이나 패턴의 존재 유
- 이상값(outliers) 또는 전체 경향에서 벗어나는 관측값의 진단

scatterplot()

```
plt.figure()
sns.scatterplot(data=tips, x='total_bill', y='tip')                # 기본 산점도
plt.title('기본 산점도')
plt.xlabel('총 금액')
plt.ylabel('팁 금액')
plt.tight_layout()
plt.show()
```

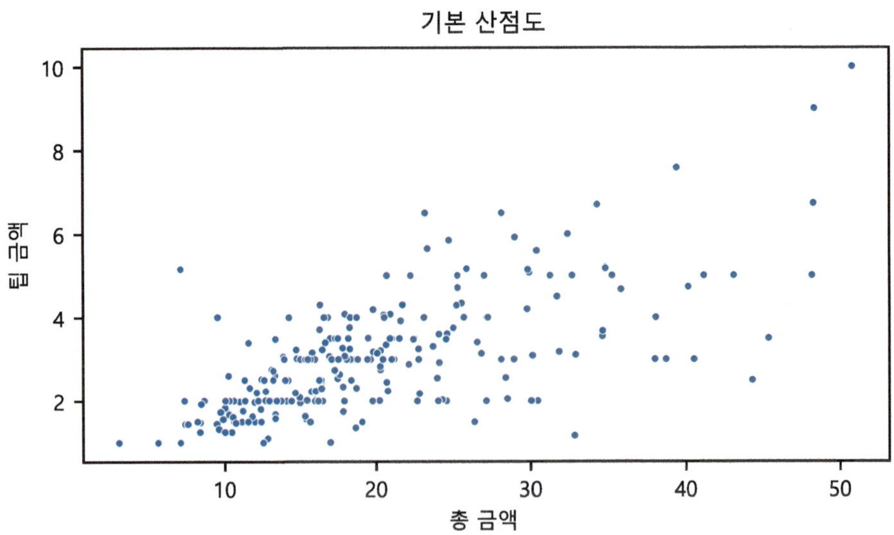

층화 산점도 - 사용자 정의 palette 적용

hue를 적용하는 경우, palette를 지정하여 데이터의 색상을 지정할 수 있다.

- 사용자 정의 palette를 딕셔너리로 지정하여 사용할 수 있다.

```
# 층화/색상 지정 산점도
custom_palette = {'Thur': 'red', 'Fri': 'blue', 'Sat': 'green', 'Sun': 'purple'}
# 층화 산점도
plt.figure()
sns.scatterplot(data=tips, x='total_bill', y='tip',
                hue='day', style='sex',
                palette=custom_palette                          # 사용자 정의 팔레트
                )
plt.title('[day, sex] 층화 산점도')
plt.xlabel('총 금액')
plt.ylabel('팁 금액')
plt.legend(title='[day, sex]')
plt.tight_layout()
plt.show()
```

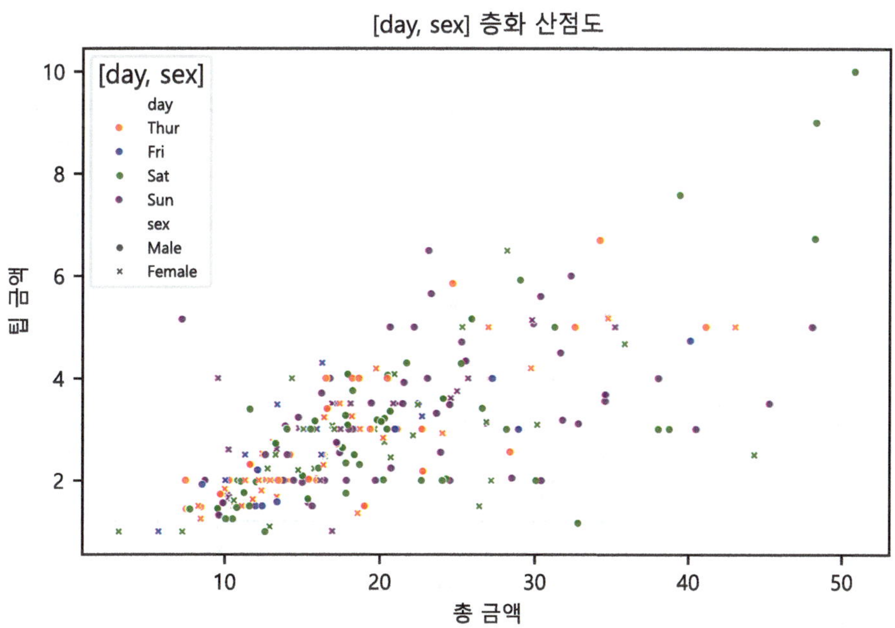

층화 산점도의 응용[18] - pallette = 'inferno' 적용

- s는 점의 크기를 20 ~ 200 사이에서 지정할 수 있고, 단일 숫자, 배열 또는 DataFrame의 열을 지정할 수 있다.
- size는 연속형 변수 또는 함수의 결과를 사용하여 점의 크기를 동적으로 조절한다.

```
plt.figure()
sns.scatterplot(
    data=tips,
    x='total_bill',y='tip', hue='day',
    style='sex',                # 성별에 따라 점 모양 구분
    size='size',                # 식사 인원 수에 따라 점 크기 구분
    sizes=(20, 200),             # 최소 20 ~ 최대 200 크기로 스케일 조정
    palette='inferno'           # 색상 팔레트 지정
)
plt.title('[day, sex] 층화 산점도')
plt.xlabel('총 금액')
plt.ylabel('팁 금액')
plt.legend(title='[day, sex]', loc='upper right', fontsize='xx-small')
plt.tight_layout()
plt.show()
```

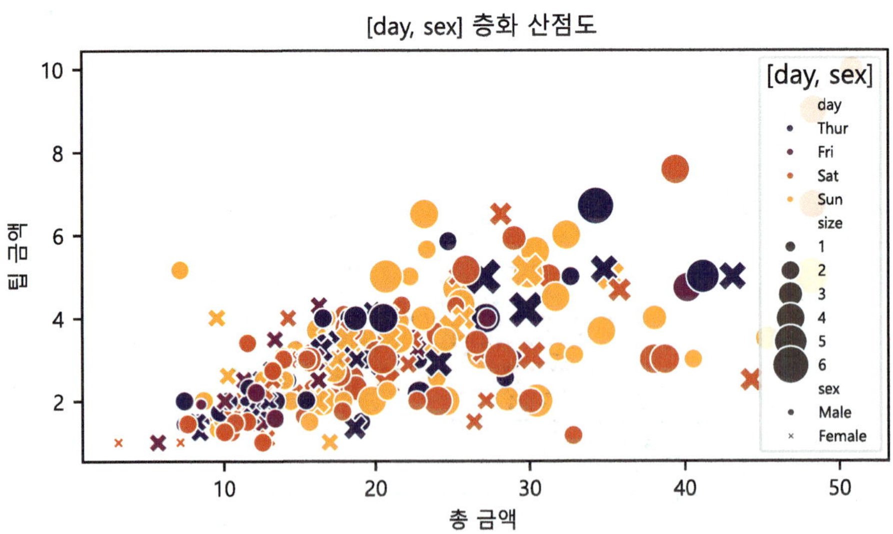

그림 7.6: 성별과 인원수에 따른 층화 산점도의 응용

[18] s는 size의 약자로, 상수 또는 변수 값에 따라 지정이 가능하다.

7.2.6 쌍별 산점도와 결합 분포도 pairplot and jointplot

pairplot()은 주어진 데이터에서 연속형(또는 숫자형) 변수들의 행과 열 기준으로 쌍별 산점도를 제공하는 플롯으로 다변량 데이터 분석을 위한 기초 탐색에 유용하다. 행과 열이 동일한 대각 요소에는 각 변수 별 분포 정보를 제공한다.

쌍별 산점도에서 관찰 가능한 정보

- 3개 이상의 다변량 연속형 변수 간 쌍별 관계를 동시에 시각화하여 산점도 형태, 분포 형태, 상관 방향 등의 비교 및 탐색
- 다차원적 군집 구조, 경향선, 이상값 등을 탐색
- 추가적인 범주형 변수에 따라 그룹 별 비교 및 탐색

pairplot()

- diag_kind에서 대각선에 표현할 플롯 종류 - auto, hist, kde를 지정한다.
- diag_kws에서 bw_adjust를 이용하여 평활도를 지정할 수 있다.

```
g1 = sns.pairplot(tips, diag_kind = 'kde', diag_kws={'bw_adjust': 1.5})
g1.fig.suptitle("기본 쌍별 산점도", y=1.02)
plt.show()
```

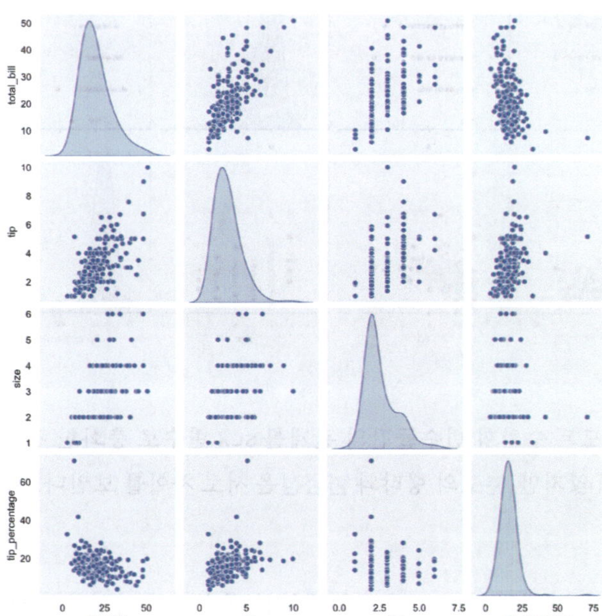

층화 쌍별 산점도 - palette='dark' 적용

```
tips = sns.load_dataset('tips')
g2 = sns.pairplot(tips, diag_kind = 'kde',diag_kws={'bw_adjust': 1.5},
                  hue='sex',                                    # 층화 변수 지정
                  palette='dark'
                 )
g2.fig.suptitle("성별에 따른 변수 간 관계", y=1.02)
plt.show()
```

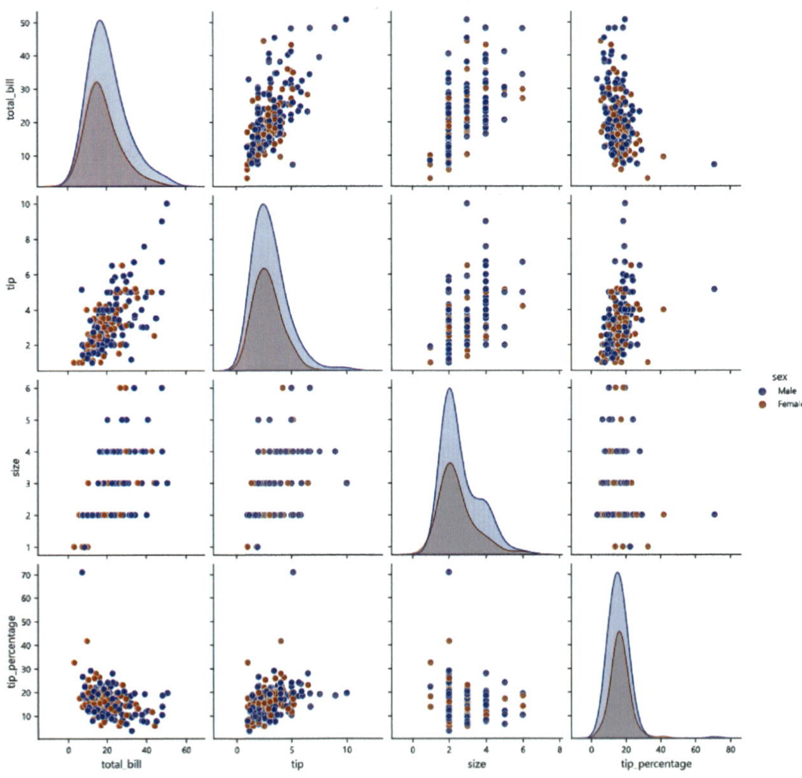

tips에서 고려된 모든 수치형 변수들간의 관계를 sex 변수로 층화한 결과에서는 전반적으로 뚜렷한 군집을 보이지 않지만, 분포의 형태와 변동성은 서로 차이를 보인다. 이에 대한 탐색 결과는 다음과 같다.

- 대각선의 밀도곡선에서 남성(Male)은 대부분 변수에서 여성보다 양의 왜도를 갖는다. 이는 남성이 더 높은 총지불금액, 팁을 제공하는 경향이 있음을 의미한다.

- (total_bill, tip) 산점도에서 양의 상관관계가 명확하며, 특별한 군집은 관찰되지 않으며, 두 성별 모두 비슷한 경향을 보임을 확인할 수 있다.
- (tip, tip_percentage)에서는 특별한 경향성을 확인할 수 없으며, 일부 큰 이상점이 존재함을 확인할 수 있다.
- size 변수는 이산형이므로 특정 경향성을 확인 할 수 없고, 주로 $2 \sim 4$에 밀집되어 있다.

전체 변수들을 이용한 탐색 결과에 기반하여 중요 변수만을 선택하여 재적용 할 수 있다.

변수 선택 후 층화 쌍별 산점도 - palette='Set1' 적용

vars은 시각화할 변수 목록을 리스트로 지정할 수 있다.

```
g2 = sns.pairplot(
    tips,
    vars=['total_bill', 'tip'],                          # 시각화할 변수 지정
    diag_kind='kde',
    diag_kws={'bw_adjust': 1.5},
    hue='sex',
    palette='Set1'
)
g2.fig.suptitle("성별에 따른 선택 변수 간 관계", y=1.02)
plt.show()
```

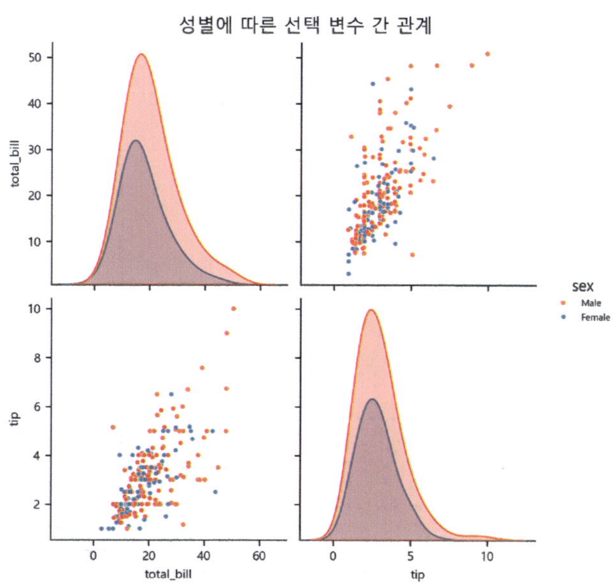

결합 분포도(jointplot())은 두 개의 변수간의 관계와 이에 기여한 개별 변수의 분포를 동시에 탐색할 수 있는 도구이다. 기본적으로 두 변수간의 관계는 scatterplot 그리고 각 개별 변수의 분포는 histplot을 통해 제공한다. 따라서, 이는 기본적으로 세 개의 요소로 구성된다.

- [중앙] 두 변수의 결합 관계를 나타내는 산점도 또는 회귀선 등을 도시
- [상단] 가로 축에 지정된 변수의 단변량 분포의 구조
- [오른쪽] 세로 축에 지정된 변수의 단변량 분포의 구조

결합 분포도에서 관찰 가능한 정보

- 두 변수 간의 선형성, 비선형성 등의 관계
- 두 변수의 관계에서의 집중 영역
- 각 변수의 개별적인 분포 형태 및 산포
- 범주형 변수로 그룹화한 경우 범주 간의 비교
- 두 변수의 동시 영역에서 이상값(outlier) 또는 군집(cluster) 여부

jointplot()

```
sns.jointplot(data=tips, x='total_bill', y='tip', kind='scatter')
```

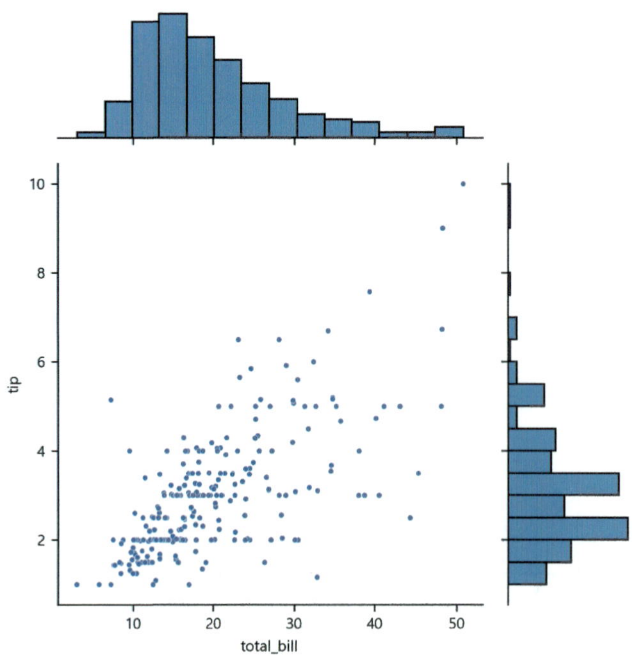

결합 분포도의 응용

kind 옵션을 활용하면 관계를 다양하게 표현할 수 있다.

- scatter, kde, hist, hex, reg, resid 등을 지정할 수 있다.([그림 7.7] 참조)
- 개별 변수 분포는 기본적으로 kde, hist 또는 이들의 조합으로 자동 설정된다.
- hue 옵션은 kde, hist, resid와 같은 일부 옵션에만 지정 가능하다.

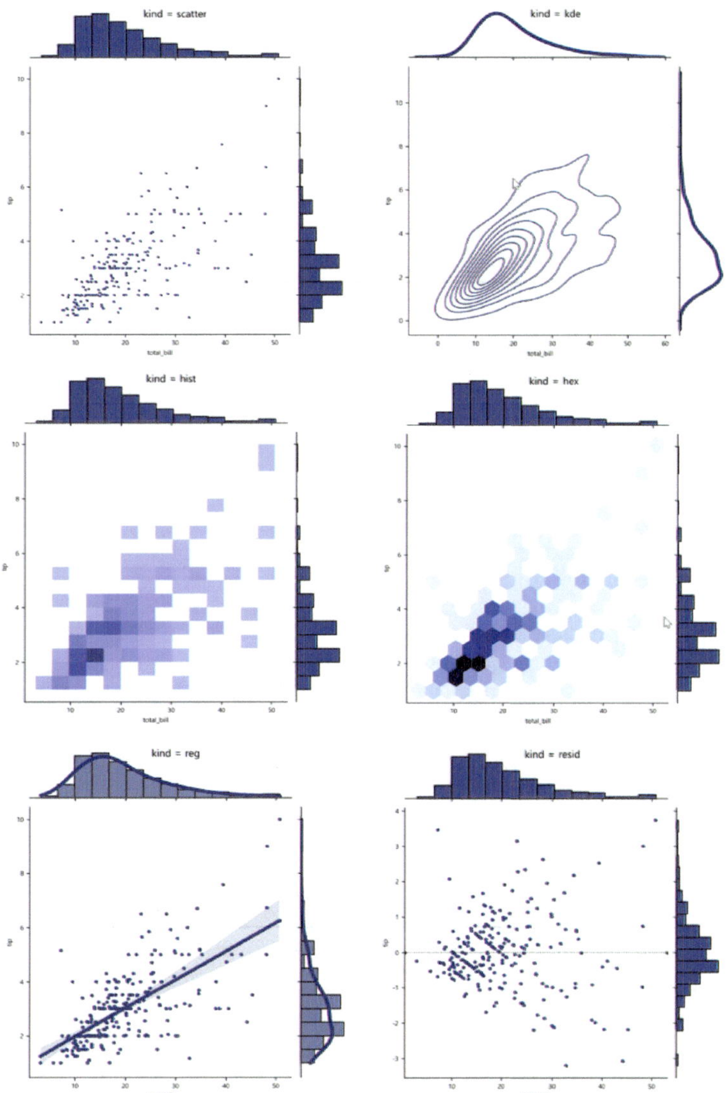

그림 7.7: jointplot의 kind 옵션의 결과(예)

범주형 변수에 의한 층화

```
g = sns.jointplot(
    data=tips,
    x='total_bill', y='tip',
    hue='day',                      # 그룹 색상 지정
    kind='scatter',                 # 산점도
    palette='Set2'                 # 색상 팔레트 지정 (선택)
)
plt.show()
```

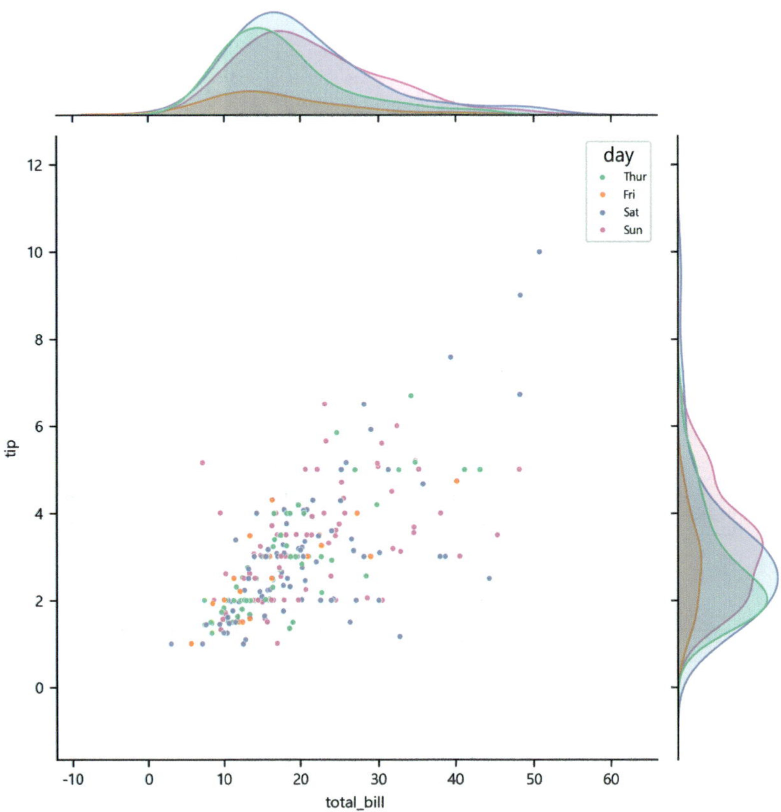

범주형 변수에 따른 구분은 hue를 통해 지정할 수 있다. 만일 사전에 작성된 다양한 산점도를 결합분포도에 반영하고 싶다면, 다음과 같이 joint_plot()을 이용하여 중앙의 관계 산점도를 대체할 수 있다.

층화 주변 분포도의 응용

```
g = sns.jointplot(data=tips, x='total_bill', y='tip', kind='scatter')
g.plot_joint(sns.scatterplot,
             hue=tips['day'],
             style=tips['time'],
             size=tips['size'], sizes=(20, 200),
             alpha=0.7
             )
plt.show()
```

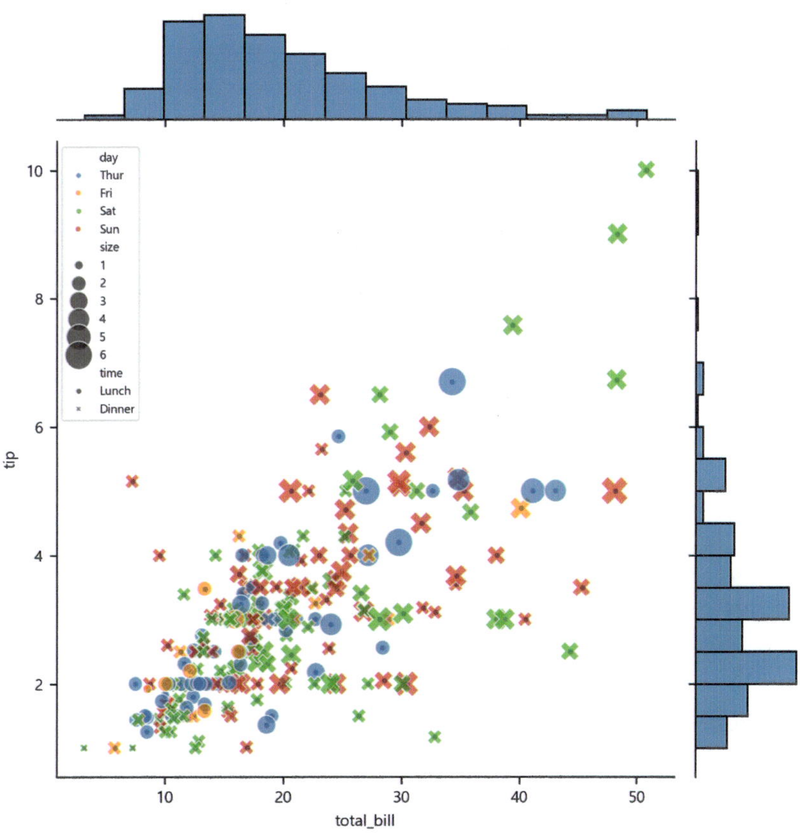

7.2.7 히트맵 heatmap

히트맵(heatmap())은 서로 다른 두 개의 범주형 변수의 조합마다 대응되는 값 또는 요약값을 색상으로 시각화한 격자(tile) 형태의 플롯이다. 이는 시각적 직관성과 범주 간 비교 용이하게 하는 도구이며, 다음의 데이터 구조에 적용된다.

- 제 1 범주형 변수: x축에 위치하며, 가로 방향 범주를 정의
- 제 2 범주형 변수: y축에 위치하며, 세로 방향 범주를 정의
- 수치형 변수: 각 범주 조합에 대응되는 값으로, 색상 강도로 표현됨

히트맵에서 관찰 가능한 정보

- 범주 조합간의 값/요약값의 비교 및 우선 순위 파악
- 순서형 범주의 경우, 특정 행 또는 열 방향으로의 경향성 탐색
- 데이터의 불균형, 대칭성, 이상값 등의 탐색
- 수치 정보를 색상 위에 표기하여 정량적 정보 통합 탐색

기본 히트맵 - cmap="viridis" 적용

heatmap() 함수는 다음의 인자를 통해 표현된다.

- 일반적으로 pivot_table이나 2차원 배열 또는 데이터프레임에 적용된다.
- annot=True는 각 셀에 수치 값을 표시하며, fmt 인자를 통해 표시 형식을 지정할 수 있다. (예: fmt=".1f"는 소수점 한 자리로 표시)
- cmap은 색상맵을 지정한다.

```
pivot_table = tips.pivot_table(values='tip',          # 집계 대상
                               index='day',           # 행 기준
                               columns='time',        # 열 기준
                               aggfunc='mean'         # 집계 함수
                              )

plt.figure()
sns.heatmap(pivot_table,             # 2차원 형태의 데이터프레임 입력
            annot=True,              # 셀 안에 수치 값 표시
            fmt=".2f",               # 소수점 둘째 자리까지
            cmap="viridis_r"         # viridis의 역순
            )
plt.title('[day, time] 평균 팁 금액')
```

```
plt.tight_layout()
plt.show()
```

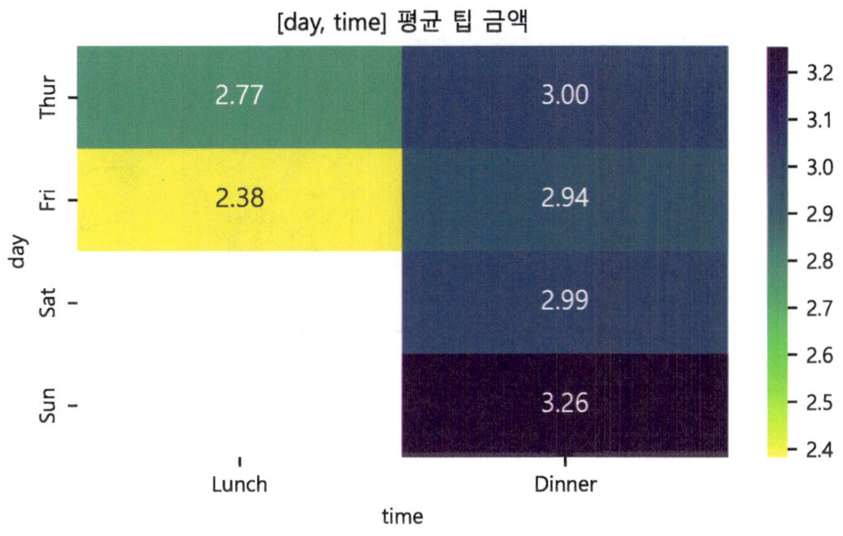

히트맵의 응용 - 상관 행렬의 표현 - cmap='coolwarm' 적용

- 연속형 변수들 간의 상관 계수를 사전에 계산하여 적용할 수 있다.
- vmin과 vmax를 이용하여 색상 표현 범위를 지정할 수 있다.

```
corr = tips[['total_bill', 'tip', 'size']].corr()          # 상관관계 계산
plt.figure()
sns.heatmap(corr, annot=True, cmap='coolwarm', vmin=-1, vmax=1)
plt.title('[Tips] 상관 계수 히트맵')
plt.tight_layout()
plt.show()
```

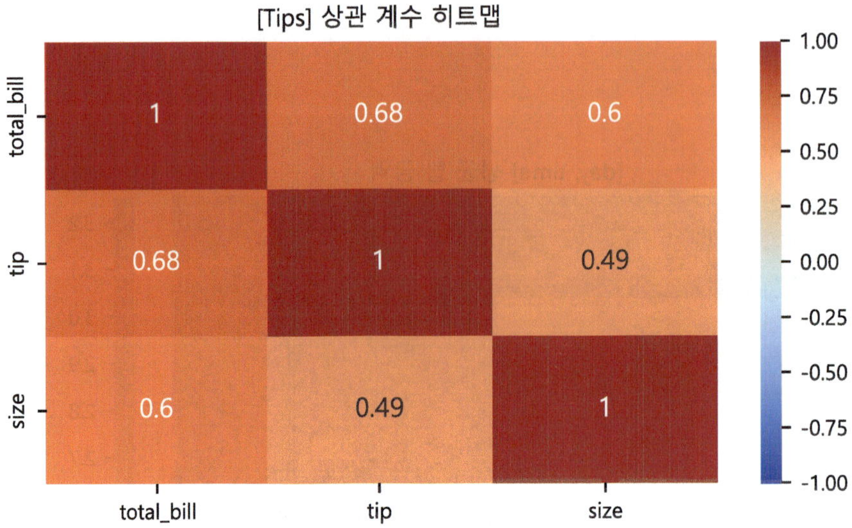

연산에 의한 통계량 적용[19]

diamonds 데이터에서 cut과 color에 따라 carat당 평균 가격을 비교

- carat 당 평균 가격 $= \frac{1}{n}\sum_{i=1}^{n}\left(\frac{\text{price}_i}{\text{carat}_i}\right), \quad i = 1, 2, \ldots, n$
- carat 당 가격의 중앙값 $= \text{median}\left(\frac{\text{price}_1}{\text{carat}_1}, \ldots, \frac{\text{price}_n}{\text{carat}_n}\right)$
- $\text{IQR} = Q_3 - Q_1$ 여기서 Q_1, Q_3는 $\left(\frac{\text{price}_i}{\text{carat}_i}\right)$의 제 1, 3 사분위수

```
diamonds = sns.load_dataset("diamonds")

                                                    # caret 당 가격 계산
diamonds['price_per_carat'] = diamonds['price'] / diamonds['carat']

diamonds['price_per_carat'].describe()              # 데이터 검토
```

```
# count   53940.000
# mean     4008.395
# std      2012.666
# min      1051.163
# 25%      2477.944
# 50%      3495.198
```

[19] diamonds 데이터는 R의 ggplot2 패키지에 포함된 예제 데이터이며, 다이아몬드의 carat, cut, color, clarity, price 등을 포함한 보석 특성 정보를 약 54,000개 포함한다. color는 최고 등급이 D이며 E, F, G, H, I, J 순으로 낮은 등급으로 분류된다.

```
# 75%      4949.600
# max     17828.846
# Name: price_per_carat, dtype: float64
```

```
diamonds.groupby('cut')['price_per_carat'].mean().round(0) # 숫자 단순화
```

```
# cut
# Ideal       3920.000
# Premium     4223.000
# Very Good   4014.000
# Good        3860.000
# Fair        3767.000
# Name: price_per_carat, dtype: float64
```

```
pivot_ppc = diamonds.pivot_table(
    values='price_per_carat',
    index='cut',
    columns='color',
    aggfunc='mean'                                   # 연산 함수 지정
)
                                                      # 히트맵 작성
plt.figure()
sns.heatmap(
    pivot_ppc,                    # 2차원 데이터프레임
    annot=True,                   # 각 셀 안에 숫자 표시
    fmt=".0f",                    # 숫자의 표기 형식
    annot_kws={"size": 8},        # 셀 내 숫자 폰트 크기
    cmap="Blues",                 # 색상 맵 지정
    linewidths=0.5                # 셀 경계선의 두께
)
plt.title("[Cut, Color]에 따른 Carat당 평균 가격")
plt.ylabel("Cut")
plt.xlabel("Color")
plt.tight_layout()
plt.show()
```

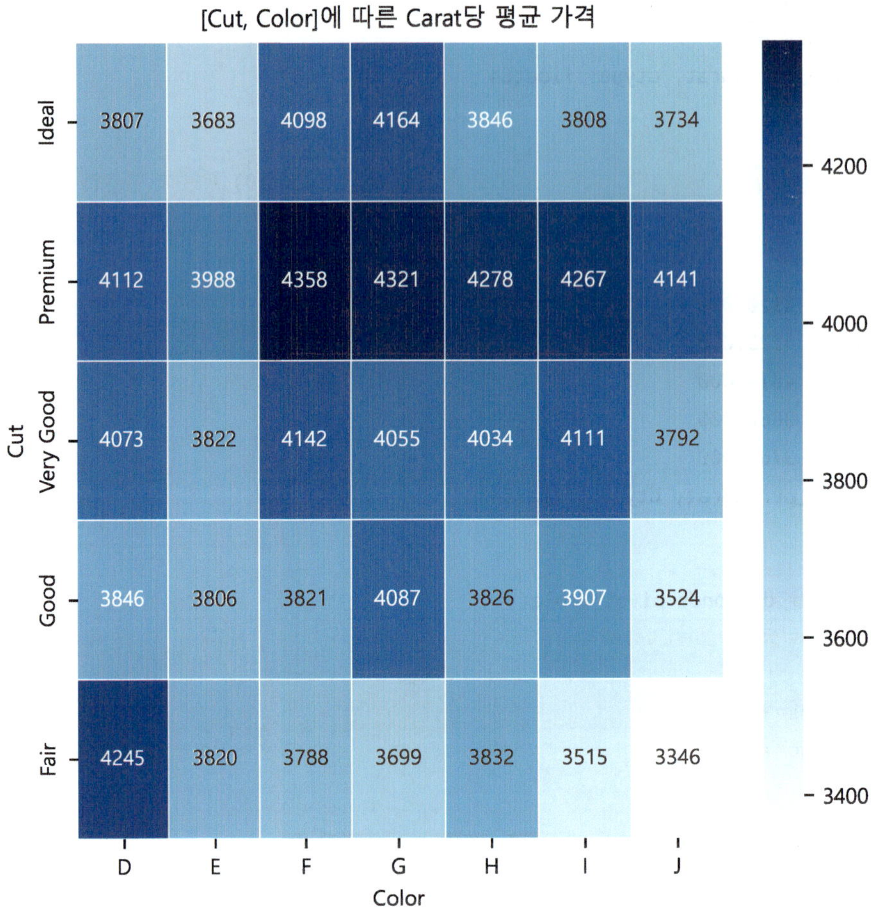

히트맵에 표시된 정보로 부터 다음과 같은 내용을 탐색할 수 있다.

- Premium 컷은 대부분의 색상에서 carat 당 가격이 가장 높다.
- Fair 컷은 전반적으로 가장 낮은 가격을 보이며, 특히 Color J에서 최저 가격이다.
- Color F, G, H 구간은 다양한 컷에서 상대적으로 높은 가격을 형성한다.
- Color D는 최고 등급이지만, 가격이 항상 가장 높지는 않다.
- Cut과 Color의 조합에 따라 carat 당 평균 가격이 달라지며, 단일 변수만으로는 설명되지 않는다.

다양한 시각화 탐색에서 diamonds 데이터에는 이상점이 존재하였다. 따라서, 평균 보다 이상점에 둔감한 중앙값과 IQR을 계산하여 이를 적용해 보면 다음과 같다.

중양값과 IQR에 대한 히트맵

```
diamonds['price_per_carat'] = diamonds['price'] / diamonds['carat']

def iqr(x):                                              # 사용자 정의 IQR 함수
    return np.percentile(x, 75) - np.percentile(x, 25)

pivot_median = diamonds.pivot_table(                     # 조합 별 중앙값 계산
    values='price_per_carat',
    index='cut',
    columns='color',
    aggfunc='median'
)
pivot_iqr = diamonds.pivot_table(                        # 조합 별 IQR 계산
    values='price_per_carat',
    index='cut',
    columns='color',
    aggfunc=iqr
)

fig, axes = plt.subplots(2, 1)
# 중앙값 히트맵
sns.heatmap(pivot_median, annot=True,
            fmt=".0f",annot_kws={"size": 8},
            cmap="YlGnBu", ax=axes[0]
            )
axes[0].set_title("Carat당 가격의 중앙값(Median)")
# IQR 히트맵
sns.heatmap(pivot_iqr, annot=True,
            fmt=".0f", annot_kws={"size": 8},
            cmap="YlOrBr", ax=axes[1]
            )
axes[1].set_title("Carat당 가격의 IQR(사분위 범위)")
plt.tight_layout()
plt.show()
```

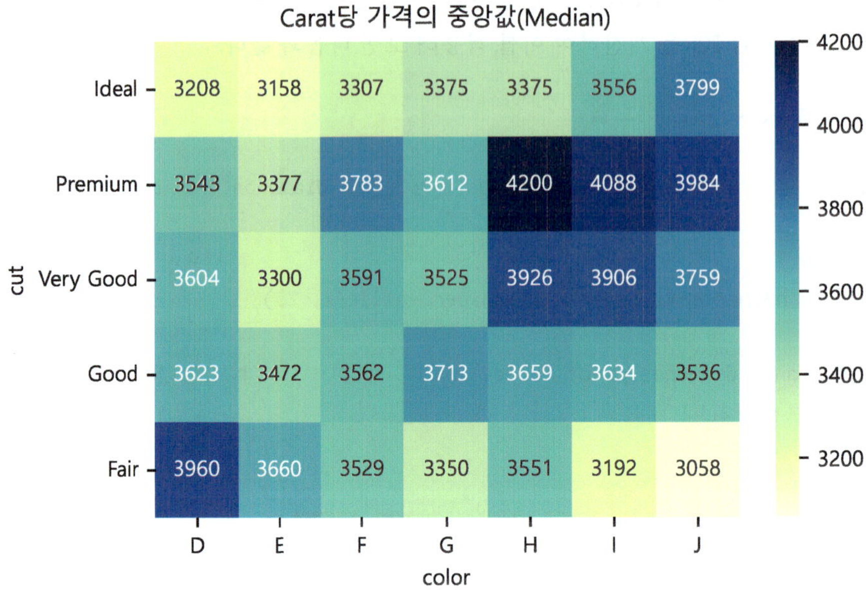

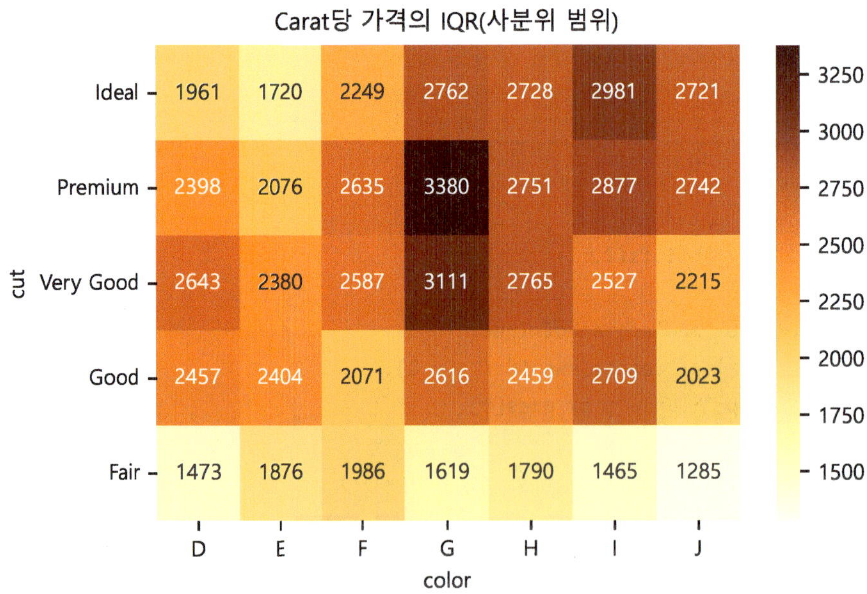

여기서, 중앙값이 높고 IQR도 큰 조합은 높은 가격과 가격 변동성이 큰 다이아몬드이고(예: Premium-H, Very Good-G), 중앙값이 낮고 IQR도 작은 조합은 안정적으로 낮은 가격이 유지되는 다이아몬드이다(예: Fair-J, Ideal-E). 만일 중앙값이 높고 IQR이 작은 조합은 높은 가격이 유지되는 다이어몬드라고 할 수 있다(예: Fair-D).

□

7.3 [참고] 시각화를 위한 고급 설정

데이터 분석 과정에서 시각화는 플롯을 생성하는 것뿐만 아니라, 복잡한 데이터 패턴과 데이터로 부터의 통찰을 명확히 전달할 수 있어야 한다. 이를 위해 고급 사용자들은 다양한 시각적 요구를 충족시키기 위해 다음을 위한 고급 **설정**을 고려해야 한다.

1) 일관된 시각화 스타일 유지: 여러 개의 플롯을 생성할 때, 시각적 일관성은 비교를 용이하게 한다. **전역 옵션 설정**은 이러한 일관성을 유지하기 위한 효율적인 방법을 제공한다.

2) 복잡한 시각화 요구 충족: 단순환 플롯으로 복잡한 데이터 패턴을 충분히 표현하기에는 여러 가지 어려움이 있다. **객체 지향 인터페이스**를 사용하면 복잡한 플롯과 다중 서브플롯을 보다 유연하게 생성하고 제어할 수 있다.

3) 재사용 가능한 코드 작성: **함수/클래스 설정과 객체 지향 인터페이스**를 사용하면, 복잡한 시각화 작업을 재사용 가능한 코드로 작성할 수 있다. 이는 유지보수와 확장성을 높여주며, 반복적인 시각화 작업을 자동화하는 데 도움을 준다.

4) 고품질의 출판용 플롯의 생성: 출판이나 프레젠테이션에 사용되는 그래프는 높은 품질을 요구한다. **플롯 스타일링**을 통해 출판 품질의 플롯을 생성하고, 원하는 형식으로 저장할 수 있다.

이 장에서는 Python에서 시각화의 기본이 되는 Matplotlib에서의 (1) 전역 옵션 설정과 (2) 플롯 생성 인터페이스을 추가적으로 소개한다.

플롯 전역 옵션의 설정

Matplotlib의 **전역(global) 옵션**은 그래프의 기본 스타일을 정의하고, 별도로 옵션을 재정의하지 않는 한 생성되는 모든 그래프에 동일하게 적용된다. 필요한 경우, 개별 그래프에서 설정을 재정의하여 실행할 수 있다. 예를 들어, 전역 옵션으로 폰트 크기, 선 스타일, 색상 등을 설정한 후, 특정 그래프에서 이러한 설정을 변경하여 원하는 스타일을 적용할 수 있다. Matplotlib에서 일반적으로 사용되는 전역 옵션은 다음과 같다.

자주 사용되는 전역 옵션과 지정 값

- `plt.rc()`는 그래프 스타일과 작동 방법에 대한 전역 옵션을 설정한다[20].
  - `plt.rcParams.update()`에 딕셔너리 형태로 여러 설정을 한번에 정의할 수 있다.

[20] rc()는 resource configuration의 약자이다.

표 7.5: matplotlib 시각화 스타일 옵션

옵션	설명	지정 값
figure.figsize	기본 크기 (inch)	(width, height)
figure.dpi	해상도 (dots per inch)	Integer
axes.labelsize	축 레이블의 글꼴 크기	Font size
axes.titlesize	축 제목의 글꼴 크기	Font size
axes.linewidth	축의 선 두께	Float
xtick.labelsize	x축 눈금의 글꼴 크기	Font size
ytick.labelsize	y축 눈금의 글꼴 크기	Font size
xtick.direction	x축 눈금의 방향	in, out, inout
ytick.direction	y축 눈금의 방향	in, out, inout
lines.linewidth	선의 기본 두께	Float
lines.linestyle	선의 기본 스타일	-, --, - .
lines.marker	마커의 기본 스타일	o, s, v 등
font.family	기본 글꼴 패밀리	Malgun Gothic 등
font.size	기본 글꼴 크기	Font size
legend.fontsize	범례의 글꼴 크기	Font size
legend.loc	범례의 위치	best, upper right 등

```
# 전역 옵션 설정(예)
plt.rcParams.update({
    'figure.figsize': (6, 4),
    'figure.dpi': 300,
    'axes.titlesize': 12,
    'axes.labelsize': 10,
    'xtick.labelsize': 8,
    'ytick.labelsize': 8,
    'lines.linewidth': 1,
    'lines.linestyle': '-',
    'lines.marker': 'o',
    'font.size': 10,
    'legend.fontsize': 8,
    'legend.loc': 'best',
```

```
    'axes.unicode_minus': False          # 유니코드 음수 설정
})
```

Matplotlib의 전역 옵션은 설정 후 파일로 저장할 수 있으며, 필요할 때 불러와 재사용하는 것도 가능하다. 이를 활용하면 목적에 따라 여러 개의 설정 파일을 만들어 놓고, 용도에 맞게 불러서 적용함으로써 보다 일관된 그래픽 작업을 효율적으로 수행할 수 있다. 이에 대한 자세한 내용은 다음을 참조하기 바란다.

- Matplotlib 공식 문서 — `Customizing matplotlib with style sheets and rcParams` `https://matplotlib.org/stable/users/explain/customizing.html` (https://matplotlib.org/stable/users/explain/customizing.html)

7

참고 문헌

Aho, A. V., Lam, M. S., Sethi, R., and Ullman, J. D. (2006). *Compilers: Principles, Techniques, and Tools*. Addison-Wesley, 2 edition.

Anaconda, Inc. (2024). Anaconda software distribution. https://www.anaconda.com/. Version 2024.06.

Annapureddy, R., Fornaroli, A., and Gatica-Perez, D. (2024). Generative ai literacy: Twelve defining competencies. arXiv preprint.

Anscombe, F. J. (1973). Graphs in statistical analysis. *The American Statistician*, 27(1):17–21.

Brown, T. B., Mann, B., Ryder, N., Subbiah, M., Kaplan, J., Dhariwal, P., Neelakantan, A., Shyam, P., Sastry, G., Askell, A., Agarwal, S., Herbert-Voss, A., Krueger, G., Henighan, T., Child, R., Ramesh, A., Ziegler, D. M., Wu, J., Winter, C., Hesse, C., Chen, M., Sigler, E., Litwin, M., Gray, S., Chess, B., Clark, J., Berner, C., McCandlish, S., Radford, A., Sutskever, I., and Amodei, D. (2020). Language models are few-shot learners. *Advances in Neural Information Processing Systems*, 33:1877–1901.

Harris, C. R., Millman, K. J., van der Walt, S. J., Gommers, R., Virtanen, P., Cournapeau, D., Wieser, E., Taylor, J., Berg, S., Smith, N. J., Kern, R., Picus, M., Hoyer, S., van Kerkwijk, M. H., Brett, M., Haldane, A., del Río, J. F., Wiebe, M., Peterson, P., Gérard-Marchant, P., Sheppard, K., Reddy, T., Weckesser, W., Abbasi, H., Gohlke, C., and Oliphant, T. E. (2020). Array programming with NumPy. *Nature*, 585(7825):357–362.

Hunter, J. D. (2007). Matplotlib: A 2d graphics environment. *Computing in Science & Engineering*, 9(3):90–95.

Kelleher, J. D., Mac Namee, B., and D' Arcy, A. (2015). *Machine Learning for Predictive Data Analytics: Fundamentals of Machine Learning for Predictive Data Analytics: Algorithms, Worked Examples, and Case Studies.* MIT Press.

Knuth, D. E. (1997). *The Art of Computer Programming.* Addison-Wesley, 3 edition.

McKinney, W. (2010). Data structures for statistical computing in python. In van der Walt, S. and Millman, J., editors, *Proceedings of the 9th Python in Science Conference*, pages 51–56, Austin, Texas. SciPy.

McKinney, W. and Wickham, H. (2016). Feather: A fast, lightweight, and easy-to-use binary file format for storing data frames. Apache Arrow Project.

OpenAI (2023). Introducing chatgpt. https://openai.com/blog/chatgpt. Accessed: 2025-08-11.

Pearson, K. (1895). Contributions to the mathematical theory of evolution. ii. skew variation in homogeneous material. *Philosophical Transactions of the Royal Society A: Mathematical, Physical and Engineering Sciences*, 186:343–414.

Project Jupyter (2025). Jupyterlab: The next-generation web-based user interface for project jupyter. https://jupyter.org/. Version 4.2.5.

Promma, W. et al. (2025). The influence of ai literacy on complex problem-solving skills (cps). *Journal of Educational Technology* (예시, 실제 확인 필요). Available online.

Python Software Foundation (2024). *pickle — Python object serialization.* Python 3 Standard Library Documentation.

Sebesta, R. W. (2015). *Concepts of Programming Languages.* Pearson, 11 edition.

The HDF Group (1997). *Hierarchical Data Format, version 5.* Accessed 2024-08-24.

Tukey, J. W. (1977). *Exploratory Data Analysis.* Addison-Wesley, Reading, MA.

van Rossum, G. and de Boer, J. (1991). Interactively testing remote servers using the python programming language. *CWI Quarterly*, 4(4):283–303.

van Rossum, G. and Fred L. Drake, J. (2009). *Python 3 Reference Manual.* Python Software Foundation, USA.

Waskom, M. L. (2021). Seaborn: statistical data visualization. *Journal of Open Source Software*, 6(60):3021.

Wickham, H., Averick, M., Bryan, J., Chang, W., McGowan, L. D., François, R., Grolemund, G., Hayes, A., Henry, L., Hester, J., Kuhn, M., Pedersen, T. L., Miller, E., Bache, S. M., Müller, K., Ooms, J., Robinson, D., Seidel, D. P., Spinu, V., Takahashi, K., Vaughan, D., Wilke, C., Woo, K., and Yutani, H. (2019). Welcome to the tidyverse. *Journal of Open Source Software*, 4(43):1686.

Wickham, H., Çetinkaya Rundel, M., and Grolemund, G. (2023). *R for Data Science*. O'Reilly Media, Inc., 2nd edition.

고승곤 (2022). 디지털 전환 환경에서 프로세스 분석을 위한 데이터 전처리 (preprocessing) 방법에 대한 연구. 창조와 혁신, 15(4):293–324.

고승곤 (2025). *Python EDA:* 탐색적 데이터 분석. 교우사.

국문 찾아보기

영문 찾아보기

고 승곤

(현) 가천대학교 응용통계학과 교수
(미) Iowa State University, 통계학 박사

(주요 저서)

새 일반통계학, 교우사, 1998, 2003
마케팅 조사방법론, 율곡출판사, 2000
엑스 이노베이션, 엘빅미디어, 2011
액션 리더, 엘빅미디어, 2012
통계적 사고 방법, 교우사, 2014
통계적 문제 해결, 교우사, 2020
<R과 통계적 방법을 활용한>
탐색적 데이터 분석, 교우사, 2023
R을 활용한 통계 분석, 교우사, 2024
R을 활용한 회귀 분석, 교우사, 2024
Python EDA: 탐색적 데이터 분석, 교우사, 2025
<생성형 AI 기반 데이터 분석을 위한>
파이썬 기초와 응용, 교우사, 2025

생성형 AI 활용 데이터 분석을 위한 **파이썬 기초와 응용**

초판발행 2025년 6월 5일

지은이 고승곤
펴낸이 오판근
펴낸곳 (주) 교우
주 소 서울시 동대문구 약령시로 8 교우빌딩 2층 (주)교우
전 화 02-925-2861 / **팩 스** 070-7966-8610, **편집부** 02-925-2825
홈페이지&북스토어 www.kyowoo.co.kr / **이메일** kyowoo@kyowoo.co.kr

등 록 1994년 3월 24일 제1994-000013호
ISBN 979-11-251-0467-4 (93310)

Published by Kyowoo Co., Ltd. Printed in Korea

(주) 교우는 보다 혁신적이고 참신한 도서를 다양하게 기획하고 있습니다.
책으로 펴내고자 하는 아이디어나 원고는 메일로 보내주세요.
(주) 교우는 전과정을 책임지고 최선을 다하겠습니다.

값 42,000원

교우미디어는 (주) 교우의 Imprint 사입니다.
수학정원·과학정원은 (주) 교우의 새로운 브랜드명입니다.

잘못된 책은 구입하신 서점에서 교환해 드립니다.